刑法分则实务丛书

刑事案例诉辩审评

——破坏金融管理秩序罪

主　编／吴卫军

7

中国检察出版社

图书在版编目（CIP）数据

刑事案例诉辩审评. 破坏金融管理秩序罪/吴卫军主编. —北京：
中国检察出版社，2014.2
ISBN 978 - 7 - 5102 - 1077 - 8

Ⅰ.①刑… Ⅱ.①吴… Ⅲ.①破坏金融管理秩序罪 – 案例 – 中国
Ⅳ.①D924.335

中国版本图书馆 CIP 数据核字（2013）第 287394 号

刑事案例诉辩审评
——破坏金融管理秩序罪
主编/吴卫军

出版发行	：	中国检察出版社
社　　址	：	北京市石景山区香山南路 111 号　（100144）
网　　址	：	中国检察出版社（www. zgjccbs. com）
电　　话	：	(010)68658769(编辑)　68650015(发行)　68636518(门市)
经　　销	：	新华书店
印　　刷	：	三河市西华印务有限公司
开　　本	：	720 mm×960 mm　16 开
印　　张	：	29.25 印张
字　　数	：	536 千字
版　　次	：	2014 年 2 月第二版　　2014 年 2 月第二次印刷
书　　号	：	ISBN 978 - 7 - 5102 - 1077 - 8
定　　价	：	62.00 元

再 版 说 明

　　《刑法分则实务丛书》自 2005 年问世以来，受到理论界和司法实务部门的一致好评，其应用价值得到了读者的充分肯定。近十年来，我国刑事立法和司法工作都有了很大的发展。为适应新的社会形势变化，我国又先后出台了《刑法修正案（五）》、《刑法修正案（六）》、《刑法修正案（七）》、《刑法修正案（八）》，"两高"也针对刑法适用等问题出台了大量的司法解释，特别是"两高"《刑法罪名补充规定（三）》、《刑法罪名补充规定（四）》、《刑法罪名补充规定（五）》的颁布引发的罪名变化，使我们深切体会到有必要重新对这套丛书进行一次全面的修订。本次修订无论是分册布局、内容架构，还是案例的选取、作者的选择、附录内容设计等方面，较之以前，都有很大的变化；从某种程度上来讲，这是一套全新的刑事案例丛书。概括来说，本丛书具有以下几个特点：

　　首先，丛书分册布局方面，更加贴近司法实务。为了便于读者对司法实务中常见多发罪名有更为深刻、全面的掌握，在分册设计方面，对于司法实务中常见多发的罪名能够单独成册的就单独设立一个分册，在现实生活中联系十分紧密的各罪则适当合并，最终呈现给读者的是更加贴近实务、参考价值更大、总数达 30 分册的一套大型案例丛书。

　　其次，内容架构设计上，丛书既概括了刑法基本理论热点与司法认定中的难点、疑点，又完整地展现了案件从起诉到辩护到审判的全过程；既满足了实务部门解决实践疑难问题的现实需要，又兼顾了刑法教学与研究的理论要点问题。每个分册都分为三大部分。第一部分"某某罪基本理论与司法认定精要"，主要是对各个分册涉及罪名的基本理论及该罪名在司法适用中的重点、难点、疑点等主要问题加以全面的总结与概括，便于读者更全面、快捷地了解本分册罪名的特点、渊源及司法实务中的主要问题；第二部分"典型案例诉辩审评"，则是把每个真实的案件通过【基本情况】、【诉辩主张】、【人民法院认定事实和证据】、【判案理由】、【定案结论】五个部分的内容，完整地展现案件从起诉到辩护到审判的全过程，分别从诉、辩、审三个角度全方位地反映案件的真实性、复杂性，【法理解说】则是从局外人的视角针对案件中的疑点、难点加以精当的评析，以帮助读者更加深刻理解本分册罪名适用中特别需要注意的具体问题；第三部分"办案依据"则是在全面梳理和整合现行法律、法规、司法解释、规范性文件的基础上，围绕各个分册的罪名，以刑法典条文为经线，以其他与之相关的司法实践中常用的规范性法律文件为纬线，将刑法、单行刑法、其他立法、司法等规范性法律文件重新整合，勾勒出一幅崭新的办案图谱。供司法工作人员在法律适用、定罪量刑时借鉴比照，对刑法教学与研究具有一定的参考价值。

最后，案例选取、更新方面，既收集了近年来具有社会影响性的"大"案件，更有办案人员天天面对的常见多发的"小"案件。无论大小，所选取的案例都是司法实践中的真实案件，并经来自司法实践部门和法学科研机构的专家精选、加工。

尤为重要的是，作者的精湛素养和深厚的专业积淀。作者队伍中既有高等院校从事教学的刑法学教授、博导，也有具有多年办案经验的司法实务工作者；既有严肃、认真的"学究派"，也有具体从事司法解释工作的"两高"工作人员。正是他们的积极参与，才最终确保了本丛书的学术权威性与实践指导性。

需要特别说明的是：近一两年来我国刑法、刑事诉讼法修改变动大，一些罪名的变化频繁，而依据我国刑法溯及力的相关规定，本丛书中所引用的一些真实案例就发生在刑法修正案出台之前或罪名补充规定出台之前，因而法院判决中所引用的也应当是刑法修正案出台之前或罪名补充规定出台之前的刑法和刑事诉讼法。

我们希望本书的再版，能为读者正确理解和适用刑法有所裨益。对本书中存在的不足乃至错误之处，恳请读者不吝指正。

编　者

2013 年 12 月

出 版 说 明

　　刑法修订实施以来，全国人大常委会和最高人民法院、最高人民检察院相继发布了若干立法解释与司法解释，司法实践中不可避免地出现了一些新情况、新问题。为了满足广大司法工作人员的实际需要，提高司法机关的执法能力和工作水平，实现司法公正与效率的有机结合，我们经过一年多的精心策划和组织，推出了这套《刑法分则实务丛书》。

　　本丛书所采用的案例均是由各地检察机关征集而来，并经来自司法实践部门和法学教研机构的专家精选、加工，强调其真实性和典型性。根据司法实践中各类刑事案件发生率的多少，我们将刑法分则四百多个罪名划分为三十个分册，各册以多发、常见、修订刑法新增罪名为分册书名，涵盖同类其他罪名。各分册尽量包括典型案例、罪与非罪案例、此罪与彼罪案例等三种不同类型的案例，以使读者全面和深入地理解刑事案件的判断标准，把握疑难问题的分析方法。在各册的最后，还附录有与各罪名紧密相关的法律、法规、司法解释条文的类编，以便读者研习和引用，突出其立足实用、可操作性强的特点。

　　这套丛书通过其特有的体例安排，即基本情况、诉辩主张、法院认定事实和证据、判案理由、定案结论和法理解说六个部分的内容，完整地展示了从诉到判的全过程，从诉、辩、审、评四个角度全方位地解析了刑法分则的操作实务。供检察、司法人员在办案中适用法律、定罪量刑时借鉴比照，对刑法教学和科研也具有参考作用。

编　者

2005 年 1 月

目　录

第三部分

办案依据

第一部分

破坏金融管理秩序罪基本理论
与司法认定精要

一、破坏金融管理秩序罪的概念

（一）破坏金融管理秩序罪的定义

破坏金融管理秩序罪的定义有狭义和广义之分。从《刑法》条文设置的层面上看，破坏金融管理秩序罪是《刑法》第三章第四节所规定的，在金融活动中发生的，违反金融法规和相关规定，破坏金融管理秩序，依照刑法应受处罚的行为，从而形成了狭义的破坏金融管理秩序罪的定义。由于金融管理秩序是刑法中的一类客体，使用破坏金融管理秩序罪一词来特指一类犯罪，是刑法中以同类客体为依据的分类方法。① 在一罪名侵犯数个客体时，一般以主要客体为分类依据。我国刑法中，主要客体是金融管理秩序的犯罪不仅是刑法第三章第四节的罪名，还包括刑法第三章第五节的金融诈骗罪，以及第 160 条的欺诈发行股票、债券罪②、第 225 条第 3 款规定的非法经营证券、期货、保险业务及支付结算业务的犯罪等。③ 如完全按照同类客体的思路来定义破坏金融管理秩序罪，就需去除狭义定义中的范围限定，形成广义的破坏金融管理秩序罪的定义，即指在金融活动中发生的，违反金融法规和相关规定，破坏金融管理秩序，依照刑法应受刑罚处罚的行为。范围除刑法第三章第四节的 22 个条

---

① 钱若男：《金融犯罪立法分类标准的合理性研究》，载《湖北警官学院学报》2012年第 1 期，第 63 页。

② 虽然《刑法》第 160 条之欺诈发行股票、债券罪规定在第三章第三节妨害对公司、企业的管理秩序罪一节，但本文认为，该罪的主要客体应当是金融管理秩序。

③ 非法经营银行、证券、期货、保险业务等犯罪行为的直接客体均为市场经济秩序中的金融管理秩序。

文外，还包括第三章第五节的 8 个条文，9 个罪名，以及非法经营罪中涉及金融业务的犯罪和欺诈发行股票、债券罪等。

从以同类客体作为分类依据的角度看，似乎广义的破坏金融管理秩序罪定义更为完整，也契合"破坏金融管理秩序"的字面含义，但是如此定义却可能造成相关概念逻辑上的混乱。自 1995 年全国人大常委会《关于惩治破坏金融秩序犯罪的决定》开始系统规定金融领域内的犯罪，特别是 1997 年《刑法》专门规定了破坏金融管理秩序罪和金融诈骗罪以来，我国刑法理论界对金融领域内犯罪的研究日渐成熟，一般将金融领域内的犯罪统称为金融犯罪①。金融犯罪这一表述已被理论界和实务界广泛接受和运用。通常认为，金融犯罪是指"发生在金融业务活动领域中的，违反金融管理法律法规及有关规定，危害国家有关货币、银行、信贷、票据、外汇、保险、证券期货等金融管理制度，破坏金融管理秩序，情节严重，依照刑法应受刑罚处罚的行为"②。金融犯罪的定义基本上与广义的破坏金融管理秩序罪相同。因此，有学者曾对刑法单独设立金融诈骗罪一节提出质疑，认为《刑法》第三章第四节破坏金融管理秩序罪和第五节金融诈骗罪的主要客体相同，应将金融诈骗罪也纳入破坏金融管理秩序罪一节，没有必要分节设置③。这一观点有其合理性，但在刑法已经将破坏金融管理秩序罪与金融诈骗罪分节设立，而金融犯罪的定义已将这二节犯罪全部涵盖的状况下，我们在单独使用破坏金融管理秩序罪一词时，就应当与金融犯罪有所区别，赋予其独立的内涵和外延。因此，本书认为，在刑法体系中，破坏金融管理秩序罪应当采用狭义的定义，仅指《刑法》第三章第四节规定的犯罪行为，从而将破坏金融管理秩序罪作为金融犯罪这一大概念下的一个与金融诈骗罪并列的子概念。

（二）破坏金融管理秩序罪的范围

狭义的破坏金融管理秩序罪，范围仅包括《刑法》第三章第四节所规定的 22 个条文，30 个罪名④。本书收录的案例均在这一范围内，对于具体罪名的讨论也集中于这一范围内展开。

存在一定争议的是金融机构工作人员的贪污、受贿、挪用公款等职务犯罪

---

① 王凤垒：《金融犯罪研究》，中国检察出版社 2008 年版，第 66 页。

② 刘宪权：《金融犯罪刑法学专论》，北京大学出版社 2010 年版，第 3 页。

③ 刘宪权：《我国金融犯罪刑法分类质疑》，载《法学评论》2007 年第 4 期，第 62 ～ 66 页。

④ 不包括《刑法》第三章第四节第 183 条至第 185 条规定的职务侵占罪、贪污罪、非国家工作人中受贿罪、挪用资金罪、挪用公款罪。

是否属于破坏金融管理秩序罪。《刑法》第三章第四节的第 183 条至第 185 条是对金融机构工作人员职务犯罪的规定，第 183 条规定保险公司的工作人员利用职务便利，编造保险事故进行虚假理赔，骗取保证金的，根据不同的主体身份分别以职务侵占罪或贪污罪定罪处罚；第 184 条规定金融机构的工作人员在金融业务活动中索取他人财物，为他人谋取利益的，或者违反国家规定，收受各种回扣、手续费，归个人所有的，以非国家工作人员受贿罪或受贿罪认定；第 185 条规定金融机构工作人员利用职务上的便利，挪用本单位或客户资金的，以挪用资金罪或挪用公款罪认定。刑法将上述三种职务犯罪规定在破坏金融管理秩序罪一节中，引起了一定的争议。虽然可以认为，《刑法》第 183、184、185 条的规定仅是一种提示性的规定，不是归类性的规定，只是提示人们在认定金融机构工作人员贪污、贿赂犯罪时要特别注意划清此罪与彼罪的界限。但《刑法》将这三种行为列入破坏金融管理秩序罪一节，已表明金融机构从业人员在从事金融业务过程中所实施的贪污、受贿、挪用公款犯罪的同类客体除了职务的廉洁性、不可收买性外，也包括金融管理秩序。实践中，金融机构工作人员利用职务或身份的便利，在从事金融业务活动中实施的犯罪对金融秩序的破坏性远超过非职务犯罪，金融系统的大案往往由内部人员实施。研究破坏金融管理秩序罪的目的是更好地防范和打击此类犯罪，因此不能因这类犯罪同时侵犯了多类客体，就以破坏金融管理秩序罪不是主要客体为由，将其排除在破坏金融管理秩序罪之外，况且客体的主次之分也会因认识的角度不同而出现差异。如果从维护金融市场秩序的角度看，此类犯罪对金融秩序、金融安全的破坏性要远大于对金融机构从业人员职务廉洁性的侵害。当然，也不能将所有金融机构工作人员的贪污、贿赂、挪用公款等职务犯罪都认为是破坏金融管理秩序罪。金融机构工作人员利用职务便利实施的与金融业务活动没有直接关系的职务犯罪，例如在采购、基建等后勤保障工作中出现的贪污、贿赂等犯罪，因未直接侵犯金融管理秩序，就不属于破坏金融管理秩序罪范畴。据此，《刑法》第 183 条至第 185 条规定的金融机构工作人员在金融业务活动中实施的贪污、受贿、挪用公款等职务犯罪应当属于破坏金融管理秩序罪，其他与金融业务没有直接关系的职务犯罪则不属于破坏金融管理秩序罪的范畴。

（三）破坏金融管理秩序罪的分类

破坏金融管理秩序罪是一类罪名，涉及金融领域的各个方面，罪名较多（30 个），罪状设置较为繁杂，且各罪在犯罪主体、主观罪过、客观行为、侵犯客体等方面的要求各不相同。为进一步认识这类犯罪所侵犯的社会关系，把握某些犯罪的共性问题，便于区分此罪与彼罪，我们有必要对破坏金融管理秩序罪进行再分类。对于破坏金融管理秩序罪，有多种分类方式，常见的主要有以下几种：

第一，以具体细分的同类犯罪客体为标准，将破坏金融管理秩序罪分为危害货币管理制度犯罪，危害金融机构设立管理制度犯罪，危害金融机构存贷管理制度犯罪，危害金融票证、有价证券管理制度犯罪，危害证券、期货管理制度犯罪，危害客户、公众资金管理制度犯罪，危害外汇管理制度犯罪，危害金融业务经营管理制度犯罪等类型。

第二，根据犯罪手段或行为方式不同，将破坏金融管理罪分为伪造、变造型，欺诈型，渎职型和其他类型。伪造、变造型的有伪造货币罪，变造货币罪，伪造、变造金融票证罪等；欺诈型的有诱骗投资者买卖证券、期货合约罪，骗取贷款、票据承兑、金融票证罪；渎职型的有违法放发贷款罪，对违法票据承兑、付款、保证罪等。这种分类方法直观地反映了各罪名的行为特征，有助于认识各罪的行为本质和实际危害性。

第三，根据犯罪所发生的金融市场和行业的不同，将破坏金融管理秩序罪分为货币犯罪、银行犯罪、证券犯罪、期货犯罪、保险犯罪、外汇犯罪等。此种分类通俗易懂，便于我们结合各金融市场和行业的特点来把握金融管理秩序罪。

第四，以犯罪主体是否是金融机构或金融机构工作人员，将破坏金融管理秩序罪分为一般主体犯罪和特殊主体犯罪。一般主体犯罪只要行为人达到法定年龄，具备刑事责任均可构成；特殊主体犯罪则需要具备金融机构或金融机构工作人员的身份方能构成。

此外，还有将犯罪客体结合某种行为特征进行分类的混合分类法、以犯罪故意和过失为区别的分类、以是否单位犯罪为区分的分类等。① 各种分类方法实际并无高下之分，只是分类的依据或角度不同。无论哪种分类方法都能够不同程度地揭示破坏金融管理秩序罪的客体或行为方式、行业领域、主体、主观方面等特征，有助于我们对破坏金融管理秩序罪的理解和认识。同理，鉴于破坏金融管理秩序罪的复杂性，单独一种分类方法不可能完全厘清个罪之间的区别点和共同点，只有综合运用各种分类方法，从不同角度进行观察，才能全面深入地认识和理解破坏金融管理秩序罪。

---

① 杨月斌、王群：《金融犯罪种类划分及其特征揭示》，载《西安财经学院学报》第19卷第6期，2006年12月；王凤垒：《金融犯罪研究》，中国检察出版社2008年版，第69～70页。

二、破坏金融管理秩序罪立法的进程

（一）破坏金融管理秩序罪的出现与发展

我国刑法中的破坏金融管理秩序罪是 1997 年刑法修订时增设的新类型犯罪。此类犯罪与传统犯罪相比，并非自然形成，更非一次性设置完成，而是随着社会的进步，金融市场的建立和发展，由立法者不断创设。最古老的破坏金融管理秩序罪是危害货币的犯罪，虽然伪造或私铸货币的行为早在古罗马时代和我国的秦代均已明文规定为犯罪①，但也是在国家出现，统一货币，形成货币管理制度后，统治者为维护其货币管理制度，才将危害其货币管理制度的行为规定为犯罪的。现代意义上的破坏金融管理秩序罪是在近代银行、股份公司以及证券、保险、期货等市场相继产生和发展的过程中，逐步形成的。在金融市场的发展过程中，先是出现某种新的金融市场、金融交易或金融工具，再形成相应新的金融管理制度，最后立法者将破坏新的金融管理制度的行为规定为新的犯罪。这个过程中，破坏金融管理秩序罪从最初的货币流通领域的犯罪逐步扩展到银行、证券、期货、保险等各个金融领域。

现代金融犯罪立法是在金融监管立法中诞生的，属于金融监管法的一部分，最早可以追溯到 17 世纪末的英国立法②。美国是最先对金融犯罪进行系统性立法的国家。在 20 世纪 30 年代的经济大萧条之后，美国颁布了一系列包含刑事立法的金融监管法律，其中影响最大的是《格拉斯—斯蒂格尔法》和 1933 年《证券法》、1934 年《证券交易法》。《格拉斯—斯蒂格尔法》是银行业监管的基础法律，1933 年《证券法》、1934 年《证券交易法》几乎是世界各国证券犯罪立法借鉴的模板。随着金融市场的不断发展，破坏金融管理秩序罪的立法始终处于发展演进之中。

（二）1997 年《刑法》前破坏金融管理秩序罪的立法简介

改革开放后，特别是 20 世纪 90 年代后，我国金融市场方开始逐步建立和完善。在改革开放前，我国实际还未建立现代意义上的金融市场，破坏金融管理秩序罪主要是侵犯货币管理制度的犯罪。1951 年 3 月国家颁布了《禁止国家货币出入国境办法》，禁止人民币出入境，并且规定了行政责任和刑事责

---

① 古罗马法中，伪造货币罪作为反乱罪处以死刑。我国秦律规定，民间私自铸币造钱，或将私铸钱币入市流通均要依律治罪，汉武帝时规定："盗铸诸金钱，罪皆死。"

② 英国在 1679 年已通过一部管制股票经纪的法案。参见［英］罗纳德·拉尔夫·费尔摩里：《现代公司法之历史渊源》，虞政平译，法律出版社 2007 年版，第 11 页。

任。同年 4 月颁布实施了《妨害国家货币治罪暂行条例》，对伪造、变造国家货币以及贩卖、行使伪造、变造国家货币等犯罪行为作了规定。1979 年我国颁布第一部刑法典，当时正处于改革开放初期，金融市场刚刚开始恢复，金融业还不发达，金融活动的种类也不多，金融犯罪的问题并不突出，故未对破坏金融管理秩序罪单独设章节，仅规定了第 122 条伪造、贩运伪造的国家货币罪和第 123 条伪造有价证券罪两个罪名。对于当时已经出现的非法买卖外汇等破坏金融管理秩序的行为，则以投机倒把罪处罚。20 世纪 80 年代破坏金融管理秩序罪的立法进程与其后相比较为缓慢，主要是对套汇、逃汇行为加强了打击。1982 年 3 月第五届全国人大常委会第二十二次会议通过的《关于严惩严重破坏经济的犯罪的决定》加重了对套汇行为的刑事处罚；1988 年 1 月第六届全国人大常委会第十二次会议通过的《关于惩治走私罪的补充规定》首次规定了逃汇罪。

20 世纪 90 年代我国金融市场开始快速发展，1990 年 12 月深沪两个证券交易所的开市标志着我国证券市场正式建立，商业银行、证券、保险、信托等各类金融行业迅速扩张，期货市场也逐步形成。金融市场高速发展的同时，带来了金融犯罪激增的社会问题。20 世纪 90 年代初中期，金融诈骗、非法设立金融机构、非法金融业务活动以及乱集资等行为十分猖獗，严重破坏了金融管理秩序，影响经济发展和社会稳定。这一时期，对包括破坏金融管理秩序罪在内的金融犯罪的立法加快了进程。1995 年 2 月，第八届全国人大常委会制定的《关于惩治违反公司法的犯罪的决定》，在第 7 条首次规定了擅自发行股票、公司债券罪。同年 6 月，第八届人大常委会第十四次会议通过了我国第一部破坏金融管理秩序罪的单行刑法——《关于惩治破坏金融秩序犯罪的决定》（以下简称《决定》），较为系统的对破坏金融管理秩序罪作了规定。《决定》除对伪造和变造货币、伪造有价证券等 1979 年《刑法》原有的罪名作了修订外，更重要的是增设了大量的破坏金融管理秩序犯罪。《决定》共增设了 19 种新的罪名，分别是：伪造货币罪，出售、购买、运输伪造的货币罪，金融机构工作人员购买或者发出伪造的货币罪，持有、使用伪造的货币罪，变造货币罪，擅自设立金融机构罪，伪造、变造、转让金融机构经营许可证罪，非法吸收公众存款罪，集资诈骗罪，违法发放贷款罪，违法向关系人发放贷款罪，贷款诈骗罪，伪造、变造金融票证罪，票据诈骗罪，金融凭证诈骗罪，信用卡诈骗罪，信用证诈骗罪，违法出具信用证或其他保函、票据、资信证明罪，保险诈骗罪。由此，初步形成了我国破坏金融管理秩序犯罪的立法体系，也为 1997 年《刑法》修订打下了坚实的基础。

（三）1997年《刑法》及其后破坏金融管理秩序罪立法的不断完善

1997年《刑法》修订时，在第三章第四节、第五节分别专门设立了破坏金融管理秩序罪和金融诈骗罪，从而构建了较完备的金融犯罪的立法体系。20世纪90年代后期至今，国内金融市场在改革创新中不断发展，新类型的破坏金融管理秩序的不法行为不断出现，破坏金融管理秩序罪的立法随之频繁地修订和补充。同时，在我国加入WTO后，国内金融市场与国际金融市场的关联日益紧密，全球金融市场趋于一体化。在全球性金融危机不断出现的情况下，维护国家金融安全逐渐成为立法者关注的重点。1997年《刑法》修订后不久，东南亚金融危机爆发，波及国内金融市场。1998年为防止外汇流出和国际投机资本影响国内金融安全，全国人大常委会于1998年12月，通过了《关于惩治骗购外汇、逃汇和非法买卖外汇犯罪的决定》，增设了骗购外汇罪，并对逃汇罪的罪状和法定刑进行了修订。这一决定出台的目的就是在东南亚金融危机的背景下，更好地维护国内金融稳定，保障国家金融安全。

1999年12月，全国人大常委会对《刑法》进行了第一次修订，颁布了《刑法修正案》，在操纵证券交易价格罪、内幕交易、泄露内幕信息罪、编造并传播证券交易虚假信息罪和诱骗投资者买卖证券罪五个罪名的条款内增加了"期货"的内容，将这五个罪名的调整范围扩大到期货市场。因当时银监会、证监会、保监会已设立，金融市场形成了一行三会分业监管的格局，金融主管部门已不限于中国人民银行，还包括银监会、证监会、保监会等部门，并且除商业银行之外，证券、保险、期货、信托等金融行业均形成，故《刑法修正案》对第174条擅自设立金融机构罪作了修订，将原规定的"未经中国人民银行批准"，修改为"未经国家有关主管部门批准"；将证券交易所、期货交易所、证券公司、期货经纪公司、保险公司等金融机构明确列举进刑法条文，并在第二款增加了伪造、变造、转让金融机构批准文件的规定。为适应金融市场的发展，该修正案还在《刑法》第185条中新增对证券、期货、保险机构工作人员挪用本单位和客户资金行为追究刑事责任的规定。

2001年12月，全国人大常委会颁布了《刑法修正案（三）》。该修正案在"9·11"事件后出台，为应对打击恐怖组织活动犯罪的要求，对洗钱罪作了修订，将"恐怖活动犯罪"增加为《刑法》第191条洗钱罪的上游犯罪，并加重了洗钱罪的法定刑，增加了"情节严重的，处五年以上十年以下有期徒刑"的规定。

2005年2月，全国人大常委会通过了《刑法修正案（五）》。针对信用卡犯罪高发以及犯罪分工日益细化的现状，该修正案在《刑法》第177条之后，增设了第177条之一，将持有、运输伪造的信用卡、伪造的空白信用卡；非法持有他人信用卡；使用虚假身份证明骗领信用卡；出售、购买、为他人提供伪造的信用卡或以虚假身份证明骗领的信用卡，以及窃取、收买或者非法提供他人信用卡信息资料等信用卡诈骗犯罪的预备或上游行为规定为妨害信用卡管理罪，完善了信用卡犯罪的立法。妨害信用卡管理罪设立后，信用卡犯罪形成了从获取信用卡信息（窃取、收买、非法提供信用卡信息罪），到伪造或骗领信用卡（伪造金融票证罪或妨害信用卡管理秩序罪），再到持有、运输、收买、提供伪造或骗领的信用卡（妨害信用卡管理秩序罪），最终到信用卡诈骗罪的完整的刑法规制体系，切实解决当时司法实践中对信用卡诈骗罪的上游不法行为难以有效遏制的问题。

2006年6月，全国人大常委会颁布的《刑法修正案（六）》是历次修正案中对破坏金融管理秩序罪修订幅度最大的一次。该修正案在证券公司挪用客户证券交易结算资金和社保基金管理机构滥用社保基金等问题暴露后出台，为此增设了《刑法》第185条之一，将商业银行、证券交易所、期货交易所、证券公司、期货经纪公司、保险公司等金融机构擅自运用客户资金和委托、信托财产的行为规定为背信运用受托资产罪；将社会保障基金管理机构、住房公积金等公众资金管理机构，以及保险公司、保险资产管理公司、证券投资基金违反国家规定运用客户资金的行为规定为违法运用资金罪。针对《刑法》第182条操纵证券、期货市场罪原有条文规定的"获取不正当利益或者转嫁风险"的要件，在司法实践中难以把握的情况，删除了这一规定，增强了该罪名的可操作性，并将该罪对单位犯罪主管人员和直接责任人的量刑，修改为按照自然人犯该罪的法定刑处罚。同样为了易于司法实践的适用，加大打击力度，该修正案对第186条违法发放贷款罪、违法向关系人发放贷款罪、第187条第1款吸收客户资金不入账罪、第188条第1款违规出具金融票证罪进行了大幅修订。修正案（六）取消了违法向关系人发放贷款罪，而将违法向关系人发放贷款的作为违法发放贷款罪的从重情节，并将违法发放贷款罪入罪标准由单一地造成重大损失，修改为数额巨大或者造成重大损失并列；将违规出具金融票证罪入罪标准以情节严重代替了造成了重大损失；将用账外客户资金非法拆借、发放贷款罪修改为吸收客户资金不入账罪，放宽了入罪标准，只要求金融机构吸收客户资金不入账，数额巨大或者造成重大损失的，就应追究刑事责任，而不再要求将资金用于非法拆借、发放贷款。该修正案，还在《刑法修正案（三）》之后，再次扩大了洗钱罪的上游犯罪的范围，增加了贪污贿赂犯罪、破坏金融管理秩序罪和金融诈骗罪。

2009年2月全国人大常委会通过的《刑法修正案（七）》主要是对内幕交易犯罪和"老鼠仓"行为作了修订和补充，加大了证券市场中内幕交易犯罪的处罚力度，在《刑法》第 180 条第 1 款中增加了内幕交易罪"明示、暗示他人从事上述交易活动"的行为方式，并在 180 条之后增加一款，规定证券、期货、基金、银行、保险等金融机构从业人员利用内幕信息以外的其他未公开信息交易的，构成利用未公开信息交易罪。

从上述破坏金融管理秩序罪立法变化的过程不难看出，破坏金融管理秩序罪立法修订较为频繁，犯罪圈在不断扩大。在八个刑法修正案中，五个修正案对破坏金融管理秩序罪进行了修订，还颁布了一个单行刑法规定，更增设了多个新的罪名。这种情况与金融的重要性、风险性以及创新性的特点紧密关联。由于金融的重要性和风险性，立法者对金融市场的关注度要远高于其他市场，一旦出现危及金融安全和稳定的行为即立法予以应对。又因金融的创新性，金融市场极度活跃，新的交易市场、金融机构、金融业务、金融工具和金融产品不断出现，不可避免地会带来新的严重破坏金融管理秩序或损害社会公众利益的不法行为，立法者只得通过不断修订《刑法》予以适应。

三、破坏金融管理秩序罪的构成要件分析

（一）破坏金融管理秩序罪犯罪主体的独特性

破坏金融管理秩序罪的主体是指实施了破坏金融管理秩序的行为，依法应当承担刑事责任的人，包括自然人和单位（法人）。与其他犯罪相比，破坏金融管理秩序罪的主体有着其自身的独特性，主要体现在两个方面：其一，单位犯罪较为普遍；其二，特殊主体犯罪设置较多。

破坏金融管理秩序罪中，单位不仅可以成为大部分破坏金融管理秩序罪的主体，而且背信运用受托资产罪、违法运用资金罪、逃汇罪三种犯罪，只有单位才能成为犯罪主体。这与刑法中其他犯罪以自然人主体为一般，单位主体为补充的情况差异较大。1997 年《刑法》第 30 条、第 31 条对单位犯罪作了规定，单位从而可以成为犯罪主体，被追究刑事责任。虽然对单位犯罪的刑法规定并不清晰，且有一定争议，但在破坏金融管理秩序罪中共有 22 个罪名的主体可以是单位，其中还有 3 个罪名——背信运用受托资产罪、违法运用资金罪、逃汇罪的主体只能是单位。故破坏金融管理秩序罪中，单位犯罪的地位十分重要。

单位犯罪在此类犯罪中占据着主导地位的状况是由单位（法人）在金融市场中的作用和地位所决定的。虽然最初的金融活动中自然人是主要参与者，但现代金融市场是在公司制基础上建立，或者说是在承担有限责任的法人制度被创立，有限责任公司，特别是股份有限公司出现后，逐步发展建立起来的。

现代金融市场的运作实际由法人为主导，个人只能作为金融交易的参与者，并且金融交易中法人占据的份额也远超过个人。金融机构、公司企业等单位在金融活动中扮演着极为重要的角色。银行、证券、保险、期货、基金等金融机构把持着各个金融市场，普通公司法人也是金融市场的积极参与者。金融市场管理行为的主体必然是单位，而金融交易行为的主体，也以单位为主导。与一般犯罪不同的是，破坏金融管理秩序罪常常是金融市场的主体转化为犯罪的主体，单位成为金融市场主要参与主体，自然也越来越多地成为破坏金融管理秩序罪的犯罪主体。这是破坏金融管理秩序罪中设置较多单位犯罪的一个重要的原因。另外，从司法实践看，单位实施的许多破坏金融管理秩序的行为与自然人实施的同类行为相比较，不仅容易得逞，而且由于是通过有组织大规模的进行，其造成的影响和社会危害性更严重。例如，著名的德隆系非法吸收公众存款案，在全国范围内涉及七家金融机构，涉案金额高达数百亿元，这是个人犯罪远远不能企及的。刑法之所以将大部分破坏金融管理秩序罪规定为单位犯罪也是为了更好地惩治与预防此类犯罪，从而保障金融市场秩序，促进金融市场有序发展。

破坏金融管理秩序罪中设置了较多特殊主体犯罪，全部 30 个罪名中，有 8 个罪名要求犯罪主体具备特定的身份，分别是金融工作人员购买假币、以假币换真币罪、内幕交易、泄露内幕信息罪、利用未公开信息交易罪、诱骗投资者买卖证券、期货合约罪、违法发放贷款罪、吸收客户资金不入账罪、违规出具金融票证罪、对违法票据承兑、付款、保证罪。特殊主体的犯罪，或者说身份犯在破坏金融管理秩序罪中占有较高比例的原因主要有以下两点：其一，金融活动中，金融机构工作人员由于直接从事金融交易或金融监督管理活动，具有实施破坏金融管理罪的天然便利条件，极易在履行职务过程中，实施此类的犯罪行为，因而以金融机构工作人员为主体犯罪就有较高的比例。其二，由于金融机构在金融活动中的重要性，其自身及工作人员的一些违法、违规、渎职行为会给金融管理秩序造成巨大的破坏，因而刑法就将金融机构及工作人员的一些违法、违规、渎职行为规定为犯罪。实践中银行或其他金融机构的工作人员利用职务便利所实施的犯罪破坏性十分巨大，长期以来一直是此类犯罪打击和防范的重点。

破坏金融管理秩序罪的一般自然人犯罪主体和其他犯罪的主体要求并无区别，只要年满 16 周岁，具有刑事责任能力就能成立。除前述对犯罪主体有特殊要求的罪名外，破坏金融管理秩序罪的其他罪名均可以由一般自然人直接构成犯罪。特殊自然人主体的犯罪（身份犯）通常要求行为人具备银行、证券、基金等金融机构或金融监督管理部门工作人员的主体身份。较为特殊的是内幕交易、泄露内幕信息罪，其犯罪主体是"证券、期货交易内幕信息的知情人员或者非法获取证券、期货交易内幕信息的人员"，知情人员的范围由《证券法》和国务院《期货交易管理条例》等金融法律法规来规定，除了具有特定职务或身份的人员外，还包括非法获取内幕信息的人员。

（二）破坏金融管理秩序罪犯罪客体的细分

犯罪客体是受刑法保护，被犯罪行为所侵犯的社会关系。破坏金融管理秩序罪的犯罪客体主要是国家金融管理制度和金融管理秩序。由于金融管理制度和管理秩序属同类客体，其包含的内容十分广泛，所以我们还需要对此类犯罪的客体再进行分类，从而更好地认识和理解此类犯罪。前文在对破坏金融管理秩序罪的分类部分已介绍了以客体为依据的分类方式，实则已经对此类犯罪的直接客体作了介绍。在此基础上，我们可以将破坏金融管理秩序罪各罪名所对应的金融管理秩序的子秩序作为区分各罪的直接客体的基础，大体可细分为以下几类：

第一，货币管理秩序，具体是伪造货币罪，出售、购买、运输假币罪，持有、使用假币罪，变造货币罪，以及金融工作人员购买假币、以假币换取货币罪等；

第二，金融机构设立管理秩序，具体是擅自设立金融机构罪，伪造、变造、转让金融机构经营许可证、批准文件罪；

第三，金融机构存贷管理秩序，具体是高利转贷罪、骗取贷款罪、非法吸收公众存款罪、违法发放贷款罪、吸收客户资金不入账罪等；

第四，金融票证管理秩序，具体是伪造、变造金融票证罪，骗取金融票证罪，违规出具金融票证罪等；

第五，有价证券管理秩序，具体是伪造、变造国家有价证券罪；

第六，证券、期货管理秩序，具体是操纵证券、期货市场罪，内幕交易、泄露内幕信息罪，利用未公开信息交易罪等；

第七，客户、公众资金管理秩序，具体是背信运用受托财产罪、违法运用资金罪；

第八，外汇管理秩序，具体是逃汇罪、骗取外汇罪。

以上区分并不表示破坏金融管理秩序罪中的各种犯罪的直接客体之间有着绝对清晰的界限。换而言之，就是破坏金融管理秩序罪的直接客体并非完全的非此即彼，相互对立。在某些具体的罪名上还可能存在着交叉重叠。例如，擅自发行股票、债券罪，可以说侵犯了有价证券管理秩序，但同时也侵犯了证券管理秩序。出现这种情况的原因，主要是金融市场本身就存在着交叉重叠，具体的金融管理制度本身也存在着重合、冲突之处。仍以擅自发行股票、债券罪为例，股票、债券是一种证券，股票、债券的发行属于证券法的调整范围，同时，股票、债券又是有价证券，需受有价证券管理法规约束，这其中必然存在着重合之处。以上对直接客体的划分，并非是要给出一个绝对准确的标准，而是为从客体上加深对此类犯罪的理解，提供一种划分破坏金融管理秩序罪客体的思路。借用这一思路，大家可以从金融市场出发，在深入了解各个金融市场和具体的各金融管理制度的前提下，对此类犯罪客体作进一步的认知，从而可以作出更为准确的区分。

破坏金融管理秩序罪犯罪客体方面争议较大的是，此类犯罪是否属于复杂客体，复杂客体中对主要客体和次要客体如何认识。鉴于破坏金融管理秩序罪有多达22个条文，30条罪名，各个罪名又有着很大的差异，故不能简单得出此类犯罪是复杂客体，还是单一客体的结论，即使破坏金融管理秩序罪中的某一类犯罪也是难以得出这样的结论。仅以破坏货币管理秩序罪为例，伪造货币罪是单一客体，只侵犯了货币管理秩序，但使用假币罪就并非单一客体，因为使用假币罪除了破坏货币管理制度外，还侵犯了公私财产权益，应当属于复杂客体。试图对罪名如此众多，罪状设置复杂的一大类犯罪的客体给出唯一性的结论，可能也是争议产生的重要原因。对这个问题，应当予以区别对待，具体罪名具体分析。如伪造货币罪、逃汇罪等仅危害金融管理制度，属于单一客体，但如使用假币罪、内幕交易罪、利用未公开信息交易罪、操纵证券、期货市场罪、洗钱罪等，同时还分别侵犯了公私财产权、投资者公平交易权、司法管理秩序等其他客体，应当属于复杂客体的范围。

（三）破坏金融管理秩序罪主观方面的争议

破坏金融管理秩序罪的30个罪名中，主观方面即有故意犯罪，又有过失犯罪，同时部分犯罪是过失犯罪，还是故意犯罪争议较大，罪过形态较为复杂。

一般认为破坏金融秩序罪中大多数犯罪的罪过形态是故意，且只能是直接故意。部分犯罪规定的行为直接反映出该犯罪只能是直接故意犯罪，行为人实施某行为就能够反映出其对行为必然或可能造成的后果当然具有明确的预见性，行为是在主动意识下实施，只能属于直接故意。最为典型的是实施伪造行为和欺骗行为的犯罪。伪造行为的犯罪有伪造货币罪、伪造金融票证罪等，伪造行为不可能是过失或间接故意，只能是直接故意。欺骗行为的犯罪有编造并传播证券、期货交易虚假信息罪、诱骗投资者买卖证券期货合约罪、骗购外汇罪等，欺骗也是主动性的行为，反映出行为人主观上具备直接的犯罪故意。此外，《刑法》条文规定以明知为要件的，应当是直接故意犯罪。刑法中直接故意就是指，明知自己的行为会发生危害社会的结果而希望这种结果发生的心理态度。因此，法条明确规定以明知为要件的犯罪，当然是直接故意犯罪。例如，持有、使用假币罪、运输假币罪、洗钱罪等。与前一种情况区别的是，以明知为要件的犯罪，不能仅以行为人实施了相应的行为就认定其构成犯罪，而是要证明行为人明知犯罪对象的性质。

部分破坏金融管理秩序罪主观方面属于过失还是故意存在较大争议。这部分犯罪主要是银行或其他金融机构的工作人员所实施渎职犯罪，包括违法发放贷款罪、违规出具金融票证罪、对违法票据承兑、付款、保证罪三个罪名。渎职犯罪分为两类，玩忽职守犯罪和滥用职权犯罪。一般认为，玩忽职守类犯罪的罪过只能是过失，而滥用职权犯罪的罪过可以是故意。在法条中三个罪名均未表述是属于玩忽职守行为，还是滥用职权行为的前提下，其主观罪过两种形式都可能存在。

《刑法修正案（六）》出台前，违法发放贷款罪（包括违法向关系人发放贷款罪）、违规出具金融票证罪、对违法票据承兑、付款、保证罪三罪都以造成重大损失为构成要件。刑法上主观罪过是行为人对行为结果的心理态度，在以造成重大损失为要件时，是否属于故意犯罪应当以行为人是否明知其行为会造成重大损失结果发生，以及对重大损失结果的态度作为罪过的判断标准。具体而言，如果行为人未预见其行为会造成重大损失结果或者已预见但轻信能够避免的，是过失犯罪；如果行为人已预见其行为会造成重大损失结果，且对这一结果持追求或放纵态度的，是故意犯罪，追求态度的是直接故意，放纵态度的是间接故意。实践中，上述三罪在行为上表现为金融机构工作人员在履行职务过程中，不履行或者不按规定履行职务。行为人对于不履行职务或不按规定履行职务主观上应当是明知，但对其行为是否会造成重大损失主观上则可能是轻信能够避免，或者是因疏忽大意而没有预见，也可能是已经明知故意而为。因此，《刑法修正案（六）》前，三罪的主观罪过就既包括过失，也包括故意。这里需要指出的是，如果行为人对重大损失结果具有直接故意的，则可能构成其他犯罪，而不仅是渎职犯罪。例如，金融诈骗犯罪中，金融机构工作人员明知外部人员使用伪造票据、金融凭证、信用证以及伪造的证明材料，骗取银行支付、承兑、贴现、贷款等的，则金融机构工作人员应当以金融诈骗共犯认定。如果是以金融机构工作人员为主，使用伪造票据等方法骗取银行资金的，则应当认定为贪污、职务侵占等职务犯罪。

《刑法修正案（六）》对违法发放贷款罪和违规出具金融票证罪作了修订，违法发放贷款罪将数额巨大和造成重大损失同时列为客观要件；违规出具金融票证罪则以情节严重代替造成重大损失。根据 2010 年 5 月最高人民检察院、公安部《关于公安机关管辖的刑事案件立案追诉标准的规定（二）》的规定，违法发放贷款和违规出具金融票证，具有数额 100 万元以上的或造成 20 万元以上损失等情节的均应当追究刑事责任。由此可见，行为人只要实施了违法发放贷款和违规出具金融票证的行为，数额达到 100 万元以上的，或数额未达到 100 万元，但造成损失超过 20 万元的就可成立这二罪。根据上述的规定，违法发放贷款罪和违规出具金融票证的主观罪过就存在不同的形式。行为人明知自己的行为违反规定，且明知违法发放贷款或违规出具金融票证的数额超过 100 万元的，就是明知危害结果发生，属于故意犯罪；行为人明知自己违法发放贷款或违规出具金融票证的数额不超过 100 万元的，则主观罪过与刑法修正前相同，也存在故意或过失的两种可能性。

（四）破坏金融管理秩序罪客观方面的表现形式

犯罪的客观方面是犯罪活动的客观外在表现，包括危害行为、危害结果及危害行为与危害结果之间的因果关系。破坏金融管理秩序罪作为一类犯罪，其客观方面主要表现为以下特征。

1. 行为的行政违法性，即行为违反相关金融法律法规及国家规定。这是所有破坏金融管理秩序罪客观方面都具有的共同点。从这一特征出发可以看到，破坏金融管理秩序罪是典型的行政犯（法定犯），以触犯行政法为入罪前提条件，相关 30 个罪名的犯罪行为均是违反了相关金融法律法规及国家规定，社会危害性严重的行为。从金融法规范的内容来看，破坏金融管理秩序罪的行政违法性又可分为两种情况：一种是违反金融市场准入的相关规定；另一种是违反金融市场运行的相关规定。

金融市场由于其重要性和风险性是一个高度管制的市场，有着严格的准入制度和运行规则，未经许可从事金融活动或未按规定开展金融业务，均可能破坏正常的金融市场管理秩序，所以刑法将其中危害性严重的行为规定为犯罪。破坏金融管理秩序罪中，大部分罪名属于违反金融市场运行规定的行为。例如，违法发放贷款罪违反的是金融机构开展贷款业务中的规定；操纵证券、期货市场是违反了证券、期货市场的交易规则等。违反金融市场准入规定的，主要是擅自设立金融机构罪，伪造、变造、转让金融机构经营许可证、批准文件罪，非法吸收公众存款罪，伪造货币罪，擅自发行股票，公司、企业债券罪等。前两个罪名违反的是金融行业准入的规定，设立金融机构进入某个金融行业必须经主管部门批准，未经批准设立金融机构的行为构成擅自设立金融机构罪。除了金融机构的许可、批准制度外，金融市场中还有具体金融业务的许可、批准制度，从事吸收公众存款和发行股票、债券等金融业务活动都需要获得专门行政许可后方能进行，未经许可实施这两种行为的分别成立非法吸收公众存款罪和擅自发行股票、公司、企业债券罪。铸造、印制货币更是要求特许经营，伪造货币罪则是违反了这一规定。

一般认为，行政犯只有违反国家法律和行政法中禁止性的规定，才构成犯罪，违反地方性的法规、规章的不能认定为犯罪。本文赞同这一观点，但在破坏金融管理秩序罪的认定中有两点需要注意。第一点需要注意的是，破坏金融管理秩序罪的行政违法性不仅体现在违反金融法律法规上，部分情况下，还体现在违反国家规定上。《刑法》第186条违法发放贷款罪规定"银行或其他金融机构的工作人员违反国家规定发放贷款"，这表明国家规定可以成为破坏金融管理秩序罪的前置规范。第二点需要注意的是，在认定破坏金融管理秩序的行为是否违反国家法律、行政法和国家规定时，需要借助部门颁布规章、办法等来解释和细化，主要是人民银行、证监会、银监会、保监会等金融监管部门所制定的规章和办法等。国家法律、行政法规和国家规定是相对稳定，较为原则的规定，不可能经常变化。然而，金融市场以金融创新为生命力，尤其是我国金融市场尚未成熟，处于一个高速发展，不断创新的状况下，新的金融业务和金融产品不断推出，国家立法必然跟不上金融业的发展速度，不可能对具体的各项金融业务和金融活动都作出相应规定。因此，金融市场还需由相关监管部门制定的相关规章办法等先行及时规范和调整，不能因国家立法不够全面细致而出现法律真空。在对国家法律法规和规定的原则性条款（规定）进行解释时，需要借助部门规章予以细化和明确。例如，《商业银行法》等对发放贷款作了原则性的规定，对其理解时就需要借助人民银行颁布的《贷款通则》作进一步解释。当然，认定破坏金融管理秩序罪行政违法性的前提依据是金融法律法规，只有金融法律法规有原则性规定情况下，才可以借助监管部门的规章予以补充和明确。

2. 行为的欺诈性，即行为人实施了虚构事实、隐瞒真相的行为。破坏金融管理秩序罪的大部分罪名规定的行为均具有欺诈性，体现在以下几个方面。

第一，法条中直接使用"骗"、"虚假"等欺诈行为用语的。例如，骗取贷款、票据承兑、金融票证罪，编造并传播证券、期货交易虚假信息罪，诱骗投资者买卖证券、期货合约罪，骗购外汇罪等都在法条中规定了欺诈性的用语，直接体现出行为的欺诈。洗钱罪中也有"掩饰、隐瞒其来源和性质上"的表述，"掩饰、隐瞒"也是欺诈行为。

第二，法条中使用伪造、变造词语的。在对破坏金融管理秩序罪的行为分类时，有观点认为伪造、变造行为应当单独作为一种行为，与欺诈（或诈骗）行为并列。然而，伪造、变造实质就是作假，也应属于欺诈的行为。例如，2010年11月20日最高人民法院《关于审理伪造货币等案件具体应用法律若干问题的解释（二）》规定："以使用为目的，伪造停止流通的货币，或者使用伪造的停止流通的货币的，依照刑法第二百六十六条的规定，以诈骗罪定罪处罚。"可见，伪造、变造属于欺诈行为的一种，只是欺诈行为的特殊形式。这类犯罪较多，有伪造货币罪，变造货币等全部的假币犯罪，伪造、变造金融票证罪，伪造、变造国家有价证券罪等。其中，《刑法》第177条之一的妨害信用卡管理罪则即有"伪造"又有"骗"、"虚假"的表述。

第三，法条规定的行为含有欺诈性质的。虽然有些罪名法条中并没有使用骗取、诱骗、伪造、变造或虚假等欺诈行为的表述，但罪名所表述的行为具有欺诈的性质，或者犯罪行为本身就是一种欺诈行为。例如，高利转贷罪的法条中有"套取金融机构信贷资金"的规定，套取行为显然带有欺诈性，而操纵证券、期货市场的行为实质是人为的制造虚假的证券、期货行情走势或趋势，来诱骗普通投资者作出错误的投资决策，进行对操纵者有利的操作，从而达到获利目的，本身就是一种虚构事实的欺诈行为。

第四，虽然法条规定的行为没有欺诈性质，但实践中实施这些犯罪往往要通过欺诈的手段。例如，擅自设立金融机构必然要采用伪造金融业务许可证、批文或虚构已经获准成立的事实等欺骗手段来实施；违法发放贷款罪也要隐瞒贷款人不符合贷款条件的事实；吸收客户资金不入账则隐瞒了吸收客户资金的事实，故意将客户资金不入账。非法吸收公众存款犯罪案件行为人也往往会扩大收益，隐瞒风险。因此，行为的欺诈性是破坏金融管理罪较为典型的行为特征。

3. 行为的违背义务性（背信性），即行为人实施了违背法定或约定的义务的行为。2006年《刑法修正案（六）》颁布后，我国刑法中增设了两条背信类的罪名，分别是第169条之一的背信损害上市公司利益罪和第185条之一的背信运用受托财产罪。这两条罪名是典型违背义务的犯罪，前者违背的是上市公司高管及控股股东、实际控制人对公司的忠实义务，后者违背的是金融机构对客户的受托义务。《刑法修正案（六）》颁布前，我国刑法中没有背信类的罪名，因而刑法理论研究中也很少涉及背信犯罪。德日以及我国台湾地区均设有背信罪。日本刑法中背信罪的构成要件是"（1）为他人处理事务者（处理他人事务）；（2）以图谋自己或第三者的利益或加害本人（公司）的目的（图利或加害的目的）；（3）实施违背其任务的行为（违背任务）；（4）给本人造成财产上的损害（财产损害的发生）"①。背信行为成立的前提条件是行为人对他人承担法定或约定的义务，违背这些义务的就是背信行为。虽然破坏金融管理秩序罪中仅背信运用受托资产罪是标准背信犯罪，但其他一些罪名的

---

① ［日］芝原邦尔：《经济刑法》，金光旭译，法律出版社2002年版，第3页。

行为也具备违背义务的性质。例如，违法发放贷款罪、吸收客户资金不入账罪、违规出具金融票证罪、内幕交易、泄露内幕信息罪、利用未公开信息交易罪等。违法发放贷款等渎职类的犯罪违背的是行为人对其单位的忠实义务和勤勉义务。内幕交易、泄露内幕信息罪中法定内幕知情人违背的是不利用其因职务和身份关系获悉的内幕信息牟取个人利益和保守秘密的义务。利用未公开信息交易罪行为人违背了对投资人的受托义务和对任职的基金公司等金融机构的忠实义务等。

四、对破坏金融管理秩序罪办案实践的几点思考

近年来，司法实践中对包括破坏金融管理秩序罪在内的金融犯罪的处置始终是一个难题。如何在有效打击金融犯罪，规范金融市场的同时，又能够切实维护市场各方参与者的合法权利，促进金融市场的健康发展，是刑法理论界和实务界都在探讨和研究的重大课题。在此，谨提出一些不成熟的观点，供大家指正。

（一）破坏金融管理秩序罪社会危害性的再认识

一般认为，破坏金融管理秩序罪侵犯的主要客体是金融管理秩序，危害性主要体现在对金融管理秩序的破坏上。在刑法条文的设置上，破坏金融管理秩序罪的主要客体是金融管理秩序并无疑义，但仅从破坏金融秩序的角度来认识和揭示此类犯罪的社会危害性却是难以适应司法实践的需要。

破坏金融管理秩序罪大部分是复杂客体，实践中发生的破坏金融管理秩序案件，大多在破坏金融秩序的同时也侵害到个体的利益。部分常见案件，例如非法吸收公众存款、擅自发行股票、公司、企业债券等，更是严重损害了社会公众投资者的利益。这种损害是非常直接的，不仅是受害者实际遭遇到的，而且是社会公众可以直观认识到的。实践中，非法吸收公众存款等涉众型破坏金融管理秩序案件又是社会矛盾集中爆发的地带，处理稍有不当就可能影响社会稳定。这就要求我们在办理破坏金融管理秩序犯罪案件时要特别注意保护个体的利益。金融管理秩序是一个宏观的、抽象的概念，是超个体的法益；社会公众的财产性利益是微观的、具体的概念，是个体法益。"将法益分为个人法益与超个人法益，并不意味着超个人法益优于个人法益，只是意味着不属于特定个人法益的法益；超个人法益是个人法益的集合，故仍然是个人法益，与个人法益只有量的区别，没有质的界限。"① 超个体法益的保护，应以个体法益保

① 张明楷：《法益初论》，中国政法大学出版社2000年版，第245页。

护为基础，在保护个体法益的基础上实现，而不是凌驾于个体法益之上①。因此，在破坏金融管理秩序罪的金融管理秩序与个体利益的复合法益中，金融秩序本身就包含着社会公众的个体利益，自然不应完全凌驾于个体利益之上。同时，抽象法益不易被社会公众认知，而个体法益则常能够被社会公众直接感受。从提高执法公信力的角度看，我们在办理此类案件时，如果只从破坏金融秩序角度认识破坏金融管理秩序罪，只注重评价犯罪对金融秩序的破坏，而不能充分认识到破坏金融管理秩序罪对社会公众利益的损害，不能在办案中充分评价和揭示这种危害性，就可能会出现案件审理结果受害者不接受，社会公众难以理解的情况发生。我国正在建立社会主义和谐社会，加强和创新社会管理，化解社会矛盾，维护社会稳定和提高执法公信力都是司法机关办理案件中的重要任务和责任。因此，司法实践应更重视破坏金融管理秩序罪社会危害性中，损害社会公众财产利益的一面，注重保护个体的财产性利益，从而有利于化解社会矛盾，维护社会稳定。

我国破坏金融管理秩序罪的罪名设置中，对社会公众投资人利益保护相对于金融秩序、金融机构的保护而言略显不足②。社会公众投资人是金融市场的基础参与者，没有公众投资者参与，金融市场就不可能存在。根据国外学者的研究，一个国家金融发展的水平，是否繁荣，从长远看主要取决于该国法律对投资者的保护。可以说法律对投资者保护越是有效的国家，金融业越是发达③。虽然受金融危机影响较大，欧美仍是金融业最发达的地区。美、英等国都是非常注重保护投资者利益的，他们已将社会公众投资者称为金融消费者，还制定了保护金融消费者的相关法律。近年来，我国也加强了对金融投资人的保护力度，2012年8月，人民银行和银监会都新设了"金融消费者保护局"。但在司法实践中，根据《刑法》和国务院1998年7月颁布的《非法金融机构和非法金融业务活动取缔办法》的规定，非法吸收公众存款等非法金融活动的参与者的经济利益不受法律保护，也不被视为刑事案件的被害人。这些受害人也难以通过民事途径保障自己的权利。正因为我国刑法在立法上比较重视保护金融机构和保护金融管理秩序，对投资者利益保护有一定欠缺，我们在执法

① 吴玉梅：《中德金融诈骗罪比较研究——以犯罪分类标准和规范保护目的为视角》，载《法学杂志》2006年第3期。
② 刘远、赵玮：《金融刑法立法理念的宏观分析——为金融刑法改革进言》，载《河北法学》2006年第9期，第4页。
③ 张建伟：《法律、投资者保护与金融发展——兼论中国证券法变革》，载《当代法学》2005年第5期（总第113期），第114页。

中，为保护好投资者利益，才应当更加重视个体财产性利益的保护。应注意到，立法是自上而下的，是宏观的，而实践中处理具体个案是自下而上，是微观的。处理具体案件，可以从微观着手，最终上升到宏观。简单地说，就是先充分认识到犯罪对人民群众切身经济利益的损害，并充分揭示这种损害的社会危害性，再将其上升到破坏金融秩序的高度，从而在办理破坏金融管理秩序罪案件中，实现保护个体利益与保护社会利益相统一，从而提高执法公信力。

（二）兼顾金融安全和投资者利益

金融即资金的融通，经济学上的定义是指在社会经济生活中的货币流通和信用活动以及与其相联系的一切经济活动的总称①。金融本身具有两面性：一方面，金融交易是一种商品交易，与其他商品交易一样，都是存在平等主体之间的商品交换关系；另一方面金融业在国民经济中又极为重要，承担维持金融体系稳定，为其他产业融通资金，维持国民经济产业结构均衡发展的重要任务，关系到国民经济的安全、稳定与发展，又完全不同于普通的商事交易，具有了公共性质。② 金融的这种两种不同的特性决定了刑法对金融的保护也具有双重性。

作为商品交易的金融交易，交易主体同样追求个人利益最大化，更有部分人不仅利己，而且可能利用一切机会损害他人利益，靠坑蒙拐骗来为自己牟利。③ 所以，在一般商品交易领域可能出现的犯罪，在金融交易中同样会出现。金融又是一种特殊的商品交易，"金融，就是各种交易主体相互融通资金的信用活动"④，其本质是货币的信用交易。相比其他商品交易而言，金融交易中存在更为严重的信息不对称性（是指信息在各市场主体之间的分布是不对称的，交易的一方拥有更多、更新、更确切的相关信息，处于信息优势地位，而另一方则处于信息劣势地位⑤）。信用交易中存在的严重信息不对称，使金融交易中损害他人利益的"坑蒙拐骗"行为集中以金融欺诈为表现形式，且比一般商品交易更易发生欺诈行为。同时，金融交易具有很强的专业性、虚拟性和信息依赖性，普通投资者不仅缺乏金融知识，更由于信息不对称，缺少必需的交易信息。因此，普通投资者进行金融交易时，总处于弱势地位，仅靠

---

① 唐波主编：《新编金融法学》，北京大学出版社 2005 年版，第 1 页。

② 王保树：《金融法二元规范结构的协调与发展——完善金融法体系的一个观点》，载《广东社会科学》2009 年第 1 期，第 177 页。

③ 吴弘、徐振：《金融消费者保护的法理探析》，载《东方法学》2009 年第 5 期，第 15～16 页。

④ 丁邦开、周仲飞主编：《金融监管学原理》，北京大学出版社 2004 年版，第 1 页。

⑤ 谭立：《证券信息披露法理论研究》，中国检察出版社 2009 年版，第 33 页。

自身的能力，难以防止金融欺诈给他们造成的损害。这就使金融投资者的利益必须通过政府行使公权力来维护，也就要求刑法必须对金融交易中情节严重的金融欺诈予以惩治，从而保护投资人利益。金融又是信用交易，打击金融欺诈，实质上也直接维护金融的信用交易机制，保障了金融市场的健康运行。

具有公共服务性的金融，安全性极为重要，"金融安全正成为经济安全的核心"①，一旦金融出现问题，整个国民经济就会被波及，此次由美国次贷危机引发的全球金融风暴就是最新实例。金融具有严重的信息不对称性和金融风险易于传导性，使市场有效性理论在金融业出现了失灵，市场自我调节能力不足以维护市场的稳定，造成金融机构具有较强的不稳定性和脆弱性。为保障金融系统的稳定，需要国家强制力对其进行干预。同时，"经济体系的良好运转需要金融机构提供的商品和服务，所以有必要对金融机构进行监管"。② 金融监管主要是通过相关的金融法律、法规来进行的，如《商业银行法》、《证券法》、《保险法》等，分别调整不同金融领域内的法律关系。刑法是规定犯罪与刑事责任的法律，也是最严厉的法律。当一般部门法对某种违法行为的处理不足以抑止该违法行为、不足以保护某种社会关系时，立法者才将这种行为规定为犯罪并追究刑事责任。实际上，刑法是保障其他法律得以实施的制裁力量，是法律体系中的保障法。③ 当违反金融法的行为情节严重，已超出金融法调整范围时，就需要刑法来调整。刑法通过保障金融法的实施，起到维护金融秩序，保障金融安全作用。

刑法对金融的保障作用可以说就体现在两个方面：一是通过打击金融欺诈行为维护市场信用机制，直接保护投资者利益；二是通过保障金融法的实施和金融监管的正常运行来维护市场秩序，保障金融安全。这两个层面的作用最终又是相互融合的。投资者利益和市场诚信机制是金融市场健康运行和发展的基础，对之加以保护，同样起到了保障金融安全的作用。而保护投资者利益同样需要金融安全，投资者的利益只有在一个安全金融体系中才能得到保障。金融监管的两个主要目的中，除保证金融体系的稳定外，另一个目的就是保护投资者利益④。金融法本身就包括了维护市场诚信机制，保护投资人利益内容，保

---

① 曹建明：《金融安全与法制建设》，载《法学》1998年第8期，第3页。

② David S. Kidwell、David W. Blackwell、David A. Whidbee、Richard L. Peterson：《货币、金融市场与金融机构》，李建军、章爱民译，机械工业出版社2009年版，第304页。

③ 张明楷：《刑法在法律体系中的地位——兼论刑法的补充性与法律体系的概念》，载《法学研究》1994年第6期（总第95期）。

④ 丁邦开、周仲飞主编：《金融监管学原理》，北京大学出版社2004年版，第2页。

障金融法实施，自然保护了投资人的利益。这要求我们在办理破坏金融管理秩序案件中，既要考虑维护金融安全，又要切实保护好投资人的利益。

（三）破坏金融管理秩序罪案件审查方法的探索

刑法对金融的保障作用体现在投资者保护和保障金融安全两个方面，在具体办案时，我们可能在此基础上选择不同的路径。破坏金融管理秩序罪通常认为是行政犯，是违反了金融管理法律法规，情节严重的行为。同时，实践中对金融消费者利益损害最大的又是金融欺诈。因此，可以从这两个角度出发来认定破坏金融管理秩序罪的刑事违法性。

1. 从欺诈的角度认定刑事责任

虽然破坏金融管理秩序罪为典型行政犯，但我们还是可以从自然犯的角度去认识此类犯罪。因为，欺诈本身是一种违反社会道德的不法行为，在金融领域内出现的金融欺诈，虽有其特殊性，但仍属于欺诈的一种。金融欺诈可以分为非法占有的金融欺诈和虚假陈述的金融欺诈，前者是指以非法占有财物为目的，在金融业务活动中虚构事实或者隐瞒真相，以非法占有财物的行为；后者是指以非法获取利益为目的，违反金融法规，在金融业务活动中虚构事实或者隐瞒真相，以非法获取利益的行为。[①] 金融诈骗罪是以非法占有为目的的欺诈行为，破坏金融管理秩序罪中只有虚假陈述性欺诈行为。对于金融诈骗罪的认定这里不作探讨，就破坏金融管理秩序罪而言，如前所述，欺诈是其客观方面的重要特征之一，我们可以通过判断被告人是否使用欺诈、伪造、变造等的方法，来认定其是否构成此类罪名。这个过程无须依赖金融法的规定来认定其行为的刑事违法性，并且能够直接证明其行为社会危害性。金融是各种交易主体相互融通资金的信用活动，本质是一种信用关系。金融活动中的欺诈行为违反诚信原则，危害到了金融的信用基础，这已能够充分反映出行为人的主观恶性和行为的社会危害性。实践中，对金融消费者利益损害最大的就是金融欺诈，打击欺诈行为可以体现出对法律对投资者保护。如果我们能够将犯罪分子欺诈行为全面地揭示出来，即使不以诈骗类犯罪认定，也有助于让社会公众全面了解犯罪行为，提高执法的公信力。

2. 从行政犯的角度认定刑事责任

在无法证实行为具备非法占有目的时，也不能认定其他欺诈类罪名时，我们可从行政犯的角度认定破坏金融管理秩序罪的刑事责任。

---

① 陈兴良：《金融诈欺的法理分析》，载《中外法学》1996年第3期（总第45期），第10～15页；徐澜波：《我国刑法应以金融欺诈罪代替金融诈骗罪》，载《政治与法律》2007年第2期，第44页。

（1）通过价值评价确认刑事可罚性，再作规范评价

我国刑法规定犯罪是危害社会的行为，只有具有一定社会危害性的行为才能被作为犯罪处以刑罚。破坏金融管理秩序罪是违反行政法的行为，但违反行政法的行为并非都构成犯罪，只有社会危害性严重的可以由刑法调整。我国破坏金融管理秩序罪的立法多采用定性加定量的方式，即一行为违反行政法规定，达到一定的数额，或造成一定损失，再或有其他情节的，就构成犯罪。这种入罪模式过于单一，如果不能准确把握行为的社会危害性，极易不适当地扩大刑罚的适用范围，影响金融市场的正常运作和发展。因此，不能仅从因行为违反行政法规，达到一定数额标准，就要追究其刑事责任。我们应当先对行为进行价值评价，确定其是否具备应追究刑事责任的社会危害性，然后再通过规范评价确认其是否符合犯罪构成要件和选择适当的罪名。这里要注意的是，进行价值评判时，我们不仅要考虑现实的经济损失，还要从维护金融秩序和保障金融安全的角度认识行为的社会危害性。例如洗钱罪、逃汇罪等。

（2）规范评价中，采用二次违法性实质评价的方法

行政犯的违法性，表现为一般违法性和刑事违法性的统一，是既触犯行政法律法规又触犯刑法的犯罪行为①。具体到破坏金融管理秩序罪是其先行触犯了相关金融法，在金融法已不足以调整这一行为对社会关系破坏时，启动刑法予以调整。因此，非法金融活动犯罪与其他行政犯一样，在认定刑事违法性时，要进行二次违法性评价。第一次对其行为进行基础法律（金融法等）评价，以确定其行为的行政违法性；在此基础上再进行第二次法律评价——刑法评价，以确定其是否具备刑事违法性。因此，我们处理金融犯罪案件时，不得不依靠其他法律，尤其金融法的规定来解释刑法规定。司法机关在审理刑事案件时，实质认定刑事违法性是毋庸置疑的，但实践中对行政违法性是否要进行实质性的审查则存在争议。有观点认为，行政违法性应当由行政机关确认，并在处理诸如操纵证券市场、内幕交易案件时，视行政机关出具的行政违法性认定意见（函）为必备的证据。对这一观点本文不能赞同，故提出坚持二次违法性实质评价的观点。理由有二：其一，刑事审查是一个全面和实质的审查。二次评价中，行政违法性作为刑事违法性的基础，并非是一个独立法律性质认定阶段，而是认定犯罪的一个步骤，仍属刑事审查范围，理应由司法机关独立完成。其二，刑事审判的证据规格和证明要求严于行政处罚。如直接使用行政机关的定性意见，无疑降低了刑事案件的证据规格和证明要求，影响了刑事审

---

① 顾肖荣等：《经济刑法总论比较研究》，上海社会科学出版社2008年版，第66～67页。

判的公正性。因此，行政机关定性意见在刑事审判中并非是必备依据。考虑到破坏金融管理秩序罪中部分罪名，如内幕交易、操纵证券市场等具有较强的专业性，行政机关意见可作为我们评价刑事违法性时的参考，必要时也可以要求行政机关和其他专业机构提供相关证据和专业知识方面的帮助。

（3）借助金融法，从行为的本质特征解释刑法规定

破坏金融管理秩序罪的刑法规定中多使用空白罪状和简单罪状，并且有较多的金融专业术语，给执法者准确认定行为性质带来了一定难度。面对这种情况，应当从行为的本质特征来解释法律规定，即通过对刑法规定行为与犯罪行为的本质特征的比较，确认行为性质。"刑法解释并不能把法律文本所没有的东西加诸于它，而只能把法律文本所隐含的东西彰显"①，执法者可以通过对刑法所规定的禁止性行为的本质进行解释，来洗去涂抹在不法行为外表的掩护色，还原其本来面目。破坏金融管理秩序罪的专业性决定，要找到刑法规定行为的本质特征，准确解释法律，必然要依靠金融法和金融专业知识。具体做法是：一方面根据金融法和金融专业知识确定刑法规定行为、概念的本质特征，对法律进行解释；另一方面从案件事实出发，找出不法行为的本质特征，然后将之与刑法规定行为的特征进行比较。如果后者的行为特征与前者相符合，即可以认定不法行为属于刑法所禁止之行为。例如，实践中的非法吸收公众存款犯罪，行为人大部分不直接以存款名义吸收公众资金，对此就需要通过行政法规定来分析存款的特征，将之与相关行为相对照，从而认定为非法吸收公众存款犯罪。同时，法律规定具有滞后性的，现实社会中，随着经济不断地发展和变化，犯罪手段和方法也不断翻新，尤其在破坏金融管理秩序罪中，立法的滞后性使刑法对诸多严重损害经济秩序，侵犯国家、集体和普通社会公众利益的行为未作直接的规定。司法实践中，作为法律实务工作者，应当适应社会的需要，回应社会的要求。因此，我们针对一些社会危害性十分明显，性质十分严重的反社会行为，深入研究刑法规定的行为本质特征，使刑法能够真正发挥维护金融秩序，保障金融安全和投资者利益的作用。

---

① 陈兴良主编：《刑法方法论研究》，清华大学出版社 2006 年版，第 11 页。

第二部分

典型案例诉辩审评

一、伪造货币罪

案例1：张某某等人购买假币、伪造货币案

——在假币上加工防伪标识行为的性质认定等

一、基本情况　　　　　　　　　　　　　　　　　　　　　>>

案　　由：购买假币、伪造货币

被告人：张某某，男，汉族，1971年6月2日出生，初中文化，农民，2006年2月10日因本案经检察机关批准，由公安机关执行逮捕。

被告人：刁某某，男，汉族，1965年10月12日出生，小学文化，农民，2006年1月8日因本案经检察机关批准，由公安机关执行逮捕。

被告人：梁某，男，汉族，1978年11月8日出生，小学文化，农民，2006年1月7日因本案经检察机关批准，由公安机关执行逮捕。

二、诉辩主张　　　　　　　　　　　　　　　　　　　　　>>

（一）人民检察院指控事实

检察机关在起诉中指控的主要犯罪事实如下：

2006年1月初，被告人张某某、刁某某经过预谋赴广东省汕尾市，共同出资以每百元假币2.5元人民币的价格，向他人购买了共计300万元的假人民币。同月6日，被告人张某某、刁某某携带两个装有假人民币的拉杆箱通过长途大巴运输至上海市，并藏匿于被告人刁某某的暂住处。次日上午，被告人张某某从被告人刁某某处提走一个装有假币的拉杆箱后，即至被告人梁某暂住处，并以每百元假人民币支付4角人民币为加工费，要求被告人梁某为假人民币加工防伪标识，梁某当场允诺。

同月 7 日，侦查人员在梁某暂住处抓获被告人张某某、梁某，并当场查获假人民币 150 万元，以及被告人梁某用于加工假人民币的工具等赃物。同日下午，侦查人员抓获被告人刁某某。2006 年 1 月 14 日上午，侦查人员在被告人刁某某暂住处后的树林内，查获另一个装有假人民币的拉杆箱，并从中缴获假人民币 140 余万元。经相关银行鉴定，侦查机关缴获的共计 300 余万元人民币均系伪造。

（二）被告人辩解及辩护人辩护意见

被告人张某某、刁某某均辩称其行为仅构成购买假币罪。

张某某认为其向司法机关提供同案犯罪嫌疑人联系方法的行为具有立功表现。

张某某、刁某某的辩护人认为起诉书指控张某某、刁某某的行为构成购买、运输假币罪的事实不清、证据不足，张、刁两人的行为应当认定为持有假币罪。

刁某某的辩护人还认为刁某某到案后认罪态度较好并且涉案的假币已经被全部缴获，建议法庭对刁某某从轻处罚。

被告人梁某以及其辩护人就起诉书针对梁某指控的内容不持异议，梁某的辩护人建议法庭对梁某减轻处罚。

三、人民法院认定事实和证据　　》》

（一）认定犯罪事实

人民法院经公开审理查明：

2006 年 1 月 6 日，被告人张某某、刁某某将由两人分别出资从广东省汕尾市向他人购买的共计 303.42 万元假人民币，装在两个拉杆箱里，藏匿于刁某某在上海的暂住处。同月 7 日上午，张某某携带其中一个装有假人民币的拉杆箱，至被告人梁某在上海的暂住处，与梁某商议为假币加工防伪标识。同日上午，公安人员在梁某的暂住处抓获张某某、梁某，同时查获装有假人民币 156.35 万元的拉杆箱一个以及梁某用于加工假币的模具等。同日下午，公安人员抓获刁某某。同月 14 日上午，公安人员在刁某某暂住处后的树林内，查获另一个装有假人民币 147.07 万元的拉杆箱。经鉴定，上述被缴获的共计 303.42 万元人民币均系伪造。

（二）认定犯罪证据

上述事实有下列证据证明：

1. 书证

公安机关出具的《扣押物品清单》、《情况说明》，证实了查获的假币数量与张某某、刁某某供述的数量相吻合，假币的编号与张某某处查获的假币编号相同。

2. 物证

查获的303.42万元假人民币。

3. 证人证言

吴某某、俞某某的证言，证实了公安人员在刁某某暂住处后树林内查获的另一个装有假人民币147.07万元的拉杆箱的事实。

4. 被告人供述

（1）被告人张某某、刁某某的供述，证实了两人出资在广东省汕尾市购买300余万元假人民币的事实；

（2）被告人张某某、梁某的供述，证实了两人共谋为假人民币加工防伪标识、预备伪造货币的事实以及公安人员抓获梁某时从其住处查获装有假人民币156.35万元拉杆箱一个和用于加工假币的工具的事实。

5. 鉴定意见

相关银行出具的《货币真伪鉴定书》、《假人民币没收收据》的鉴定意见，证实了查获的303.42万元人民币均系伪造。

四、判案理由

法院认为，被告人张某某、刁某某明知是伪造的货币而购买，其行为均已构成购买假币罪，且数额特别巨大；被告人张某某、梁某为伪造货币准备工具、制造条件，其行为均已构成伪造货币罪，系犯罪预备，且数额特别巨大，对三名被告人均应依法予以惩处。其中对张某某应两罪并罚。张某某、刁某某将伪造的货币以明显低于票面的价格买进事实清楚，证据确实、充分，且两人亦供认不讳，张某某、刁某某的辩护人关于张、刁的行为构成持有假币罪的辩护意见缺乏事实和法律依据，本院不予采纳。鉴于张某某、刁某某的假人民币来源明确，故张、刁关于其行为构成购买假币罪的辩解理由成立。现有证据证实，张某某、刁某某于2006年1月7日先后到案，当日，张某某既没有如实向公安人员提供同案犯的藏匿地点、电话号码等线索，也没有协助司法机关抓捕同案犯的行为，故张某某关于其有立功表现的辩解，本院不予采信。张某某、梁某实施的伪造货币的行为系处于犯罪预备阶段，依法可以减轻处罚。刁某某认罪态度较好，可以酌情从轻处罚。刁某某、梁某的辩护人建议法庭对刁、梁分别予以从轻、减轻处罚的意见，予以采纳。鉴于涉案假币并未流入社会，未造成严重后果，可以酌情对三名被告人从轻处罚。

五、定案结论 >>

人民法院根据《中华人民共和国刑法》第 171 条第 1 款、第 170 条第 2 项、第 22 条、第 69 条、第 25 条、第 64 条以及最高人民法院《关于审理伪造货币等案件具体应用法律若干问题的解释》第 1 条第 2 款、第 3 条的规定，判决如下：

1. 被告人张某某犯购买假币罪，判处有期徒刑 14 年，并处罚金人民币 30 万元；犯伪造货币罪，判处有期徒刑 4 年，并处罚金人民币 5 万元；决定执行有期徒刑 16 年，并处罚金人民币 35 万元；

2. 被告人刁某某犯购买假币罪，判处有期徒刑 13 年，并处罚金人民币 30 万元；

3. 被告人梁某犯伪造货币罪，判处有期徒刑 4 年，并处罚金人民币 5 万元；

4. 查获的 303.42 万元假人民币及犯罪工具均予以没收。

六、法理解说 >>

本案中，被告人张某某、刁某某从广东购买 300 余万元假币，到上海让被告人梁某加工防伪标识后被公安机关抓获。因被告人被抓获时，购买假币行为已完成，且假币出售人并未到案，而梁某系与张某某约定在已有假币上进一步加工防伪标识，但行为还未实施，故本案审理过程中主要存在以下两点争议：第一，现有证据能否证实张某某、刁某某构成购买假币罪；第二，如何认识梁某行为的性质及犯罪形态。针对上述两个问题，具体评述如下：

（一）现有证据能否认定被告人构成购买假币罪

实践中，在行为人身上或暂住处查获假币的案件十分常见，在没有证据证实行为人实施了其他假币犯罪的情况下，如果行为人明知假币而持有，数量达到最高人民检察院、公安部《关于公安机关管辖的刑事案件立案追诉标准的规定（二）》（2010 年 5 月 7 日）规定的总面额 4000 元以上或者币量 400 张（枚）以上的，应当按照《刑法》第 172 条的规定，以非法持有假币罪追究刑事责任。如果能够证实行为人实施了其他假币犯罪，根据 2001 年 1 月《全国法院审理金融犯罪案件工作座谈会纪要》（以下简称《金融座谈会纪要》）的精神，应当以行为人所实施的其他假币犯罪定罪量刑。

本案中，公安机关查获被告人张某某、刁某某持有的假币 300 余万元，辩护人提出认定张某某、刁某某构成购买假币罪证据不足，应当仅认定为非法持有假币罪的辩护意见。对此，本文认为，虽然本案中，张、刁二人并非在购买假币时被当场抓获，公诉方也未能提供假币出售人的证言予以指证，但现有证据已能够证实张、刁二人实施了购买假币的行为，构成购买假币罪。实践中，大部分购买假币的行为人，在被抓获时购买行为已经完成，而处于持有假币状态，通常向其出售假币的犯罪分子也很难及时抓获。因此，假币购买人和出售人供述齐全一致，只能是这类案件指控证据的理想状态，实践中很少达成。实践中，在行为人持有假币事实已经有充分证据证实的前提下，认定行为人是否存在构成购买假币行为，不能要求必须有出售假币人的证言。案件中，只要有其他证据可以证实，行为人持有的假币系其购买所得，就能够认定其实施了购买假币的行为，构成购买假币罪。这里的其他证据可以是行为人的供述，也可以是相关购买假币的付款凭证、单据或其他证人证言等。本案中，在被告人非法持有300余万元假币的事实已经由扣押物品清单、查获的假币以及相关证人证言证实的情况下，两名被告人均对这300余万元假币系二人从广东购买所得的事实供认不讳，已经能够排除合理怀疑，证实二人构成购买假币罪。

根据2000年4月最高人民法院《关于审理伪造货币等案件具体应用法律若干问题的解释》（以下简称《伪造货币解释》）第3条的规定，出售、购买假币或者明知是假币而运输，总面额在20万元以上的，属于"数额特别巨大"，应当依照《刑法》第171条第1款的规定处罚。据此，法院认定张某某、刁某某构成伪造货币罪，分别判处有期徒刑14年、13年，是准确的。

（二）被告人梁某行为性质和犯罪形态的认定

本案中，被告人梁某与张某某约定，为张某某在假币上加工防伪标识，并为此准备了犯罪工具。由于在梁某加工前，假币就已存在，梁某仅是在原假币基础上添加防伪标识，故有观点认为，梁某的这种行为不符合2010年11月最高人民法院《关于审理伪造货币等案件具体应用法律若干问题的解释（二）》第1条"仿照真货币的图案、形状、色彩等特征非法制造假币，冒充真币的行为，应当认定为刑法第170条规定的'伪造货币'。"的规定，不属于"制造"行为，因而不能认定梁某构成伪造货币罪。本文认为，这一观点片面地理解了司法解释中"制造"的含义。在现代科学技术不断发展的背景下，货币的加工工艺和防伪技术日益高超，伪造货币早已不是单纯的制版印刷或制模浇铸，一次成形，而是需要由多个环节组成，各环节组合起来假币才能"制造"完成。实践中，犯罪分子为逃避打击，又多采取异地分工伪造的方法，如张三在甲地专门负责制作半成品，再运至乙地交李四完成加工水印、防伪标识等。这个过程中，各环节均非完整地"制造"假币行为。如果据此认为单个环节的对假币进行加工的行为都不属于伪造货币，则行为人只要将伪造货币的各个环节分开实施，就不存在伪造货币了。2001年《金融座谈会纪要》针对这种情况，规定"伪造货币的，只要实施了伪造行为，不论是否完成全部印制工序，即构成伪造货币罪；对于尚未制造出成品，无法计算伪造、销售假币面额的，或者制造、销售用于伪造货币的版样的，不认定犯罪数额，依据犯罪情节决定刑罚"。因此，本案中被告人梁某准备实施的在假币上添加防伪标识的行为，是假币制造的一个环节，应当属于伪造货币行为。

本案中梁某虽然在主观上具有帮助张某某伪造货币的故意，但客观上尚处于准备工具、创造条件的阶段，由于其被公安机关抓获而最终未能着手实施伪造货币行为，更未能得逞。根据《刑法》第22条、第23条的规定，为了犯罪，准备工具、制造条件的，是犯罪预备；已经着手实行犯罪，由于犯罪分子意志以外的原因而未得逞的，是犯罪未遂。本案中，被告人梁某已准备了作案工具，但还未着手实施伪造货币的犯罪行为，故应当认定为犯罪预备。虽然《刑法》规定，犯罪预备可以比照既遂犯从轻、减轻处罚或者免除处罚，但本案中梁某准备伪造的货币多达300余万元，远超过了前述《伪造货币解释》规定的，伪造货币的总面额在3万元以上的，属于伪造货币数额特别巨大的标准，即使处于预备阶段，也具有较大的社会危害性。因此，法院以伪造货币罪判处被告人梁某有期徒刑4年，并处罚金5万元，量刑适当。此外，被告人张某某在案件中除了购买假币外，还让梁某为其伪造货币的行为，属于伪造货币罪的共犯，法院以购买假币罪、伪造货币罪对其二罪并罚，定性是准确的。

（整理人：李　炜）

二、出售、购买、运输假币罪

案例2：叶某等人出售假币案
——出售假币罪的犯罪对象、数额及共同犯罪的认定

一、基本情况

案　由：出售假币

被告人：叶某，男，汉族，1988年10月3日出生，初中文化，无业，2010年5月28日因本案经检察机关批准，由公安机关执行逮捕。

被告人：马某某，化名"易文君"，男，汉族，1991年10月10日出生，初中文化，无业，2010年5月28日因本案经检察机关批准，由公安机关执行逮捕。

被告人：卢某，化名"李刚"，男，汉族，1990年12月8日出生，高中文化，无业，2010年5月28日因本案经检察机关批准，由公安机关执行逮捕。

被告人：韩某，化名"韩兵"，男，汉族，1991年8月20日出生，高中文化，无业，2010年5月28日因本案经检察机关批准，由公安机关执行逮捕。

二、诉辩主张

（一）人民检察院指控事实

检察机关在起诉中指控的主要犯罪事实如下：

2009年9月，被告人叶某以及何某、郑某（均另案处理）等人租赁上海市闵行区都市路399弄54号别墅，并召集被告人马某某等人准备进行电话销售。2010年2月左右，被告人卢某、韩某等人加入，与叶某等人一起商议冒用上海市收藏协会名义，随机拨打全国收藏爱好人员的电话，通过出售伪造的

新中国成立六十周年纪念币、世博纪念币牟取暴利。被告人叶某、何某等人为老板，负责人员招募、进货、购置假发票、管理钱款、发放工资、安排人员食宿等；被告人马某某、卢某任主管，负责督促电话销售、订单核实、总结工作业绩等，并参加日常销售和送货，每月固定报酬1500元并按销售金额分得一定比例报酬；被告人韩某等人负责电话销售与送货，每月固定1000元报酬并按销售金额分得一定比例报酬。期间，应郑某要求，卢某投入人民币1万元，韩某投入人民币3万元参与合伙经营。

至案发前，被告人共计销售2010年上海世界博览会金银纪念币（第一组）24套，新中国成立六十周年纪念币3套。2010年4月23日，公安机关查获该犯罪窝点，当场扣押2010年上海世界博览会金银纪念币（第一组）10套，随后从各被害人处扣押其余伪造的纪念币共计27套。以上伪造的纪念币共计37套，经人民银行鉴定均系假币，世博纪念币初始发行为每套4340元人民币，新中国成立六十周年纪念币初始发行价为3200元人民币，上述37套纪念币面额为157160元人民币。

据此，检察院指控被告人叶某、马某某、卢某、韩某犯有出售假币罪。

（二）被告人辩解及辩护人辩护意见

被告人在开庭过程中对上述证据没有异议。

叶某的辩护人认为，叶某在到案后交代态度较好，且自愿认罪，可酌情从轻处罚。

马某某的辩护人认为，马某某在共同犯罪中其次要作用，系从犯，依法应当从轻处罚。马某某到案后交代态度较好，且自愿认罪，可酌情从轻处罚。

卢某的辩护人提出卢某出售给陈某的十八套假币中有十套是赠送的，因此应当以八套假纪念币认定犯罪数额。

韩某的辩护人提出因为韩某在2009年尚未加入，因此不应对销售给陈某的五套假币负责。

三、人民法院认定事实和证据

（一）认定犯罪事实

人民法院经公开审理查明：

2009年9月，被告人叶某以及何某、郑某（均另案处理）等人租赁上海市闵行区都市路399弄54号别墅，并召集被告人马某某等人准备进行电话销售。2010年2月左右，被告人卢某、韩某等人加入，与叶某等人一起商议冒用上海市收藏协会名义，随机拨打全国收藏爱好人员的电话，通过出售伪造的新中国成立六十周年纪念币、世博纪念币牟取暴利。被告人叶某以及何某等人为老板，负责人员招募、进货、购置假发票、管理钱款、发放工资、安排人员食宿等；被告人马某某、卢某任主管，负责督促电话销售、订单核实、总结工作业绩等，并参加日常销售和送货，每月固定报酬1500元并按销售金额分得一定比例报酬；被告人韩某等人负责电话销售与送货，每月固定1000元报酬并按销售金额分得一定比例报酬。期间，应郑某要求，卢某投入人民币1万元，韩某投入人民币3万元参与合伙经营。

至案发前，被告人共计销售2010年上海世界博览会金银纪念币（第一组）24套，新中国成立六十周年纪念币3套。2010年4月23日，公安机关查获该犯罪窝点，当场扣押2010年上海世界博览会金银纪念币（第一组）10套，随后从各被害人处扣押其余伪造的纪念币共计27套。以上伪造的纪念币共计37套，经人民银行鉴定均系假币，世博纪念币初始发行为每套4340元人民币，新中国成立六十周年纪念币初始发行价为3200元人民币，上述37套纪念币面额为157160元人民币。

（二）认定犯罪证据

上述事实有下列证据证明：

1. 书证

（1）相关快递凭据、销售发票等书证证实：被告人等人销售伪造的货币的事实。

（2）公安局搜查笔录、扣押清单以及纪念币记事本等书证证实：实际销售的物品以及销售方式的事实。

（3）中国金币总公司纪念币发行价清单等书证证实：2010年世博会第一组纪念金银币整套发行价格为4340元；新中国成立六十周年纪念金银币发行价为3200元。

（4）上海收藏协会的说明书等书证证实：其从未委托或自己从事销售纪念币的事实。

2. 被告人供述

（1）被告人叶某、马某某、卢某、韩某的供述证实：三人具体在上海闵行销售伪造的纪念金银币并获取非法利益的事实。

（2）李某某、纪某某的证言证实：叶某、马某某在出售假币中，具体从事管理、销售等事实。

3. 被害人陈述

被害人蔡某某、胡某某、姜某某、陈某的陈述以及辨认笔录证实：各自受骗购买纪念金银币以及具体销售人员的事实。

4. 鉴定意见

中国人民银行货币真伪鉴定书等鉴定意见证实：送检涉案的 2010 世博纪念币（第一组）经鉴定系假币，新中国成立六十周年纪念币系假币的事实。

5. 视听资料

相关搜查视频等试听资料：证实伪造货币保管情况的事实。

四、判案理由

人民法院认为，被告人叶某、马某某、卢某、韩某出售伪造的货币，其行为均已构成出售假币罪，依法应予以惩处。检察机关的指控，事实清楚，定性正确。被告人叶某在共同犯罪中起主要作用，系主犯。被告人马某某、卢某、韩某在共同犯罪中起次要作用，系从犯，依法应当从轻处罚。被告人叶某、马某某、卢某、韩某到案后交代态度较好，且自愿认罪，均可酌情从轻处罚。辩护人与此相关的辩护意见，本院予以采纳。根据被告人的供述并结合作案的方式，能够证实被告人叶某、马某某、卢某、韩某在明知系假币的情况下进行销售的事实。被告人叶某、马某某、卢某、韩某等人均在固定的场所实施相对固定的犯罪方式，即以电话联系出售涉案的假币，均应对本案的假币数额负责。根据相关法律规定，对被告人在出售假币时被抓获的，现场查获的假币也应认定为出售假币的数额。故被告人、辩护人关于不应该对现场查获的 10 套假币负责的意见，本院不予采纳。卢某辩护人提出的关于卢某出售给陈某的 18 套假币中有 10 套是赠送的情况，因该行为系被告人出售假币的方式，应当以 18 套假币认定出售数量。韩某的辩护人的韩某不应对 2009 年销售给陈某的 5 套假币负责的意见，因当时韩某系共同投资出售假币，且明知该事实，故辩护人的相关意见本院不予采纳。根据本案的事实、情节、后果，对卢某、韩某的辩护人关于对卢某、韩某减轻处罚以及对韩某适用缓刑的意见，本院不予采纳。

五、定案结论

人民法院根据《中华人民共和国刑法》第 171 条、第 25 条第 1 款、第 26 条、第 27 条、第 53 条、第 64 条之规定，判决如下：

1. 被告人叶某犯出售假币罪，判处有期徒刑 7 年，并处罚金人民币 15 万元；

2. 被告人马某某犯出售假币罪，判处有期徒刑 4 年，并处罚金人民币 8 万元；

3. 被告人卢某犯出售假币罪，判处有期徒刑 4 年 6 个月，并处罚金人民币 8 万元；

4. 被告人韩某犯出售假币罪，判处有期徒刑 3 年，并处罚金人民币 5 万元；

5. 责令被告人叶某、马某某、卢某、韩某退赔违法所得，在案款人民币 2000 元发还各被害人。

六、法理解说　〉〉

本案是一起出售假纪念币的多人共同犯罪案件，涉及出售假币罪的犯罪对象范围、出售特殊假币的数额认定，以及复杂形态的共同犯罪中主从犯的区分和各被告人犯罪数额认定等多个问题，在假币犯罪中具有一定的参考意义。对此，评述如下：

（一）关于出售假币罪的犯罪对象

《刑法》第 171 条规定出售伪造的货币，数额较大的，构成出售假币罪。对于出售假币罪的犯罪对象，长期以来一直争议不断。例如，停止流通的货币是否能够成为本罪的犯罪对象、我国台湾地区的新台币是否属于本罪保护范围、以纪念币或贵金属币名义销售自行制作的不存在对应合法发行的真币的所谓纪念币或贵金属币的行为是否成立本罪等。其中，出售伪造的停止流通的货币是否能够构成出售假币罪的争议最大。针对上述争议，最高人民法院、检察院和公安部相继出台了一系列的司法解释。依照现有司法解释，出售、购买、运输假币罪的犯罪对象已经明确。2010 年最高人民检察院、公安部《关于公安机关管辖的刑事案件立案追诉标准的规定（二）》（以下简称《追诉标准（二）》）第 19 条第 4 款规定，"货币"是指流通的以下货币：人民币（含普通纪念币、贵金属纪念币）、港元、澳门元、新台币、其他国家及地区的法定货币。2010 年最高人民法院《关于审理伪造货币等案件具体应用法律若干问题解释（二）》以下简称《解释（二）》）第 4 条规定，"以中国人民银行发行的普通纪念币和贵金属纪念币为对象的假币犯罪，依照刑法第一百七十条至一百七十三条的规定定罪处罚"，即按照伪造货币罪、出售、购买、运输假币罪、持有、使用假币罪和变造货币罪定罪处罚。因此，出售假币罪中的"假币"不仅仅是指人民币，还指一切国内外流通的货币和法定货币，以及中国人民银行发行的纪念币和贵金属币。

同时，《解释（二）》第 5 条规定，"以使用为目的，伪造停止流通的货币，或者使用伪造的停止流通的货币的，依照刑法第二百六十六条的规定，以诈骗罪定罪处罚"。虽然该规定没有直接明确出售伪造的停止流通货币的行为应当如何认定，但将以使用为目的，伪造停止流通货币和使用伪造的停止流通货币的行为规定以诈骗罪定罪处罚，而不是分别认定为伪造货币罪和使用假币罪，足以说明停止流通货币并不属于伪造货币罪的犯罪对象。因此，我们有理由认为，停止流通货币不是出售假币的犯罪对象。出售伪造的停止流通货币的，当属虚构事实，隐瞒真相，诈骗他人财物的行为，应当以诈骗罪定罪处罚。

（二）关于犯罪数额的认定

出售纪念币等特殊伪造货币的犯罪数额认定标准，《追诉标准（二）》在第19条第4款第3项规定，贵金属纪念币的面额以中国人民银行授权中国金币公司的初始发售价格为计算标准。根据前述《解释（二）》第4条第2款的规定，假普通纪念币犯罪的数额，以面额计算；假贵金属纪念币犯罪的数额，以贵金属纪念币的初始发售价格计算。因此，在本案中，对于共同犯罪的犯罪数额应当按照中国人民银行对世博纪念金银币和新中国成立六十周年纪念金银币的初始发售价格计算。根据《追诉标准（二）》第20条第2款"在出售假币时被抓获的，除现场查获的假币应认定为出售假币的数额外，现场之外在行为人住所或者其他藏匿地查获的假币，也应认定为出售假币的数额"的规定，本案中被告人出售假币的犯罪数额，不仅包括已售出的假币，还包括从被告人处查获的未销售的假币。

此外，本案中，辩护人提出了被告人出售假币时，赠送给购买者的假币不应计入犯罪数额的辩护意见。对此，本文赞同法院判决意见。在出售商品时赠送给购买者一定数量的商品是一种销售方式，并非独立的赠送行为，而是依附于出售行为之中。商品销售中，出售人给予购买者赠品，实际上是出售人在约定价格不变的情况下，出售更多的商品给购买人。这时的所谓赠送实际上仍是一种出售行为。因此，法院将被告人在出售假币时，赠送给购买人的部分假币一并计入犯罪数额，对事实认定是准确的。

（三）关于共同犯罪的认定

本案中，四名被告人和其他同案犯经过事先预谋、分工，共同出资，聘用人员，有组织实施出售假币犯罪，是一种企业化的共同犯罪方式，也是近年金融犯罪中共同犯罪的一种发展趋势。这种企业化的共同犯罪如何区分各被告人的刑事责任实践中常出现一定争议。本案判决认定四名被告人对全部犯罪事实承担责任，同时区分主从犯，分别定罪量刑，对此类共同犯罪责任区分的把握是恰当的。

根据我国《刑法》第26条的规定，组织、领导犯罪集团活动或者在共同犯罪中起主要作用的，是主犯。主犯，应当按照其所参与的或者组织、指挥的全部犯罪处罚。《刑法》第27条规定，共同犯罪中起次要或者辅助作用的，是从犯。本案中，四名被告人在犯罪中的作用和地位是不同的。被告人叶某负责出售假币的人员招募、进货、购置假发票、管理钱款、发放工资、安排人员食宿等，其组织实施了全部犯罪行为，在整个共同犯罪中起主导、指挥和管理的作用，并从全部犯罪行为中获得利益，应当认定为主犯并且对全部犯罪事实负责。被告人马某某、卢某负责督促电话销售、订单核实、总结销售业绩等，对全部犯罪事实知悉，且实际参与了全部犯罪事实，卢某还为犯罪活动提供资金。因此，马某某、卢某二人也应当对全部犯罪事实承担责任。争议较大的是韩某，只负责假币的电话销售和送货。实践中，类似人员如果未参与组织策划，一般只对自己实施的出售假币承担责任，而不应认定对全案负责。但本案中，韩某虽未参与组织策划，却曾为出售整个假币犯罪提供了3万元资金，又是从全部假币犯罪获利中按照一定比例分取赃款，因此其也应当对全部犯罪事实承担责任。同时，马某某、卢某、韩某三人，相比叶某等人而言，在犯罪中作用较小，处于从属地位，可以认定为从犯，从而实现量刑上的平衡。

综观全案，法院判决不仅定性准确，量刑也恰当。

（整理人：吴卫军　殷震夏）

案例3：李海某等人购买、运输、持有假币案
——假币犯罪的罪数关系等

一、基本情况

案　由：购买、运输、持有假币

被告人：李海某，男，汉族，1977 年 4 月 21 日出生，小学文化，无业，2006 年 7 月 28 日因本案经检察机关批准，由公安机关执行逮捕。

被告人：李某某，男，汉族，1978 年 8 月 1 日出生，初中文化，无业，2006 年 7 月 28 日因本案经检察机关批准，由公安机关执行逮捕。

被告人：蔡某，男，汉族，1975 年 2 月 10 日出生，高中文化，无业，2006 年 7 月 28 日因本案经检察机关批准，由公安机关执行逮捕。

二、诉辩主张

（一）人民检察院指控事实

检察机关在起诉中指控的主要犯罪事实如下：

2006 年 7 月 3 日，被告人李海某与李某某从上海乘坐长途汽车，于 7 月 4 日抵达广东省陆丰市。同日下午，被告人李海某即与当地上家"老蔡"谈妥，从"老蔡"处购买假人民币 400 万元。后被告人李海某先行回沪，被告人李某某在陆丰市等候。7 月 5 日，被告人李海某抵沪后，即将购买假币款人民币 12.9 万元通过银行划款至"老蔡"提供的账户。7 月 6 日下午，被告人李某某携带"老蔡"交付的装有假币的两个黑色旅行包，乘坐长途汽车返沪。7 月 7 日中午，当长途汽车行至沪杭高速公路松江出口处时，被告人李某某携带上述旅行包下车，被公安人员抓获，并被缴获放置于旅行包内的人民币假币 401.595 万元。当日下午，被告人李海某在被告人蔡某的暂住处被公安人员抓获。

同日下午，公安人员在被告人蔡某的暂住处，从蔡某皮夹内查获假人民币

5600 元及 200 美元假币。

（二）被告人辩解及辩护人辩护意见

被告人李海某及其辩护人对起诉书指控李海某构成购买假币罪的罪名不持异议。

被告人蔡某对起诉书指控犯有持有假币罪的罪名不持异议。

李海某及其辩护人、蔡某认为：李海某、蔡某系初犯，到案后认罪态度较好，请求法庭对李海某、蔡某酌情从轻处罚。

李某某认为：其不知道所携带物品系假币，否认其行为构成运输假币罪。

三、人民法院认定事实和证据

（一）认定犯罪事实

人民法院经公开审理查明：

被告人李海某、李某某于 2006 年 7 月 4 日下午至广东省陆丰县。李海某向当地的"老蔡"订购假人民币并要求李某某将其订购的假币运输回沪。李海某次日抵沪，将购买假人民币的 12.9 万元由银行划款至"老蔡"提供的账户。同月 7 日中午，李某某携带李海某从"老蔡"处购买的 4015950 元假人民币从广东省陆丰县乘坐长途汽车至沪杭高速公路上海市松江出口处下车时，被公安人员截获。当日下午，公安人员将李海某及被告人蔡某捕获，并从蔡某处查获假人民币 5600 元及 200 美元假币。

（二）认定犯罪证据

上述事实有下列证据证明：

1. 书证

（1）相关银行外汇兑换牌价表表明，2009 年 7 月，美元与人民币的最低卖出价为 100 美元折合人民币 684.42 元。

（2）银行查询单，证实了被告人李海某从其账户内划出 12.9 万元至"老蔡"账户的事实。

（3）《搜查笔录》、《扣押物品、文件清单》，证实了公安人员从沪杭高速公路上海市松江出口，将被告人李某某截获，并从李某某处扣押 4015950 元假币以及在被告人蔡某的暂住处，从蔡某身上查获假人民币 5600 元以及 200 美元假币的事实。

2. 物证

查获的假人民币及美元假币。

3. 证人证言

（1）证人黄某某的证言，证实了李海某、李某某前往广东省陆丰县购买假币及由李海某先行返沪汇款，李某某负责将假币运回上海的事实。

（2）证人陈某某的证言，证实了公安人员从沪杭高速公路上海市松江出口，将被告人李某某截获并从李某某处扣押4015950元假币以及在被告人蔡某的暂住处，从蔡某身上查获假人民币5600元以及200美元假币的事实。

（3）证人石某某的证言，证明了蔡某明知是假币而持有的事实。

4. 被告人供述

（1）被告人李海某、李某某的供述，证实了李海某、李某某前往广东省陆丰县购买假币及由李海某先行返沪汇款，李某某负责将假币运回上海的事实。

（2）被告人李海某、蔡某的供述，证实了蔡某明知是假币而持有的事实。

5. 鉴定意见

相关银行出具的《货币真伪鉴定书》，证实了被告人李海某、李某某、蔡某所购买、运输、持有的货币经鉴定后确认系伪造的事实。

四、判案理由 >>

人民法院认为，被告人李海某明知是伪造的货币而购买，其行为已构成购买假币罪，且数额特别巨大；被告人李某某明知是伪造的货币而运输，其行为已构成运输假币罪，且数额特别巨大；被告人蔡某明知是伪造的货币而持有，数额较大，其行为已构成持有假币罪，对三名被告人均应依法惩处。李某某明知李海某从他人处购买400余万元假人民币，仍将上述假币运输回沪，并被人赃并获的事实清楚，证据确实、充分，且李某某到案后对运输假币的事实亦供认不讳，并与李海某相关供述相印证。故李某某关于其行为不构成运输假币罪的辩解，本院不予采信。鉴于李海某、李某某涉案金额达400余万元，且两人在庭审中对相关涉案事实交代不实，故对李海某及其辩护人提出的认罪态度较好，可以酌情从轻处罚的辩护意见，不予采纳。蔡某系初犯，到案后尚能悔罪，可以酌情从轻处罚。

五、定案结论 >>

人民法院根据《中华人民共和国刑法》第171条第1款、第172条、第57条第1款、第25条、第64条以及最高人民法院《关于审理伪造货币等案件具体应用法律若干问题的解释》第 3 条、第 5 条的规定，判决如下：

1. 被告人李海某犯购买假币罪，判处无期徒刑，剥夺政治权利终身，并处罚金人民币 40 万元；

2. 被告人李某某犯运输假币罪，判处有期徒刑 15 年，并处罚金人民币 20 万元；

3. 被告人蔡某犯持有假币罪，判处有期徒刑 6 个月，并处罚金而人民币 1 万元；

4. 查获的 402.155 万元假人民币、200 美元假币及犯罪工具均予以没收。

六、法理解说 >>

本案三名被告人分别以购买假币罪、运输假币罪和持有假币罪三个不同的罪名定罪量刑，虽然庭审中被告人李某某辩称不明知其运输的是假币，但案件定性总体上看争议不大，值得关注的是本案中涉及的假币犯罪罪数认定的问题。

（一）假币犯罪的罪数关系分析

由于假币犯罪极为严重的社会危害性，《刑法》在第 170 条至第 173 条规定了伪造货币罪，出售、购买、运输假币罪，金融工作人员购买假币、以假币换取货币罪，持有、使用假币罪，变造货币罪五个基本罪名，其中又有三个选择性罪名，给如何认定此类犯罪的罪数，是否要适用数罪并罚带来了一定的难度。实践中，尤以出售、购买、运输假币罪与持有、使用假币罪之间的罪数关系争议最大。

针对这类争议，2001 年 1 月《全国法院审理金融犯罪案件工作座谈会纪要》（以下简称《纪要》）和 2000 年 4 月最高人民法院《关于审理伪造货币等案件具体应用法律若干问题的解释》（以下简称《解释》）均作出了相应的规定。《纪要》规定，"明知是伪造的货币而持有，数额较大，根据现有证据不能认定行为人是为了进行其他假币犯罪的，以持有假币罪定罪处罚；如果有证据证明其持有的假币已构成其他犯罪的，应当以其他假币犯罪定罪处罚"。"假币犯罪罪名的确定。假币犯罪案件中犯罪分子实施数个相关行为的，在确定罪名时应把握以下原则：（1）对同一宗假币实施了法律规定为选择性罪名的行为，应根据行为人所实施的数个行为，按相关罪名刑法规定的排序并列确定罪名，数额不累计计算，不实行数罪并罚。（2）对不同宗假币实施法律规定为选择性罪名的行为，并列确定罪名，数额按全部假币面额累计计算，不实行数罪并罚。（3）对同一宗假币实施了刑法没有规定为选择性罪名的数个犯罪行为，择一重罪从重处罚。如伪造货币或者购买假币后使用的，以伪造货币罪或者购买假币罪定罪，从重处罚。（4）对不同宗假币实施了刑法没有规定为选择性罪名的数个犯罪行为，分别定罪，数罪并罚"。《解释》规定"行为人购买假币后使用，构成犯罪的，依照刑法第一百七十一条的规定，以购买假币罪定罪，从重处罚。行为人出售、运输假币构成犯罪，同时有使用假币行为的，依照刑法第一百七十一条、第一百七十二条的规定，实行数罪并罚"。

《纪要》的规定基本上解决了假币犯罪罪数认定的常见争议，确立了以犯罪对象为判断标准的假币犯罪罪数认定的一般性原则，即对同一犯罪对象（同宗假币）实施的数个犯罪行为，不进行数罪并罚，如果是选择性罪名规定的行为，并列排序确定罪名，数额不累计计算，不是选择性罪名的，择一重从处罚；对不同的犯罪对象（不同宗假币）实施的数个犯罪行为，选择性罪名的数额累计计算，不是选择性罪名的则应分别定罪，实行数罪并罚。

《解释》对购买假币并使用的行为，根据上述原则，规定以购买假币罪一罪认定，从重处罚，但对出售、运输假币，同时有使用假币行为的，却未按照前述原则认定一罪，而是要求分别认定为出售、运输假币罪和使用假币罪，予以数罪并罚。这一规定引发了一定的争议。有观念认为，对同宗假币实施出售、运输行为后，又有使用行为的，行为人的行为针对的是同一个对象，行为之间又具有延续性，存在牵连关系，不应当实施数罪并罚。对此，本文认为，实践中，对同宗假币出售既遂后，又实施使用行为的可能性并不存在，假币出售完毕后，已不在出售人手中，出售人不可能再予使用。如果出售人事后通过其他途径重新取得自己出售的假币予以使用的，则与其之前的出售行为已无直接关联，分别定罪，并无争议。因此，《解释》所引起的争议，主要集中于运输同宗假币后，又使用被运输假币的，是否应当分别定罪，予以并罚。本文认为，运输假币与使用假币之间并不存在必然的牵连关系，受人雇佣运输假币的，并不以使用假币为目的，其明知所运输的是假币而使用的，使用行为与运输行为之间不成立牵连犯。因此，运输假币又使用的，并非全部是牵连犯。同时，对于牵连犯是认定一罪，还是数罪，理论上仍存在较大争议，择一从重处罚并非唯一的选择。如果在法律明确规定认定数罪的情况下，择一从重原则就不应再予适用。例如，《刑法》第198条规定，投保人、被保险人故意造成财产损失的保险事故，或投保人、受益人故意造成被保险死亡、伤残、疾病，骗取保险金的，如果同时构成其他犯罪，依照数罪并罚的规定处罚。因此，鉴于假币犯罪严重的危害性，司法解释规定对出售、运输假币后，再使用的行为，分别认定为出售、运输假币罪和使用假币罪，予以数罪并罚，并未违背罪刑法定原则，也未违反刑法原理。

本案中，李海某等三人分别实施了购买、运输和持有假币行为，罪名认定并无太大争议。唯一可能存在争议的是，李海某购买假币后，指使同案犯李某某将所购买的假币运输到上海的行为，是否成立运输假币罪。对此，本文认为，前述司法解释规定，根据行为人实施的行为认定选择性罪名，这里的行为应当是实行行为。李海某未实施运输实行行为，不成立运输假币罪，只应认定为购买假币罪。

（二）被告人李某某主观明知的认定

案件审理中，被告人李某某虽然提出不明知运输的是假币的辩解，但案件证据证明，李某某与李海某同去广东，虽未直接实施购买假币的行为，但其明知李海某购买"货币"。货币是特殊物品，在现实生活中不可能有购买货币的情况出现，所以对李海某所购买的"货币"是假币的事实，李某某基于一个正常人的判断，显然是不可能不明知的。因此，李某某所作不知道所携带的物品是假币的辩解不能成立，法院未予采纳。李某某明知假币而运输，其行为已构成运输假币罪。

此外，对蔡某，公安机关虽然在其处查获了假人民币5600元及200美元假币，但无法查证与这部分假币与李海某等人实施的购买、运输假币行为具有直接的关联性，也无证据证明蔡某实施其他假币犯罪而持有。根据前述司法解释"明知是伪造的货币而持有，数额较大根据现有证据不能认定行为人是为了进行其他假币犯罪的，以持有假币罪定罪处罚"的规定，对于蔡某的行为应当以持有假币罪定罪处罚。

综上所述，法院判决事实清楚，证据充分，量刑适当，充分体现了罪、责、刑相一致的原则。

（整理人：吴卫军　殷震夏）

案例4：杨某某购买假币案
——购买假币罪主观故意及假币归属的证明

一、基本情况

案　　由： 购买假币

被告人： 杨某某，男，汉族，1954年1月3日生，大专文化，无业，2009年9月7日因本案经检察机关批准，由公安机关执行逮捕。

二、诉辩主张

（一）人民检察院指控事实

检察机关在起诉中指控的主要犯罪事实如下：

被告人杨某某于2009年7月分别至山东菏泽、曲阜两地，以人民币9万元从他人处购买了面值计3万美元的假币（犯罪时美元兑换人民币的牌价为1∶6.8）。回沪后，杨某某将上述美元假币交给黄某某。因杨欠黄人民币10万元，遂让黄兑换为人民币后冲抵欠款，黄某某则将上述美元假币存放于其暂住地。2009年8月，民警前往黄处巡查时，黄主动上缴了上述假币，经扣押实际缴获2.99万美元假币。

（二）被告人辩解及辩护人辩护意见

被告人杨某某当庭辩称自己不清楚本案中的美元是假币，且黄某某参与了整个过程。

辩护人在庭审中提出，本案现有证据不足以证明被告人杨某某主观上具有明知是假币而购买的故意，且现有证据也不能证明本案中假币即为杨某某所有，所以被告人杨某某的行为不构成犯罪。

三、人民法院认定事实和证据

（一）认定犯罪事实

人民法院经公开审理查明：

被告人杨某某于 2009 年 7 月分别至山东菏泽、曲阜两地，以人民币 9 万元从他人处购买了面值计 3 万美元的假币。回沪后，被告人杨某某将上述美元假币交给黄某某，让黄兑换人民币后冲抵欠款，黄某某遂将上述美元假币存放于其暂住地。2009 年 8 月，公安人员至黄某某处巡查时，黄主动上缴上述假币，经清点，实际扣押并缴获 2.99 万美元假币。经相关银行鉴定，上述美元均为假币。案发后，银行收缴了上述美元假币。

（二）认定犯罪证据

上述事实有下列证据证明：

1. 书证

（1）相关银行出具的外汇兑换牌价表，证实了 2009 年 7 月，美元与人民币的最低卖出价为 100 美元折合人民币 684.42 元。

（2）公安机关出具的《扣押物品、文件清单》、假币收缴凭证及相关照片，证实了从黄某某处扣押了 299 张面值 100 元的美元假币，且均被收缴。

2. 证人证言

证人黄某某、杨某、姚某某、郭某某等人的证言，证实了被告人杨某某曾向黄某某借款人民币 10 万元，后赴山东菏泽、曲阜两地，以人民币 9 万元从他人处购买美元 3 万元假币，并将上述美元交给黄某某兑换成人民币用于冲抵欠款的事实。

3. 鉴定意见

相关银行出具的货币真伪鉴定书，证实了公安机关从黄某某处扣押的 299 张面值 100 元的美元均为假币。

四、判案理由

法院认为，被告人杨某某明知是伪造的货币，仍然购买及使用，其行为已构成购买假币罪，且数额特别巨大，依法应予惩处。检察机关的指控，事实清楚，定性正确。被告人杨某某关于自己不清楚本案中的美元是假币的辩解及其辩护人关于本案中现有证据不能证明被告人杨某某主观上具有明知是假币而购买的故意的意见，经查，被告人杨某某在明知美元与人民币汇率的情况下，仍以明显低于汇率的价格购入美元，其对该美元的假币性质应当是明知的，明知是假币而故意购买，显然是处于一种故意的支配。因此，被告人杨某某及其辩护人的上述意见，与事实、法律相悖，法院不予采纳。辩护人在庭审中提出的关于现有证据不能证明本案中假币即为杨某某所有的意见，经查，证人黄某某、姚某某、郭某某、杨某的证言及公安机关扣押物品清单、相关银行货币真伪鉴定书均证实，被告人杨某某将 3 万美元交给了黄某某，且上述美元均系假币的事实，辩护人的上述意见与查证的事实不符，不予采纳。

五、定案结论

人民法院根据《中华人民共和国刑法》第 171 条、第 53 条、第 64 条以及最高人民法院《关于审理伪造货币等案件具体应用法律若干问题的解释》第 2 条、第 3 条、第 7 条的规定判决如下：

1. 被告人杨某某犯购买假币罪，判处有期徒刑 10 年，并处罚金人民币 5 万元；

2. 扣押在案的假币予以没收。

六、法理解说

本案中被告人及其辩护人均作了无罪辩护，归纳控辩双方的争议，主要集中于两个方面：第一，现有证据能否证实被告人杨某某明知假币而购买；第二，在假币已经转手的情况下，现有证据能否认定案件中查获的假币系被告人购买的同宗假币。对此，分述如下：

根据《刑法》第 171 条之规定，购买假币罪是指行为人明知是假币而购买，数额较大的行为。本罪要求行为人在主观上具有故意，即行为人明知或者应当知道其所购买的是假币。本案中，被告人杨某某当庭否认其知道所购买的美元是假币，而辩护人也提出现有证据不足以证明杨某某明知是假币而购买的辩护意见。这就涉及对行为人明知的故意如何认定的问题。购买假币罪的构成中，明知购买的是假币属于主观方面要件，是行为人内心的一种心理活动，除了行为人的供述外，没有其他证据能够直接证明。从本质上讲，人的心理意识是对客观世界的能动的认识和反映，而人在意识支配下的行为则是人的主观意识对于客观世界的认识在客观世界中的客观反映。换言之，人的主观意图是通过其客观行为完成的，人的行为只要处于其控制之下，并且具有完全的认知能力，则其行为就反映了人的主观意志。因此，证明行为人是否明知，除了其自认外，还可以通过其他客观的证据予以推定，但推定时应当允许行为人提出辩解。如果行为人对其明显不合常理的行为，能够提出合理解释，则应采信行为人的辩解，作出对其有利的认定。如果行为人不能合理解释其行为，则可以得出肯定的结论，认定其具有犯罪的主观故意。本案中杨某某在购买美元时，知晓人民币与美元的正常兑换汇率，但其却以远低于市场汇率（仅二分之一左右）的价格购入美元，作为一个理性的正常人，显然应当明知其购买的美元是假币，否则不可能出现如此低的价格。即使被告人杨某某及其辩护人提出了无罪的辩护意见，但均无法否认这一客观事实，也不能提出合理的解释。因此，法院判决通过杨某某的客观行为推定其主观上明知假币而购买，完全可以排除合理怀疑。

对于本案辩护人提出现有的证据不能证明假币是被告人杨某某所有的主张，涉及的是证据判断和采信问题。一般而言，货币属于法律意义上的"种类物"，认定转手后假币的原来归属往往具有一定难度。但本案中，现有证据已足以证明从黄某某处查获的美元系被告人购买所得。证人黄某某、杨某、姚某某、郭某某等人的证言证实，被告人向黄某某借钱购买假币后，将3万美元交给黄某某，并让黄某某将美元假币兑换成人民币。在黄某某处查获的美元假币在数额、面值等特征上也与被告人供述和证人证言相吻合。被告人自身对此曾作过供述。正是由于相关证据形成了"锁链"，使得原来属于"种类物"的美元假币在本案中具备了"特定物"的特征，即转手后的美元假币原来系被告人所有，故法院对辩护人的上述意见不予采纳，认定本案中查获的美元假币系被告人购买所得。

根据2010年11月20日最高人民法院《关于审理伪造货币等案件具体应用法律若干问题的解释（二）》第3条的规定，以正在流通的境外货币为对象的假币犯罪，依照刑法第170条至第173条的规定定罪处罚。假境外货币犯罪的数额，按照案发当日中国外汇交易中心或者中国人民银行授权机构公布的人民币对该货币的中间价折合成人民币计算。本案中，被告人系在2009年7月购买的假币，但因被告人具体购买日期难以查明，故法院根据有利于被告人的原则，以2009年7月美元与人民币的最低卖出价计算被告人的犯罪数额，是符合刑法的谦抑原则的。根据当时100美元折合人民币684.42元的牌价，被告人购买美元假币3万元，折合人民币20余万元，已达到了2000年4月20日最高人民法院《关于审理伪造货币等案件具体应用法律若干问题的解释》第3条规定的"总面额在二十万元以上的，属于购买假币'数额特别巨大'"的标准。

综上所述，法院判决事实清楚，证据充分，量刑适当。

（整理人：殷震夏）

案例5：刁某某购买、持有假币案

——持有假币罪及购买假币约定与交付数量不一致时数额的认定

一、基本情况

案　由：购买、持有假币

被告人：刁某某，男，汉族，1975年3月5日出生，小学文化，农民，2001年12月5日因犯出售假币罪被判处有期徒刑2年6个月，2003年12月10日刑满释放，2009年6月1日因本案经检察机关批准，由公安机关执行逮捕。

二、诉辩主张

（一）人民检察院指控事实

2009年4月，被告人刁某某与梁某某（另案处理）经事先商定，由刁向梁的农业银行账户内汇入人民币1.2万元用于购买假币。同年5月4日凌晨，梁某某从河南将假币带至上海，刁某某联系车辆接应。后公安人员在上海将二人抓获，并当场缴获百元面额的假人民币1896张，总面额为18.96万元。当日，在刁某某的指认下，公安机关在其暂住地查获20元面额的假人民币410张，总面额为8200元。

（二）被告人辩解及辩护人辩护意见

被告人刁某某对指控的事实和证据未提出异议，亦无证据提供。

被告人的辩护人认为刁某某购买假币的金额应为10万元。

三、人民法院认定事实和证据

（一）认定犯罪事实

人民法院经公开审理查明：

2009年4月，被告人刁某某与梁某某经事先商定，由刁向梁的农业银行账户内汇入人民币 1.2 万元用于购买假币。同年 5 月 3 日下午，梁某某携带假币乘车从河南至上海，刁某某在上海联系车辆接应。次日凌晨 4 时许，公安人员将二人抓获，并当场缴获百元面额的假人民币 1896 张，总面额为 18.96 万元。当日，在被告人刁某某的指认下，公安机关在其暂住地查获 20 元面额的假人民币 410 张，总面额为 8200 元。上述人民币经相关银行鉴定，均为假币，并由银行没收。

（二）认定犯罪证据

上述事实有以下证据证明：

1. 书证

（1）查询存款、汇款通知书、借记卡交易清单，证实了被告人刁某某的银行汇款及梁某某农行储蓄卡的存取款情况。

（2）相关照片，证实了被告人刁某某等人被抓获时的车辆以及查获的假币等情况。

（3）通话信息记录，证实了被告人刁某某与梁某某直接使用手机进行联系的通话情况。

（4）案发经过材料，证实了公安机关抓获被告人刁某某等人的经过，以及被告人刁某某主动交代自己持有部分假币的事实。

（5）刑事判决书，证实了被告人刁某某的前科情况。

（6）常住人口基本信息，证实了被告人刁某某的身份情况。

（7）假人民币没收收据，证实了涉案的假币均已被银行没收的事实。

（8）公安机关扣押物品、文件清单，证实了公安机关从被告人刁某某及梁某某处扣押假币的事实。

2. 证人证言

（1）证人梁某某的证言，证实了被告人刁某某向其农业银行账户内汇入人民币 1.2 万元用于购买假币，后与被告人刁某某一起被公安人员抓获，以及被当场缴获百元面额假币 1896 张等事实。

（2）证人潘某某的证言，证实了刁某某让其开车接人，后被公安人员抓获以及在其车内查获假币等事实。

（3）证人符某某的证言，证实了其与梁某某一起从河南到上海，并随同梁某某乘上一辆银色小面包车，后被公安人员抓获等事实。

3. 搜查笔录

搜查证及搜查笔录，证实了公安人员在刁某某暂住地内进行搜查，以及查获假币的事实。

4. 鉴定意见

相关银行出具的货币真伪鉴定书，证实了涉案的纸币均为假币的事实。

5. 被告人供述

被告人刁某某对上述犯罪事实供认不讳。

四、判案理由

人民法院认为，被告人刁某某购买伪造的货币，数额巨大，同时明知是伪造的货币而持有，数额较大，其行为已触犯刑法，分别构成购买假币罪、持有假币罪，依法应数罪并罚。检察机关指控的犯罪事实清楚，证据确实、充分，所控罪名成立。控辩双方关于被告人刁某某在持有假币犯罪中具有自首情节，依法可从轻处罚的意见，合法有据，法院予以采纳。辩护人提出被告人刁某某购买假币的金额应为 10 万元的意见，没有证据予以证实，不予采纳。鉴于被告人能自愿认罪及有前科等情节，法院在量刑时一并予以考虑。

五、定案结论

人民法院根据《中华人民共和国刑法》第 171 条第 1 款、第 172 条、第 69 条、第 67 条第 2 款、第 53 条及最高人民法院《关于处理自首和立功具体应用法律若干问题的解释》第 2 条之规定，判决如下：

被告人刁某某犯购买假币罪，判处有期徒刑 7 年，罚金人民币 7 万元；犯持有假币罪，判处有期徒刑 6 个月，罚金人民币 1 万元，决定执行有期徒刑 7 年 4 个月，罚金人民币 8 万元。

六、法理解说

根据《刑法》第 171 条之规定，购买假币罪是指行为人明知是假币而购买，数额较大的行为。本罪要求行为人购买假币必须出于故意。司法实践中，由于货币是特殊物品，本身即具有价值，可以直接进行流通和消费，因而对于货币进行买卖本身就可以反映行为人的主观故意，而证明以低价购买则可以推定明知假币而购买。本案中刁某某与他人约定以 1.2 万元的价格购买假币 10 万元，符合本罪的主客观要件，实际购得 18 万余元假币，已达到 2000 年 4 月 20 日最高人民法院《关于审理伪造货币等案件具体应用法律若干问题的解释》第 3 条规定购买假币"总面额在五万元以上不满二十万元的，属于'数额巨大'"的标准，构成购买假币罪，且数额巨大。

《刑法》第 172 条持有假币罪则是典型的持有型犯罪，是指行为人明知是假币而持有，数额较大的行为。主观上要求行为人明知是假币，客观上表现行为人处于持有假币的状态。所谓持有，不仅指行为人随身携带，直接控制在手中，而是指行为人将假币实际置于自己的支配和控制之下的一种持续性的状态。除随身携带外，还有将假币放置于某处或者委托他人保管等表现形式。行为人与假币之间在空间上的距离并不影响持有行为的成立，换言之，成立持有假币，并不要求行为人直接携带假币或将假币放置于家中等其直接控制的空间场所，只要行为人对假币具有实际支配、控制权即可。例如，行为人将假币藏匿于公园的树林之中、将假币交给他人代为保管等，均属于持有假币。认定持有假币罪还需注意的是，行为人应当是非法持有假币。假币是法律明文禁止的公民持有违禁物品，故只要没有合法依据持有假币的均属于非法持有，有合法依据持有假币的，不构成本罪。

一般而言，对于犯出售、购买、运输假币罪或者使用假币罪的犯罪分子而言，其本身必然包含有持有假币的行为，在这种情况下，持有假币被其他假币犯罪所吸收，属于典型的不可罚的行为，不应单独定罪量刑。但是，对于本案中在刁某某暂住地被查获的面值8200元假币，由于无法查证与刁某某先前购买的假币或其他假币犯罪具有直接的关联性，而刁某某又无法说明这些假币的来源，其数额也达到了前述司法解释第5条规定的"总面额在四千元以上不满五万元的"的追诉标准，已单独构成持有假币罪。根据2001年1月21日最高人民法院《全国法院审理金融犯罪案件工作会议纪要》规定，对于不同宗假币实施了刑法没有规定为选择性罪名的数个犯罪行为，应分别定罪，数罪并罚。刁某某持有的假币与购买的假币系不同宗假币，法院判决对其以购买假币罪、非法持有假币罪两罪并罚，适用法律是准确的。

本案中，刁某某供称与他人约定以1.2万元的价格购买假币10万元，而实际购得18万余元，故辩护人提出应当以被告人与他人约定的数额10万元认定犯罪数额。购买假币罪是典型的"数额犯"，犯罪金额的认定直接影响到定罪量刑，但由于犯罪形态多样性，对于不同情况的案件，应当具体问题具体分析。对于实践中时有发生的在购买假币过程中约定数量与实际交付数量不一致的情形，应当根据不同情况区别对待。如果在未交付之前或交付时即被抓获，购买人还未实际控制假币，对购买人应当以约定的金额作为交易金额，对出售人则应当以实际拟交付的假币数额认定。因为当事人未实际交付是出于其意志以外的原因，对于购买人而言，仅具有依照约定数额交易的愿望，主观上也仅认识到进行约定数额的假币交易，并不明知出售人欲交付给其的假币的实际数额，以约定金额认定符合主客观一致原则。而出售人实际控制假币，主观上对拟交付给购买人的假币数额十分清楚，应当以实际拟交付数额认定。如果双方在交付后，购买人实际控制假币后被抓获，如实际交付的数额与约定的数额不一致，则双方均应以实际交付的假币数额认定为交易金额。因为此时交易已完成，双方均对实际交付的金额持有认可的态度，行为人的主观故意已发生改变，其实际的交付金额才是行为人真实的意思表示。更为关键的是，行为人此时实际交易的金额与其造成的社会危害性相一致，对于其实际交易的金额予以认定，更加能够精确地体现犯罪行为对社会危害的程度。

（整理人：殷震夏）

三、金融工作人员购买假币、以假币换取货币罪

案例6：华某购买假币、以假币换取货币案

——金融工作人员购买假币、以假币换取货币行为与一般购买、持有、使用假币行为发生竞合时如何处理

一、基本情况

案　由：金融工作人员购买假币、以假币换取货币

被告人：华某，男，28岁，某农村信用合作联社出纳。1998年5月15日因涉嫌购买假币、以假币换取货币罪被逮捕。

二、诉辩主张

（一）人民检察院指控事实

检察机关在起诉中指控的主要犯罪事实如下：

1998年2月，华某与谢某某、章某某、李某、吴某某、吴某等人（已另案处理）在打麻将的过程中，得知谢某某持有大量假币。谢某某对华某说："如果你要用，我可以给你一部分，但是要给费用。"华某问："要多少费用？"谢某某说："先按每张（每张面额为50元）5元预付，结账时按每张10元付清。"华某表示同意。之后，谢某某将面额50元的假人民币1000张送到华某家。华某收到假币后，利用职务之便，将假币掺入营业的货币中散发出去，存款户季某等人从华某处取到了假币。案发前，华某共用去面额50元假人民币600余张，得赃

款3万多元。案发后，华某认罪态度较好，交出了未用假币，退出了全部赃款，并如实坦白交代了自己的罪行。

（二）被告人辩解及辩护人辩护意见

被告人在辩解中称：所得假币系谢某某主动提及，自己原来主观上并没有使用假币的故意，其他犯罪事实均供认不讳。

被告人的辩护人在辩护中认为：被告人华某与贩卖假币人谢某某之间实属同案关系，华某是受谢某某怂恿、指使所为，被告人华某应是共同犯罪中的从犯；且被告人所得赃款已全部退还，认罪态度好，法院应酌情予以从轻处罚。

三、人民法院认定事实和证据　》》

（一）认定犯罪事实

1998年2月，华某在担任某农村信用合作联社出纳期间，与谢某某接触得知其持有大量面额50元假币。经双方协商，华某承诺"按每张5元预付，结账时按每张10元付清"的条件后，谢某某将面额50元的假人民币1000张送到华某家。华某将所得假币掺入自己营业时的货币中散发出去。案发前，华某共用去面额50元假人民币600余张，得赃款3万多元。案发后，华某交出了未用假币，退出了全部赃款，如实交代了自己的犯罪事实。

（二）认定犯罪证据

1. 证人证言

（1）谢某某证言证实：华某从自己手中取得1000张面额50元假人民币的事实。

（2）章某某、李某、吴某某、吴某等人的证言证实：华某在打麻将时向谢某某询问假币的情况。

（3）季某等人证言证实：从华某处取得假币的情况。

2. 物证

（1）从华某家中收缴的50元面额的假人民币380张。

（2）华某所退赃款3万多元。

3. 被告人供述

华某供述证实：购买假币、以假币换取货币的犯罪过程和事实。

四、判案理由

某县人民法院审理认为，被告人身为农村集体金融组织工作人员，明知购买假币、以假币换取货币的行为属于违法犯罪行为，但为了牟取非法利益，实施非法购买假币行为，并利用职务之便，用购买的假币在自己营业时换取货币并散发出去，不仅扰乱了正常的金融秩序，而且严重影响了金融机构的信誉，具有严重的社会危害性。被告人在辩解时所述"自己原来主观上并没有使用假币的故意"的事实不能成立；被告人的辩护人在辩护中认为"被告人华某是受谢某某怂恿、指使所为，被告人华某应是共同犯罪中的从犯"的事实不予认可。

五、定案结论

某县人民法院根据《中华人民共和国刑法》第 171 条第 2 款之规定，判决如下：

华某犯金融工作人员购买假币、以假币换取货币罪，判处有期徒刑 5 年，并处罚金 2 万元，没收全部违法所得。

六、法理解说

本案是一起典型的金融机构工作人员购买假币、以假币换取货币案。华某身为金融机构工作人员，明知购买、出售假币是犯罪行为，却铤而走险，其犯罪的主观故意是很明确的；在客观上实施了购买假币和以假币换取货币的行为，社会危害性严重。该行为已构成犯罪，某县人民法院的处罚是正确的。

实践中认定和处罚该类犯罪应当注意以下几点：

（一）要注意区分罪与非罪的界限

区分的关键：一是在客观方面，要看行为人购买伪造的假币或者以伪造的假币换取货币的数额的大小，如果数额不大不构成犯罪；二是看行为人主观上是否出于故意，如果行为人是在根本不知道情况的前提下用伪造的假币换取货币，不应当以犯罪论处。关于金融机构工作人员购买假币、以假币换取货币案处罚的数额标准，2000 年 9 月 14 日施行的最高人民法院《关于审理伪造货币等案件具体应用法律若干问题的解释》中规定：银行或者其他金融机构的工作人员购买假币或者利用职务上的便利，以假币换取货币，总面值在 4000 元以上不满 5 万元或者币量在 400 张（枚）以上不足 5000 张（枚）的，处 3 年以上 10 年以下有期徒刑，并处 2 万元以上 20 万元以下罚金；总面值在 5 万元以上或者币量在 5000 张（枚）以上或者有其他严重情节的，处 10 年以上有期徒刑或者无期徒刑，并处 2 万元以上 20 万元以下罚金或者没收财产；总面值不满人民币 4000 元或者币量不足 400 张（枚）或者具有其他情节较轻情形的，处 3 年以下有期徒刑或者拘役，并处或者单处 1 万元以上 10 万元以下罚金。关于金融机构工作人员购买假币、以假币换取货币案的立案标准，根据最高人民检察院、公安部《关于经济犯罪案件追诉标准的规定》（2001 年 4 月 18 日）规定：银行或者其他金融机构的工作人员购买假币或者利用职务上的便利，以伪造的货币换取货币，总面值在 4000 元以上或者币量 400 张（枚）以上的，应予追诉。

（二）购买假币、以假币换取货币为并列的两种犯罪行为

此罪中行为人只要实施了其中一个行为，即构成本罪。如果行为人既购买假币，又以假币换取货币，应当根据刑法理论中关于吸收犯的处罚原则从一罪重处，不实行数罪并罚。所谓购买假币，是指行为人将他人持有的伪造的货币予以收购的行为，包括用各种市场通用真货币进行收购或者用其他财物收购。所谓以假币换取货币，是指行为人利用职务上的便利，以伪造的货币换取货币的行为。"利用职务上的便利"是金融机构工作人员以假币换取货币行为在犯罪主体方面的特定条件，但不是构成犯罪的必备条件。如果金融机构工作人员利用职务之便购买假币、以假币换取货币，则构成金融机构工作人员购买假币、以假币换取货币罪，如果没有利用职务之便，实施了购买假币、以假币换取货币行为，则与一般不具有特殊身份主体的人实施的行为相同，仍然构成出售、购买、使用假币罪。

（三）注意掌握金融工作人员与一般人共同实施本罪的定罪定性问题

实践中有许多金融工作人员参与到货币犯罪的案件中，使一般人与金融机构工作人员相互勾结共同实施犯罪行为。对于金融工作人员与一般人员共同实施的购买假币、以假币换取货币的行为，如果是共同犯罪行为，应当注意考察其主、从犯的犯罪性质，依其在犯罪中所起的作用和所处的地位而定，一般采用主犯吸收从犯的原则。如果全案以金融机构工作人员实施的购买假币、以假币换取货币行为为主，则定金融机构工作人员购买假币、以假币换取货币罪，

其他一般人员作为该案的从犯论处。如果全案以一般人出售、购买、使用假币行为为主，则应当以一般出售、购买、使用假币罪定罪，金融机构工作人员作为其中的从犯处罚。如果金融机构工作人员实施的购买假币、以假币换取货币行为和其他一般人员所实施的出售、购买、使用假币均为主犯，则各自分别以金融机构工作人员购买假币、以假币换取货币罪和出售、购买、运输假币罪或持有、使用假币罪处罚。

另外，在处理类似案件时，应当注意参考《中华人民共和国银行法》和最高人民法院《关于办理伪造国家货币、贩运伪造的国家货币、走私伪造的货币犯罪案件具体应用法律的若干问题的解释》（1994 年 9 月 8 日）的有关规定。

（整理人：刘　方）

四、持有、使用假币罪

案例7：周某某、李某持有、使用假币案
——持有假币行为与使用假币行为的区分

一、基本情况　　　　　　　　　　　　　　　　　　　>>

案　由：持有、使用假币

被告人：周某某，男，汉族，1975年2月3日出生，四川省金阳县人，农民。因本案于2000年7月19日被逮捕。

被告人：李某，男，汉族，1975年7月14日出生，云南省永善县人，农民。因本案于2000年7月9日被逮捕。

二、诉辩主张　　　　　　　　　　　　　　　　　　　>>

（一）人民检察院指控事实

检察机关在起诉中指控的主要犯罪事实如下：

2000年6月14日，被告人周某某在安宁市用600元人民币购得假币5600元，并邀约在一起打工的被告人李某共同去使用，经二人商量后，以叫柳某某（另案处理）打工为名，三人一同前往禄丰县、易门县、牟定县蟠猫乡等地使用假币，同年6月21日，三人在蟠猫乡古岩镇使用假币时被公安机关抓获，缴获假币5600元。

（二）被告人辩解及辩护人辩护意见

被告人及辩护人对检察机关的指控无异议。

三、人民法院认定事实和证据

（一）认定犯罪事实

牟定县人民法院经公开审理查明：

2000年6月14日，被告人周某某从外面把假人民币5600元带回其在安宁打工住处的工棚内，并邀约一起打工同住的被告人李某共同使用，经二人商议后，决定外出使用假币，被告人周某某同意扣除购买假币的600元本钱后，使用假币的所得由二人平分，后又以叫柳某某外出打工为名，邀约柳某某一起使用假币。2000年6月15日，二被告人伙同柳某某至禄丰县城，被告人周某某将100元假币交由李、柳二人去使用，但二人均未使用出去。2000年6月16日，三人至易门县城，由柳某某使用了假币100元，后被对方退回。2000年6月17日，三人至禄丰县城使用假币未得逞。2000年6月18日，三人至禄丰县广通镇，被告人李某使用假币（100元）二次，但均未使用出去。2000年6月19日，三人至牟定县城，被告人李某使用假币（100元）三次，接着柳某某使用一次，均未使用出去。2000年6月21日，三人至牟定县蟠猫乡大石岩，被告人李某使用假币（100元）一次，柳某某使用二次，但均未使用出去，后被公安干警抓获，当场从被告人周某某身上缴获假币5400元，从被告人李某和柳某某身上各缴获假币100元。

同时查明，在被告人周某某、李某和柳某某到禄丰县、易门县、牟定县等地使用假币过程中所需车旅费、生活费等均由被告人周某某支付。

（二）认定犯罪证据

上述事实有下列证据证明：

1. 书证、照片

（1）某中学报案材料及陈述、柳某某现场指认笔录证实：柳某某到该中学小卖部使用过100元假币的事实。

（2）毕翠仙报案材料及陈述、李某现场指认笔录证实：被告人李某到毕翠仙的小卖部使用100元假币的事实。

某中学、毕翠仙当场识破，假币未使用出去。

（3）抓获经过、提取笔录、刑事照片证实：公安机关抓获周某某、李某及柳某某时，从被告人周某某身上缴获假币5400元，从被告人李某及柳某某身上各缴获假币100元的事实。

2. 鉴定结论

鉴定结论证实：公安机关从被告人身上缴获的确系假币。

3. 被告人供述

被告人周某某、李某供述及柳某某的陈述证实：查明的上述事实系客观事实。

四、判案理由

牟定县人民法院认为，被告人周某某无视国家法律，明知是伪造的货币而拥有、使用，且数额较大，人民检察院指控其构成犯罪的事实和罪名成立；同时认为，在本案中，被告人周某某持有假币后，又邀约被告人李某一同去使用，经二人协议后，又邀约柳某某一起，三人先后到禄丰县、易门县、牟定县等地使用假币，在这一过程中，除被告人周某某分别交给被告人李某、柳某某各拿一张100元的假币使用外，其余假币到被抓获时一直是被告人周某某持有，所需车旅费、生活费等均由被告人周某某支付，因此，本案中对5600元假币的所有、掌握、支配权只属于被告人周某某拥有。此外，被告人周某某与被告人李某商议的是如何使用假币，被告人李某并不能构成被告人周某某持有假币的共有人，因此，检察机关指控被告人李某犯持有假币罪的罪名不能成立。而且在三人使用假币的过程中，被告人李某使用假币8次，柳某某使用假币7次，数额均为100元，假币虽属多次使用，但均未使用出去，即使累计计算，也没有达到数额较大的起点。因此，三人的行为尚不构成犯罪，故检察机关对被告人李某犯使用假币罪的指控亦不能成立。

五、定案结论

牟定县人民法院根据《中华人民共和国刑法》第172条之规定，作出如下判决：

1. 被告人周某某犯持有假币罪，判处有期徒刑1年6个月，并处罚金1.5万元；

2. 被告人李某无罪。

六、法理解说

牟定县人民法院的判决是正确的。

首先，本案中，二被告人不构成使用假币罪。根据《中华人民共和国刑法》第172条之规定，该罪的主观方面为故意，即明知是伪造的货币而使用并且希望这种结果出现的心理态度，过失不构成本罪。如果不知道是假币而使用的，不能认为构成本罪。使用假币罪的客观方面为使用假币，数额较大的行为。使用假币，是指在经济活动中，以伪造的货币冒充真货币作为交换的中介，以从中牟利。本案中，被告人周某某拥有假币后，即邀约被告人李某分赴数地共同使用，并进行了认真商议，明确了共同使用假币获利的目的。很明显，二被告人既具有使用假币的主观故意，也具有使用假币的行为。但使用假币罪是数额犯，数额犯是指某罪的成立以一定的犯罪数额为必要条件的犯罪形态。使用假币罪就是如此，该罪成立必须以使用假币"数额较大"为构成要件。根据最高人民法院《关于审理伪造货币等案件具体应用法律若干问题的解释》第5条的规定，数额较大的标准是"总面值在4000元以上不满5万元"。而本案中，二被告人虽然先后数次在不同的地方使用假币，但均未使用出去，即便累计计算也没有达到这一"数额较大"的起点。因此，二被告人虽有使用假币的直接故意，也有多次使用假币的行为，但不能认为他们构成使用假币罪。

其次，被告人周某某构成持有假币罪。

持有假币罪是指明知是伪造的货币而持有，数额较大的行为。

根据有关货币管理法规的规定，公民一旦发现伪造的货币就应当向货币管理部门报告，并将伪造的货币上缴或者销毁。因此，持有伪造的货币是一种违法犯罪行为。持有，是对某特定事务事实上的支配。就本罪来说，就是行为人对伪造的货币的事实性的支配或控制。这实质上反映了一种状态，是主体对非法财物包括管制物的支配。持有是一种控制和支配状态，并不是单指行为人随身携带、时刻握有，也不是单指行为人将伪造的货币藏于家中、办公地点，而是指行为人对伪造的货币具有控制力、支配力。本案中，被告人周某某的行为正是如此，在整个案件中，周某某对假币都是具有实际的支配力与控制力的。即使在其他人拿着假币去使用的时候，对假币的实际控制与支配的都仍是周某某。因此，周某某的行为符合持有假币罪的行为特征，而且数额超过立案标准，应当定性为持有假币罪。

再次，被告人李某不构成持有假币罪的共犯。

准确认定性质的关键在于二被告人是否能够形成对假币的共同共有。通过分析案件事实，我们可以看到，被告人周某某在拥有5600元假币后，即邀约被告人李某共同使用，并详细商定了对获取的非法利益的分配等，由此，检察机关认定二被告人具有共同犯意，且形成了对进一步实施非法行为的计划，有相同的动机和目的，因此二被告人对假币应当具有共同的支配权，故二被告人属于共同持有人，从而作了相应的指控。对于这一认识，应该说是不全面的。

反观人民法院对本案的审理过程及判决结果，我们看到，人民法院以被告人的供述为依据，结合其他在案证据，详细考察了被告人主观犯意、具体行为等几个方面的重要事实，如产生犯意的起因及形成过程、具体的使用方式（假币由被告人周某某随身携带，需要使用时，由被告人周某某分派，其他人具体使用）、假币的实际控制权（假币一直由被告人周某某保管，并由其具体分配使用，且三人所需生活费用全部由被告人周某某负责支付），由此认定被告人周某某为假币的实际持有者，被告人李某虽与被告人周某某共谋使用假币牟取非法利益，但从客观表面上看，被告人李某不能成为假币的共同共有人。这一认识，虽然也出于分析推理，但具有充足的事实依据和法律根据，因而是正确的。

司法实践中，对于持有行为是否一定是使用假币的前提存在不同的观点。通常的观点认为，持有与使用两种行为是不可分的，持有是使用的前提条件，即只有持有了某物才能实施对该物品的使用。反之，如果没有实现对假币的持有，就不能实施使用行为。从纯理论的角度看，这种观点有一定的依据，因而形成了本案中检、法两家认识的差异。要解决类似的观点或认识的分歧，主要的方法应该是全面考察案件事实，具体情况具体分析，在充分考虑行为人的客观乃至行为结果等的基础上，作出正确的判断。实际上，持有与使用两种行为是可以分开的，使用未必以持有为前提，本案就是这样一个例子。就本案而言，假币系由被告人周某某购买并持有，后二被告人共谋使用该假币以牟取不法利益，而在这之后的行为过程中，假币一直由被告人周某某随身携带，仅在要使用时，由其拿出交给被告人李某及柳某某去具体使用，分析整个事实过程，可以发现，假币自被周某某持有后，其所有权并未发生转移，支配权亦未分散，甚至在使用权上，也是由被告人周某某掌握，因此，对于本案认定被告人周某某犯持有假币罪，而被告人李某不构成犯罪是客观公正的。

此外，持有、使用假币罪是一个选择性罪名，亦即行为人只要实施了持有或者使用数额较大的假币的行为，就构成了犯罪。本罪的构成要件之一，必须是持有、使用了"数额较大"的假币。在本案中，被告人李某所使用的假币数额按照有关规定，未达到"数额较大"的起点，当然也就不能构成该罪，人民法院由此作出上述判决是恰当的。

（案例提供：云南省牟定县人民检察院）

案例8：王某挪用资金案

——利用职务便利以假币换取真币行为的定性等

一、基本情况

　　案　　由：挪用资金

　　被告人：王某，男，汉族，1982 年 11 月 23 日出生，中专文化，某商业有限公司库存管理员，2008 年 12 月 12 日因本案经检察机关批准，由公安机关机关执行逮捕。

二、诉辩主张

　　（一）人民检察院指控事实

　　检察机关在起诉中指控的主要犯罪事实如下：

　　被告人王某在担任某商业有限公司库存管理员期间，于 2008 年 11 月 20 日和 21 日，利用负责当日营业款的盘点、汇总、填写银行缴款单并封存等事项的职务便利，擅自用 A4 纸及他人给予的假人民币 6000 元，将现金营业款共计人民币 29800 元予以调换，所得钱款被用于偿还赌债。

　　2008 年 11 月 28 日，被告人王某在该公司领导陪同下至公安机关投案，并如实供述了上述犯罪事实。案发后，被告人王某揭发他人犯罪并在家属帮助下退赔了全部赃款。检察机关指控被告人王某的行为构成挪用资金罪。

　　（二）被告人辩解及辩护人辩护意见

　　被告人对当庭出示、宣读的证据未提出异议，亦无证据提供。

三、人民法院认定事实和证据

　　（一）认定犯罪事实

　　人民法院经公开审理查明：

　　被告人王某在担任某商业有限公司库存管理员期间，于 2008 年 11 月 20

日和 21 日，利用负责当日营业款的盘点、汇总、填写银行缴款单并封存等事项的职务便利，擅自用 A4 纸及他人给予的假人民币 6000 元，将现金营业款共计人民币 29800 元予以调换，所得钱款被用于偿还赌债。

2008 年 11 月 28 日，被告人王某在该公司领导陪同下至公安机关投案，并如实供述了上述犯罪事实。案发后，被告人王某揭发他人犯罪并在家属帮助下退赔了全部赃款。

（二）认定犯罪证据

上述事实有下列证据证明：

1. 书证

（1）某商业有限公司提供的职务证明、《劳动合同书》等书证，证实了被告人王某系该公司库存管理员的事实；

（2）公安机关出具的《扣押物品、文件清单》，证实了被告人王某亲属退赔全部赃款的事实。

2. 证人证言

证人朱某某、王某某、秦某、姚某某、李某、王某某、郑某等人的证言，证实了被告人王某利用职务便利，擅自用 A4 纸及假人民币 6000 元，将现金营业款共计人民币 29800 元予以调换并偿还赌债的事实。

3. 视听资料

某商业有限公司、中国农业银行提供的监控录像，证实了被告人王某利用职务便利，擅自用 A4 纸及假人民币 6000 元，将现金营业款共计人民币 29800 元予以调换的事实。

4. 鉴定意见

中国农业银行现金缴款单、中国人民银行货币真伪鉴定书和假人民币没收收据，证实了被告人王某用于调换的营业款的 6000 元均系假人民币的事实。

5. 被告人供述

被告人王某对于上述犯罪事实供认不讳。

四、判案理由　　　　　　　　　　　　　　　　　　　>>

法院认为，被告人王某作为公司人员，利用职务便利，挪用本单位资金归个人使用，进行非法活动，其行为已经构成挪用资金罪。检察机关指控被告人王某犯挪用资金罪罪名成立。被告人王某系自首，且有立功表现，可从轻处罚。

五、定案结论

　　人民法院根据《中华人民共和国刑法》第 272 条第 1 款、第 67 条第 1 款、第 68 条第 1 款及第 64 条之规定，判决如下：

1. 被告人王某犯挪用资金罪，判处拘役 6 个月；
2. 退缴的赃款发还被害单位。

六、法理解说

　　本案争议的焦点集中于两个方面：第一，以假币换取真币的行为是否属于刑法意义上的"使用假币"；第二，如何评价利用职务便利以假币换取真币的行为性质。

　　根据《刑法》第 172 条之规定，使用假币罪是指明知是伪造的货币而使用，数额较大的行为。对于本罪"使用假币"的理解，一般认为是将假币投入流通领域，即通过假币购买商品，将假币作为商品的等价物使用。但在司法实践中，除了一般的利用假币作为支付手段外，还有其他的"使用"方式，此时应当具体分析不同情况下的使用假币是否符合刑法意义上"使用假币"的定义。例如，行为人在为他人保管真币时，以假币调换他人真币的行为，表面上看假币并未直接进入流通领域，但实际上行为人以假币替代真币，其目的还是使假币进入流通领域，实现价值。如果被保管人没有发现货币被调换，使用后假币必然会进入市场流通。因此，只要行为人利用假币作为手段直接获取了非法利益，并侵害他人的合法权益或者使他人合法权益遭到损害的风险增加，即使并非是作为支付手段直接投入流通领域，也应认定为刑法意义上的"使用假币"。但是，对于利用假币使对方产生错误认识以实现其他犯罪目的之情形，如在签订合同时利用假币显示自己"财力雄厚"，以达到签订合同并非法占有财物之目的，由于使用假币只是造成对方错误认识并非法占有财物的手段，故此时的"使用假币"在本质上是一种虚构事实、隐瞒真相的欺诈行为，应该按照其实质目的予以评价，即认定为诈骗等其他相关犯罪而非使用假币罪。

　　本案中，王某以假币换取真币，表面上没有将假币直接投入流通领域，但其客观上仍是以假币冒充真币直接获取非法利益的行为，并使得所在单位的财产利益受到了现实的损害。同时，行为人系在单位盘点封存营业款，准备介入银行前，用假币替换了营业款，因此其主观上已经认识到假币将会送到银行，进入流通环节，充分反映出其具有使用假币的主观故意。此外，被告人以假币换取真币后，单位将假币送银行拟存入账户，实际也已进入流通环节。因此，被告人的行为应当认定为刑法意义上的"使用假币"。

根据《刑法》第272条之规定，挪用资金罪是指公司、企业或者其他单位的工作人员，利用职务上的便利，挪用本单位资金归个人使用或者借贷给他人，数额较大、超过3个月未归还，或者虽未超过3个月，但数额较大、进行营业活动或者进行非法活动的行为。司法实践中，行为人在实施挪用资金等职务犯罪的过程中，往往会采取涉及其他犯罪的行为来达到挪用的目的，对于这种同时涉及职务犯罪和其他罪名的情形，一般应当按照身份犯吸收非身份犯，重罪吸收轻罪的原则予以评价。换言之，职务犯罪中手段行为构成犯罪的，一般按照吸收犯处理，即手段行为被目的行为所吸收。例如，在贪污罪中，虽然行为人大多实施了制作假账、虚构用途等诈骗的行为，但仍应以贪污罪定罪处罚。本案中，王某的目的是挪用本单位资金归还赌债，而使用假币则是为了达到上述目的和掩盖犯罪行为所采取的手段，虽然这种手段行为触犯了使用假币罪，但被其目的行为即挪用资金行为所吸收。同时，本案中王某使用假币仅6000元，而其调换的单位营业款是29800元，认定挪用资金罪方能全面评价其犯罪行为。因此，王某的行为应当评价为挪用资金罪一罪。在案发之后，王某在单位领导的陪同下向公安机关主动投案，如实交代自己的犯罪行为，应当认定为自首，可以从轻或者减轻处罚。

综观全案，法院根据《中华人民共和国刑法》第272条第1款、第67条第1款、第68条第1款及第64条之规定，以王某犯挪用资金罪，判处其拘役4个月，是正确的。

（整理人：邱　莉）

五、变造货币罪

案例9：姚某变造货币案

——变造货币罪与伪造货币罪的区别及数额认定

一、基本情况

案　由：变造货币

被告人：姚某，男，汉族，1987年11月24日出生，中专文化，无业，暂住上海市曲阳名邸，2010年12月10日因本案经检察机关批准，由公安机关执行逮捕。

二、诉辩主张

（一）人民检察院指控事实

检察机关在起诉中指控的主要犯罪事实如下：

被告人姚某于2010年10月底至11月初，在其上海暂住处，自行购买刀片、塑料直尺、透明胶等工具，对37张百元面值的人民币进行裁剪，拼接、粘贴等方法，变造成38张百元面值的假币，并在建设银行上海分行广灵路支行自动存款机上存入上述变造假币，又立即在该自动取款机上取走真币，从中牟利。2010年11月5日晚，被告人姚某在上述银行将变造的货币进行存取款时被银行工作人员当场抓获。案发后，除4张变造的货币已于2010年11月2日上缴建设银行上海分行现金调运中心以外，另34张货币经中国人民银行银行《货币真伪鉴定书》鉴定，全部为变造假币，并已全部没收。

（二）被告人辩解及辩护人辩护意见

被告人姚某对当庭出示、宣读的证据没有异议，亦无新证据提出。

姚某的辩护人提出，被告人姚某系初犯，案发后交代态度较好，提请人民法院对其酌情从轻处罚。

三、人民法院认定事实和证据　　　　　　　　　　>>

（一）认定犯罪事实

人民法院经公开审理查明：

被告人姚某于 2010 年 10 月底至 11 月初，在其上海暂住处，自行购买刀片、塑料直尺、透明胶等工具，对 37 张百元面值的人民币进行裁剪，拼接、粘贴等方法，变造成 38 张百元面值的假币，并在建设银行上海分行广灵路支行自动存款机上存入上述变造假币，又立即在该自动取款机上取走真币，从中牟利。2010 年 11 月 5 日晚，被告人姚某在上述银行将变造的货币进行存取款时被银行工作人员当场抓获。案发后，除 4 张变造的货币已于 2010 年 11 月 2 日上缴建设银行上海分行现金调运中心以外，另 34 张货币经中国人民银行《货币真伪鉴定书》鉴定，全部为变造假币，并已全部没收。

（二）认定犯罪证据

上述事实有下列证据证明：

1. 书证

（1）公安机关拍摄的变造假币照片以及银行方面提供的变造假币复印件：证实被告人姚某变造假币的数量。

（2）扣押物品清单：证实被告人姚某扣押的系假币。

（3）中国人民银行假人民币没收收据以及建设银行上海广灵路支行情况说明证实：被告人姚某变造的假币已经被没收或者上缴的事实。

2. 被告人供述

被告人姚某的供述证实：其变造假币的事实。

3. 证人证言

证人建设银行上海分行广灵路支行盛某的陈述证实：该银行自动存款机内发现变造货币以及抓获被告人姚某的事实经过。

四、判案理由　　　　　　　　　　　　　　>>

人民法院认为，被告人姚某变造货币，数额较大，其行为已经构成变造货币罪。案发后被告人姚某交代态度较好，且系初犯，可酌情从轻处罚。

五、定案结论 >>

人民法院根据《中华人民共和国刑法》第 173 条、第 64 条之规定，判决如下：

1. 被告人姚某犯变造货币罪，判处拘役 6 个月，并处罚金人民币 1 万元；
2. 查获的犯罪工具及变造的假币予以没收。

六、法理解说 >>

变造货币罪，是指对真币采用挖补、剪贴、揭层、拼凑、涂改等方法进行加工处理，改变货币的真实形状、图案、面值或张数，增大票面面额或者增加票张数量，数额较大的行为。根据《刑法》第 173 条的规定，犯本罪的，处 3 年以下有期徒刑或者拘役，并处或者单处 1 万元以上 10 万元以下罚金；数额巨大的，处 3 年以上 10 年以下有期徒刑，并处 2 万元以上 20 万元以下罚金。

本案中，被告人姚某将 37 张百元真币采用裁剪、粘贴等方式变成 38 张百元假人民币，其行为应当属于变造货币。变造货币罪在客观方面表现为变造货币，数额较大的行为。根据 2010 年 11 月 20 日最高人民法院《关于审理伪造货币等案件具体应用法律若干问题的解释（二）》第 1 条第 2 款的规定，变造货币是指"对真货币采用剪贴、挖补、揭层、涂改、移位、重印等方法加工处理，改变真币形态、价值的行为"，是行为人以真币为材料，通过对其剪贴、挖补、拼凑、揭层、涂改等方法加工处理，致使原有的货币改变形态、数量、面值的行为。例如，将 50 元面额的人民币经过涂改变为 100 元面额的人民币，或把一张 50 元面额的人民币经过揭层加工后变为两张 50 元额的人民币等，都属于变造货币的行为。有观点认为，变造货币从广义上来讲，属于伪造货币的一种方式，因为经过变造的货币已不是起初真正的货币，而是一种以假充真的假币。据此，主张在实践中只要是有"创造"货币的行为都倾向于评价为伪造货币罪，理由是他们客观上的行为都属于"伪造"。然而，从严格的意义上来说，伪造货币与变造货币两者存在着明显的区别，所造成的社会危害性也有所不同。这也是刑法把变造的行为从广义上的"伪造"中区分开来单独设立罪名予以处罚的重要原因。

变造货币与伪造货币的区别体现在以下几个方面。其一，在犯罪对象上，变造的货币总有原来真实货币的成分。变造货币是在真货币的基础上，对其所进行的加工与改造而使其增加数量、面值的行为。无论其如何加工处理，变造后的货币或多或少存在着原货币即被加工对象的成分。如原货币的纸张、金属防伪线、油墨、颜色、图案等，而伪造的货币，除了借助真币样本外，不存在真币的成分。其二，在犯罪手法上，变造货币一种在货币存在的前提下，以真实货币为材料，将少量货币变为多量的货币的改变行为。伪造货币是从无货币到有货币的创造行为，采用将一些非货币的物质材料经过一系列的诸如复印、影印、描绘等方法而使其变成货币的行为。其三，从社会危害性上看，因为变造货币需要使用真币，还可能要提取真币的防伪标记，金属线等物质，加工难度较大，多为手工操作，难以大批量实施，故变造的货币数量相对较少，社会危害也就相对较小。伪造货币往往可以机械化、电子化大量地制作，其社会危害性相比变造货币更为严重。刑法将两种行为分别规定为不同的犯罪，并根据其社会危害性的大小规定不同刑罚，显然有着其内在的必然性。

基于上述分析，本文认为主张利用真币进行加工、修剪也评价为伪造货币罪的观点是不成立的。这种观点仅仅看到了在广义上变造货币和伪造货币都是"创造"出新的"假币"，但是没有看到因为两者在"创造"新的"假币"的时候使用的手段不同，所导致的社会危害性的巨大差异。刑法要求在惩罚犯罪的时候做到罪、责、刑相适应，对于社会危害较小的变造货币罪应当在评价时和伪造货币罪进行区分，才能实现这一目的。因此，本案判决认定被告人构成变造货币罪是准确的。

本案中还有一定争议的，是如何认定被告人姚某变造货币的犯罪数额。姚某使用 37 张百元真人民币，经变造后仅增加了 1 张百元人民币，实际获利100 元，故对其犯罪数额如何认定也产生一定的争议。有观点认为应当以姚某变造后增加的人民币数量来认定姚某的犯罪数额，即姚某仅变造人民币 1 张、面值 100 元，未达到追诉标准，不构成犯罪。对此，我们认为，刑法规定的变造货币罪不同于伪造货币罪，不能以被告人创造出的假币数量认定犯罪数额。如前所述，变造行为是改变原有真币的数量、面值，而不是伪造货币罪的直接创造货币的行为。伪造货币罪应以行为人创造货币数量认定犯罪数额，但变造货币不能仅以增加的货币数量来认定。变造货币罪中，行为人应当对所有经其变造行为改变原有状态的全部货币承担刑事责任。本案中，姚某对 37 张真币进行剪切、粘贴加工后，虽然仅增加了一张货币，但其对全部 38 张货币均实施了变造行为，因此，应当以 38 张已被变造的货币认定其犯罪数额。根据2000 年 9 月 14 日最高人民法院《关于审理伪造货币等案件具体应用法律的若干问题的解释》第 6 条，以及 2010 年最高人民检察院、公安部《关于公安机关管辖的刑事案件立案追诉标准的规定（二）》第 23 条的规定，变造货币的总面值在 2000 元以上不满 3 万元的，属于"数额较大"。被告人变造货币 3800 元，已达到追诉标准，构成变造货币罪。

本案中，法院考虑到姚某认罪态度较好，且实际获利较少的事实，以变造货币罪，判处姚某拘役 6 个月，罚金人民币 1 万元，是恰当的。

（整理人：刘　颖）

六、擅自设立金融机构罪

案例10：刘某某擅自设立金融机构案
——本罪的构成要件、犯罪对象及与相关犯罪的关系

一、基本情况

案　由：擅自设立金融机构

被告人：刘某某，又名刘某，男，64岁，汉族，河南巩县人，无业，2000年6月6日因本案被逮捕。

二、诉辩主张

（一）人民检察院指控事实

检察机关在起诉中指控的主要犯罪事实如下：

1995年上半年，被告人刘某某了解到社会上有大量的闲散资金，便萌发了设立民间性银行的想法。刘某某在地摊上私自刻制了一枚中国国际银行筹委会的印章，并起草了中国国际银行章程。1996年1月，刘某某又起草了一份组建中国国际银行的申请报告，并让他人在该报告上伪造了盖有国务院印鉴的批示。此后，自1996年至2000年4月，刘某某先后起草了有关组建中国国际银行的文件，印制了大量以中国国际银行为名称的物品，对外以中国国际银行筹委会名义，开展一系列组建中国国际银行的活动。其间，刘某某还以中国国际银行筹委会主任的名义，向十余人出具授权委托书，授权他们在全国各地组建中国国际银行的分支机构。

据此，人民检察院指控被告人刘某某行为构成擅自设立金融机构罪，请求

依法判处。

（二）被告人辩解及辩护人辩护意见

被告人刘某某辩称：中国国际银行筹委会只有其一人，实际并没有成立；其没有以中国国际银行名义对外进行业务活动，亦没有产生危害后果，故不属情节严重；国务院批示是真实的，并非伪造。

被告人的辩护人在辩护中认为：擅自设立金融机构罪是结果犯，行为人必须有擅自成立商业银行或其他金融机构的行为结果，方可构成本罪。如果行为人擅自设立金融机构还处于预谋阶段，或者由于某种原因使行为人意图设立的商业银行或金融机构并未实际成立，则行为人不构成本罪。本案中，被告人刘某某组建的中国国际银行及其筹委会尚未设立，因此，其行为不构成犯罪，检察机关的指控定性不当。

三、人民法院认定事实和证据 >>

（一）认定犯罪事实

人民法院经公开审理查明：

1995年间，被告人刘某某起意筹集民间零散资金并设立民间性银行。1996年1月，被告人刘某某起草了一份关于组建中国国际银行的请示报告，并加盖其私刻的中国国际银行筹委会的印章。随后，被告人刘某某又让他人在该请示报告上伪造了盖有国务院印章的批示。自1996年1月至2000年4月间，被告人刘某某先后起草了中国国际银行章程、组织机构等文件，印制了大量以中国国际银行为名称的办公用品、名片等，对外以中国国际银行筹委会的名义，开展了一系列组建中国国际银行的活动。期间，被告人刘某某还以中国国际银行筹委会负责人的名义，与中国国际东方集团等单位签订合作协议书，进行融资活动；并向多人出具授权委托书，授权他们在全国各地组建中国国际银行的分支机构。

（二）认定犯罪证据

上述事实有下列证据证明：

1. 证人证言

受被告人刘某某委托筹措组建银行资金的俞某弟、黄某义、邱某兵、杨某体均证实：被告人刘某某持有伪造国务院批示并加盖国务院印章的组建中国国际银行的请示报告，以中国国际银行负责人的名义，分别授权他们为中国国际银行筹委会股东或各分行的负责人，并让他们筹集资金。

2. 物证、书证

（1）案发后，公安机关从被告人刘某某处缴获的其私自在地摊上刻制的有"中国国际银行筹委会"字样的印章一枚。

（2）伪造的国务院同意设立中国国际银行的批文一份：该批文伪造了国务院的印鉴。

（3）中国人民银行的证明文件一份证实：所谓的国务院批文系伪造；所谓的中国国际银行筹委会均未经中国人民银行批准。

（4）被告人刘某某起草的中国国际银行章程、组织机构、组建中国国际银行的申请书等相关文件。

（5）被告人刘某某起草的所谓中国国际银行成立大会实施方案一份。

（6）被告人刘某某出具的委托书：该委托书由被告人刘某某颁发给邱某兵等人，授权他们组建中国国际银行各地的分支机构。

（7）被告人刘某某的名片：该名片印有中国国际银行字样，是被告人刘某某以中国国际银行筹委会主任名义对外进行活动时所用。

3. 被告人供述

被告人刘某某对擅自设立金融机构的事实供认不讳，只是对国务院的批文辩解为自己并不知悉是假的。但就该批文诸多矛盾之处对刘某某讯问时，刘某某难以自圆其说。

四、判案理由 　　　　　　　　　　　　　　　　　　>>

人民法院认为，被告人刘某某未经中国人民银行批准，擅自设立商业银行，其行为已构成擅自设立金融机构罪，且情节严重，依法应予处罚。被告人刘某某私刻中国国际银行筹委会印章，对外以中国国际银行筹委会的名义组建中国国际银行，其行为符合擅自设立金融机构罪的法律构成要件。此外，中国人民银行的证明，证实被告人刘某某持有的组建中国国际银行的请示报告上的国务院批示系伪造；被告人刘某某对外使用伪造的国务院批示，蒙骗他人，影响恶劣，属情节严重。故对被告人刘某某的辩解及辩护人的辩护意见不予采纳。

五、定案结论 　　　　　　　　　　　　　　　　　　>>

人民法院根据《中华人民共和国刑法》第174条第1款、第64条之规定，作出如下判决：

被告人刘某某犯擅自设立金融机构罪，判处有期徒刑 5 年，并处罚金人民币 5 万元。

六、法理解说

本案中，被告人刘某某未经批准，擅自设立商业银行的行为实践中较少出现，其行为构成擅自设立金融机构罪并无异议。案件本身主要存在两点争议：一是因刘某某擅自设立的金融机构尚处于筹备阶段，是否属于犯罪既遂；二是刘某某曾以收取"银行组建费用"等形式骗取他人钱款 10 余万元，是否构成诈骗罪。

根据《刑法》第 174 条的规定，擅自设立金融机构罪，是指未经国家有关主管机关批准，擅自设立商业银行、证券交易所、期货交易所、证券公司、期货经纪公司、保险公司或者其他金融机构的行为。1995 年 6 月 30 日通过的全国人大常委会《关于惩治破坏金融管理秩序犯罪的决定》第 6 条将这一行为规定为犯罪，1997 年《刑法》中将其纳入第 174 条，原法条的规定是"未经中国人民银行批准，擅自设立商业银行或者其他金融机构的"构成本罪。由于我国金融市场快速发展，证券、保险、期货、信托等金融行业相继出现，在 20 世纪 90 年代末，证监会、银监会、保监会等金融分业监管部门陆续从人民银行分离，打破原先我国金融机构设立和监管主要由人民银行负责的格局，使原有《刑法》规定难以适应金融市场的需要。由此，1999 年 12 月 25 日全国人大常委会通过了《刑法修正案（三）》对该罪进行了补充修正，将原法条中的"未经中国人民银行批准"修订为"未经国家有关主管部门批准"，同时将证券、期货、保险等金融机构也列举在法条中。

本罪的犯罪客体为国家对于金融机构的管理秩序，直接客体应当是金融机构设立的许可准入制度，或者说审批制度。金融兼具重要性和风险性，对国家的经济发展、稳定和安全极为重要，金融机构又是公众性行业，与人民群众生产、生活密切关联。因此，我国对于设立金融机构采行行政许可制度，未经主管部门许可，任何单位和个人都不能擅自设立金融机构。本罪的客观方面表现为未经国家有关主管部门批准，擅自设立商业银行、证券交易所、期货交易所、证券公司、期货经纪公司、保险公司或者其他金融机构的行为。客观方面的核心可以通过三个关键词来理解，即国家有关主管部门、擅自设立、金融机构。国家有关主管部门主要是指中国人民银行、证监会、银监会、保监会等金融行业中的监督管理部门；擅自设立包括三种情况：第一种为未向国家有关主管部门提出申请设立金融机构；第二种为虽然向国家有关主管部门提出过申请，但在经审查未获批准的情况下而成立金融机构；第三种为虽然经过批准，但许可证失效之后，仍经营金融业务。从本案来看，刘某某的行为属于第一种情况。金融机构主要是指商业银行、证券、期货、保险、信托等金融机构。对本罪中金融机构的理解，争议较大，后面本文将再作论述。本罪的犯罪主体既可以是自然人也可以使单位。本罪的犯罪主观方面只能是故意，且只能为直接故意，不存在间接故意或者过失的情况。

关于擅自设立的金融机构尚处于筹备阶段是否构成本罪既遂。本文认为，本罪所侵犯的客体是国家对于金融机构的管理秩序。擅自设立金融机构的行为本身是对于直接损害了国家金融机构的管理秩序，具有严重的社会危害性，只要实施了这一行为就构成本罪，即本罪为行为犯，而非被告人辩护人所称的结果犯。同时，对金融机构而言筹建阶段也是其机构组织形式的一种，开始筹建即已属于设立金融机构。因此，本案被告人的行为应当认定为擅自设立金融机构罪既遂。

本案中，被告人刘某某还以"中国国际银行筹委会主任"的名义，向他人授权组建中国国际银行分支机构，并以收取"银行组建费用"等形式骗取他人钱款10余万元。对这一行为，起诉和判决均未予评价。本文认为，刘某某的这一行为应当单独认定为诈骗罪。实践中，行为人擅自设立金融机构可能出于多种目的，可能是为了非法吸收公众存款募集资金，也可能是为了通过经营金融业务获取利润，还可能是为了骗取他人的财物，处理中必然会涉及认定一罪还是数罪，此罪还是彼罪的争议。本文的观点是，如果行为人擅自设立金融机构后，又以擅自设立的金融机构名义实施其他犯罪的，应当同时追究所实施的其他犯罪的刑事责任，予以数罪并罚。理由如下：

第一，擅自设立金融机构的行为和行为人所实施的其他犯罪不是一个行为，而是数个行为，应当分别评价。擅自设立金融机构罪的构成要件中并未包括诈骗、非法吸收公众存款等任何的其他犯罪形态，而诈骗等其他犯罪的构成要件中也不可能涵盖擅自设立金融机构罪。将这两个不同的行为认定为一罪既无法律依据，也不能对行为作出全面的评价。

第二，在刑法理论上，擅自设立金融机构罪与诈骗罪、非法吸收公众存款罪等罪名之间并不存在可以一罪论处的关系。作为两个行为，这种情况显然不是法条竞合和想象竞合，两种行为也不能相互包融，因而不属于吸收犯。可能有观念认为，擅自设立金融机构和诈骗、非法吸收公众存款等行为之间存在牵连关系，前者为手段行为，后者为目的行为。本文认为，姑且不论牵连犯是否必然以一罪从重处罚，这一观点也过于宽泛地理解了牵连犯的适用范围。我国刑法并无牵连犯的规定，严格意义上讲，根据罪刑法定原则，牵连犯中只有手段行为或原因行为包含在目的行为或结果行为的构成要件之中或反之的情形才应当认定为一罪，否则就应当分别定罪。刑法理论上的牵连犯一般也要求手段行为通常用于实施某种犯罪，或者某种原因行为通常导致某种结果，不是存在手段行为与目的行为关系的都认为是牵连犯，典型的就是盗窃枪支后用之杀人，分别以盗窃枪支罪和杀人罪两罪处罚。如前所述，行为人擅自设立金融机构可能存在多个目的，设立后并非只实施或通常只实施一种行为，仅就利用擅自设立的金融机构可能实施的其他犯罪而言，就存在诈骗、非法吸收公众存款、擅自发行股票、债券以及非法经营金融业务等多种可能性。简而言之，即擅自设立金融机构作为手段行为，并非通常用于某一个目的行为，不可能与利用擅自设立的金融机构所实施其他各种犯罪行为都成立牵连犯。据此，本文认为擅自设立金融机构后，实施其他犯罪的应当数罪并罚。

近年来，司法实践中如本案一样直接擅自设立银行等正规的金融机构案例较为少见，更多的是不使用银行、证券、保险等正规金融机构的名义，设立所谓的投资公司、贷款公司、私募股权基金、资金互助会等，并以这些单位的名义实施诈骗、集资诈骗、非法吸收公众存款以及非法经营金融业务等犯罪。这种情况下由于行为人虽然没有使用正规金融机构的名称，但实际上了开展只有金融机构才能开展的金融业务，故有观点认为虽然行为人不以金融机构名义设立机构，但实际开展相关金融业务的，实质上属于擅自设立金融机构，可以认定为擅自设立金融机构罪。本文认为，这一观念未能准确把握本罪中金融机构的含义，扩大了本罪犯罪对象的范围。擅自设立金融机构罪直接的客体是金融机构从业许可制度，其危害性不仅体现于对金融秩序的破坏，更体现于其以正规金融机构名义对外开展金融业务而可能造成的巨大危害，外在表现为违反了金融行业的从业许可。因而本罪规范的不是设立金融机构后行为人所实施的其他行为（包括犯罪行为），而是未经许可，擅自设立金融机构行为自身。

成立本罪，应当要求行为人所设立的金融机构是法律规定必须经过国家有关主管部门批准后才能成立的机构，对于法律没有规定必须经过主管部门批准才能成立的其他机构，行为人设立的，不属于本罪调整的范围。需强调的是，在我国金融机构的设立实际上是双重许可制度，或者说是许可加上登记制度，一般的公司企业仅需要到工商部门登记注册即可成立，但金融机构在进行工商登记之前，必须取得金融主管部门批准才能完成工商登记。行为人设立那些仅需在工商部门办理登记注册手续即可设立的公司企业，无论是否办理了工商登记手续，均未违反金融机构设立许可制度，其行为本身不可能涉及本罪，有虚报注册资本等其违法犯罪行为的，可以相关罪名处理或由工商部门进行行政处罚。据此，本文认为，擅自设立金融机构罪的犯罪对象应当具备一定的形式要件，即必须是法律规定需经国家有关主管部门许可才能设立的金融机构，设立不需要经过国家有关主管部门许可的公司企业等机构的不构成本罪。如果行为人实施非法吸收公众存款等其他犯罪行为的，以其所实施的犯罪定罪处罚。

（整理人：吴卫军）

七、高利转贷罪

案例11：A公司、周某等人高利转贷案
——高利转贷罪构成要件的理解与适用

一、基本情况

案　由： 高利转贷

被告单位： 上海A企业发展有限公司，法定代表人周某。

诉讼代表人： 曹某，女，41岁，上海A企业发展有限公司办公室主任。

被告人： 周某，男，1963年4月7日出生，高中文化，上海A企业发展有限公司法定代表人，2010年2月1日因涉嫌高利转贷案由公安机关取保候审。

被告人： 曹某某，男，1971年9月30日出生，高中文化，原系上海A企业发展有限公司员工，2010年3月2日因涉嫌高利转贷罪由公安机关取保候审。

二、诉辩主张

（一）人民检察院指控事实

检察机关在起诉中指控的主要犯罪事实如下：

2008年4月，被告人曹某某作为被告单位上海A企业发展有限公司（以下简称"A公司"）当时的临时员工，在得知上海某物业管理有限公司（以下简称"物业公司"）的法定代表人陈某某（另案处理）急需资金还债的情况下，为了非法牟取利益，伙同A公司的法定代表人即被告人周某，以A公司需要流动资金为由，向某银行申请贷款人民币（以下币种均为人民币）1000

万元，套取到信贷资金后，再以高利转贷给物业公司。根据陈某某和周某事先签订的《借款合同》，A公司在获取贷款后，将先行扣除97万元作为应归还银行的到期利息（后减少为90万元，另7万元作为物业公司支付给曹某某的劳务费），90万元作为物业公司支付给A公司的服务费，30万元作为物业公司归还本金的保证金暂扣于A公司账户，剩下的783万元由A公司代物业公司偿还欠款。

2008年4月24日，被告人周某以A公司的名义与某银行签订了两份《小企业贷款合同》，一份200万元（期限从2008年5月15日至2009年2月12日），一份800万元（期限从2008年5月15日至2009年5月14日），利息在中国人民银行一年期贷款基准利率的基础上再上浮5%。同时，陈某某代表物业公司与银行签订了两份《最高额抵押合同》，提供坐落于沪太路、灵石路的多套房产作抵押。周某与其前妻梁某还与银行签订《最高额保证合同》，对这笔贷款承担连带责任保证。

2008年5月27日，A公司在某银行曹杨新村支行的账户收到某银行发放的贷款1000万元，除50万元留于该账户用于支付各项贷款费用及贷款利息外，A公司于同年5月28日将950万元划至该公司另一银行的账户。同年5月29日，该款项又被划回A公司在某银行曹杨新村支行的账户，并于同日经其他公司转账后转回A公司另一银行账户。同年5月30日，A公司另一银行账户开具4张本票，其中783万元分两笔支付给物业公司并代其偿还欠款，100万元划至A公司在某银行建国西路支行的账户，66.8万元由被告人曹某某领取作为自己及其他人员的好处费，剩下2000元于同年6月5日被划至A公司在某银行建国西路支行账户。在A公司留下的150万元中，除30万元系贷款保证金外，其余120万元由A公司支付贷款顾问费、评估费等各项费用13.7万余元，归还贷款利息45万余元，被告人周某用于A公司日常经营活动60万余元。

被告人周某、曹某某在接到公安机关的电话通知后，分别于2010年2月1日和2月2日投案自首。案发后，曹某某已退出赃款20万元。

（二）被告人辩解及辩护人辩护意见

被告单位A公司的诉讼代表人曹某、被告人周某、曹某某对起诉指控的基本事实、定性均无异议。

被告人曹某某的辩护人对起诉指控的事实及定性均无异议，但认为A公司与物业公司签订的《借款合同》中，约定的利息是以银行的实际年利率为准，A公司并没有高出银行利息转贷；A公司收取的服务费是否作为利息有待商榷，即使作为利息，也未高出银行利息的4倍，故不属于高利转贷罪所要求的"高利",且被告人曹某某具有自首情节,又积极退赃,请求对曹某某从轻处罚并适用缓刑。

三、人民法院认定事实和证据

（一）认定犯罪事实

人民法院经公开审理查明:

被告人周某系被告单位 A 公司的法定代表人,被告人曹某某于 2008 年初进入该公司工作。2008 年 4 月,被告人曹某某从物业公司法定代表人陈某某处得知,该公司有 700 余万元的欠款即将到期,急需资金还债,该公司虽有多处房产,但因经营状况不佳,无法从银行申请到贷款。之后曹某某分别与被告人周某及陈某某商量,决定以 A 公司需流动资金为由,向银行申请贷款,物业公司则以其房产作为贷款抵押担保;A 公司套取到信贷资金后再转贷给物业公司,并从中赚取好处费。

2008 年 4 月 24 日,被告人周某以 A 公司的名义与某银行签订了两份《小企业贷款合同》,一份 200 万元、一份 800 万元,利息在中国人民银行一年期贷款基准利率的基础上再上浮 5%,同时陈某某代表公司与银行签订了两份《最高额保证合同》,对贷款承担连带责任保证。

同年 5 月 27 日,A 公司在某银行曹杨新村支行的账户内收到银行发放的贷款 1000 万元,除 50 万元留于该账户用于支付各项贷款费用及贷款利息外,余款 950 万元经转账,最终划至 A 公司另一银行账户。

同年 5 月 30 日,A 公司与物业公司在《借款合同》中约定,物业公司向 A 公司借款 1000 万元,其中将先行扣除 97 万元作为应归还银行的到期利息（后减少为 90 万元,另外 7 万元作为物业公司支付给曹某某的劳务费）,90 万元作为物业公司支付给 A 公司的服务费,30 万元作为物业公司归还本金的保证金暂扣于 A 公司账户,剩于 783 万元由 A 公司代物业公司归还欠款。当日,A 公司将在另一银行账户内的 950 万元,以 783 万元用于代物业公司偿还欠款,100 万元划至 A 公司的某银行建国西路支行账户,66.8 万元由被告人曹某某领取,作为曹某某及其他人员的好处费,余款 2000 元则于同年 6 月 5 日划至 A 公司的某银行建国西路支行账户。

A 公司在某银行曹杨新村支行账户、建国西路支行账户内留下的共计 150.2 万元中,除 30 万元系贷款保证金外,13.7 万余元用于支付贷款顾问费、评估费等,45 万余元用于 A 公司归还银行自 2008 年 6 月至同年 12 月的贷款利息,其余 60 万余元均用于 A 公司的日常经营。

2010 年 2 月 1 日和 2 月 2 日，被告人周某、曹某某接到公安机关电话通知后，先后向公安机关投案，并如实供述了上述所犯事实。本案在侦查、审理期间，被告单位 A 公司退出违法所得 30 万元，被告人曹某某退出违法所得 30 万元。

另查明，某银行因 A 公司未按合同约定履行按月结息义务已构成违约，宣布两笔贷款提前到期，并依据经过公证具有强制执行效力的债权文书等，向法院申请强制执行。

（二）认定犯罪证据

上述事实有以下证据证明：

1. 证人证言

证人陈某某、朱某、梁某的证言等证据证实：被告单位 A 公司及周某、曹某某以转贷牟利为目的，在套取某银行的信贷资金后，高利转贷给陈某某，用于物业公司归还债务。

2. 书证、物证

（1）人民法院提供的《小企业借款合同》、《最高额抵押合同》、《最高额保证合同》、《公证书》等证据，证实了被告单位 A 公司向某银行申请贷款的事实。

（2）被告单位 A 公司及被告人周某提供的《借款合同》、《银行存款日记账》、《收款凭证》、《付款凭证》、《转账凭证》和相关银行票据及存根、物业公司出具的《委托付款指示》和《委托扣款指示》、某银行曹杨新村支行提供的《跨行支付系统大额支付业务收报清单》、《客户存款对账单》、《企业贷款对账单》和《业务委托书》、光大银行提供的《对公账户对账单》等证据，证实了 A 公司在获得 1000 万元贷款后的资金流向。

（3）工商行政管理局提供的被告单位 A 公司《企业法人营业执照》、《工商登记资料》和企业其他材料、人民法院提供的物业公司《企业法人营业执照》等证据，证实了涉案公司的相关情况。

（4）公安机关制作的《接受刑事案件登记表》和出具的《工作情况》，证实了本案的案发经过和被告人周某、曹某某的到案情况。

（5）公安机关出具的《扣押物品、文件清单》，证实了被告人曹某某退出赃款 20 万元的情况。

（6）被告单位 A 公司出具的《委托书》，证实了该公司委托办公室主任曹某作为诉讼代表人的情况。

（7）被告人周某、曹某某的户籍资料，证实了其身份情况。

3. 被告人供述

被告人周某、曹某某的供述证实：被告单位 A 公司及周某、曹某某以转贷牟利为目的，在套取某银行的信贷资金后，高利转贷给陈某某，用于公司归还债务。

四、判案理由　>>

人民法院认为，被告单位 A 公司以转贷牟利为目的，套取金融机构信贷资金高利转贷他人，违法所得数额较大，其行为已构成高利转贷罪，依法应予惩处。被告人周某、曹某某作为被告单位直接负责的主管人员及其他直接责任人员，其行为也构成高利转贷罪，依法应予惩处。检察机关指控的事实清楚，证据确实、充分，指控的罪名成立。鉴于被告单位 A 公司及被告人周某、曹某某犯罪后主动投案，并如实供述自己的罪行，是自首，依法可对被告单位及两名被告人从轻处罚。两名被告人到案后退赔了部分违法所得，可酌情从轻处罚。根据被告人周某、曹某某的犯罪情节和悔罪表现，依法可适用缓刑，采纳辩护人请求对被告人曹某某从轻处罚并适用缓刑的辩护意见。

五、定案结论　>>

人民法院根据《中华人民共和国刑法》第 175 条、第 30 条、第 31 条、第 67 条第 1 款、第 72 条第 1 款、第 73 条第 2 款和第 3 款、第 64 条之规定，分别判决如下：

1. 被告单位 A 公司犯高利转贷罪，判处罚金人民币 150 万元；
2. 被告人周某犯高利转贷罪，判处有期徒刑 1 年，缓刑 2 年；
3. 被告人曹某某犯高利转贷罪，判处有期徒刑 1 年，缓刑 1 年；
4. 责令退赔违法所得，连同已在案的部分违法所得，一并予以没收。

六、法理解说　>>

高利转贷罪是 1997 年修订后《刑法》第 175 条新增的罪名，是指单位或个人以转贷牟利为目的，套取金融机构信贷资金高利转贷他人，违法所得数额较大的行为。在 1979 年《刑法》及有关"补充规定"中，均无本罪的相关规定。1996 年 6 月 28 日中国人民银行发布的《贷款通则》虽然有"不得套取贷款用于借贷谋取非法收入"的规定，但仅将其视为一种民事行为，行为人承担的只是民事责任,即"由贷款人对其部分或全部贷款加收利息;情节严重的,由贷款人停止支付借款人尚未使用的贷款,并提前收回部分或全部贷款"。之所以对高利转贷行为的规定较少,主要是由于改革开放以前,信贷的高度计划性和政府对经济的直接干预,金融活动中一般转贷行为很少,其危害性也不严重。改革开放以后,市场经济开始逐渐占据主导地位,随着国民经济的高度发展以及扩大再生产的需要,出现了信贷资金紧张的情况。一些不法分子利用刑事立法上的漏洞,大肆套取金融机构信贷资金并高利转贷他人,从中牟取暴利,严重影响了我国金融秩序的稳定,所以立法机关在刑法修订时增设了本罪。

本罪所侵犯的直接客体是国家对信贷资金的发放及利率管理秩序;客观上表现为以转贷牟利为目的,套取金融机构信贷资金高利转贷他人,违法所得数额较大的行为;主体为特殊主体,即贷款人,可以是经工商行政管理机关或主管机关核准登记的企(事)业法人、其他经济组织,也可以是具有刑事责任能力的自然人;主观上只能由故意构成,而且要求以转贷牟利为目的,过失不构成本罪。

本案争议主要在犯罪客观要件认定,具体涉及三个方面的问题:第一,何谓"套取金融机构信贷资金";第二,如何界定高利转贷行为中的"高利";第三,如何认定违法所得数额。对此分述如下:

(一)关于"套取金融机构信贷资金"的理解

《刑法》第175条明确将"套取金融机构信贷资金"作为构成高利转贷罪的前提条件,即本罪客观方面的构成要件要素之一,是行为人实施了套取金融机构信贷资金的行为。那么,首先需要解决的便是何谓"套取"行为?"套",在《辞海》中解释为"以计骗取"之意;所以本罪中"套取金融机构信贷资金",应当理解为行为人以虚假的贷款理由或者贷款条件,向金融机构申请贷款,并且实际获取了贷款。而判断行为人的行为是否系"套取金融机构信贷资金",关键是看行为人对于贷款的实际用途。

根据1996年8月中国人民银行颁布的《贷款通则》的规定,借款应当按借款合同约定用途使用贷款,不得套取贷款用于借贷牟取非法收入。事实上,基于我国法律规定和政策方面的原因,贷款人在申请贷款的过程中,一般不可能直接向银行表明贷款之目的就是转贷给他人。因此,只要客观上存在转贷的行为,其就不可能按照正常的用途来使用贷款,从而证明了其贷款的理由是虚假的,本质上就是一种套取银行贷款的行为。需要注意的是,即使行为人并未以虚假的理由骗取银行贷款,如行为人与银行经理通谋,后者在明知行为人用于转贷牟利的前提下仍然发放贷款的,对于行为人来说,其行为依然成立本罪。概言之，可以认为，凡是以用于借贷牟取非法收入为目的而取得金融机构贷款的，均属于"套取金融机构贷款"。①

本案中，A公司事先与物业公司达成协议，明确约定了涉及转贷牟利的相关事宜，随后再由A公司向银行申请并实际获取了贷款，以兑现上述协议约定的内容，属于以用于借贷牟利为目的而取得金融机构贷款，显然符合本罪所要求的"套取金融机构信贷资金"之要件。

（二）关于"高利"的界定

就本案而言，对于A公司是否系"高利"转贷，司法实践中存在三种不同的观点：第一种观点认为，从A公司与物业公司的《借款合同》来看，其中在"借款利息"一栏中，约定借款利息以到期的银行实际年利率为准并先期扣除，还特别约定了多余部分退还给物业公司，因此A公司仅仅是将贷款转借给物业公司，由物业公司来支付相应利息，双方并未约定物业公司还需要按月或者按年度支付A公司相应的利息，因而本案中并不存在"高利"的问题；第二种观点认为，《借款合同》中明确约定的服务费应当属于利息的一种形式，但是该利息尚未达到"高利"的标准，因为"高利"是指以高出金融机构贷款利率的较大比例转贷给他人，而该比例的标准应当参照1991年最高人民法院《关于人民法院审理借贷案件的若干意见》第6条之规定，即高于银行同类贷款利率的4倍，才能称之为"高利"，故本案并未达到"高利"的标准；第三种观点则认为，"高利"转贷是指行为人将银行信贷资金以高于其向银行贷款时的利率转贷给他人行为，至于具体高出银行贷款利率多少幅度，则在所不论，不影响本罪的成立。

本文赞同上述第三种观点，即认为本案符合高利转贷罪所要求的"高利"标准。具体理由如下：

1. 高于金融机构贷款利率即为本罪所要求的"高利"，符合刑事立法的规定

从立法上看，《刑法》第175条的罪状表述仅规定了"高利转贷"行为，并没有明确规定高出金融机构贷款利率多少幅度才得以认定为"高利"，因此，以金融机构当时的实际贷款利率为标准，只要高于这一标准进行转贷即视为"高利"的观点，符合法律的规定。在本案中，尽管在借款协议中双方约定借款利息以到期的银行实际年利率为准，还特别约定多余部分退还给龙潭公司，表面看来A公司仅仅是将贷款转借给龙潭公司，由龙潭公司来支付相应的利息，但是该借款协议中还明确约定了"服务费"，该服务费也应当属于利

---

① 张明楷：《刑法学》，法律出版社2011年版，第683页。

息之范畴。根据《辞海》中的解释，所谓"利息"，是指借款人因使用借入货币或资本而支付给贷款人的报酬。尽管本案中的服务费不是以利息的名义约定的，也不是按月或按年支付，而是一次性收取的，但是它确实是 A 公司在借出钱款后所获取的利润，完全符合利息的定义及本质。换句话说，物业公司不仅要代 A 公司向银行缴纳相应利息，还要承担向 A 公司支付的额外费用，所以说 A 公司是以高于金融机构同期贷款的实际利率转贷资金的。

2. 本罪所要求的"高利"，不应等同于民间"高利贷"的标准

尽管有司法解释对民间"高利贷"的标准作了界定，但是考虑到刑事与民事法律关系的区别，基于各自立法目的不同，不能简单地将高利转贷罪中的"高利"等同于民间借贷中的"高利"。首先，规定民间"高利贷"的标准，是为了维护国家对民间借贷利率方面的管理制度，保护个人资金的安全，而高利转贷罪保护的客体，则是国家对信贷资金的发放及利率管理秩序。[①]我国对金融活动实行严格的特许制，即只有经过人民银行批准的金融机构才能发放贷款，而这种擅自改变资金的用途的行为，侵犯了国家对资金的使用管理制度。其次，民间"高利贷"的放贷者通常并不关心其资金的使用目的，但是银行对贷款的发放都经过非常严格的审批程序，从贷款人使用资金的情况和有关生产经营、财务活动等各方面进行审查，在发放贷款后还要进行监督。因为一旦贷款得不到合理的使用，国家不能清楚资金的准确流向，会使资金失去必要的监管，进而扰乱国家正常的金融秩序。正如在本案中，被告单位及被告人这种随意转贷的行为，盲目相信资金使用者的偿还能力，最终导致巨额贷款无法收回，给国家造成了巨额损失。因此，不能要求其高利率的标准适用民间"高利贷"的标准。

3. 高于金融机构贷款利率即为本罪所要求的"高利"，适应司法实践的需要

以"高出金融机构贷款的利息"来认定高利转贷罪的"高利"标准，符合"宽严相济"的刑事司法政策，可以做到不枉不纵。不论是刑法条文还是关于本罪追诉及量刑的标准，我们都可以看出，对本罪的处罚依据就是违法所得数额的多少，这也是判断本罪社会危害性的重要标准。如果对"高利"的要求规定过严，或者不利于对部分具有严重社会危害性行为的打击，或者也会扩大打击面。在司法实践中，有些行为人可能以高于银行贷款利率十几倍甚至几十倍的利率进行转贷，但因转贷额小，其违法所得仅数千元，这种情况属

---

① 张军主编：《刑法分则及配套规定新释新解（上）》，人民法院出版社 2009 年版，第 488 页。

"高利而违法所得较少";而有些行为人可能以仅高于银行贷款很小的利率转贷他人,但其转贷数额特别巨大,导致违法所得数额巨大,甚至远大于本罪的量刑起点,这种情况属"低利而违法所得较大"。如果按贷款利率较高即认为是"高利转贷"行为,对前一种情况就存在扩大打击面的风险,而对后一种具有严重社会危害性的情况则无法定罪,这样的做法明显违背了本罪设立的立法初衷。此外,在司法实践中,如果以民间"高利贷"的标准作为衡量本罪的"高利",那么"高利转贷"这一罪名就会形同虚设。因为在现实的金融活动中,与其付出如此高的贷款利息接受转贷,同时还要冒触犯刑律的风险,借款者不如直接从民间获得借贷,违反民事法律的成本远小于犯罪的成本。

4. 本罪所要求的"高利",应当以高于获得金融机构贷款时的实际利率为标准

有观点主张,高利转贷行为必须是在中国人民银行规定的贷款利率幅度以上发放贷款。[1]也就是说,只有当行为人违法将信贷资金以高于金融机构贷款利率上限转贷他人时,才能认定高利转贷罪。本文认为,这种观点值得商榷。高利转贷中的"高利",应当是与行为人获得贷款当时的实际银行利率相比较而言较高,而不应当设置必须同时高于金融机构贷款利率上限这一客观条件。其一,商业银行法中对商业银行贷款利率上限的规定,是针对金融机构发放贷款时的利率浮动标准作出的限制性规定,其所针对的对象不是贷款人,而是商业银行等金融机构。我国对金融活动实行严格的特许制,即只有经过人民银行批准的金融机构才能发放贷款,所有法律包括刑法都是禁止贷款人任意将贷款转贷他人的,不论其设定的利率是否达到并超过利率上限。其二,如果设置必须高于贷款利率上限这一标准,则会造成放纵犯罪。部分贷款人基于自身的条件,可能会申请到利率非常低甚至是无息贷款,此时其只需要增加较小的利率,在不超过利率上限的情况下,就可能获得巨大的转贷利润,远远超过高利转贷罪对违法所得数额的起刑点规定,这种行为完全符合刑法对高利转贷罪的规定,同样应当追究刑事责任。

(三) 关于"违法所得数额"的认定

在高利转贷犯罪中,行为人获得的违法所得,一般而言都是其依靠高于金融机构的贷款利率转贷资金而取得的差额利率部分,就像本案中双方约定的服务费部分。但是,该案具备一定的特殊性,其中有两部分资金是否属于"违法所得"存在争议。

---

① 张军主编:《刑法分则及配套规定新释新解(上)》,人民法院出版社 2009 年版,第 489 页。

第一，A公司先期扣除的保证金，在案发时该笔款项已经被A公司实际使用，是否应当作为其违法所得？本文认为，基于平等民事主体之间事先达成的协议，双方约定由物业公司预先交纳该笔费用作为到期归还贷款的保证金，在物业公司到期并未归还贷款本金的情况下，其实际上已经放弃了对该笔保证金的所有权，而在同时，A公司也有理由收取这笔保证金，以补偿自身因为物业公司未能到期还款而需要向银行支付的高额违约金。因此，该笔款项不宜作为违法所得予以计算。

第二，A公司先期扣除的应当支付给银行的办理贷款相应费用和利息部分，是否属于违法所得？对此，实践中有两种不同观点：一种观点认为，该款项均不能作为违法所得予以认定，因为这是A公司与物业公司根据借款协议所约定的扣除款项，应当视为物业公司支付银行的利息及费用，而并非A公司的违法所得；第二种观点则认为，尽管该款项是物业公司承诺预先扣除的利息，但是其中有部分款项A公司并未实际用于支付利息，而是用于本公司的日常经营活动，对于这部分款项应当作为A公司的违法所得予以计算。本文同意后一种观点，即对于A公司先行扣除，但是尚未支付并且实际用于经营活动的款项，应当作为违法所得予以认定。首先，从理论上讲，高利转贷行为本身是一个动态的持续过程，其实际违法所得的数目并不确定，当一个犯罪行为的实际收益大于预期利益时，就应当以最终的客观后果作为判断标准，以行为人的实际收益来认定违法所得；其次，从形式上看，尽管涉及的款项是以预付利息的形式先行扣除的，但是A公司并未实际将该款项支付给银行，而是用于日常经营活动；最后，从结果上看，本案中被告单位未能按照贷款合同按时向银行支付利息，导致贷款合同被提前终止，此后银行停止了对剩余利息的追讨请求，取而代之的是针对A公司的违约责任追索赔偿金，故此时已被使用的款项部分，A公司不需要再以利息的名义归还给银行，该款项的性质由先期预扣的利息，转变为A公司的违法所得。

综上，A公司以转贷牟利为目的，套取金融机构信贷资金高利转贷物业公司，违法所得数额较大，符合《刑法》第175条之规定，构成高利转贷罪；被告人周某、曹某某分别作为A公司直接负责的主管人员和其他直接责任人员，其行为均已构成高利转贷罪，应当追究二人的刑事责任。

（整理人：陈　加）

八、骗取贷款、票据承兑、金融票证罪

案例 12：金某经贸公司、周某某 等人骗取贷款案

——骗取贷款罪的适用难点分析

一、基本情况 >>

案　由：骗取贷款

被告单位：上海金某国际经贸发展有限公司（以下简称金某经贸公司），住所地上海市浦东新区东方路某号，法定代表人周某某。诉讼代表人：刘某某，系金某经贸公司副总经理。

被告人：周某某，男，汉族，1958 年 8 月 19 日出生，大学本科，金某经贸公司法定代表人，住上海市虹口区田林东路某弄，2009 年 6 月 25 日因本案经检察机关批准，由公安机关执行逮捕。

被告人：刘某某，男，汉族，1969 年 8 月 16 日出生，硕士学历，金某经贸公司副总经理，住上海市吴中路某弄，2009 年 6 月 25 日因本案经检察机关批准，由公安机关执行逮捕。

二、诉辩主张 >>

（一）人民检察院指控事实

检察机关在起诉中指控的主要犯罪事实如下：

2008 年年初，被告单位金某经贸公司董事长周某某与浙江绍兴 A 控股集团有限公司（以下简称"A 集团"，另案处理）董事长袁某某（另案处理）共

谋，骗取金某经贸公司的授信银行某银行上海分行（以下简称"某银行"）的贷款。事后，周某某指使财务人员提交虚假的财务报表，隐瞒金某经贸公司巨额投资亏损的真相，并向信用保险公司（以下简称"信保公司"）投保国内贸易买方信用险作为还贷保证。

2008 年 6 月至 9 月间，袁某某及 A 集团国际贸易部副经理王一（另案处理）以 A 集团子公司名义与浙江某集团有限公司等 9 家公司，签订虚假的总标的为 42093 吨的化纤原料销售合同。被告人刘某某则以制作的虚假购销合同、货权转让书、提货通知书等与上述 9 家单位签订总标的亦为 42093 吨的化纤原料购货合同，再与 A 集团子公司签订虚假的化纤原料销售合同，先后 6 次从上海某银行骗取国内贸易信用贷款人民币 2.928 亿元（以下币种均为人民币）。金某经贸公司留存购销差价 3585 万余元，扣除支付信保保险费、银行利息及相关税费后获利 1742 万余元；浙江某集团有限公司等 9 家单位留存购销差价 687 万余元；A 集团实际取得 2.5 亿余元。

（二）被告人辩解及辩护人辩护意见

被告单位金某经贸公司及辩护人均认为金某经贸公司的行为不构成骗取贷款罪，建议法庭判决金某经贸公司无罪，其主要辩护意见为：（1）起诉指控金某经贸公司的法定代表人暨被告人周某某与浙江 A 集团袁某某进行共谋的事实没有依据，袁某某的证言不可信。（2）起诉指控金某经贸公司提交虚假财务报表以隐瞒金某经贸公司巨额投资亏损的真相和向信保上海公司投保作为还贷保证的事实没有依据，其逻辑关系也与事实不符。（3）起诉指控金某经贸公司给银行造成特别重大的损失与事实不符。

为了证明上述辩护意见，被告单位金某经贸公司出示或宣读了下列证据材料：（1）某银行上海分行的《关于上海金某国际经贸发展有限公司信保公司项下不良贷款情况的检察报告》、信保上海公司的《关于上海金某国内贸易信用保险业务的说明》等。（2）金某经贸公司 2007 年度审计报告。（3）上海某法院《民事判决书》。（4）信保上海公司、某银行上海分行和金某经贸公司的《赔款转让协议书》。（5）金某经贸公司代浙江 A 集团归还某银行上海分行贷款的材料和金某经贸公司致某银行上海分行的信、会议纪要、某银行上海分行就金某经贸公司的问题致上海市人民政府的信、金某经贸公司正在进行、即将获得的项目等。

被告人周某某和辩护人均认为周某某的行为不构成骗取贷款罪，建议法庭判决周某某无罪。主要辩护意见为：（1）周某某并未与袁某某共谋以虚假循环贸易方式骗取银行贷款，袁某某的证言系孤证，不足以采信。（2）周某某在合同履行过程中未察觉或明知虚假循环贸易。（3）金某经贸公司是以赊销加远期汇票方式为浙江 A 集团融资，而周某某又是浙江 A 集团的被骗者之一。（4）周某某并未指使财务人员提交虚假财务报表以隐瞒金某经贸公司证券投资巨额亏损的真相。（5）"20% 的预付款须金某经贸公司自付"非借款合同规定的放贷条件，且金某经贸公司也确系用自有资金支付该款。

为了证明上述辩护意见，被告人周某某的辩护人出示或者宣读了下列证据材料：（1）金某经贸公司的 2008 年 5 月的《资产负债表》等。（2）朱某某致刘某某的电子邮件和《某银行陆家嘴支行办理信保公司国内贸易保险项下融资业务的情况汇报》。（3）《关于我公司在国内贸易信用险项下开展 PTA/MEG 贸易业务申请流动资金贷款的报告》等。（4）浙江 A 集团 2006 年度、2007 年度审计报告、《关于浙江 A 集团参股邯郸 A 钢铁集团说明函》等。（5）《付款通知书》、《债券核查联系单》、《购销合同》、《权利质押合同》。（6）《A 控股集团有限公司等六家合并重整公司重整计划草案》。

被告人刘某某对起诉指控的事实、证据、罪名均无异议。辩护人辩称：刘某某的行为不构成骗取贷款罪，建议法庭判决刘某某无罪。主要辩护意见为：（1）本案追究贸易融资代理单位即被告单位金某经贸公司的刑事责任不符合法律规定。（2）刘某某没有实施制作虚假购销合同的欺骗行为，仅是起草合同样本。（3）刘某某在主观上不具有骗取贷款的故意，对虚假贸易也是不明知的。（4）刘某某客观上并非单位犯罪的直接责任人员。（5）刘某某即使构成犯罪亦系从犯。

三、人民法院认定事实和证据

（一）认定犯罪事实

人民法院经公开审理查明：

1996 年起至 2003 年间，被告人周某某先后注册成立了瑞某某国际贸易有限公司（现已注销）、瑞某达企发公司、被告单位金某经贸公司和科某咨询公司等，并亲自出任法定代表人等。金某经贸公司自成立起即以为浙江 A 集团代理进口设备和化纤原料为主营业务，后在股权变更、增资后成为由周某某实际控制的关联企业核心。被告人刘某某于金某经贸公司成立起即进入该公司担任副总经理。

2007 年年底左右，浙江 A 集团袁某某在明知该集团已处于严重经营困境的情况下，仍起意骗取银行贷款，并为此向被告人周某某提出通过被告单位金某经贸有限公司以虚假循环贸易方式骗取银行贷款以供浙江 A 集团使用的要求。周某某在误信浙江 A 集团届时有能力归还贷款的情况下，同意了袁某某所提的上述要求，还提议向信保上海公司投保以作为顺利获得贷款的先提条件。袁某某亦予同意。

2008 年 1 月，被告人周某某以被告单位金某经贸公司等名义向信保上海公司提出国内贸易信用保险的申请；同时又以金某经贸公司名义就涉案内贸业务与某银行上海分行积极协商贷款事宜。为了能够顺利获得保险和贷款，周某某指使公司财务人员变更记账方法以隐瞒公司证券交易巨额亏损的真相，并将虚假财务报表按期提供给某银行上海分行和信保上海公司。2008 年 3 月至 7 月间，金某经贸公司先后与信保上海公司、浙江 A 集团等签订了《国内购销贸易框架合同》（以下简称《框架合同》）、《赔款转让协议书》等一系列合同，并先后获得了信保上海公司 3 亿元的保险限额和某银行上海分行 3 亿元的信贷额度。为此，金某经贸公司使用浙江 A 集团提供的 350 万元作为保险费支付给信保上海公司。其间，周某某与袁某某就 20% 预付款、3. 66 亿元总金额、中间商、单证传递、费用承担、金某经贸公司利润、所需合同等样本的起草等事宜进行了商议。此后，周某某指令被告人刘某某代表金某贸易公司负责具体事宜。刘某某则起草了上述合同、《货权转让书》、《付款通知书》等样本。

2008 年 8 月至 9 月间，浙江 A 集团以下属的绍兴 A 高仿真化纤有限公司（以下简称 A 高仿真公司）和绍兴 A 聚酯有限公司（以下简称 A 聚酯公司）两个子公司名义与金某经贸公司就虚假的 2.4 万吨 MEG、18093 吨 PTA 开展了 11 笔虚假循环贸易。为了顺利获得贷款，浙江 A 集团先后找到 9 家公司作为中间商参与虚假循环贸易。由此，浙江 A 集团（即 A 聚酯公司或 A 高仿真公司）、中间商、金某经贸公司、浙江 A 集团（即 A 高仿真公司或 A 聚酯公司）之间依次两两签订标的相同、单价逐渐增加的循环购销合同。所有虚假循环贸易因没有第三方仓储凭证、物流单据和品质保证书，故以自制的《货权转让书》、《提货通知书》等凭证作为货权凭证，连同相关合同、增值税专用发票等一并由浙江 A 集团负责传递。浙江 A 集团收取 5 家中间商支付的预付款共计 1. 12 亿余元，另按约支付给金某经贸公司预付款 7231 万余元和支付给瑞某某企发公司利润款 150 万元，还向金某经贸公司分批开具了总金额为 3. 66 亿余元的 6 个月商业承兑汇票。金某经贸公司将上述预付款用于支付保险费、银行利息和给中间商的预付款等。同时，金某经贸公司向信保上海公司提交虚假购销合同、《货物收据》和上述商业承兑汇票等并获得相应的保险单，再将相同材料连同保险单等一并提交给某银行上海分行并分批获得总金额为 292866000 元的贷款。金某经贸公司将所得贷款扣除自身利润和预付款后的余额分批支付给中间商。中间商再将扣除自身利润和预付款后的余额分批支付给 A 聚酯公司或 A 高仿真公司。至此，金某经贸公司（包括瑞某某企发公司）收到预付款和贷款共计 3.71 亿余元，扣除支付给中间商的货款 3.35 亿余元，收支差额为 3585 万余元。9 家中间商的收支差额为 687 万余元。浙江 A 集团（即 A 聚酯公司、A 高仿真公司）共计得款 250137840 元。其间，被告人周某某作为金某经贸公司的法定代表人对上述虚假循环贸易整体负责。被告人刘某某于 2008 年 8 月 8 日才知晓虚假循环贸易事实，此间除代表金某经贸公司分别与 9 家中间商、A 聚酯公司或 A 高仿真公司签订相关购销合同以及签收单证等外，还根据周某某的要求将放贷情况及时告知袁某某等人。2009 年 2 月至 3 月间，某银行上海分行持 A 聚酯公司和 A 高仿真公司开具的 11 份商业承兑汇票至绍兴市商业银行提示承兑，但被拒绝。被告单位金某经贸公司向信保上海公司提出索赔申请，亦被拒绝。截止至 2009 年 8 月，某银行上海分行的经济损失为 262671280 元。

（二）认定犯罪证据

上述事实有以下证据证明：

1. 被告单位金某经贸公司等涉案公司的工商登记资料证实：金某经贸公司等涉案公司的股东、法定代表人、初始注册资本、注册资本和股东变更等公司构架等事实。

2. 证人朱某某、袁某某、马某某、李某、刘某某等人的证言和被告人周某某、刘某某的供述证实：被告单位金某经贸公司的主营业务、与浙江 A 集团的关系以及两名被告人在被告单位金某经贸公司的任职情况等事实。其中：袁某某、李某的证言和刘某某的供述进一步证实金某经贸公司是浙江 A 集团的一个融资平台，与浙江 A 集团有着极为紧密的利益关系。

3. 证人袁某某、王一的证言和被告人周某某的供述证实：2007 年年底，浙江 A 集团因身负巨额债务，且经营状况因国际化纤原料价格波动剧烈而出现亏损，同时又因盲目对外投资银行原始股等而急需资金，故袁某某不断通过各种方式高息对外融资，进而找到周某某商议利用金某经贸公司的信贷额度解决浙江 A 集团的流动资金困难。

4. 证人袁某某、王一、马某某及被告人刘某某的供述证实：被告人周某某与袁某某进行共谋以及周某某明知虚假循环贸易的事实。

5. 证人袁某某、马某某、王一、张某某、陈某某、邵某某等人的证言和被告人刘某某的供述证实：刘某某一开始并不明知涉案 11 笔国内贸易业务系虚假循环贸易。随着业务进程，刘某某开始怀疑，后于 2008 年 8 月 8 日在与宁波某公司开展第一笔时因发现宁波某公司出具的《货权转让书》中出现了"绍兴 A 聚酯公司转让给我公司（即宁波某公司）2002 吨 PTA 之货权转让给上海金某经贸公司"表述后，才知晓浙江 A 集团是通过中间商和金某经贸公司进行虚假循环国内贸易，其实质是融资（即骗取贷款）。

6. 证人朱某某、欧某、唐某某、陈某某、覃某某的证言、《PTA 国内贸易业务申请国内贸易信用保险的报告》、《关于与 A 开展 PTA、MEG 贸易业务申请国内信用风险事宜的补充报告》、《信保公司风险管理委员会审议决定（两份）》、《信用限额申请表》、《框架合同》、《国内贸易信用保险单》、《关于上海金某经贸公司使用国内贸易信用限额开展 PTA 的申请报告》和《信用限额申请表》、《最高额保证合同》、袁某某及配偶马某某出具的承诺书和相关公证书、《赔款转让协议书》和保费缴纳凭证等书证及被告人周某某、刘某某的供述证实：被告单位金某经贸公司向信保公司申请保险、向某银行申请贷款的具体过程。

7. 证人陈某某、王某、朱某某、欧某、唐某某的证言、《司法鉴定意见书》及相应的金某经贸公司提供给某银行上海分行的 2008 年 1～11 月期间的资产负债表、损益表和金某经贸公司的账册、凭证、股票交易资料等书证、被告人周某某、刘某某的供述证实：被告单位金某经贸公司向某银行上海分行、信保上海分公司提交的 2008 年度每月财务报表隐瞒了该公司证券交易巨额亏损的事实。

8. 证人袁某某、王一、王二、凌某某等人的证言证实：袁某某和王一选择了 9 家公司作为虚假循环贸易的中间商，用以造成金某经贸公司正常贸易的假象，避免银行因 A 集团与金某经贸公司的对倒贸易而拒绝放贷，且部分中间商可以提供给 A 集团预付款，缓解资金压力。

9. 证人袁某某、王一、陈某某、李某、邵某某、王二、周某某、吕某某、杨某某、倪某某、凌某某、陈某、张某某、马某某的证言、被告人刘某某的供述、金某经贸公司、浙江 A 集团及中间商之间签订的合同、货物收据等、《国内贸易信用保险申报单》、《批单》、《国内贸易信用保险承保情况通知单》、《流动资金（中短期）借款申请书》、《借款合同》、由 A 聚酯公司、A 高仿真公司开具的《商业承兑汇票》等书证、《司法鉴定意见书》证实：浙江 A 集团、9 家中间商、金某经贸公司之间进行 11 笔虚假循环贸易的经过。

10. 证人袁某某、王二、马某某、李某、陈某某、覃某某、朱某某、欧某、唐某某的证言证实：涉案 11 笔内贸交易系虚假循环贸易。

11. 证人袁某某、王一的证词、被告人刘某某、周某某的供述证实：被告单位金某经贸公司和被告人周某某、刘某某在本案中的具体作用和行为。

12. 证人袁某某、陈某某、李某的证言、被告人刘某某、周某某的供述和辨认笔录、《情况说明》、相关银行凭证、《司法鉴定意见书》证实：被告人金某经贸公司等获利情况。

13. 绍兴银行出具的《拒绝付款理由书》、信保上海公司出具的《索赔案处理意见函》、《司法鉴定意见书》和相关银行凭证证实：被告单位金某经贸公司等在案发前给银行造成的经济损失。

四、判案理由

人民法院认为，《刑法》第 175 条之一规定，以欺骗手段取得银行或者其他金融机构贷款等，给银行或者其他金融机构造成重大损失或者有其他严重情节的，构成骗取贷款罪。被告单位金某经贸公司伙同他人，假借贸易名义向被害单位申请贷款，采用提供虚假财务报表和虚假合同等方法隐瞒公司巨额亏损、虚假循环贸易和另行收取预付款等真相的欺骗手段骗得被害单位的贷款共计 2.92 亿余元，造成被害单位经济损失 2.6 亿余元，故其行为已经构成骗取贷款罪（单位），且属于造成特别重大损失之情形，依法应当被判处罚金。被告人周某某作为金某经贸公司直接负责的主管人员，对金某经贸公司所犯骗取贷款罪起重要作用，故其行为亦构成骗取贷款罪。被告人刘某某作为金某经贸公司的其他直接负责人员，对金某经贸公司所犯骗取贷款罪起积极作用，故其行为也构成骗取贷款罪。考虑到金某经贸公司于案发后能主动赔偿部分经济损失，且信保上海公司等未恪尽谨慎审查义务亦是造成本案巨额经济损失原因之一，故可对金某经贸公司和周某某酌情从轻处罚；再结合刘某某在金某经贸公司中的具体地位和作用，且能认罪悔罪，故可对刘某某从轻处罚。检察机关指控的罪名成立，应予支持。

五、定案结论

人民法院根据《中华人民共和国刑法》第 175 条之一、第 64 条、第 72 条、第 73 条之规定，判决如下：

1. 被告单位金某经贸公司犯骗取贷款罪，判处罚金人民币 900 万元；

2. 被告人周某某犯骗取贷款罪，判处有期徒刑 6 年，并处罚金人民币 1

万元；

3. 被告人刘某某犯骗取贷款罪，判处有期徒刑 3 年，缓刑 5 年，并处罚金人民币 10 万元；

4. 追缴违法所得人民币 262671280 元。

六、法理解说

骗取贷款罪是 2006 年《刑法修正案（六）》增设的罪名。根据《刑法》第 175 条之一的规定，所谓骗取贷款罪，是指以虚构事实或者隐瞒真相的欺骗手段，取得银行或者其他金融机构的贷款，给银行或者其他金融机构造成重大损失或者有其他严重情节的行为。骗取贷款罪的设置弥补了我国现行刑法对于金融市场中的欺诈贷款行为难以规制的不足。1997 年《刑法》中的"贷款诈骗罪"，规定"以非法占有为目的，诈骗银行或者其他金融机构的贷款，数额较大的"，可以判处刑罚。但是，如果行为人不具备"非法占有为目的"，即使采用欺骗的手段取得贷款并造成银行或者其他金融机构重大损失，也不能构成犯罪。由于司法实践中认定"以非法占有为目的"证据要求较高，导致部分后果十分严重的骗贷行为逃脱了法律的制裁，严重扰乱了正常的金融秩序。刑法设置骗取贷款罪后，只要行为使用虚假陈述取得贷款并造成重大损失的即构成犯罪。这一设置不仅可以有效追究骗取贷款行为的刑事责任，更重要的是起到了威慑作用，实现刑法一般预防与特殊预防相结合的目的，使部分意图实施贷款欺诈行为的人在考虑犯罪的成本与收益后不敢轻举妄动，从而提高了对金融管理秩序的保护，减少了不法行为。本案是一起适用《刑法修正案（六）》审理的案件，法院判决认定事实和适用法律准确，对我们认识和理解骗取贷款罪具有较高的参考价值。

归纳本案辩护人提出的意见，本案的主要争议点集中于三个方面：第一，被告单位及被告人是否实施了"骗取"贷款行为；第二，两名被告人是否明知并参与了"骗取"贷款行为，应予以追究刑事责任；第三，本案是否属于给金融机构造成重大损失。下面我们结合骗取贷款罪的构成要件对上述争议作进一步的分析。

（一）骗取贷款行为的认定

骗取贷款罪在客体方面，侵犯是金融机构信贷管理制度，并无争议。在客观方面表现为骗取银行或者其他金融机构贷款，给银行或者其他金融机构造成重大损失或有其他严重情节的行为。本案的第一个争议实质就是被告单位及两名被告人的行为是否符合贷款诈骗罪的客观要件。本文认为，骗取贷款行为是金融欺诈行为的一种。金融欺诈可以分为非法占有的金融欺诈和虚假陈述的欺诈，前者是指以非法占有财物为目的，在金融业务活动中虚构事实或者隐瞒真相，以非法占有财物的行为，也就是我国刑法中规定的诈骗行为；后者是指以非法获取利益为目的，违反金融法规，在金融业务活动中虚构事实或者隐瞒真相，以非法获取利益的行为。骗取贷款罪的客观方面并不要求行为人具备非法占有的故意，只要行为人在贷款过程中采用了虚构事实或者隐瞒真相的方法骗取了贷款，造成重大损失或有其他严重情节就已符合客观构成要件。根据2010年5月最高人民检察院、公安部《关于公安机关管辖的刑事案件立案追诉标准的规定（二）》第27条的规定，造成损失20万元属于重大损失，骗得贷款100万元以上或多次以欺骗手段取得贷款的属于"其他严重情节"。

这里需注意的是，并非贷款人所有的虚构事实、隐瞒真相的行为都属于刑法意义上的骗取贷款行为。认定刑法规定的骗取贷款行为应当综合案件的全部事实和证据综合评断，不能仅因与贷款相关的多个事实中有一个事实属于欺诈就认定此罪。本文认为，只有贷款人对金融机构虚构或者隐瞒了足以影响金融机构放贷决策的，诸如抵押物的真实性、单位（个人）资信、还款能力、资产状况、贷款用途等对金融机构决定是否发放贷款具有实质性影响的事实，才属于刑法上的骗取贷款行为。简言之，金融机构是基于行为人所虚构的事实或所隐瞒的真相而作出向行为人发放贷款的决定，如果行为人如实陈述所隐瞒的事实，金融机构就不可能向其发放贷款。行为人实施了此类的欺诈行为，即属于骗取贷款。如果行为人仅虚构了一些不影响金融机构是否放贷决策的事实，应不能认定此罪。例如，贷款人贷款时具有足够的资产归还贷款，但为粉饰会计报表，虚增了经营利润，就不能据此认定贷款人构成骗取贷款罪。

回到本案事实，本案被告单位骗取贷款2亿余元，即使不计算损失，骗取贷款的数额也超过100万元，达到了情节严重的标准。因此，本案的罪与非罪的关键主要是，被告单位及被告人是否采用了欺诈的方法获得贷款，且欺诈行为在行为人获取贷款过程中是否起到了决定性的作用。本案中，被告人具体的欺诈行为较多，归纳下来，主要在两个方面：其一，被告单位在申请贷款时，明知由于公司证券投资失败造成的巨额亏损，导致公司实际净资产值已远低于账面值，仍提供虚假报表向银行贷款，虚构公司资产状况，且与真实情况差异巨大。其二，被告单位通过提供虚假的循环贸易合同，欺骗银行，隐瞒了贷款实际用途，且实际用途系法律明文禁止的将贷款转借他人。这两项欺诈行为所虚构的事实和隐瞒的真相，无论是数额巨大的虚假资产，还是将贷款转借他人的实际用途,均对金融机构贷款决策有着重大影响。如果银行得知真实情况,绝不可能将 2 亿余元巨额贷款发放给被告单位。因此,本案事实和证据足以认定被告单位实施了骗取贷款的行为,符合骗取贷款罪的客观要件。

(二) 关于两名被告人的责任

本案的第二个争议是被告人周某某和刘某某是否明知其公司实施了骗取贷款行为,并参与实施。对于被告人周某某,其系被告单位的实际所有人和经营者,辩称不知自己公司实施了判决认定的骗取贷款行为本身就与常理相悖。个人拥有的公司向银行贷款数亿元,又转借给他人,周某某不可能不知晓。从本案的证据看,袁某某所作其与周某某合谋骗贷转借的证言并非孤证。无论是浙江 A 集团方面证人王一、马某某,还是金某经贸公司方面的被告人刘某某,都能证实被告人周某某作为被告单位的最高决策者,决定由被告单位采用虚假循环贸易的方式骗取贷款后转借给 A 集团。涉案的相关购销合同均没有第三方仓储、物流凭证和相应品质保证书的事实,也能客观证明相关合同并无真实贸易存在,系虚假合同。因此,本案证据及事实足以证明被告人周某某明知并参与实施了骗取贷款罪,且系犯罪单位主管人员。

关于被告人刘某某是否参与实施骗取贷款行为,以及是否属于从犯。本案中,多名证人的证言可以证实,刘某某在 2008 年 8 月就已经知道虚假贸易和周某某意图骗取银行贷款转借他人。在知悉真实情况后,刘某某作为被告单位的副总经理,接受被告人周某某指使具体实施骗取贷款行为,参与了骗取贷款过程中的制作虚假合同样本、签订虚假合同、告知借款人具体放贷情况等行为,是骗取贷款行为的具体实施者,属于刑法中的实行犯。因此,本案证据也能够证实刘某某明知并参与了骗取贷款犯罪,系被告单位骗取贷款犯罪的直接责任人员。

骗取贷款罪的犯罪主体包括自然人和单位,单位实施的骗取贷款罪,实行双罚制,对单位判处罚金,对其主管人员和直接责任人员依照自然人犯罪贷款诈骗罪处罚。根据 2000 年最高人民法院颁布的《关于审理单位犯罪案件对其直接负责的主管人员和其他直接责任人员是否区分主犯、从犯问题的批复》规定,在审理单位故意犯罪案件时,对其直接负责的主管人员和其他直接责任人员,可不区分主犯、从犯,按照其在单位犯罪中所起的作用判处刑罚。因此,虽然刘某某与作为被告单位负责人的周某某在案件中的地位、作用存在差异,但法院在判决中不对二人区分主从犯,而是分别以直接负责的主管人员和其他直接责任人员定罪处罚的判决完全符合现有法律的规定。

（三）关于"重大损失"的认定

本案的最后一个争议被告单位和被告人的行为是否属于给银行造成重大损失。需补充说明的是，之所以产生这一争议是因为本案中被告单位在骗取贷款的同时，又利用虚假合同等资料骗得了保险公司买方信用保险。根据保险合同，被告单位在买方不能支付合同货款时，可以要求保险公司代买方偿付。对此，本文认为，本案中并不存在真实的贸易，保险公司也是受被告单位的欺骗提供了买方保险，应属无效合同。在案发时，直至判决时，银行并未收回贷款，损失真实存在。因此，本案应当认定被告单位骗取贷款，给银行造成了特别重大的损失。

综上所述，本案法院的判决认定事实清楚，适用法律准确，对被告单位和被告人的责任区分和量刑也是恰当的。

（整理人：吴卫军 陆 川）

案例13：季某定贷款诈骗、
高某某骗取贷款案

——贷款诈骗罪与骗取贷款罪的区分

一、基本情况

案　由： 贷款诈骗罪、骗取贷款

被告人： 季某定，男，1959 年 12 月 4 日出生，初中文化，无固定职业，暂住上海市杨浦区唐山路某弄，2010 年 7 月 26 日因本案经检察机关批准，由公安机关执行逮捕。

被告人： 高某某，男，1956 年 12 月 28 日出生，初中文化，无固定职业，2011 年 4 月 1 日因本案由检察机关取保候审。

二、诉辩主张

（一）人民检察院指控事实

检察机关在起诉中指控的主要犯罪事实如下：

2006 年 6 月，被告人季某定至其兄季某宝家中将季某宝的上海市三门路的房产证偷出，再伪造了一本该房屋的房产证放回季某宝家中，同时季某定还伪造了季某宝的身份证等，冒充季某宝与陈某某、干某夫妇（均另案处理）签订虚假的三门路房屋买卖合同，陈某某、干某并未支付首付款，办理了产权变更手续，2006 年 6 月 30 日，陈某某、干某凭房产部门核发的三门路的产权证至 A 银行股份有限公司（以下简称 A 银行）办理了抵押贷款手续，从该行按揭贷款人民币 30 万元，贷款期限为 15 年。陈某某、季某定遂瓜分了上述贷款。该贷款自 2007 年 1 月起产生逾期，之前仅还款人民币 8000 余元。

陈某某、干某在取得上述贷款后，将房产证质押给房产中介人员姚某某，向姚某某借款人民币 5 万元。

2007 年 8 月，因陈某某、干某未按贷款合同履行还本付息，A 银行向人民法院提起民事诉讼，人民法院经审理判决解除贷款合同，陈某某、干某偿还贷款本息。2008 年 6 月 6 日，陈某某、干某委托姚某某出售三门路房产。2008 年 6 月 12 日，由姚某某垫资将上述款项全部结清。之后，姚某某欲将三门路房产挂牌出售，季某定怕事情败露，遂找来高某某作为虚假的买受人，由陈某某、干某将三门路房屋过户给高某某，再由高某某与 B 银行股份有限公司（以下简称 B 银行）签订抵押借款合同，向该行按揭贷款人民币 55 万元，并放款至姚某某的账户。由于该笔贷款从未偿还，B 银行向某区人民法院提起诉讼，经调解，高某某同意还款，但之后却仍然未还款。B 银行又申请某区法院强制执行，但因故无法执行。至案发，B 银行对该笔人民币 55 万元的贷款分文未收回。

（二）被告人辩解及辩护人辩护意见

被告人季某定对当庭出示、宣读的证据未提出异议，但辩称其是自首。其辩护人对起诉书指控的事实无异议，但认为被告人季某定 2010 年 6 月 21 日去某法律事务所时是知道公安人员要找他，且其到案后能如实供述，是自首。

被告人高某某在开庭审理过程中亦无异议。

三、人民法院认定事实和证据

（一）认定犯罪事实

人民法院经公开审理查明：

2006 年 6 月，被告人季某定将其兄季某宝家中的上海三门路某室的房产证偷出，再伪造了一本该房屋的房产证放回季某宝家中，并冒充季某宝与陈某某（另案处理）、干某夫妇签订房屋买卖合同，办理了产权变更手续。2006 年 6 月 30 日，陈某某、干某凭房产部门核发的三门路某室的产权证向 A 银行抵押贷款人民币 30 万元，贷款期限 15 年。截止 2007 年 7 月 31 日，该笔贷款仅归还本金人民币 8000 余元。

2007 年 8 月，A 银行向法院起诉陈某某、干某，人民法院经审理判决陈某某、干某偿还贷款本息。

2007 年 12 月 6 日，季某宝从法院工作人员处得知三门路某室已被出售，当即找到被告人季某定了解到具体情况，被告人季某定表示无力偿还，季某宝遂向公安机关报案。

2008 年 6 月，被告人季某定得知陈某某、干某委托房产中介姚某某出售三门路房产后，明知无还款能力，仍找被告人高某某作为虚假的买受人，从陈某某、干某处受让上述三门路房屋，并向 B 银行抵押贷款人民币 55 万元，放款至姚某某的账户全部用于偿还姚为出售该房产代为归还 A 银行贷款本息等各类垫资款项。至案发，B 银行经法院强制执行对该笔人民币 55 万元的贷款分文未收回。

2010 年 6 月 21 日，被告人季某定得知公安人员找其后，在其亲属季某宝、季某翠的陪同下，至约定地点季某宝的诉讼代理人所在的法律事务所向公安人员投案，并如实供述了上述事实。

2010 年 12 月 7 日，被告人高某某接民警电话通知后至公安机关，如实交代了上述犯罪事实，并办理了取保候审手续。

（二）认定犯罪证据

上述事实有以下证据证明：

1. 证人季某宝的证词证实：其为三门路的产权人，并一直居住于该处，2007 年 12 月，法院突然到其家中称要拍卖该房屋，其随后至房屋交易中心查询，得知其持的房产证系伪造。后找到其弟季某定，季某定承认是他将房产证偷出将房屋卖给陈某某，以此骗取银行贷款，同时又伪造了一本房产证放回原处。

2. 某公司出具的《证明》、《上海市公有住房出售合同》、《上海市房地产权证》证实：该公司于 1995 年 12 月将本市三门路房产给季某宝，季某宝于 2000 年取得了该房的产权。

3. 居民委员会出具的《证明》证实：季某宝长期居住于三门路某室。

4. 《伪证没收凭证》、《情况说明》证实：季某宝于 2007 年 12 月 6 日持房地产权证至房地产交易中心鉴定，经核实系伪证，并予以没收。

5. 《上海市房地产买卖合同》、《A 银行个人住房借款合同》、《上海市房地产登记申请书》、《上海市房地产登记信息》证实：2006 年 6 月季某定冒充季某宝将三门路某室出售给陈某某、干某夫妇，陈某某、干某又以该房产为抵押向 A 银行贷款人民币 30 万元。

6. 《上海市公安局物证鉴定中心检验意见书》证实：季某定冒充季某宝在第 5 项证据中的《上海市房地产买卖合同》签名。

7. A 银行提供的陈某某和季某宝账户查询记录证实：A 银行于 2006 年 7 月 26 日将贷款人民币 30 万元放至陈某某的账户，随后被转至季某宝的账户（系季某定冒用季某宝身份开设），之后又被全部转至其他账户或取出。2008 年 6 月 6 日，陈某某账户内存入人民币 31.3 万元。

8. A 银行出具的《证明》证实：陈某某、干某于 2006 年向该 A 银行申请的贷款人民币 30 万元已于 2008 年 6 月 12 日全部结清。

9. 证人姚某某的证词证实：2006 年的时候，陈某某找到他要出售三门路某室的房产，经查询该房屋上有一笔 30 万元的贷款，但显示交易手续时正常的。之后陈某某将房产证质押给其，向其借款人民币 5 万元。其先后垫付了约 50 万元把贷款全部还清。2008 年其又帮助陈某某将该房产卖给高某某，而高某某从银行贷的人民币 55 万元全部放至她的账户内，作为陈某某归还其欠款及支付的相关费用。

10.《借条》证实：陈某某、干某夫妇于 2008 年 3 月 17 日向姚某某借款人民币 5 万元，期限为 2 个月，并以房产证作为抵押。

11.《委托书》、《上海市虹口区公证处公证书》证实：2008 年 6 月 6 日陈某某、干某夫妇委托姚某某出售本市三门路某室的房产及收取房价款、缴纳费用和税款等事宜。

12.《上海市房地产买卖合同》证实：2008 年 7 月 3 日陈某某、干某委托姚某某与被告人高某某签订协议将本市三门路某室的房产出售给高某某。

13.《上海市房地产权证》证实：被告人高某某于 2008 年 8 月成为本市三门某室的产权人。

14.《中国 B 银行股份有限公司上海市分行个人住房商业性抵押借款合同》、《公证处公证书》证实：高某某于 2008 年 7 月向 B 银行申请人民币 55 万元贷款用于"购买"本市三门路某室的房产，并约定贷款全部打至姚某某的账户。

15. B 银行提供的被告人高某某贷款账户基本信息、《个人贷款支付凭证》、《个人活期一本通账户明细》证实：B 银行发放给高某某个人二手商品房贷款人民币 55 万元，并进入姚某某的账户，但至案发该笔贷款从未归还。

16. 证人陈某的证词证实：2008 年 8 月高某某购买了本市三门路某室的房子，并从 B 银行贷款人民币 55 万元，但直至案发未归还过一分钱。

17.《起诉书》、《上海市杨浦区人民法院民事调解书》、《上海市杨浦区人民法院民事裁定书》、《上海市杨浦区人民法院执行通知书》、《中国 B 银行股份有限公司转账还贷委托协议》，证实 B 银行积极采取各项措施催讨高某某的欠款均未果。

18. 被告人季某定、高某某的历次供述，对上述犯罪事实供认不讳。

19.《上海市闸北区人民法院刑事判决书》，证实被告人季某定的前科情况。

20.《工作情况》，证实本案的案发及被告人季某定、高某某到案的过程。

四、判案理由 >>

人民法院认为，被告人季某定伙同他人以非法占有为目的，使用虚假的经济合同骗取银行贷款人民币 55 万元，数额特别巨大，其行为已经构成贷款诈骗罪。检察机关指控的罪名成立，依法应对被告人季某定予以惩处。因被告人季某定有自首情节，依法可以对被告人季某定减轻处罚。

被告人高某某受季某定指使与他人签订虚假的房地产买卖合同，并使用该虚假经济合同骗取银行贷款人民币 55 万元，造成银行重大损失，其行为已经构成骗取贷款罪。检察机关指控的罪名成立，依法应对被告人高某某予以惩处。被告人高某某系自首，故依法对被告人高某某从轻处罚。

五、定案结论 >>

人民法院依照《中华人民共和国刑法》第 193 条第 2 项、第 25 条第 1 款、第 67 条第 1 款、第 53 条、第 64 条之规定，对被告人季某定判决如下：

1. 被告人季某定犯贷款诈骗罪，判处有期徒刑 8 年，罚金人民币 5 万元；

2. 责令被告人季某定退出违法所得。

人民法院依照《中华人民共和国刑法》第 175 条之一第 1 款、第 25 条第 1 款、第 67 条第 1 款、第 72 条、第 73 条第 2 款和第 3 款、第 53 条、第 64 条之规定，对被告人高某某判决如下：

1. 被告人高某某犯骗取贷款罪，判处有期徒刑 1 年，缓刑 1 年，罚金人民币 1000 元；

2. 责令被告人高某某退出违法所得。

六、法理解说 >>

本案例系一起两名同案犯分案起诉、分案判决的案件，虽然两名被告人共同实施了一个骗取银行贷款的行为，却分别以贷款诈骗罪和骗取贷款罪定罪量刑，具有一定的特殊性。对这一案例进行分析，有助于认识和理解骗取贷款罪和贷款诈骗罪的区别。

根据刑法规定，贷款诈骗罪是指以非法占有为目的，诈骗银行或者其他金融机构的贷款，数额较大的行为。骗取贷款罪是指以欺骗手段取得银行或者其他金融机构贷款，给银行或者其他金融机构造成重大损失或者有其他严重情节的行为。司法实践中，骗取贷款罪与贷款诈骗罪是办案人员比较容易混淆的两个罪名，主要因为这两个罪名的构成要件具有一些共同点。两个罪名的犯罪对象均为金融机构的贷款，客观方面也均表现为采用欺骗手段骗取银行或其他金融机构的贷款。实践中，适用这两个罪名处理的案件基本上都已给银行等金融机构造成了数额较大的损失。因此，两个罪名有时较难区分。下面我们结合案例来分析这两个罪名的异同。

首先，贷款诈骗罪和骗取贷款罪侵犯客体的略有差异。骗取贷款罪侵犯的客体是国家金融管理秩序和金融机构财产的使用权；贷款诈骗罪侵犯的客体为国家金融管理秩序和金融机构财产的所有权。高某某受季某定指使与他人签订虚假的房地产买卖合同，并使用该虚假经济合同骗取银行贷款人民币55万元，但其并未意图占有贷款，也未实际占有或使用贷款。其行为虽破坏了金融管理秩序，却没有侵犯银行财产的所有权。季某定则通过虚假买卖房产交易骗取银行贷款55万元后，用贷款归还债务，实质上占有了银行的资产，其行为已侵犯了银行财产的所有权。

其次，贷款诈骗罪和骗取贷款罪客观方面的存在区别。虽然两罪客观上都表现为采用欺骗方法取得金融机构的贷款，但在客观方面仍有一定区别。骗取贷款罪在客观方面要求给银行或者其他金融机构造成重大损失或者有其他严重的情节；贷款诈骗罪则仅要求"数额较大"，并不一定要造成损失或有其他严重情节。根据2010年最高人民检察院、公安部《关于公安机关管辖的刑事案件立案追诉标准规定（二）》的规定，贷款诈骗数额2万元以上就已构成犯罪，而骗取贷款罪则要求骗取贷款100万元或给金融机构造成损失20万元，才达到追诉标准，两罪的入罪标准差异较大。本案中季某定的行为发生在2006年，根据2001年《全国法院审理金融犯罪案件工作座谈会纪要》（以下简称《金融审判纪要》）的规定，贷款诈骗20万元以上的属于"数额特别巨大"，季某定的犯罪数额已超过了这一标准。高某某帮助季某定骗取贷款的行为造成银行55万元人民币贷款无法收回，符合骗取贷款罪致金融机构重大损失的客观要件。

再次，贷款诈骗罪和骗取贷款罪的犯罪主体不同。骗取贷款罪的主体包括自然人和单位，但贷款诈骗罪只规定了自然人主体，根据2001年《金融审判纪要》的规定，单位实施贷款诈骗行为的，应当以合同诈骗罪追究刑事责任。

最后，贷款诈骗罪和骗取贷款罪最主要的区别是主观方面完全不同。尽管两罪都是直接故意犯罪，但骗取贷款罪不以非法占有为目的，贷款诈骗罪要求行为人具有非法占有目的。骗取贷款罪中，行为人在主观上尽管没有非法占有的目的，却存在欺骗的故意，表现在行为人明知自己所采取的欺骗行为违反法律、法规而去实施并希望取得贷款的主观心理状态。如行为人不具备或不完全具备申请贷款的条件，在向银行等金融机构申请贷款的过程中，使用了欺骗手段，隐瞒了其不具备或不完全具备申请贷款条件的事实，或者虚构了某些条件，编造虚假的相关材料提供给银行，使银行作出错误的决定，达到骗取银行发放贷款的目的，均符合骗取贷款罪的主观要件。

在主观要件中，行为人是否具有非法占有的目的，是区分骗取贷款罪与贷款诈骗罪的关键。如何区分和证明行为人是否具有非法占有的目的，也一直是司法机关办案中的难点问题。本文认为，认定行为人主观上是否具有非法占有的目的需从以下几个方面进行判断：一是从行为人对贷款的处置情况进行判断。看行为人是否有审理诈骗案件司法解释中所规定的 7 种情形，如"明知没有归还能力而大量骗取资金的；非法获取资金后逃跑的；肆意挥霍骗取资金的；使用骗取的资金进行违法犯罪活动的；抽逃、转移资金、隐匿财产，以逃避返还资金的；隐匿、销毁账目或者搞假破产、假倒闭，以逃避返还资金的以及其他非法占有资金、拒不返还的"。具有上述情形之一的，应认定其主观上具有非法占有贷款的目的。反之，行为人虽然采用欺骗手段获得贷款，但其将贷款用于业务经营活动，解决生产经营活动之需的，或者擅自改变其贷款用途，将款项用于其他高风险活动等，并最终无法按时还贷的，不能认定其具有非法占有目的，在处理上应适用骗取贷款罪而非贷款诈骗罪。二是从申请贷款时的履约能力情况进行判断。如果行为人在申请贷款时已经认识到自己没有履约能力而采用欺骗手段取得贷款，则可认定其具有非法占有的目的；如行为人申请贷款时确有履约能力的，就需要结合前述对贷款用途的审查作进一步判断。三是从贷款到期后行为人对归还贷款的态度上进行判断。如果行为人拒不偿还贷款或者携款外逃的，则表明其主观上具有非法占有的目的。反之，行为人在贷款到期时承诺要归还贷款，并积极筹集资金的行为，就不能直接认定其具有非法占有的目的，仍需结合前述二个方法进一步加以识别。

根据上述分析，本案的两名被告人是否具有非法占有目的，可以作出审慎的判断。对于被告人季某定，本案现有证据可以证实，季某定实施本次犯罪之前，曾采用相同的虚假房产交易的手法骗取过银行贷款，因其无力偿还，由姚某某代为归还，姚某某为此向其追讨该笔款项。此次作案时，季某定的目的是骗得银行贷款用于归还给姚某某，以防止前一次骗取银行贷款的罪行败露。季某定又系吸毒人员，且无固定职业，完全没有偿还能力，符合司法解释中规定的"明知没有归还能力而大量骗取资金的"情形。因此，本案证据完全可以认定被告人季某定具有非法占有的目的，构成贷款诈骗罪。

被告人高某某的主观故意则与季某定完全不同。高某某和季某定的供述及其他证据能够互相印证，从而证实，虽然高某某向银行贷款系在季某定的指使下通过虚假房产交易实现，但其并不明知季某定没有能力归还贷款，更不知道季某定根本不想归还银行贷款。在骗取贷款过程中，高某某属于从属地位，仅是在季某定指使下办理虚假的贷款手续。最为关键的事实是，高某某并没有占有，甚至没有使用骗得贷款的目的和行为，全部贷款均由季某定获取，其未从中得到任何好处。因此，高某某主观上并没有非法占有目的，但其参与实施了骗取银行贷款的行为，给银行造成重大损失，符合骗取贷款罪的主客观要件，应当以骗取贷款罪追究刑事责任。

综上所述，本案实施共同犯罪的两名被告人，法院根据二人的主观故意不同，分别以贷款诈骗罪和骗取贷款罪定罪量刑是正确的。

（整理人：吴卫军　陆　川）

案例14：方某某骗取贷款案

——小额贷款公司是否属于骗取贷款罪中的其他金融机构

一、基本情况 >>

案　由：骗取贷款

被告单位：上海某粮油有限公司，住所地在上海市杨浦区平凉路某号，法定代表人方某莉，诉讼代表人方某莉。

被告人：方某某，男，汉族，1959年9月9日出生，大专文化，系上海某粮油有限公司总经理，住上海市静安区新闸路某弄，2011年4月18日因本案被公安机关决定取保候审。

二、诉辩主张 >>

（一）人民检察院指控事实

检察机关在起诉中指控的主要犯罪事实如下：

上海某小额贷款股份有限公司（以下简称某小贷公司）于2009年4月成立，系依法从事发放贷款业务的金融机构。

被告单位上海某粮油有限公司（以下简称某粮油公司）系由被告人方某某2008年1月投资成立，主要经营粮油产品的销售，方某某自任法定代表人。2009年8月26日，某粮油公司法定代表人变更为方某莉，但该公司的实际经营人仍为方某某，业务活动中方某某仍自称法定代表人。

2009年9月，被告人方某某以某粮油公司法定代表人的身份与某小贷公司签订《贷款授信合同》，约定某粮油公司可通过向某小贷公司提供相应的财产质押担保申请最高额人民币300万元以内的贷款。根据该《贷款授信合同》，被告人方某某以某粮油公司法定代表人身份于2010年1月25日、2010年1月29日、2010年2月5日三次与某小贷公司签订《贷款合同》，由某粮油公司提供向超市销售大米的送货单共计价值300余万元作为应收账款质押从某小贷公司分别获得贷款人民币 70 万元、60 万元和 40 万元。经审计，某粮油公司上述送货单中仅有价值人民币 386271.40 元的送货单是真实的，其余送货单均系虚假送货单。2010 年 9 月 30 日，某粮油公司通过上海某油脂工业有限公司归还了贷款人民币 30 万元。

2011 年 4 月 18 日，被告人方某某接到公安机关电话通知至公安机关办理了取保候审手续。审查起诉阶段，方某某退出赃款人民币 5 万元。

（二）被告人辩解及辩护人辩护意见

被告单位某粮油公司的诉讼代表人对检察机关指控的事实和罪名无异议。

被告人方某某及辩护人对检察机关指控的罪名和从某小贷公司骗取贷款金额 131 万余元的事实均无异议，但辩称被告单位已大部分还款，造成某小贷公司的实际损失额仅为 21 万余元，且被告人方某某系自首，请求从宽处理。

三、人民法院认定事实和证据　>>

（一）认定犯罪事实

人民法院经公开审理查明：

上海某小额贷款股份有限公司于 2009 年 4 月成立，系依法从事发放贷款业务的金融机构。

被告单位上海某粮油有限公司于 2008 年 1 月成立，被告人方某某任法定代表人，主要经营粮油产品的销售，方某某自任法定代表人。2009 年 8 月 26 日，某粮油公司法定代表人变更为方某莉，但该公司的实际经营人仍为被告人方某某。

2009 年 9 月，被告人方某某以某粮油公司负责人的身份与某小贷公司签订《贷款授信合同》，约定某粮油公司可通过向某小贷公司提供相应的财产质押担保申请最高额人民币 300 万元以内的贷款。根据该《贷款授信合同》，被告人方某某于 2010 年 1 月 25 日、29 日、同年 2 月 5 日三次与某小贷公司签订《贷款合同》，由某粮油公司提供向超市销售大米的送货单作为应收账款质押从某小贷公司分别获得贷款人民币 70 万元、60 万元和 40 万元。经审计，某粮油公司上述送货单中仅有价值人民币 386271.40 元的送货单是真实的，其余为虚假送货单，并利用虚增的销售款向某小贷公司骗取贷款 131 万余元。

2010 年 9 月 30 日，某粮油公司通过上海某油脂工业有限公司归还了贷款人民币 30 万元。

2011 年 4 月 18 日，被告人方某某接民警电话通知至公安机关如实交代了上述事实，后于 2011 年 4 月 18 日被取保候审。在审查起诉阶段，某粮油公司退出赃款人民币 5 万元，在本院审理期间，又退出赃款 16.06 万元。

（二）认定犯罪证据

上述事实有以下证据证明：

1. 证人证言

（1）证人胡某的证言证实：2009 年 5 月起至 2010 年 3 月某粮油公司通过向某小贷公司提供向超市销售大米的送货单作为应收账款质押陆续从某小贷公司申请贷款。但后经核实，某粮油公司自 2010 年起就没有向超市送过货，即方某某提供给某小贷公司的 2010 年之后的送货单均系伪造。

（2）证人张某的证言证实：某粮油公司除了涉案的贷款外，之前尚有多笔贷款未归还。2010 年 1 月以后方某某还提供了伪造的乐购超市送货单作为应收账款质押。

2. 书证、物证

（1）某粮油公司《企业法人营业执照》，证实某粮油公司系有限责任公司，具有法人资格。

（2）某小贷公司的《企业法人营业执照》、《关于同意设立上海某小额贷款股份有限公司的批复》、《金融机构编码规范》，证实某小贷公司系依法成立的小额贷款公司，系金融机构。

（3）《贷款授信合同》、《贷款合同》、《借款凭证》、《电子转账凭证》证实：被告人方某某以被告单位某粮油公司负责人的身份，通过提供向超市销售大米的送货单作为应收账款质押从某贷款公司获得贷款 70 万元、60 万元和 40 万元。

（4）方某某提供给某小贷公司送货单，乐购超市提供的某粮油送货清单、上海司法会计中心出具的《关于方某某涉嫌骗取贷款的情况》，证实方某某提供给某小贷公司的送货单除仅价值人民币 386271.40 元的送货单是真实的外其余均为虚假送货单。

（5）银行本票，证实 2010 年 9 月 30 日某粮油公司通过上海某油脂工业有限公司归还某小贷公司人民币 30 万元。

（6）《案发经过》，证实本案的案发及被告人方某某到案过程。

（7）《扣押物品、文件清单》，证实审查起诉阶段方某某退出赃款人民币 5 万元。

3. 被告人供述

被告人方某某的供述证实：其以某粮油公司负责人的身份，通过提供向超市销售大米的虚假送货单作为应收账款质押，从某小贷公司骗得贷款 1313728.6 元。

四、判案理由

人民法院认为，被告单位某粮油公司提供虚假的担保骗取小额贷款公司贷款，给小额贷款公司造成重大损失，其行为已经构成骗取贷款罪；被告人方某某系某粮油公司犯骗取贷款罪的直接责任人，应承当相应的刑事责任。检察机关指控的罪名成立，对被告单位某粮油公司、被告人方某某依法应予惩处。鉴于被告单位及被告人方某某均有自首情节，且已退出部分赃款，依法均可以从轻处罚。

五、定案结论

人民法院依照《中华人民共和共刑法》第 175 条之一、第 67 条第 1 款、第 53 条、第 64 条之规定，判决如下：

1. 被告单位某粮油公司犯骗取贷款罪，罚金人民币 10 万元；
2. 被告人方某某犯骗取贷款罪，判处有期徒刑 1 年，罚金人民币 1 万元；
3. 退缴的 21.06 万元发还某小贷公司，余款责令继续退赔。

六、法理解说

本案是一起骗取新型金融机构——小额贷款公司贷款的案件。小额贷款公司是由自然人、企业法人与其他社会组织投资设立，不吸收公众存款，经营小额贷款业务的有限责任公司或股份有限公司。由于其放贷更为便捷、迅速，非常适合满足中小企业、个体工商户的资金需求。所以，近年来发展迅速，小额贷款公司的数量和经营规模都不断增长，给我国金融市场注入了新的活力。实践中，有不少小额贷款公司贷款被骗的案件，由于难以认定行为人具备贷款诈骗罪所要求的"非法占有目的"，而无法予以刑事处罚，给小额贷款公司财产和经营造成了较大损害，也影响了这类新型金融机构的发展，破坏了金融管理秩序。2006 年《刑法修正案（六）》增设的第 175 条之一骗取贷款罪，将以欺诈手段骗取贷款，给银行等金融机构造成重大损失或有其他严重情节的行为纳入到刑法调整范围，充分保护了银行等金融机构的利益。由于刑法并未将小额贷款公司明确列入金融机构的范围，故对骗取小额贷款公司贷款是否能够适用《刑法》第 175 条之一的规定，以骗取贷款罪追究刑事责任就产生了很大的争议。本案是在争议中判决的一起案件，争议的核心就是小额贷款公司是否属于受《刑法》保护的金融机构。

　　一种观点认为，小额贷款公司无金融许可证，不属于中国银监会、中国证监会和中国保监会监管，最多只能算"准金融机构"而不能认为是刑法意义上的金融机构。另一种观点认为，小额贷款公司是依法成立的从事金融业务的机构，符合金融机构的特征，应当认定为金融机构。关于如何判断小额贷款公司是否属于刑法意义上的金融机构，本文认为，应当从设立小额贷款公司的法律依据及背景、小额贷款公司的业务属性和在金融监管体系中的地位，以及小额贷款公司是否具备金融机构的形式要件三个方面来分析。

　　首先，小额贷款公司设立的法律依据和背景。为解决中小企业融资难的问题，2008年5月，中国人民银行和中国银监会共同出台了《关于小额贷款公司试点的指导意见》（以下简称《指导意见》），自此，小额贷款公司在我国取得了合法地位，很多地方都开始了小额贷款公司的试点工作。从法律依据上看，小额贷款公司是根据中国人民银行和中国银监会这两个金融监督管理机构的部门规章设立的，其目的也是解决我国金融市场存在的农村地区和中小企业融资难等问题，是一种金融创新行为。因此，小额贷款公司诞生之初就具备了金融属性。

　　其次，小额贷款公司的业务属性和在金融监管中的地位。根据《指导意见》规定，小额贷款公司是由自然人、企业法人与其他社会组织投资设立，不吸收公众存款，经营小额贷款业务的有限责任公司或股份有限公司。小额贷款公司可在国家规定的银行贷款利率4倍以下发放贷款，小额贷款公司的各项业务数据被中国人民银行作为金融数据进行统计。因此，小额贷款公司主要业务是发放贷款，是标准的金融业务。

　　最后，小额贷款公司是否具备了金融机构的形式要件。中国人民银行颁布的《金融机构编码规范》中，明确规定了小额贷款公司金融机构编码。《金融机构编码规范》结合本案中现有的小额贷款公司《企业法人营业证照》、金融业机构代码、上海市金融服务办公室关于同意设立该小额贷款公司的批复等证据，小额贷款公司已经具备了金融机构的外在形式要件。

　　综上所述，我们可以认定小额贷款公司系依法从事发放贷款业务的金融机构，应当属于刑法意义上的金融机构。本案中被告单位提供虚假材料骗取小额贷款公司贷款，给小额贷款公司造成重大损失，违反《刑法》第175条之一的规定，其行为已构成骗取贷款罪。

（整理人：吴卫军）

九、非法吸收公众存款罪

案例 15：朱某集资诈骗、非法吸收公众存款案

——非法吸收公众存款罪适用难点分析

案　　由：集资诈骗、非法吸收公众存款

被告人：朱某，男，汉族，1972 年 4 月 5 日出生，浙江省临海市人，原系上海某酒店服务有限公司、上海某房地产开发有限公司法定代表人和上海某投资管理有限公司等八家公司实际控制人，2008 年 6 月 13 日因本案经检察机关批准，由公安机关执行逮捕。

（一）人民检察院指控事实

1. 非法吸收公众存款罪

被告人朱某自 2003 年 10 月起，先后以其本人及亲友的名义设立某大酒店服务有限公司等 8 家公司，并担任法定代表人，实际控制该 8 家公司。2003 年至 2007 年，朱某以该 8 家公司名义，租赁或购买的房产，在本市先后开办了 4 家连锁酒店及某大市场。

2004 年至 2008 年 5 月，朱某为筹集经营资金，在本市及浙江省温州市等地，通过广告、展览会等途径进行公开宣传，以投资连锁酒店，某大市场客房、商铺产权或使用权等名义，吸引社会公众投入资金。朱某以某控制的公司，采用支付固定收益的合作投资、不转移房产使用权的使用权转让或租赁、

不转移产权的房产交易等方式，承诺或变相承诺支付每年 8% ~ 36% 的固定收益及还本，向不特定公众非法吸收资金。截至提起公诉时查明，朱某共向浙江、上海等地 800 余名投资人，变相非法吸收公众存款累计 2.32 亿余元。案发前，朱某支付投资人本金及回报 7700 余万元。朱某将上述 2.32 亿元中的 6900 余万元用于购买房产、1570 余万元支付工程款、1200 余万元支付连锁酒店租房款和经营开支、1072 万元用于以个人名义购买某公司的股份，余款用于提现、还债和购车等。

2. 集资诈骗罪

2008 年 3 月，被告人朱某在已无资金支付前述投资人固定收益的情况下，个人与北京某物业发展有限公司签订购房协议，约定以 7.2 亿元购买北京某商厦。之后，朱某在未取得该商厦产权和预售权的情况下，仍以预售该商厦内商铺的名义，承诺 50% ~ 60% 的高额年收益，诈骗社会公众投资。截至提起公诉时查明，朱某共骗取杨某等 34 人，共计 666 间商铺预订金 1332 万元。朱将其中 600 余万元用于支付购买该商厦的定金、189 万余元用于支付前述投资人的本金和固定收益，余款用于还债、提现等。

（二）被告人辩解及辩护人辩护意见

被告人朱某及其辩护人对起诉指控的事实、证据均无异议，但提出起诉指控朱某犯集资诈骗罪的定性不当，且本案应当以单位犯罪中直接负责的主管人员追究朱某刑事责任。

三、人民法院认定事实和证据

（一）认定犯罪事实

人民法院经公开审理查明：

1. 非法吸收公众存款罪

被告人朱某自 2003 年 10 月起，先后以其本人及亲友的名义设立某大酒店服务有限公司等 8 家公司，并担任法定代表人，实际控制该 8 家公司。2003 年至 2007 年，朱某以该 8 家公司名义，租赁或购买的房产，在本市先后开办了 4 家连锁酒店及某大市场。

2004 年至 2008 年 5 月，朱某为筹集经营资金，在本市及浙江省温州市等地，通过广告、展览会等途径进行公开宣传，以投资连锁酒店，某大市场客房、商铺产权或使用权等名义，吸引社会公众投入资金。朱某以其控制的公司，采用支付固定收益的合作投资、不转移房产使用权的使用权转让或租赁、不转移产权的房产交易等方式，承诺或变相承诺支付每年 8% ~ 36% 的固定收益及还本，向不特定公众非法吸收资金。截至判决时查明，朱某共向浙江、上海等地 800 余名投资人，变相非法吸收公众存款累计 2.32 亿余元。案发前，朱某支付投资人本金及回报 7700 余万元。朱某将上述 2.32 亿元中的 6900 余万元用于购买房产、1570 余万元支付工程款、1200 余万元支付连锁酒店租房款和经营开支、1072 万元用于以个人名义购买某公司的股份，余款用于提现、还债和购车等。

2. 集资诈骗罪

2008 年 3 月，被告人朱某在已无资金支付前述投资人固定收益的情况下，个人与北京某物业发展有限公司签订购房协议，约定以 7.2 亿元购买北京某商厦。之后，朱某在未取得该商厦产权和预售权的情况下，仍以预售该商厦内商铺的名义，承诺 50% ~ 60% 的高额年收益，诈骗社会公众投资。截至判决时查明，朱某共骗取杨某等 34 人，共计 666 间商铺预订金 1332 万元。朱将其中 600 余万元用于支付购买该商厦的定金、189 万余元用于支付前述投资人的本金和固定收益，余款用于还债、提现等。

（二）认定犯罪证据

非法吸收公众存款罪事实有以下证据证明：

1. 某大公司等八家公司工商登记资料，被告人朱某供述以及证人朱某炜、朱某人等人证言，共同证实被告人朱某系某大公司等八家公司的法定代表人或实际控制人。

2. 证人唐某某证言。证实被告人朱某系因为缺少资金，而以出租房屋使用权为名，通过广告等方法向社会公众吸收资金。在吸收时承诺了固定的回报率。吸收资金时，签订两份合同，房屋的使用权是通过合同象征性的从朱某控制公司转到投资人手中后，再由投资人手中回到朱的公司，实际并没有转移。

3. 证人朱某某证言。证实被告人朱某通过控制的公司变相吸收公众存款的经过。

4. 证人包某某证言。证实被告人朱某在公司缺少资金的情况下，为扩大经营规模，以出售、租赁某连锁酒店客房使用权的名义，对外非法吸收公众存款的具体经过。

5. 证人缪某某证言。证实经被告人朱某决定，某大公司曾对某连锁酒店对外出售客房使用权在《东方航空报》、《第一财经》、《新民晚报》、《新闻晨报》、《房地产时报》等报刊上刊登过宣传材料。

6. 被告人朱某用于非法吸收公众存款的各类合同。证实朱某以合作投资、不转移使用权的房产租赁、不转移产权的房产交易、委托合作经营等方式，变相非法吸收公众存款。

7. 被吸收存款人杨某某等人证言及提供的相关书证、查询回函等证据。证实被告人朱某向 800 余人非法吸收资金 2.32 亿余元。

8. 被告人朱某供述。证实朱某以其控制的公司，采用支付固定收益的合作投资、不转移房产使用权的使用权转让或租赁、不转移产权的房产交易等方式，承诺或变相承诺支付每年 8%～36% 的固定收益及还本，向不特定公众非法吸收资金的事实与经过。

9. 某会计师事务所审计报告，根据被告人朱某控制公司的账目和电脑资料、相关合同、投资人回函、支付返利的银行账目对朱某非法吸收存款的犯罪数额进行了审计。

集资诈骗罪事实有以下证据证明：

1. 北京某商厦销售《框架协议书》、房屋所有权证。证实被告人朱某向龙某某购买北京某商厦所有权，约定总价 7.2 亿元人民币，协议签订的同时支付 600 万元定金；在 40 日内支付 3000 万元，2008 年 7 月 30 日前支付总房价款的 15%，即 1.8 亿元；在 2009 年 3 月之前付清剩余全部房价。

2. 证人朱某某证言。证实被告人朱某在未取得北京某商厦所有权的情况下，即于 2008 年 4 月开始销售商铺的使用权，共得款 600 余万元。

3. 证人龙某某证言。证实被告人朱某于 2008 年 3 月向其以 7.2 亿元的价格购买北京某商厦，双方签订了框架协议时，朱某支付了 600 万元人民币定金。龙某某同意朱某以业主的身份到该商场进行测量和察看，并约定朱某支付 20% 转让款后，才可以对外公开招商。

4. 被告人朱某供述。证实其在未取得北京某商厦所有权及无继续履约能力的情况下，违反约定，以高额收益诱骗投资者购买该商厦商铺的事实与经过。

5. 审计报告。证实某大公司等 5 家涉案公司通过 43 份涉及北京某商厦的涉案合同收取资金情况及资金去向。

四、判案理由

人民法院认为：某大公司等单位违反国家规定，以支付高额利息为名，向社会不特定人员变相吸收资金 2.38 亿余元，扰乱金融秩序，作为上述单位直接负责的主管人员被告人朱某的行为已构成非法吸收公众存款罪且数额巨大。某大公司还以非法占有为目的，使用诈骗方法非法集资 1300 余万元，作为该单位直接负责的主管人员被告人朱某的行为构成集资诈骗罪，且数额特别巨大。

五、定案结论 >>

人民法院依照《中华人民共和国刑法》第192条、第200条、第176条、第69条、第56第1款、第55条第1款、第31条和第64条之规定，判决如下：

被告人朱某犯集资诈骗罪，判处有期徒刑11年，剥夺政治权利3年；犯非法吸收公众存款罪，判处有期徒刑7年，并处罚金人民币30万元，决定执行有期徒刑15年，剥夺政治权利3年，并处罚金人民币30万元。

六、法理解说 >>

本案是一起以投资酒店式公寓为名实施的非法吸收公众存款案件，其中又涉及集资诈骗罪的认定。尽管该案发生于2008年，但审查过程中出现的若干争议问题，在2010年12月最高人民法院《关于审查非法集资刑事案件具体应用法律若干问题的解释》出台后，仍然在实践当中存在，有必要作进一步分析。

（一）非法吸收公众存款罪与集资诈骗罪的区分

非法吸收公众存款罪与集资诈骗罪都属于非法集资犯罪，所以两罪之间存在着许多共同点，从犯罪客体来看，都属于破坏社会主义市场经济秩序罪，都侵害了社会主义市场经济秩序。从犯罪客观方面上来看，两罪犯罪对象都是公众资金。从犯罪主观方面来看，都属于故意犯罪。从犯罪主体方面上来看，一般认为两罪的主体都是一般主体，自然人和法人都可以构成犯罪。由于两罪之间存在着诸多相似的地方，因而在司法实践中，如何正确地区分两罪是较有争议的。本文认为，在案件处理过程中，两罪的区别可以从以下几个方面进行把握：

1. 客观方面行为要求不同。从客观行为来看，非法吸收公众存款罪不要求行为人使用了诈骗的方法，而在集资诈骗罪的犯罪构成要件中，行为人使用了诈骗的方法是必要条件。集资诈骗罪属于金融诈骗罪，在我国刑法中，规定金融诈骗罪的法条与规定普通诈骗罪的法条，处于特别法条和普通法条的关系，而特别法条的适用以符合普通法条为前提。①所以集资诈骗罪的界定必须以正确地认定普通诈骗罪的基本构造为前提。而诈骗罪的基本构造是行为人实施欺骗行为，使对方陷入认识错误，对方基于认识错误处分财产，行为人或第三者取得财产，被害人遭受财产损失。②

具体到集资诈骗罪，根据最高人民法院于 1996 年 12 月 16 日发布的《关于审理诈骗案件具体应用法律的若干问题的解释》第 3 条的规定，"诈骗方法"是指行为人采取虚构集资用途，以虚假的证明文件和高回报率为诱饵，骗取集资的手段。在非法吸收公众存款的实际案例中，行为人有可能会对存款者隐瞒其不具有存款资格的事实，但是行为人对于保本付息的承诺一般是真实的，而集资诈骗罪中，行为人的保本付息或给予回报的承诺基本是虚假的。

2. 主观故意不同。在犯罪故意上，非法吸收公众存款罪的行为人一般是希望利用吸收来的公众资金进行生产经营（包括但不仅限于资本经营）从而获得利润，主观上并不具有非法占有的目的，而集资诈骗罪的行为人主观上必须具有非法占有的目的。至于如何在实践中确定是否具有非法占有目的，可以参考最高人民法院于 2001 年 1 月 21 日发布的《全国法院审理金融犯罪案件工作座谈会纪要》（以下简称《纪要》）以及 2010 年 12 月最高人民法院《关于审查非法集资刑事案件具体应用法律若干问题的解释》第 4 条中所明确的可以认定具有非法占有目的的八种情形。

《纪要》同时指出："在司法实践中，认定是否具有非法占有为目的，应当坚持主客观相一致的原则，既要避免单纯根据损失结果客观归罪，也不能仅凭被告人自己的供述，而应当根据案件具体情况具体分析。"因此司法实践中，在处理具体案件的时候，对于有证据证明行为人不具有非法占有目的的，不能单纯以财产不能归还就按金融诈骗罪处罚。

值得注意的是，若行为人在非法吸收公众存款时没有非法占有的目的，在集资成功后产生了非法占有的目的，对该犯意出现变化的集资行为的定性。有学者提出，"根据行为与责任同时存在的原理，集资诈骗罪的非法占有目的，应当存在于行为时。非法募集资金后才产生非法占有目的的，不能认定为集资诈骗罪"。③ 这一观点具有一定的合理性，可以说，如行为人在实施非法吸收公众存款行为时，并没有非法占有目的，但在吸收资金行为完成后产生了非法

---

① 张明楷：《诈骗罪与金融诈骗罪研究》，清华大学出版社 2006 年版，第 7 页。
② 张明楷：《诈骗罪与金融诈骗罪研究》，清华大学出版社 2006 年版，第 491 页。
③ 张明楷：《诈骗罪与金融诈骗罪研究》，清华大学出版社 2006 年版，第 516 页。

占有的目的的，仍应定性为非法吸收公众存款。如行为人非法占有资金行为构成其他犯罪的，可以其他犯罪追究刑事责任，不构成其他犯罪的，则作为量刑的情节考虑。然而在实践中，非法吸收公众存款往往是一个连续、滚动的过程，行为人吸收存款到期归还后，通常还会继续吸收。在这个过程中，行为人开始吸收公众存款时没有非法占有目的，在部分吸收行为完成后产生非法占有目的的，对其之前吸收的资金可以认定为非法吸收公众存款罪，但对其之后吸收公众资金的行为，就应当认定为集资诈骗罪。本案中，朱某的行为就存在这样一个转变的过程，先是非法吸收公众存款用于经营，在资金链无法维系，已无偿还能力的情况下，进一步实施了集资诈骗犯罪。

3. 吸收资金的手段不同。非法吸收公众存款罪要求行为人向社会公众承诺保本付息或变相承诺保本付息，而集资诈骗罪并没有该要求。集资诈骗不一定是以承诺保本付息的手段，以其他欺骗的方法集资的都可以成立。例如，以股票上市为诱饵，出售虚假股票进行集资诈骗的；采用发行虚假彩票的方式骗取社会公众资金的；向社会公众出售虚构产权的等，只要是以欺骗的方法向社会公众非法集资的均可以成立集资诈骗罪，并不要求承诺还本付息。

具体就本案而言，被告人朱某前期的行为中，虽曾出售和出租没有开业的某连锁酒店使用权；部分已开业酒店存在一房多卖的情况；在对外的广告宣传中也夸大了酒店的资产状况和赢利能力，行为具有一定欺骗性，但其尚不具备非法占有的目的，不能将这部分事实认定为集资诈骗罪。理由如下：

（1）本案中非法吸收公众存款罪事实中所吸收的资金基本上用于某连锁酒店经营或投资，朱某本人没有据为己有。司法审计报告证明，从资金用途上看，朱某是将资金用于投资经营，其目的是集资投资，而非个人占有或化用。虽然，投资没有取得成功，最终形成了较大的亏损，但这主要原因是其非法吸收资金支付了过高资金成本，以及其经营能力、经营方式所造成。

（2）朱某前期行为的欺骗性不足以认定其具备非法占有目的。朱某在广告中夸大某连锁酒店的经营前景，主要目的是获取更多资金，做大酒店规模，不能因此认定其具备非法占有目的。朱某出售未开业的酒店客房时，均已开始办理相关酒店的购买房产或租赁经营权的手续，个别还进行了装修。最终这些酒店未能全部开业成功，主要是因相关房产用途审批手续不全、资金不足等客观原因。因此，从朱某的行为也不能推定其具备非法占有目的。

（3）涉案资金实际投资经营，朱某确有经营性资产。本案中，朱某用吸收的资金在本市实际开办了4家连锁酒店，苏州还有一家加盟店，并且朱某还以1.1亿余元的价格购买了福州路店的房产用于开办酒店（目前估价1.8亿元左右）。该连锁酒店案发后仍在经营中。

因此，本案尚不能认定被告人朱某前期吸收公众资金的行为具备非法占有目的。但其之后，在已资不抵债，没有偿还能力的情况下，采用出售虚假商铺所有权的方式，以高额收益诱骗投资人购买商铺的行为应认定为集资诈骗罪。

首先，朱某实施非法吸收公众资金行为时资金链已断裂，已丧失履约能力，不可能交付给投资人商铺。其次，朱某在此节事实中，支付了高达50%以上的回报，与之前10%～20%的回报率出售了巨大的变化，其行为性质已发生了转变。如此高的收益率，事实上不可能实现。朱某的目的只能是为获取资金归还债务，而并没有考虑日后如何履约。最后，朱某当时并没有取得北京某商厦预售权，更未取得产权，其向投资人收取预订费，是隐瞒了事实真相，欺骗了投资人。同时，朱还向投资人隐瞒了某连锁酒店的实际经营情况，以及其已无力支付原先投资人回报，资不抵债的真实情况。因此可以认定，被告人朱某在非法吸收公众资金中，使用了诈骗的方法，其主观具有非法占有的故意，应当以集资诈骗罪追究刑事责任。

（二）对"变相吸收公众存款"的认定

根据刑法规定，非法吸收公众存款罪客观行为表现为两种情况：一是非法吸收公众存款，二是变相吸收公众存款。国务院于1998年7月13日发布的《非法金融机构和非法金融业务活动取缔办法》第4条第2项对什么是非法吸收公众存款和变相吸收公众存款进行了规定，即非法吸收公众存款，是指未经中国人民银行批准，向社会不特定对象吸收资金，出具凭证，承诺在一定期限内还本付息的活动；变相吸收公众存款，是指未经中国人民银行批准，不以吸收公众存款的名义，向社会不特定对象吸收资金，但承诺履行的义务与吸收公众存款性质相同的活动。对非法吸收公众存款的行为，在司法实践中比较容易认定。但对"变相吸收公众存款"行为的认定，在2010年12月最高人民法院《关于审查非法集资刑事案件具体应用法律若干问题的解释》出台之后，除解释明确的几种情形之外，实践认定中仍然存在较大分歧。对此，本文认为关键在于对"变相"的理解。"变相"吸收公众存款的方法是对非法吸收公众存款方法以外的兜底规定。根据刑法理论上的解释，非法吸收公众存款包括两种情形，一种是行为人不具备吸收公众存款的主体资格而以吸收存款的名义吸收存款；另一种是行为人具备吸收存款的主体资格但采取非法的方法吸收公众存款如违反规定擅自提高利率揽储。除这两种情形外，都属于"变相"吸收公众存款，即向社会不特定对象吸收资金，出具凭证，承诺在一定期限内还本付息方式以外的其他方法。例如，一些房地产开发商为解决资金短缺问题而向社会公众许以高息借款，承诺还本付息、且系向社会不特定对象吸收资金，出借人获得利息与存款支取利息的本质相同，因而这种行为实则是一种变相吸收公众存款的行为。基于上述认识，本文认为，结合上述司法解释规定中的"未经批准、公开宣传、承诺还本付息或回报、对象不特定"这四个特点之外，"变相吸收公众存款"还具有这样几个特点：第一，不以存款的名义而是以投资、入股、借款等名义；第二，投资人获得的收益仅是资金的孳息。

就本案而言，被告人朱某主要以出售、出租房产产权和使用权名义，吸收资金。由于案发于2008年，当时《关于审查非法集资刑事案件具体应用法律若干问题的解释》尚未制定，因而本案处理过程中，对被告人朱某将连锁酒店以售后回租等方式吸收资金的行为如何认定出现较大争议。

根据国家税务总局〔2006〕478号《关于酒店产权式经营业主税收问题的批复》中规定，对酒店产权式经营业主提供房产使用权与酒店进行合作经营，业主取得固定收入和分红收入均应视作租金收入征收个人所得税。这一规定，说明对房产售后回租使用权，法律上并未禁止。这在建设部《商品房销售管理办法》、税务总局〔2007〕603号《关于从事房地产开发的外商投资企业售后回租业务所得税处理问题的批复》等法规中，均有所体现。另外，被告人朱某又采用了投资、加盟、合作经营、提供劳务、售后回租等多种形式与投资人签订协议，吸收资金；部分协议中没有直接约定还本条款；同时还曾有部分投资人同意将投资变更为酒店的股份，从而使本案能否认定非法吸收公众存款罪产生不同认识。在2010年司法解释已明确，不以房产销售为目的售后包租、约定回购行为属于非法吸收公众存款罪之后，本案当时的认定理由，对当前类似案件的处理仍然具有借鉴意义。本案定案的具体理由是：

第一，被告人朱某行为的目的是非法吸收资金后，个人投资和使用。无论朱某采用何种方式收取他人的资金，其目的都是个人使用这些资金，而并非是想通过出售或出租某连锁酒店，获取交易差价，即被告人朱某的目的不是通过房产出售、出租经营牟利，而是为获取资金。

第二，朱某的行为是吸收公众资金，而非出售或出租房产；投资人的行为是出借资金，而非购买房产。本案中，无论朱某与投资人签订的是何种协议，实际上协议中的房产使用权或产权并不实际转移。投资人付款后，朱某仍然拥有相关房产产权或使用权，且获取了资金。朱某所吸收的资金，并没有以房产出售收入或租金形式，记入朱某所控制公司的账目中，而是以朱某其他应收款的方式划入公司，作为公司的实收资本。这也证明朱某的行为不是房产经营行为，而是一种集资行为。

具体到各种吸收资金的协议中双方权利义务，朱某是收取资金，支付固定收益；投资人是提供资金，收取一定比例的固定收益以及收回本金。这些协议中均直接或变相约定投资人不参与相关房产的经营管理，不承担经营风险。事实上，房产权利在本案的所有合同中，都没有实际转移。根据这些协议，房产的经营状况以及是否升值与投资人没有任何关系，投资人只是获得被告人朱某承诺的定期固定收益。投资人并未实际取得房产权利，其行为实质上，是提供资金给朱某以获得固定收益的出资性行为，而非通过购买房产来自用或取得房产增值投资性收益的购买房产行为。

因此，本案中，所谓房产出售、出租只不过是朱某吸收资金的虚假理由，其行为实质不是出售或出售房产的经营性行为，而是吸收资金的集资行为，这一点完全符合 2010 年司法解释中的规定。

本案中，朱某向 800 余人非法吸收资金，人数众多，与朱某不存在特定关系。同时，朱某在吸收资金时采用了刊登广告、召开推介会等针对不特定公众的方式。因此，朱向不特定的社会公众吸收了资金，并且数额高达 2 亿余元，由于朱某并非直接约定保本保收益，应属变相吸收公众存款。

（三）非法吸收公众存款罪与民间借贷的区别

本案审理中，有观点认为被告人的行为是民间借贷，不构成犯罪。所谓民间借贷，一般是指个人、非金融企业或其他组织未经国家金融监管机构批准自发向多个资金持有人筹集资金用于使用的一种直接融资方式。一般来说，民间借贷有广义和狭义之分。广义的民间借贷是各种民间金融的总称，泛指不通过官方正式金融机构的一切民间金融活动，通常包括合会、社会集资、一般居民之间的借贷、民间典当业、农村合作基金会等融资活动。而狭义的民间借贷是以私人之间的借贷为主，同时还包括个人向集体企业和其他资金互助组织的借贷。本文所指的民间借贷是狭义的民间借贷。

民间借贷属于民法理论上的借贷合同关系，我国法律对其有详细的规定。《民法通则》第 90 条规定，"合法的借贷关系受法律保护"。《合同法》第十二章对借款合同进行了专门的规定，其中第 196 条规定，"借款合同是借款人向贷款人借款，到期返还借款并支付利息的合同"；第 200 条规定，"借款的利息不得预先在本金中扣除。利息预先在本金中扣除的，应当按照实际借款数额返还借款并计算利息"；第 204 条规定，"办理贷款业务的金融机构贷款的利率，应当按照中国人民银行规定的贷款利率的上下限确定"；第 211 条规定，"自然人之间的借款合同对支付利息没有约定或者约定不明确的，视为不支付利息。自然人之间的借款合同约定支付利息的，借款的利率不得违反国家有关限制借款利率的规定"。根据最高人民法院《关于人民法院审理借贷案件的若干意见》第 6 条规定："民间借贷的利率可以在超过银行同类贷款利率的四倍以下的范围内适当高于银行利率。"在我国民法中，一般将借款合同分为以银行等金融机构为合同一方当事人的借款合同和自然人之间的借款。对于非金融企业与自然人之间的借贷行为是否属于合法的借款合同的问题，最高人民法院《关于如何确定公民与企业之间借贷行为效力问题的批复》作出了规定，公民与非金融企业之间的借贷属于民间借贷，只要双方当事人意思表示真实即可认定有效，但同时又规定下列四种情形属于无效的借贷行为：（1）企业以借贷名义向职工非法集资；（2）企业以借贷名义向社会集资；（3）企业以借贷名义向社会公众发放贷款；（4）其他违反法律、行政法规的行为。

理论上，民间借贷与非法集资的界限一直存在争议。有学者认为，应该从借款用途上区分民间借贷与非法吸收公众存款行为，如果行为人主观上没有侵犯国家金融管理制度的动机，行为上也没有实施发放贷款，其借款的用途是投资办企业或生产经营活动，行为人对每笔债务均持有借有还的态度，那么就不属于非法吸收公众存款。与此相似，有学者认为，只有当行为人非法吸收公众存款，用于进行货币资本的经营时（如发放贷款时），才能确定扰乱金融秩序。① 对此，最高人民法院《关于审理非法集资刑事案件具体应用法律若干问题的解释》第3条规定，非法吸收或者变相吸收公众存款，主要用于正常的生产经营活动，能够及时清退所吸收资金，可以免予刑事处罚；情节显著轻微的，不作为犯罪处理。显然，借款的用途并不是界定罪与非罪的标准，只是一种量刑的情节。还有学者认为，民间借贷行为与非法吸收公众存款的区别在于是否未经批准向不特定的社会公众吸收资金。② 也就是说，只向少数个人或者特定对象如仅限于本单位人员等吸收存款的行为，不属于我国刑法中的非法吸收公众存款的行为。对此，前述2010年出台的司法解释已作出了正面的回应，规定"未向社会公开宣传，在亲友或者单位内部针对特定对象吸收资金的，不属于非法吸收或者变相吸收公众存款"。

本文认为，对于"向社会不特定对象"吸收存款的行为是否属于"民间借贷"，区分的关键在于对"存款"理解。根据《储蓄管理条例》，储蓄是指个人将属于其所有的人民币或者外币存入储蓄机构，储蓄机构开具存折或者存单作为凭证，个人凭存折或者存单可以支取存款本金和利息，储蓄机构依照规定支付存款和利息的活动。根据该规定，存款作为储蓄，具有支取本息和面向的是社会不特定对象的特点。通常，存款是安全、可靠的资金增值方式，并具有可预期性和确定性。虽然从这种意义上讲存款也是一种投资，但这种投资与把货币转化为资本的直接融资行为有一定的区别。直接融资是把资金直接投入到生产经营中，通过生产经营活动取得一定的利润，如购买企业发行的股票。

---

① 张明楷：《刑法学》，法律出版社2007年版，第584页。
② 王强：《非法吸收公众存款罪刍议》，载《行政与法》2006年第3期。

这种情况下,资金增值的不是利息而是利润,且利润的实际取得具有一定的风险性和不确定性。因此,对于"存款"的理解应把握三个方面:第一,其增值的是资金投入所产生的"利息",而非经营利润等,以区别于一般意义上的"投资";第二,其来源是来自社会公众或不特定多数人,以区别于单位内部的融资或少数人之间的借贷;第三,其收益具有固定性,与吸收存款人的经营活动无关。在此意义上,本文认为,向特定对象的借贷不应认定为"存款",而向社会上不特定对象吸收资金,虽然表面上也是借贷,但其本质应是吸收存款。

综上,本案中被告人朱某的行为已分别构成非法吸收公众存款罪和集资诈骗罪,法院的判决是准确的。

（整理人：李 磊）

案例16：肯氏公司、王某某 非法吸收公众存款案

——对非法集资犯罪相关司法解释的理解与适用

一、基本情况

案　由：非法吸收公众存款

被告单位：肯氏公司，住所地上海市闵行区春申路某弄。

被告人：王某某，男，汉族，1961年7月11日出生，大学文化，原系肯氏公司法定代表人，住上海市长宁区延安西路某弄，2007年8月28日因涉嫌非法吸收公众存款案被公安机关取保候审，2008年1月17日经检察机关批准，由公安机关执行逮捕。

二、诉辩主张

（一）人民检察院指控事实

2006年7月，被告人王某某在任被告单位肯氏公司法定代表人时，为筹措企业经营资金，采用个人名义借款并提供上海某担保有限公司或肯氏公司担保的形式，以支付高额利息为诱饵，先后向施某、薛某、王某甲等个人收取资金共计人民币4748.015万元。被告人王某某将上述资金除部分用于支付借款本金及利息外，大多用于肯氏公司的经营。案发时，尚有3276.005万元无法归还。

（二）被告人辩解及辩护人辩护意见

1. 被告单位肯氏公司的辩护人、被告人王某某及其辩护人提出：王某某的借款系民间借贷行为，不应以非法吸收公众存款罪论。即便构成非法吸收公众存款罪，本案系因企业融资困难而转向民间借款，且大多用于公司经营，被告单位和被告人认罪态度较好，可予从宽处罚。

2. 被告单位肯氏公司的辩护人提出肯氏公司实际融入资金为人民币 1840 万元，账面显示王某某所借的其余款项系分别解入上海某焊接材料有限公司、上海某电子科技发展有限公司，不应计入肯氏公司的犯罪金额。

三、人民法院认定事实和证据

（一）认定犯罪事实

经人民法院公开审理查明：

被告人王某某系多家公司的控制人，分别为国氏材料科技投资集团有限公司、上海某电子科技发展有限公司、国氏（常州）材料科技有限公司、上海某焊接材料有限公司及被告单位肯氏公司。被告人王某某担任被告单位肯氏公司法定代表人期间，为筹措公司经营资金，自 2006 年 7 月起，采用以个人名义借款并由被告单位肯氏公司、上海某担保有限公司、国氏（常州）材料科技有限公司担保，同时支付高额利息的方式，先后向王某甲、王某乙、胡某、林某等 15 人借款共计 3263 万余元。除扣付利息 129 万余元及支付服务费、以新债还旧债外，其余均用于公司经营。至案发尚欠胡某 2438.015 万元、林某 220 万元未归还。

另查明，王某某在高息、借款筹措企业经营资金过程中，还通过徐某某以出售房产的方式取得游某购房款 360 万元，后因房产无法过户，王某某与蔡某某协商由蔡某某向徐某某借款 360 万元，用以归还游某购房款。同时，蔡某某、朱某通过考察肯氏公司、国氏（常州）材料科技有限公司，在看好企业投资前景及王某某承诺给付公司股份的情况下分别借款 660 万元和 465 万元给王某某。

（二）认定犯罪证据

上述事实有以下证据证明：

1. 肯氏公司的工商登记资料、企业营业执照证实：2003 年 12 月国氏材料科技投资（集团）有限公司投资成立肯氏公司，住所地上海市闵行区春申路某弄，注册资本 600 万美元，王某某担任法定代表人。

2. 证人金某证言、相关审计报告证实：金系国氏（常州）材料科技有限公司、国氏材料科技投资（集团）有限公司及肯氏公司的财务总监。国氏材料科技投资集团公司、上海某电子科技发展有限公司、国氏（常州）材料科技有限公司、上海某焊接材料有限公司及麦氏公司均由王某某实际控制。

3. 证人杨某某证言证实：经对王某某所经营的公司实地考察、评估，杨某某任执行总经理的上海某抵押贷款顾问有限公司介绍 13 人与王某某签订借款协议,并由上海某担保有限公司担保。

4. 证人胡某某、顾某某证言证实:王某某通过胡任法定代表人、总经理的上海某抵押贷款顾问有限公司居间介绍向 13 人借款,公司收取每月 1% 的服务费。2007 年,胡某某以顾某、吴某的名义先后个人借款给王某某共计 1833.015 万元。2007 年 8 月起,胡某某先后受让施某某、薛某、贾某、顾某某等人的债权共计 1135 万元。王某某至今尚欠胡 2438.015 万元未还。

5. 证人张某某、施某某、薛某、东某某、赖某某等人的证言及提供的借款担保合同、收条、公证书、债权转让协议等书证证实:王某某通过上海某抵押贷款顾问有限公司居间介绍向王某甲、王某乙等 13 人高息借款共计 1210 万元,除已经归还王某甲 50 万元、王某乙 25 万元外,其余债权均转让给胡某某。

6. 证人林某证言证实:2007 年 1 月 5 日、24 日及 2 月 5 日,林某先后借款给王某某共计 220 万元,利息为每月 3.2%,本金至今尚未归还。

7. 证人徐某某证言证实:经徐某某的居间介绍,王某某以出售延安西路 1503 弄 28 号房产但产权不过户的方式取得游某的购房款人民币 360 万元。后因产权迟迟未过户游某索款,由蔡某某向徐某某借款代王某某归还。

8. 证人蔡某某、朱某证言证实:通过考察王某某的肯氏公司,看好企业投资前景,在王某某承诺将给付上市后公司股份并未约定利息的情况下,蔡某某、朱某某分别借款给王某某 660 万元、465 万元。

9. 肯氏公司的银行对公账户对账单、复兴明方会计师事务所专项审计报告证实:王某某向王某菊等人融入资金累计金额为 4748.015 万元,除借新债还旧债和融入资金时直接扣减的利息及服务费外,实际产生资金流入 3278.55 万元,其中解入肯氏公司 1840.199 万元,解入上海某焊接材料有限公司 465.75 万元,解入上海某电子科技发展有限公司 270 万元,全部用于公司经营等。

四、判案理由

人民法院认为,被告单位肯氏公司及其直接负责的主管人员被告人王某某,为筹措公司经营资金,非法变相吸收公众存款,数额巨大,扰乱金融秩序,其行为已构成非法吸收公众存款罪。检察机关指控的罪名成立,本院予以确认。

关于被告单位肯氏公司的辩护人、被告人王某某及其辩护人提出王某某的借款系民间借贷行为,不应以非法吸收公众存款罪论处的辩解、辩护意见,经查王某某主要通过上海某抵押贷款顾问有限公司居间介绍面向社会不特定公众吸收资金高达 3200 万余元，并许以高额利息，其借贷行为未经有权机关批准，且借贷对象具有不特定性，扰乱了国家金融秩序，应以非法吸收公众存款罪论处。上述辩解、辩护意见本院不予采纳。但王某某向徐某某借款实际是归还购房款，向蔡某某、朱某借款是以给付公司股份为条件，均未涉及承诺高额利息，不具备非法吸收公众存款的特征。故所涉及的 1485 万元应从检察机关起诉认定的非法吸收公众存款犯罪总额中扣除。

关于被告单位肯氏公司的辩护人提出肯氏公司实际融入资金为人民币 1840 万元的辩护意见，经查，肯氏公司和上海某焊接材料有限公司、上海某电子科技发展有限公司均由王某某实际控制，且王某某亦供述，虽账面显示所借款项分别解入不同公司，但实际均用于被告单位的经营，故被告单位非法吸收存款的金额不应以解入账户部分为限而应全额予以认定。该辩护意见本院不予采纳。

关于被告单位肯氏公司、被告人王某某及其辩护人提出因企业融资困难而转向民间借款，且大多用于公司经营，被告单位和被告人认罪态度较好，可予从宽处罚的辩解、辩护意见，本院认为，根据王某某实际借入资金大部分用于被告单位经营的事实，综合被告单位和被告人的认罪态度较好以及胡某某、林某请求对王某某从宽处罚以利于债务清偿的愿望等具体情况，依法可以对被告单位和被告人从轻处罚。上述辩解、辩护意见本院予以采纳。

五、定案结论　　　　　　　　　　　　　　>>

人民法院依照《中华人民共和国刑法》第 176 条、第 72 条、第 73 条第 2 款和第 3 款、第 52 条、第 53 条、第 64 条之规定，判决如下：

1. 被告单位肯氏公司犯非法吸收公众存款罪，判处罚金人民币 20 万元；

2. 被告人王某某犯非法吸收公众存款罪，判处有期徒刑 3 年，缓刑 5 年，并处罚金人民币 10 万元；

3. 责令被告单位肯氏公司、被告人王某某退还胡某某人民币 2438.015 万元、林某人民币 220 万元。

六、法理解说　　　　　　　　　　　　　　>>

（一）《关于审理非法集资刑事案件具体应用法律若干问题的解释》颁布前的相关争议及其对于认定非法吸收公众存款罪的重要意义

1997 年《刑法》第 176 条规定，非法吸收公众存款或者变相吸收公众存款，扰乱金融秩序的，构成非法吸收公众存款罪；单位犯该罪的，对单位处罚金，并对其直接负责的主管人员和其他直接责任人员按前款规定处罚。由于该罪的刑法规定内容过于简单，并没有明确什么叫非法吸收公众存款，所以自该罪确立以来，在理论界及司法实务中，对于如何认识和界定非法吸收公众存款的行为，产生了诸多争议。争议的焦点主要有以下几个方面：

一是如何界定"公众"。一种观点认为，这里所指的公众应该是指社会上的不特定人员，如果是针对特定人员吸收存款，就不能称为公众，否则会有打击面过大之嫌，也不符合公众的本来含义；另一种观点认为，在司法实践中，行为人吸收存款的对象往往就是曾相识的人，或者是经亲友介绍后再认识的人，对于完全素不相识的人想要筹到资金是很困难的，而且对于特定人员这一概念也是很难界定的，许多吸资对象与行为人的关系往往是介于特定与不特定人员之间，是很难区分的，而且刑法也没有规定只有非法吸收不特定人员的，才能构本罪。因此，对于非法吸收存款的对象不应刻意区分特定和不特定人员。

二是如何界定"存款"。一种观点认为，非法吸收公众存款罪是属于破坏金融秩序的犯罪。该罪属于法定犯，只有金融部门的相关行政法规予以禁止和打击的非法吸收存款行为，才能上升为非法吸收公众存款罪。因此，非法吸收公众存款罪中的"存款"，应当是指以假借金融机构等名义非法吸收了公众原本应交付给金融机构的存款，也就是说存款应当具有金融储蓄的性质。另一种观点认为，上述观点过于狭隘地理解了本罪中存款的含义，实践中非法吸收公众存款的行为大多表现为以公司经营的形式向公众筹集资金，出资人只是为了让手中的资金获得更高的利润，并不是为了金融储蓄。

三是是否需要采用某种公开宣传的方式。对于前述持非法吸收公众存款不需要针对不特定对象的论者来看，构成本罪当然不需要采用公开宣传的方式。而对于认为只有针对不特定对象筹资才能构成本罪的论者来说，对于是否采用公开宣传的方式，也具有两种不同的观点。一种观点认为，既然是针对不特定人员筹资，当然需要采取公开宣传的方式，比如需要通过广告、手机、传单等方式才能为公众所知。而另一种观点认为，针对不特定人员也并不必然要采用公开宣传的方式，通过亲友相传，或者行为人通过手下员工亲自出面向不特定人员筹资，同样可以构成本罪。

四是是否需要承诺给予回报或者给予高额利息。对于这一问题主要有三种观点：第一种观点认为，刑法没有规定行为人需要承诺给予回报，只要其有非法吸收公众存款的行为，吸资对象哪怕是基于获得回报之外的非经济目的出资的，也可以构成本罪；第二种观点认为，吸资对象只有基于经济目的，也就是以获得回报为目的出资的，才能构成本罪，因此行为人构成本罪应当具备承诺回报这一条件；第三种观点认为，非法吸收公众存款侵犯的是金融秩序，本质上是扰乱了金融机构的正常金融活动，所以行为人只有承诺给予出资者高于银行同期贷款利息的高额利息，才能对金融活动构成实质威胁，因此构成本罪必须要求行为人承诺给予出资者高额利息。

针对上述争议，为解决司法实践中遇到的上述困扰，最高人民法院于2010年11月颁布了《关于审理非法集资刑事案件具体应用法律若干问题的解释》（以下简称《解释》），并于2011年1月4日起施行。该《解释》第1条明确规定，违反国家金融管理法律规定，向社会公众（包括单位和个人）吸收资金的行为，同时具备下列四个条件的，才能认定为刑法第176条规定的"非法吸收公众存款或者变相吸收公众存款"：一是未经有关部门依法批准或者借用合法经营的形式吸收资金；二是通过媒体、推介会、传单、手机短信等途径向社会公开宣传；三是承诺在一定期限内以货币、实物、股权等方式还本付息或者给付回报；四是向社会公众即社会不特定对象吸收资金。该条第2款进一步规定，未向社会公开宣传，在亲友或者单位内部针对特定对象吸收资金的，不属于非法吸收或者变相吸收公众存款。

上述第一项规定，明确了借用合法经营的形式吸收资金的，可以构成本罪，实际上解决了对于"存款"的认知问题。也就是说"存款"不一定要以金融储蓄的名义，也不需要行为人采用非法金融业务的形式，只要是借用了合法经营的形式，吸收了相应资金，就可以成立本罪。

上述第二项规定，明确了构成本罪必须采用公开宣传的形式。未采用公开宣传的形式吸收资金的，不能构成本罪。对此存在较大争议，后文将再作详细分析。

上述第三项规定，明确了行为人必须承诺还本付息或给予回报，未给予相应承诺的，不构成本罪，也就是说吸资对象基于非经济目的的出资的，不属于本罪的吸资对象。另外，这也意味着行为人只需要承诺给予回报即可，回报的形式可以是多样的，并不需要承诺高于银行同期利息的高额利息。

上述第四项规定以及第二款的相关规定，明确了必须是针对社会不特定对象吸收资金，针对特定人员吸资的，比如在亲友或者单位内部针对特定对象吸收资金的，不属于非法吸收或者变相吸收公众存款。

（二）通过对本案的具体分析探讨上述司法解释的理解和适用

本案中，辩方提出王某某的借款系民间借贷行为，不应以非法吸收公众存款罪。而法院则认为，王某某主要通过上海某抵押贷款顾问有限公司居间介绍，面向社会不特定公众吸收资金，并许以高额利息，其借贷行为未经有权机关批准，且借贷对象具有不特定性，扰乱了国家金融秩序，应以非法吸收公众存款罪论处。可见，法院将本案与一般的民间借贷行为相区分主要是基于以下几个理由：一是王某某系向社会不特定公众吸收资金；二是王某某承诺给予高额利息；三是未经有权机关批准；四是王某某系经某公司居间介绍后，向他人吸收资金的。结合上述司法解释中给出的四个条件来看，上述第一个理由符合了不特定公众这一条件；第二个理由符合了承诺还本付息或给予回报这一条件，不过法院采用的是承诺高额利息这一表述，在本案的这部分裁判理由中，并不会产生问题，但在排除检察机关认定的相关事实时，这一表述与司法解释的冲突就产生了问题，笔者还将在下文详述；第三个理由法院认为是未经有权机关批准，这主要是基于当时司法解释尚未出台，司法实践中法院一般都会附会"未经批准"这一说法，但实际上，本案中王某某采用的并非是需要经金融管理部门专门批准的相关金融活动，而只是以公司经营需要为形式，因此从之后出台的司法解释的角度来看，王某某的行为实际是属于解释第一条第一项所称的借用合法经营形式吸收资金的行为；第四个理由法院表述为王某某系经某公司居间介绍后，向他人吸收资金，这实际是笔者从法院表述中归纳出的一个理由，因为法院在当时判决时还未能从司法解释的角度来认知这一表述的意义，从本质上看，经过其他公司居间介绍，正是向社会公开宣传的一种手段，正如符合了"公开宣传"这一条件。

这里需要补充的是，《解释》出台后，对公开宣传的理解及公开宣传是否是成立非法吸收公众存款的必要条件产生较大的争议。《解释》第1条第2项规定实际上是试图通过明确行为方式来确定是否属于向社会公众吸收资金，列举了四种方式方法，实际是要求吸收公众存款的行为要向社会公开宣传。由列举的这四种式是都是通过一定的媒介公开宣传的行为，这就与司法实践中认定不特定公众的方法出现了差异。在《解释》出台前，不通过媒介，只是口口相传的吸收资金行为，实践中是可以认定为非法吸收公众存款罪的，但如果严格解释和适用《解释》，就难以认定了。本文认为，口口相传也属于面向社会公众的一种方式。假如一个集资人主动对多个他所认识的人（不是亲朋好友，只是认识的人）进行劝诱，以高额回报为诱饵，吸收资金，并且要求他所认识的人帮其介绍更多的人来集资。这种行为实际上针对的就是不特定公众。

本文认为，公开宣传和不特定公众之间，仅有正向的联系，而没有逆向联系。公开宣传，是集资人对外传播集资信息的一种行为方式；非法集资中的不特定公众，是集资行为的对象或者集资信息传播的受众。行为人采用公开宣传的方式，可以得出接受集资信息的是不特定公众的结论，但参与集资行为的不特定公众并不是必然通过公开宣传的途径获悉的集资信息，也可能是通过口口相传，甚至可能是直接从集资人口中获得的集资信息。因此，公开宣传应当是判断集资行为是否针对不特定公众的一种手段和方法，而不是认定集资行为是否属于针对不特定公众的必备要件。本文认为，认定非法吸收公众存款中的不特定公众，除了从行为人宣传方式上判断外，还应当考虑行为人主观的故意。如果行为人主观上希望或不排斥不特定公众参与投资，不主动排除（拒绝）不特定公众的存款，即使没有采用司法解释所列举的公开宣传形式，也应当认定其属于向不特定公众吸收存款。例如：行为人通过所认识的人传播要吸收存款的信息，并且要求接受该信息的人传播这一信息，或不拒绝知悉该信息的人投入资金，就应当认为其属于公开宣传，向不特定公众吸收资金。

综上，虽然法院在论述本案整体上构成非法吸收公众存款罪的理由时，还没有作出更精练的归纳，但本质上其采用的理由正好符合了上述司法解释中所提的四个条件，在司法解释出台前能作出这样的理解和表述，是难能可贵的。

本案中需要特别关注的是，法院认定王某某向徐某某借款实际是归还购房款，向蔡某某、朱某借款是以给付公司股份为条件，均未涉及承诺高额利息，不具备非法吸收公众存款的特征。故判定所涉及的1485万元应从检察机关起诉认定的非法吸收公众存款犯罪总额中扣除。

这里所表述的王某某向徐某某借款一节，判决书中反映出的主要事实是：王某某经徐某的居间介绍，以出售房产但产权不过户的方式取得游某的购房款人民币360万元。后因产权迟迟未过户，游某索款，王某某与蔡某某商议后，由蔡某某向徐某某借款，代王某某将上述360万元归还给了游某。本文认为，正如法院所称，王某某向徐某某借款，其实质只是王某某用于归还所谓购房款，因此徐某某不应成为王某某非法吸收公众存款的吸资对象。但该节事实的问题在于，游某是否可成为王某某非法吸收公众存款的吸资对象。从法院认定的相关事实看，一方面是王某某向游某出售房产，但另一方面却又是以产权不过户的形式出售，这里很可能涉及房产的虚假出售。根据上述司法解释第2条第1项的规定，不具有房产销售的真实内容或者不以房产销售为主要目的，以返本销售、售后包租、约定回购、销售房产份额等方式非法吸收资金的，同样应当认定为非法吸收公众存款。也就是说，如果本案中王某某与游某之间约定了返本销售、售后包租、回购、销售房产份额等方式，虚假出售房产的，其行为的实质就是非法吸收资金，在这种情况下就应当考虑是否将游某作为非法吸收资金的对象，将上述360万元认定为非法吸收公众存款的犯罪金额。

关于王某某向蔡某某、朱某借款1000余万元一节，从判决书认定的相关事实来看，蔡某某、朱某通过考察王某某的肯氏公司后，看好企业的投资前景，在王某某承诺将给付上市后公司股份并未约定利息的情况下，蔡某某、朱某分别借款给王某某 660 万元、465 万元。法院对此节事实不予认定的理由是，王某某向蔡某某、朱某借款是以给付公司股份为条件，均未涉及承诺高额利息，所以不具备非法吸收公众存款的特征。这里涉及的问题是，法院是以行为人是否承诺给予高额利息作为构成本罪的条件之一。而如前文所述，之后出台的司法解释并没有认可这一观点，行为人只要承诺以货币、实物、股权等方式还本付息或者给予回报即可，并不要求必须承诺高额利息。所以，本案中王某某承诺在事后可以给出资者相应的股权，完全可以视为是其承诺还本付息的一种方式。所以，王某某不是以给付高额利息，而是以承诺给予股权的方式向蔡某某、朱某借款，并不能成为构成非法吸收公众存款罪的障碍。当然，如果蔡某某、朱某确实是想通过借款拿到股权进而参与经营涉案公司，其借款额与相应的股权份额价值相当，王某某也具有真实出售股权的意愿，那么蔡某某、朱某的借款行为实质上就属于预购股权，在这种情况下就不能以非法吸收公众存款罪认定。此外，此节是否能构成本罪，还需要考察蔡某某、朱某是否属于特定人员。换句话说，从上述司法解释入手，如果王某某并没有出售股权的真实意愿，而只是以所谓的股权作为其筹资的担保，蔡某某、朱某也不属于特定人员，本节事实应当可以考虑以非法吸收公众存款罪认定。

（整理人：肖　亮）

案例17：某某公司、张某某等 非法吸收公众存款案

——对变相吸收公众存款和承诺回报的理解等

一、基本情况 >>

案　由：非法吸收公众存款

被告单位：某某公司，住所地成都市高新技术开发区（西区），法定代表人张某某。诉讼代表人：屈某某，女，1978年2月7日出生，系某某公司总经理助理。

被告人：张某某，男，汉族，1941年11月1日出生于天津市，大学文化，系某某公司法定代表人兼总经理，户籍地四川省成都市金牛区人民北路，暂住上海市浦东新区张杨路某号，2009年1月因非法吸收公众存款罪被判处有期徒刑2年，缓刑2年，并处罚金人民币8万元，2010年10月22日因涉嫌非法吸收公众存款案被公安机关刑事拘留，同年11月5日经检察机关批准，由公安机关执行逮捕。

二、诉辩主张 >>

（一）人民检察院指控事实

检察机关在起诉中指控的主要犯罪事实如下：

2003年4月，被告人张某某通过购买股权成为被告单位某某公司股东并任总经理，2005年3月16日起担任该公司法定代表人。

2006年11月至2008年4月，被告人张某某曾因伙同他人，以某某公司上海分公司的名义非法吸收公众存款2200余万元（以下币种均为人民币），于2009年1月被人民法院以非法吸收公众存款罪判处有期徒刑2年，缓刑2年，并处罚金人民币8万元。2008年5月至2010年10月，被告人张某某在经营某

某公司过程中，租借本市愚园路××号×栋为办公场所，雇用邹某某、杨某某、屠某某、娄某某、唐某某、李某某、黄某某（均另案处理）等人，以制发宣传资料、组织讲座、免费旅游考察等方式吸引投资者参与该公司合作营林、天意专家顾问基金、天意彩虹俱乐部、森林经营等项目投资，承诺到期给予投资者10%~15%不等的高额回报，变相吸收862名公众存款9700余万元人民币。截至案发尚有752名投资者投资本金6260.84万元人民币未兑付。

据此，人民检察院认定被告单位某某公司、被告人张某某构成非法吸收公众存款罪。

（二）被告人辩解及辩护人辩护意见

被告单位诉讼代表人屈某及被告人张某某对起诉书指控的事实无异议。

被告人单位的辩护人提出，张某某的行为是合法融资行为，不能认定为非法吸收公众存款罪。

三、人民法院认定事实和证据　　　　　　　　　　　>>

（一）认定犯罪事实

人民法院经公开审理查明：

2003年4月，被告人张某某通过购买股权成为被告单位某某公司的股东并任总经理，2005年3月起担任该公司法定代表人。此后几经更改，至2007年6月，某某公司的股东变更为张某某、向某某、朱某某三人，公司注册资本人民币2000万元，其中，张某某占79%，向某某占16%，朱某某占5%。公司经营范围为"项目的投资；农、林、牧、生物生态研发、转让、生产、销售、咨询服务。（以上经营项目不含法律、法规和国务院决定需要前置审批或许可的合法项目）"

2006年11月至2008年4月，被告人张某某因伙同他人，以某某公司上海分公司的名义非法吸收公众存款2200余万元，于2009年1月被人民法院以非法吸收公众存款罪判处有期徒刑2年，缓刑2年，并处罚金人民币8万元。

2008年5月至2010年10月，被告人张某某不顾其正在接受司法机关查处及缓刑考验等情况，在经营某某公司过程中，租借本市愚园路××号×栋为办公场所，雇用邹某某、屠某某、娄某某、唐某某、李某某、黄某某（均另案处理）等人，以制发宣传资料、组织讲座、提供免费旅游考察、以林权证作抵押等方式吸引投资者参与该公司合作营林、天意专家顾问基金、天意彩虹俱乐部、森林经营等项目投资，承诺到期给予投资者10%~15%不等的高额回报，变相吸收862名投资者资金9700余万元。2009年5月21日，公安机关经侦查将被告人抓获。

（二）认定犯罪证据

上述事实有以下证据证明：

1. 书证、物证

（1）某某公司工商登记材料、组织机构代码证、营业执照复印件及房屋租赁合同等证据，证实某某公司工商登记情况、股东出资情况，以及该公司在上海的实际经营地等情况。

（2）合作营林合同书、天意顾问基金协议、天意专家顾问基金协议、天意俱乐部会员协议、馈赠书、投资森林经营项目承诺书、四川天意公司专用收据，证实2008年5月至2010年10月，某某公司以合作营林、天意专家顾问基金、天意彩虹俱乐部、森林经营四个项目的名义，吸收862名投资者的资金共计9700余万元，至案发尚有752名投资者6200余万元资金投入各个项目，其中748名投资者的投资本金5700余万元未兑付。

（3）华夏银行、中国农业银行、中国银行查询资料，证实四川天意公司吸收公众存款后部分资金流向情况。

（4）公安局扣押物品文件清单、林权转让合同、林权证等，证实截至2010年10月案发时，某某公司及被告人张某某持有林权证216本，涉及林地使用权共计79765.40亩。其中，四川天意公司取得的，位于四川省旺苍县的0.7万余亩林地使用权的合同价格为120~170元/亩，位于重庆市城口县的近7万亩林地使用权的合同价格为40元/亩，权利期限为46~47年。

（5）公安局冻结存款通知书、上海市公安局扣押物品文件清单，证实案发后公安机关扣押、冻结的涉案赃款共计200余万元。

（6）人民法院刑事判决书，证实被告人张某某曾因犯非法吸收公众存款罪于2009年1月被人民法院判处有期徒刑2年，缓刑2年，并处罚金人民币8万元。

2. 证人证言

（1）证人邹某某、屠某某等人的证言，证实他们同上海某某实业有限公司订立劳动合同，实际是为某某公司工作。被告人张某某系被告单位某某公司的负责人。他们对外以某某公司的名义，通过制发宣传资料、组织讲座、提供免费旅游，并承诺给予10%~15%不等回报的形式，向投资者推介合作营林等四个项目，对外吸收不特定社会公众的资金。

（2）证人蔡某、李某某、邹某某、赵某某等人的证言，证实某某公司通过业务员及业务经理向社会公众推介合作营林等四个项目，吸收公众资金，并承诺到期给予10%~15%不等的回报。

3. 鉴定意见

司法鉴定意见书，证实 2008 年 5 月至 2010 年 10 月，某某公司支付到期项目本金及收益 5500 余万元，支付购买林地款 1600 余万元，支付业务员及业务经理奖金提成 810 余万元，支付客户旅游、山庄租赁费等 170 余万元，其余用于办公开销等。

四、判案理由

某某公司违反国家金融管理法律规定，以合作营林、专家顾问基金等项目为名，通过组织讲座、制发宣传资料等手段向社会公开宣传，承诺到期以实物或货币等形式还本付息或给付回报，向社会不特定对象吸收资金，其行为符合非法吸收公众存款罪的犯罪构成，依法应认定为非法吸收公众存款罪。某某公司非法吸收社会公众资金 9700 余万元，且没有将上述资金主要地用于合同约定的林地经营活动，而将大量的资金用于归还已到期投资人的投资本金和收益，至案发时造成本案 748 名投资人 5700 余万元投资本金无法收回，其行为严重扰乱了国家金融管理秩序，社会危害性大。因此，被告单位的辩护人关于被告单位某某公司的行为属于合法的融资行为，不属于非法吸收社会公众存款行为，没有扰乱国家金融管理秩序，不构成非法吸收公众存款罪的意见，无事实及法律依据，本院不予采纳。

五、定案结论

人民法院依照《中华人民共和国刑法》第 76 条、第 25 条第 1 款、第 26 条第 1 款及第 4 款、第 67 条第 3 款、第 77 条第 1 款、第 69 条、第 53 条、第 64 条及最高人民法院《关于〈中华人民共和国刑法修正案（八）〉时间效力问题的解释》第 4 条之规定，判决如下：

1. 被告单位某某公司犯非法吸收公众存款罪，判处罚金人民币 40 万元；

2. 撤销原审法院对被告人张某某宣告缓刑的判决，执行有期徒刑 2 年，并处罚金人民币 8 万元，被告人张某某犯非法吸收公众存款罪，判处有期徒刑 9 年，并处罚金人民币 10 万元，决定执行有期徒刑 10 年，并处罚金人民币 18 万元；

3. 违法所得予以追缴，扣押在案的伪造的林权证及公章予以没收。

六、法理解说 >>

出售林地进行非法集资是实践中的常见集资形式，从"亿霖木业"案借"合作造林"名义，请明星代言广告，诱骗投资者 2 万多人，非法所得 16 亿元，到"万里大造林"案涉及 3 万余名客户，涉案金额近 13 亿元，再到济南"荣昌木业"以高息为饵倒卖林地，以林权转让林地管护为名的非法集资案件屡屡发生，涉案金额动辄上亿，且犯罪手段更新迅速，出现了采用各种形式来规避法律的情况。司法实践中，以林权转让、林地管护为名的集资案件主要涉及非法经营罪、组织、领导传销活动罪、集资诈骗罪和非法吸收公众存款罪四项刑法罪名，如"亿霖木业"和"万里大造林"案件都以非法经营罪定罪。

本案是以非法吸收公众存款罪定罪的案件，非法吸收公众存款罪，是指违反国家有关吸收公众存款的法律、法规，非法吸收公众存款或者变相吸收公众存款，扰乱金融秩序的行为。随着我国经济社会的迅速发展，资金的融通和资本的流动成为生产经营的重要推动力，而非法吸收公众存款的现象日益增多，方法手段也不断翻新。对于此罪名学界和实务界已有比较深入和广泛的讨论，结合本案例所反映的以合作经营林木形式吸收公众存款类案件中的相关问题，对非法吸收公众存款罪的一些尚需澄清的问题，再进行讨论，具体如下：

（一）对变相吸收公众存款的理解

在司法实践中，行为人吸收公众资金的手段千变万化，对一般以借贷为名直接约定还本付息的借贷型吸收资金行为在定性上没有太大争议，但是出售股权、产权等权益为名的投资型、以商品营销为名的交易型、以合作经营为名的经营型等吸收资金行为则容易出现是否属于变相吸收公众存款的争议。例如，本案中的出售林地的行为，因为林地确实存在并且有产出，就会产生是否属于非法集资，能否认定变相吸收公众存款的疑问。为了更好地把握此类吸收公众资金的行为，需要对吸收公众存款和变相吸收存款行为进行进一步的讨论。

"存款"在金融学上是指存款人将资金存入银行或其他金融机构，由银行或其他金融机构向存款人支付利息，使其得到收益的一种经济活动。针对公众存款，《刑法》第 176 条非法吸收公众存款罪实际上规定了两类行为，即非法吸收公众存款行为和变相吸收公众存款。长期以来，司法实践中，一般以国务院发布的《非法金融机构和非法金融业务活动取缔办法》（以下简称《办法》）第 4 条的规定，来理解《刑法》第 176 条中的"非法吸收公众存款"和"变相吸收公众存款"。所谓"非法吸收公众存款"，是指未经中国人民银行批准，向社会不特定对象吸收资金，出具凭证，承诺在一定期限内还本付息的活动；"变相吸收公众存款"，是指未经中国人民银行批准，不以吸收公众存款的名义，向社会不特定对象吸收资金，但承诺履行的义务与吸收公众存款性质相同的活动。可见，该条对"存款"，尤其是"变相吸收公众存款"界定的核心要义，就在于是否承诺还本付息或者作出与还本付息性质相同承诺。本文将之统称为承诺回报。

这一理解也得到了最高人民法院在 2012 年 12 月 13 日发布的《关于审理非法集资刑事案件具体应用法律若干问题的解释》（以下简称《解释》）中有关条款的进一步确认。该《解释》对非法集资概念的特征要件予以具体细化，指出成立非法集资需同时具备非法性、公开性、利诱性、社会性四个特征，其中明确非法集资要"承诺在一定期限内以货币、实物、股权等方式还本付息或者给付回报"。在此基础上，《解释》列举了十种应以非法吸收公众存款罪定罪处罚的具体情形："（一）不具有房产销售的真实内容或者不以房产销售为主要目的，以返本销售、售后包租、约定回购、销售房产份额等方式非法吸收资金的；（二）以转让林权并代为管护等方式非法吸收资金的；（三）以代种植（养殖）、租种植（养殖）、联合种植（养殖）等方式非法吸收资金的；（四）不具有销售商品、提供服务的真实内容或者不以销售商品、提供服务为主要目的，以商品回购、寄存代售等方式非法吸收资金的；（五）不具有发行股票、债券的真实内容，以虚假转让股权、发售虚构债券等方式非法吸收资金的；（六）不具有募集基金的真实内容，以假借境外基金、发售虚构基金等方式非法吸收资金的；（七）不具有销售保险的真实内容，以假冒保险公司、伪造保险单据等方式非法吸收资金的；（八）以投资入股的方式非法吸收资金的；（九）以委托理财的方式非法吸收资金的；（十）利用民间'会'、'社'等组织非法吸收资金的"，并设置兜底条款"其他非法吸收资金的行为"。本案例中的合作营林项目是属于第 2 种"以转让林权并代为管护等方式非法吸收资金的"的行为。

《解释》中列举的诸种情形是经对各种多发易发的非法吸收公众存款行为进行甄别分类，结合具体发生领域和行为特征归纳得出，重在揭示非法吸收公众存款的行为方式，帮助司法实践者理解变相吸收公众存款的核心要义。通过对解释中的行为要素和行为方式的分析，本文认为，我国《刑法》第 176 条中的"变相吸收公众存款"，同《办法》第 4 条第 2 款的含义基本相同。无论行为人以何种名义融资，只要其行为最终可以归结为返本付息或者给付回报，就能够将其认定为变相吸收公众存款。

具体而言，在实践中可以从以下几个方面来帮助判断是否属于变相吸收公众存款等非法集资行为。第一，整个行为本身是否创造和产生价值，或创造和产生的价值实际远低于承诺的回报。不产生价值和产生价值远低于承诺回报的，实则是一个骗局，必然是非法集资，可认定集资诈骗罪。第二，权益、商品交易和生产经营等的真实性。权益、交易和生产是否真实存在或发生，不真实存在或发生的，是非法集资。权益、交易的商品，以及生产经营投资人需先行向集资人购买的原材料、加工工具等物品的价格较大偏离了市场价值的，一般也是非法集资。股权并不存在或没有价值、交易并未实际发生、没有进行实际的生产经营等行为中，所谓的权益投资、生产经营和商品交易都只是非法集资的一个借口，一个中介物而已。实践中，根据主观故意和行为方式的不同可以分别以集资诈骗、非法吸收公众存款等定罪处罚。第三，销售的权益或交易商品的所有权是否真实转移。销售的权益没有真实转移的、交易的商品所有权没有变更的，是非法集资。例如：以销售房产、商铺为名的非法集资，一手卖出，一手回租，权益未真实转移，其目的就是获取资金，当然属于非法集资。销售产品一手交给购买者，另一边购回的，是非法集资。① 在上述非法集资行为中，如果行为人具有非法占有目的的，应当以集资诈骗罪认定。如果行为人没有非法占有目的，但承诺还本付息或给付回报的，则属于变相非法吸收公众存款。下面我们再对何为非法吸收公众存款中"承诺还本付息或者给付回报"作进一步探讨。

（二）对"承诺在一定期限内以货币、实物、股权等方式还本付息或者给付回报"的理解

面对千变万化的非法集资案件，是否可以归结为保本付息，是戳穿披着各类伪装的变相吸收公众存款行为的关键所在。② 牢牢把握了"存款""承诺还本付息或者给付回报"的本质特征，会帮助我们对行为是否属于变相吸收公众存款作出正确的判断。最高人民法院在审理非法集资案件的《解释》中提到的非法集资的四个特征要件之一就是"承诺在一定期限内以货币、实物、股权等方式还本付息或者给付回报"。由于非法吸收公众存款罪所针对的是"公众存款"，而还本付息或给付回报是"存款"的重要特征，因此，行为人承诺在一定期限内以货币、实物等方式还本付息或者给付回报，是非法吸收公众存款罪的应有之意，只有承诺一定期限内还本付息或给付回报，才符合

---

① 关于此类以"出售—回租—回购"为行为特征的非法集资案件，可以参见北京蒙京华投资有限公司"奶牛银行"案、北京碧溪广场非法吸收公众存款案等案例，也可以参考20世纪60年代末发生在日本的"日本住宅综合中心有限公司公寓经营事件"、1997～1998年日本的"和牛千紫牧场事件"等案例。

② 丁慧敏：《论"变相吸收公众存款"——以三种商品交易形式为例》，载《政治与法律》2011年第4期，第48～55页。

"存款"的特征，如果没有还本付息或者给付回报的承诺，就不具有"存款"的特征，行为就不构成非法吸收公众存款罪，可能构成的是其他犯罪，甚至不构成犯罪。如何理解和把握这种承诺回报行为十分重要，在司法实践中会遇到各种问题，具体分述如下：

第一，承诺回报不限于还本付息。中国人民银行于1999年出台了《关于取缔非法金融机构和非法金融业务活动中有关问题的通知》对非法集资特征的描述中指出："承诺在一定期限内给出资人还本付息。还本付息的形式除以货币形式为主外，还包括以实物形式或其他形式。"之后，2007年7月国务院办公厅《国务院关于依法惩处非法集资有关问题的通知》总结非法集资特征时，则表述为"承诺在一定期限内给予出资人货币、实物、股权等形式的投资回报"，不再将承诺局限在"还本付息"。因此，在理解"承诺"时，不仅包括还本付息，还包括给予回报的行为。还本付息的承诺，不一定非要以金钱兑现，以有价值的实物归还，债权债务的抵销也可以；回报也不一定以利息的名义兑现，以其他名义也可以。①

第二，承诺回报不一定由集资人直接作出并支付。实践中出售林地的案件曾发生过这样的情况，在林权转让类集资案件中，集资人与投资人之间只签订林权转让合同书和林地管理承包合同书，并未直接与投资人约定支付回报，而是另外以一家关联公司的名义与投资人签订林木收购合同，承诺在一起期间内每年以一定的价格收购林地上出产的木材。对此，本文认为，承诺回报不等于集资人直接向投资人承诺和支付回报，还可以由关联的第三方承诺并支付。实际案例中，集资人与承诺回报的第三方基本上属于一人，只不过换了个"马甲"与投资人另签协议，投资协议和收购协议往往也同时签订，否则投资人不可能投入资金。即使集资人与第三方不属同一人，也是利益关联方，可视为一体，是非法吸收公众存款的共同犯罪。因此，由第三方承诺支付回报，也应当视为非法吸收公众存款中的承诺回报。

第三，承诺回报的形式不仅限于合同和协议。在相关案件中，行为人为规避法律，仅在宣传、劝诱过程中，公开向投资人承诺在一定期限内以货币、实物、股权等方式还本付息，但不直接在合同或协议中写入还本付息的内容。这种情况"承诺"如何理解？《司法解释》明确利诱性是非法吸收公众存款的一个行为特征，在集资过程中，行为人不可能不向投资人承诺可以获取高额收益，否则投资人不可能投入资金。本文认为，这种情况下，如果仅看合同约定

---

① 肖晚祥：《非法吸收公众存款罪的司法认定研究》，载《东方法学》2010年第5期，第45～46页。

并不能判断是否承诺回报，但只要其在宣传过程中，劝诱投资人参加时，有过承诺和展示行为，就应当认定承诺回报。

（三）本案涉及的其他争议

1. 单位犯罪的认定

非法吸收公众存款罪作为涉众型金融犯罪的一种，行为人为提高吸引力，很多情况下是利用单位名义进行非法集资，而非法吸收公众存款罪的主体是一般主体，自然人和单位均可构成，因此，在法律适用过程中经常要涉及单位犯罪和自然人犯罪的区分问题。在本案中，张某某是以四川总公司的名义运作的，四川总公司并非以非法目的成立，其确实从事投资林地经营业务，故应当认定单位犯罪。根据 1999 年 6 月 25 日最高人民法院《关于审理单位犯罪案件具体应用法律有关问题的解释》，以下三种犯罪不以单位犯罪论处：一是个人为进行违法犯罪活动而设立的公司、企业、事业单位实施犯罪的；二是公司、企业、事业单位设立后，以实施犯罪为主要活动的；三是盗用单位名义实施犯罪，违法所得由实施犯罪的个人私分的。如果存在以上三种情况，如设立某公司只是为了非法吸收公众存款的目的或者以实施非法集资为主要活动，又或者集资款被单位内的个人私分等，集资过程即使是以单位的名义，还是应该直接认定自然人犯罪。本案被告单位的行为不符合上述规定，法院以单位犯罪定罪处罚，适用法律是准确的。

2. 本案能否认定集资诈骗罪

非法吸收公众存款罪和集资诈骗罪都是金融领域内犯罪，有很多相似之处，但在犯罪主观目的、犯罪手段、成立犯罪的数额标准方面都存在区别，其中一个重要区别标准就是集资人主观上是否具有"非法占有目的"。在实践中，可以通过查清资金流向帮助判断出案件过程，证明赃款去向，从而对行为人主观上是否具备非法占有目的进行判断。在本案中，所吸收的公众存款中的4000 万元用于兑现到期资金，1800 万元用于购买林权，其余用于公司运作、员工工资等，被告人张某某个人并未分得赃款，不能证明其非法占有目的。

基于上述讨论，本案中被告单位违反国家金融管理法律规定，以合作营林等项目为名，通过组织讲座、制作宣传等手段向社会公开宣传，承诺到期以实物或货币等形式还本付息或给付回报，向社会不特定对象吸收资金，是一种变相吸收公众存款的行为，应认定为非法吸收公众存款罪。

（整理人：陈　晨）

案例18：徐某非法吸收公众
存款、挪用资金案
——非法吸收公众存款与"委托理财"的界限及罪数认定等

一、基本情况

　　案　由：非法吸收公众存款、挪用资金

　　被告人：徐某，男，汉族，1967年8月7日出生，大专文化，原系A证券有限责任公司上海四川中路营业部总经理，户籍地浙江省杭州市拱墅区，暂住上海市长宁区茅台路某弄，2008年1月21日因非法吸收公众存款案被公安机关刑事拘留，同年2月27日经检察机关批准，由公安机关机关执行逮捕。

二、诉辩主张

　　（一）人民检察院指控事实

　　被告人徐某在1996年至2001年担任浙江省B投资公司上海宜山路证券交易营业部（以下简称宜山路营业部）副总经理期间，因管理不善，致使客户赵某某的股票被营业部擅自抛售，并引发民事诉讼。经上海市第一中级人民法院判决宜山路营业部败诉后，徐某使用营业部客户资金人民币（以下币种均为人民币）343万余元赔付了赵某某的损失。1997年至2005年间，徐某又使用营业部客户资金个人投资上海C信息技术有限公司及某保龄球馆，但该两次投资均经营亏损。

　　为填补上述亏空，徐某于1996年至2007年间，以营业部开展委托理财、国债回购业务，并承诺保本高息的名义，吸引被害人蒋某某等与营业部签订协议，并使用这部分客户资金支付前期理财本金收益、中介费、拆借他人、购买股票债券，个人买房、消费和偿还借款等。具体犯罪事实如下：

　　1. 1996年至2007年间，被告人徐某以代理客户开展委托理财业务并许诺

10%～15%年收益为饵，以营业部名义与被害人顾某某、奚某某等人陆续签订了多份投资理财协议。在收到顾某某交其的共计447万元现金后，徐某将该款用于购买股票和拆借资金等。2002年1月至2007年7月，徐某共计归还顾某某等人委托理财本金30万元和理财收益153.6万元，造成损失263.4万元。

2.1999年3月至2003年12月间，被告人徐某多次以代理客户开展委托理财业务并支付8%～10%年收益为饵，以营业部名义与奚某某陆续签订了4笔共计3300万元的委托理财协议。委托理财到期后，徐某共计归还3300万元本金，支付委托理财收益372万元。

3.2003年3月和2004年6月，被告人徐某以代理客户开展委托理财业务并支付8%～9.5%年收益为饵，以营业部名义与奚某某签订了一份500万元的国债认购托管协议和一份1000万元的投资理财协议。上述共计4800万元被徐某用于支付前期委托理财本金收益及拆借资金、购买股票等，另有231万元被徐某挪用作为个人投资。2004年4月至2007年10月间，徐某归还奚某某委托理财本金600万元和理财收益245万余元，造成损失282万余元。

4.2003年1月至2004年12月间，被告人徐某以代理客户开展委托理财业务并支付10%～12%年收益为饵，以营业部名义与马某某签订协议，开展总计为1.16亿元的国债回购理财协议。之后，徐某将上述资金用于支付前期委托理财本金收益、购买债券等。2003年11月至2007年7月间，徐某共计归还委托理财本金8300万元和理财收益1322.7万元，造成损失1977.3万元。

5.2006年5月至2007年1月间，被告人徐某以营业部名义与史某某口头约定在其营业部开设的资金账户内开展委托理财业务。在收到史某某转交的被害人吴某、罗某某、柯某某、陈某某、杨某某、王某某等人共计420万元现金后，徐某将资金用于支付客户奖励费、前期客户委托理财本金、收益，造成损失420万元。

6.2004年12月30日，被告人徐某以客户可在其营业部开设的资金账户名下开展委托理财业务为由，以营业部名义与被害人励某某签订协议。在收到励某某的460万元资金后，徐某将钱款用于拆借资金、支付前期委托理财本金收益、购买债券等。2006年1月，徐某归还励某某190万元，造成损失270万元。

7.2007年1月至7月间，被告人徐某以代理客户开展存款业务并可提前支付18%年收益为诱饵，以营业部名义与被害人蒋某某先后签订了四份共计6000万元的存款协议。至案发，除已按18%年收益支付蒋某某存款收益945万元外，徐某挪用蒋某某的资金约1085万元用于归还个人借款、支付个人房产按揭款和个人开销，余款均被徐某用于支付中介费、前期委托理财本金收益，造成损失 5055 万元。

综上，徐某涉嫌非法吸收公众存款共计 2.37 亿余元，挪用资金约 1300 余万元，至案发，造成被害人及被害单位损失 8268 万余元。

2008 年 1 月 21 日，被告人徐某至上海市公安局投案。

（二）被告人辩解及辩护人辩护意见

被告人徐某及其辩护人对当庭出示、宣读的证据没有异议，亦无新证据提出。

徐某的辩护人提出，徐某非法吸收公众存款是为了弥补单位亏损，其与各被害人签订委托理财、国债回购合同时均以单位名义，并加盖单位公章，其行为应认定为单位犯罪，徐某的行为不构成挪用资金罪。

三、人民法院认定事实和证据　　　　　　　>>

（一）认定犯罪事实

人民法院经公开审理查明：

1996 年 10 月至 2001 年 12 月，被告人徐某在浙江省 D 信托投资公司上海宜山路证券交易营业部任副总经理；2001 年 1 月至 2008 年 1 月间，该单位先后变更为 E 信托投资股份有限公司上海宜山路营业部、F 证券有限责任公司上海宜山路证券营业部、G 证券有限责任公司上海长宁路证券营业部和 A 证券有限责任公司上海四川中路营业部，徐某在上述单位（以下统称 A 证券上海营业部）先后担任副总经理、总经理。

1996 年至 2001 年间，A 证券上海营业部因擅自抛售客户赵某某股票而引发民事诉讼，经人民法院判决败诉后，徐某使用其他客户资金 343 万余元赔付了赵某某的损失。1997 年至 2005 年间，徐某又擅自使用客户资金个人投资上海 C 信息技术有限公司及某保龄球馆，但两次投资均经营亏损。为填补亏空，徐某于 1996 年至 2007 年以其单位可开展自营业务、承诺保本高息的名义，吸引客户资金开展所谓的委托理财业务，并用这部分客户资金支付前期"理财"本息及中介费等。徐某非法吸收公众存款共计 2.37 亿余元，挪用资金约 1300 余万元，至案发，造成被害人及被害单位损失 8268 万余元。

（二）认定犯罪证据

1. 书证

（1）A 有限责任公司提供的《职务证明》、《变更情况说明》：证实 A 证券徐某的任职及徐某任职公司名称的变更情况。

（2）相关判决书、查证材料：证实徐某因管理不善，引发民事诉讼并被判赔偿后徐某使用客户资金 343 万余元予以赔付。

（3）相关银行及证券公司营业部资金凭证：证实 2003 年 11 月至 2007 年 7 月，徐某以 A 证券上海营业部名义与被害单位上海某房地产经营开发有限公司签订共计价格 1.16 亿国债回购协议，并用上述资金支付前期委托理财本金及收益，后 A 证券上海营业部归还该房地产公司 9622 万余元，造成损失 1977 万余元。

2. 鉴定结论

公安机关物证鉴定中心《鉴定书》、会计师事务所出具的《司法鉴定意见书》：证实 2002 年 1 月至 2007 年 7 月，A 证券上海营业部共归还客户顾某 183.6 万元，仍造成顾损失 263.4 万元。

3. 被告人供述

被告人徐某的供述：证实其于 1996 年至 2001 年担任宜山路营业部副总经理期间，因其管理不善，致使客户赵某某 4 万股天津磁卡、4 千股厦门汽车股票被营业部擅自抛售，并引发民事诉讼。经上海市第一中级人民法院判决营业部败诉后，徐某擅自使用营业部客户资金约 343 万元赔付了赵某某上述被抛售的股票。1997 年至 2005 年期间，徐某又擅自使用营业部客户资金 642 万余元投资上海 C 信息技术有限公司及某保龄球馆，但全部亏损。为填补上述亏空，徐某自 1996 年至 2007 年在担任宜山路营业部副总经理、长宁路营业部总经理、四川中路营业部总经理期间，以营业部开展自营业务、承诺保本高息的名义，吸引客户与营业部开展委托理财业务，并使用这部分客户资金支付前期理财本金收益、支付中介费、拆借资金、购买股票债券，个人买房等。至案发时其行为造成营业部及委托理财客户损失共计 77404884.75 元。

4. 证人证言

证人顾某、奚某、朱某、马某等的证言：证实徐某以签订借款协议、承诺书等手段或投资证券等借口，分别从他们处借得资金及只归还部分资金的情况。

证人高某的证言：证实徐某全面负责 A 证券上海营业部各项工作。

四、判案理由

1. 非法吸收公众存款罪。徐某以 A 证券上海营业部的名义与客户签订委托理财或国债回购等协议，并承诺保底和支付固定收益，实质上这是徐某与客户约定到期兑现的承诺书，既不具备委托理财的特征，也违反法律法规。对客户而言，他们并不关心证券公司如何使用其投入的资产，只要求到期能收回本息，证券公司无论是否盈亏都要在约定期限内支付固定利率，这种行为属于变相吸收公众存款，且吸收资金数额巨大，吸存对象为不特定人员，故其行为构成非法吸收公众存款罪。

2. 挪用资金罪。徐某利用职务上的便利，挪用单位资金归个人使用，数额巨大且无法退回，其行为构成挪用资金罪。

3. 徐某能主动投案并如实供述全部犯罪事实，应认定自首，可对其从轻处罚。

4. 徐某认罪态度较好且积极退出部分赃款，可酌情对其从轻处罚。

五、定案结论

人民法院根据《中华人民共和国刑法》第 176 条、第 272 条第 1 款、第 69 条、第 67 条第 1 款和第 64 条之规定，判决如下：

1. 徐某犯非法吸收公众存款罪，判处有期徒刑 5 年，并处罚金人民币 20 万元，犯挪用资金罪，判处有期徒刑 6 年，决定执行有期徒刑 10 年，并处罚金人民币 20 万元；

2. 违法所得予以追缴，发还被害人和被害单位，不足部分责令退赔。

六、法理解说

本案是一起以证券公司委托理财名义进行非法吸收公众存款的案件。被告人徐某利用其证券公司营业部经理的身份，以 A 证券营业部的名义与社会公众签订"投资理财协议"、"委托投资国债协议书"等，吸收社会公众资金，用于归还单位经营损失、个人投资牟利及个人消费等，其行为已构成非法吸收公众存款罪和挪用资金罪。此案存在的争议较多，主要集中在以下五点：一是以"委托理财"的形式吸取社会公众资是否构成非法吸收公众存款罪；二是被告人将非法吸收的公众存款部分用于个人投资或消费能否构成挪用资金罪；三是被告人非法吸收公众存款后又部分挪用的行为是认定一罪，还是两罪；四是以单位名义进行非法吸收公众存款的行为是否为单位犯罪；五是在非法吸收公众存款过程中部分手段具有欺诈性，是否构成诈骗犯罪。对于上述五点争议，具体分述如下：

（一）关于被告人是否构成非法吸收公众存款罪

我国《刑法》第 176 条的规定了非法吸收公众存款罪，是指违反国家金融管理法规，非法吸收公众存款或者变相吸收公众存款，扰乱金融秩序的行为。根据国务院 1998 年 7 月发布的《非法金融机构和非法金融业务活动取缔办法》第 4 条第 2 款的规定，所谓"非法吸收公众存款"是指未经中国人民银行批准，向社会不特定对象吸收资金，出具凭证，承诺在一定期限内还本付息的活动。从本案的事实和证据来看，徐某的行为符合上述规定。

1. 被告人吸收资金的对象符合"不特定"公众的要求

本案虽然从被害人的数量来看，只有 10 余人，但法律法规对"公众"的解释并不是从数量上作出规定的，而是指吸收存款对象的不特定性即吸收对象的范围是不特定的。本案 10 余名被害人，既包括徐某的朋友，也包括与徐某无任何特殊关系的一般人员，更重要的是，徐某寻找为其提供资金的客户是通过中介机构公开进行招揽的，并为此支付了不菲的中介费用，其吸收存款的手段具有公开性和不特定性。因此，可以认定徐某的委托理财业务面向的是不特定公众。

2. 徐某的行为不是证券公司的"委托理财"业务

"委托理财"并不是严格意义上的法律概念，而只是证券行业的一个习惯用语。所谓证券公司的"委托理财"是指证券公司与委托人签订受托投资管理合同，以委托人或理财专户的名义设置证券账户和资金账户，并通过独立的账户进行受托投资管理。委托合同中列明了具体的委托事项，受托人必须根据合同约定的方式管理受托投资，投资的收益和损失归于委托人，受托人有权收取受托投资管理佣金，但不得向委托人承诺收益或分担损失。在正常的证券公司"委托理财"业务中，证券公司为委托人的利益、以委托人的名义进行投资，其后果无论是损失还是盈利均由委托人承受，两者间是典型的委托代理关系。被告人徐某与投资者签订的有"保本协议"、"到期还本付息"等条款的"委托理财"投资协议，从根本上改变了这种委托代理关系，其损失后果由委托人转嫁给受托人，从而改变了"委托理财"的性质。《证券法》第 144 条明确规定证券公司不得以任何方式对客户证券买卖的收益或赔偿证券买卖的损失作出承诺。徐某的行为背离了证券公司正常的"委托理财"业务的性质，违反了国家的金融法规。

3. 徐某的行为实质是变相吸收公众存款。

本案中徐某和客户签订的均为高息保本"委托理财"或"国债回购"、"存款承诺"协议，在签订协议的同时已将固定收益承诺给客户，收到客户投资后将资金由自己统一使用或支配，实质是一种变相吸收公众存款行为。所谓"变相吸收公众存款"是指未经中国人民银行批准，不以吸收公众存款的名义，向社会不特定对象吸收资金，但承诺履行的义务与吸收公众存款性质相同的活动。从协议内容看，在与徐某签订协议时，投资人并不关心证券公司如何使用其投入的资产，只要求到期能收回本息。投资协议规定投资无论是否盈亏，证券公司都会在约定期限按协议利率向投资人支付利息，并在协议到期时归还客户本金，即客户投入资产的亏损的风险由徐某承担。从资金流向看，以资产管理业务为名吸收的资产并未用来进行正常的股票或债券投资，而是被徐某当作自有资金统一安排，用来兑付到期的理财资金等。徐某行为的实质与银行的存款付息业务相同。因此，徐某采取承诺保底和固定收益率的方式进行的所谓委托理财，既不具备证券公司一般"委托理财"业务的特征，也违反了行政和刑事法律的规定，其特征是徐某到期向客户还本付息，实质上是变相吸收公众存款。

4. 徐某吸收资金的数额超出了追诉标准

最高人民检察院公安部《关于公安机关管辖的刑事案件立案追诉标准的规定（二）》规定：具有下列情形之一的，可以按非法吸收公众存款罪定罪处罚：（1）个人非法吸收或者变相吸收公众存款20万元以上的，单位非法吸收或者变相吸收公众存款100万元以上的；（2）个人非法吸收或者变相吸收公众存款30户以上的，单位非法吸收或者变相吸收公众存款150户以上的；（3）个人非法吸收或者变相吸收公众存款给存款人造成损失10万元以上的，单位非法吸收或者变相吸收公众存款给存款人造成损失50万元以上的，或者造成其他严重后果的。个人非法吸收或者变相吸收公众存款100万元以上，单位非法吸收或者变相吸收公众存款500万元以上的，属于"数额巨大"。徐某在1996年至2007年间，吸收资金达2.37亿元，因此徐某的行为不仅达到了非法吸收公众存款罪的起刑金额，并且达到数额巨大的标准。

（二）徐某的行为构成挪用资金罪

本案中徐某吸收社会公众资金后，曾将部分已存入A证券公司账户的资金提出归个人使用，还将收取的部分资金不存入单位账户，直接归个人使用，对这一行为性质存在一定争议。本文赞同法院判决，徐某的这一行为已构成挪用资金罪。

我国《刑法》第272条规定的挪用资金罪，是指公司、企业或者其他单位的工作人员，利用职务上的便利，挪用本单位资金归个人使用或者借贷给他人，数额较大，超过3个月未还的行为或者虽未超过3个月，但数额较大，用于营利活动的行为。本案中徐某作为A证券上海营业部副总经理和总经理，负责整个营业部的经营管理工作，知晓客户保证金的处置方式，并有权支配营业部财务人员、客户经理配合其工作，具有职务上的便利。徐某以证券公司名义对外吸收资金，资金一旦进入营业部保证金账户或客户账户，营业部就负有保管义务，根据刑法的有关规定单位保管的客户资金应当属于单位公款。徐某利用营业部经理的职务便利，擅自将营业部负有保管义务的、有特定用途的资金挪作他用，且数额巨大，已符合挪用资金罪的构成要件。徐某挪用单位资金的主观故意和客观行为均非常明显，当然构成挪用资金罪。

本案的争议更大的是，徐某非法吸收的社会资金中，有部分并未存入公司账户即被其个人使用，这一行为是否属于挪用资金犯罪。《全国法院审理金融犯罪案件工作座谈会纪要》中曾对挪用资金罪和用账外客户资金非法拆借、发放贷款罪的区别进行了论述，"对于利用职务上的便利，挪用已经记入金融机构法定存款账户的客户资金归个人使用的，或者吸收客户资金不入账，却给客户开具银行存单，客户也认为将款已存入银行，该资金却被行为人以个人名义借贷给他人的，均应认定为挪用公款罪或挪用资金罪"。本案中，客户将资金存入营业部分为两种情况：一是客户以支票方式向徐某付款，徐某以营业部为收款人收取支票，再将此部分款项截留用作他处；二是徐某以营业部的名义向客户出具存款凭单，并且徐某在吸收客户资金时均是以营业部名义与客户签订协议。这种情况下，考虑到徐某营业部经理的职务和身份，客户完全可以认为自己是将资金交给营业部而非徐某个人。徐某将收到的资金用于他处，表面上侵害的是客户财产利益，实际上侵害的是 A 证券上海营业部对资金的使用、收益权。因此。徐某将此类资金截留归个人使用的行为，也是挪用单位资金，构成挪用资金罪。

（三）本案应认定为一罪还是两罪

被告人徐某吸收公众存款后，又将其中部分存款个人使用，因两行为之间存在一定关联，是认定非法吸收公众存款、挪用资金两罪，还是认定其中一罪存在一定争议。本文认为，徐某的行为已构成非法吸收公众存款、挪用资金两罪，应予并罚。理由如下：

1. 本案中徐某实施了吸收公众存款和挪用资金两个行为

通观本案的事实和证据，从徐某非法吸收公众存款的目的和其挪用的金额来看，其主要是用吸收的公众资金弥补公司经营造成的亏损，用于个人消费和投资牟利所使用的资金仅为其中的一部分。从吸收公众存款和挪用资金的实施过程和时间来看，徐某是吸收公众存款行为完成后，才又实施了将部分资金挪作他用的行为。因此，徐某的非法吸收公众存款和挪用资金是两个不同的行为，且从性质上讲也是两种独立的犯罪行为。两个独立的犯罪行为自然不存在法学理论上的想象竞合和法条竞合关系，因为想象竞合，是指一个行为触犯了数个罪名的情况；法条竞合是指一个行为同时符合了数个法条规定的犯罪构成，但从数个法条之间的逻辑关系来看，只能适用其中一个法条。可见无论是想象竞合还是法条竞合其前提条件必须是一个犯罪行为。本案中徐某实施了两个独立的犯罪行为，当然不会出现想象竞合和法条竞合的情况。

2. 本案中徐某非法吸收公众存款后，又将其中部分资金挪作他用，这两行为之间不成立刑法理论上的牵连关系

刑法理论中的牵连犯是指手段行为或结果行为，与目的行为或原因行为分别触犯不同罪名的情况。牵连犯有两个基本特征：一是其手段行为或结果行为又触犯了其他罪名；二是数行为之间存在手段行为与目的行为或原因行为与结果行为的牵连关系。即只有当某种手段通常用于实施某种犯罪，或者某种原因行为通常导致某种结果行为时，才能认定为牵连关系。综观本案，徐某以A证券营业部名义吸收社会公众资金与其后来挪用部分所吸取资金的行为存在一定的关联，但据此一定得出非法吸收公众资金的行为必然或通常会导致挪用资金的行为，显然超出了社会公众一般理解的范围和社会的一般逻辑。换言之，非法吸收公众存款并不是挪用资金的通常手段，因此将徐某前后两个行为定义为牵连关系是不妥的。

3. 非法吸收公众存款罪和挪用资金罪是两种不同类型的犯罪，其侵害的客体是完全不同的

非法吸收存款罪侵犯的是国家正常的金融管理秩序，是针对社会法益的一种犯罪，而挪用资金罪犯罪的是单位对资金的管理、控制和使用权，是针对个体法益的一种犯罪，以一罪认定本案难以将被告人行为的两种完全不同的危害性予以体现。因此，无论是从犯罪行为所侵害的两种不同的犯罪客体，还是从刑法所保护的不同法益来看，本案应定两罪而非一罪。

据此，本文认为，被告人的行为应当以非法吸收公众存款罪、挪用资金罪认定，予以数罪并罚，法院以两罪作出判决适用法律是准确的。

（四）本案是否为单位犯罪

由于本案中被告人徐某系以单位的名义与客户签订合同，并将部分资金用来弥补单位的损失，故对其行为产生是否属于单位犯罪的争议。对此，本文认为，本案不符合单位犯罪的构成要件。

根据最高人民法院《关于审理单位犯罪具体应用法律有关问题的解释》（1999年7月3日）第3条规定：盗用单位名义实施犯罪，违法所得由实施犯罪的个人私分的，不以单位犯罪论处。据此，盗用、冒用单位名义实施的犯罪行为，或者单位内部成员未经单位决策机构批准、同意或者认可而实施的犯罪行为，或者单位内部成员实施的与其职务活动无关的犯罪行为都不属于单位犯罪。本案中徐某尽管其本身是A证券上海营业部的总经理，也以A证券上海营业部的名义与客户签订"投资理财协议"、"委托投资国债协议书"、"承诺书"，使客户误以为是同单位签订的协议，但上述协议均没有经过单位决策程序，也违反了单位的内部规定，其实质是徐某个人意志的体现，并不是单位意

志的体现。从单位提供的内控制度来看，徐某擅自与客户签订协议违反了营业部不能单独从事集合性营利业务的规定，且徐某使用营业部公章在协议文本上盖章的行为也是不符合单位用章规定。此外，徐某供述了其向营业部及总公司隐瞒了自己与客户签订协议的情况，营业部及总公司的员工对此也不知情。综上，徐某利用自己营业部总经理的身份擅自使用公章与客户签订委托理财协议的行为属于冒用单位名义实施的犯罪行为，不属于单位犯罪。

（五）徐某的行为是否构成诈骗犯罪

徐某在非法吸收公众存款中，与部分客户签订协议时有使用伪造的营业部印章和业务专用章的行为，故有观点认为徐某的部分行为构成合同诈骗罪。我国《刑法》第224条规定，合同诈骗罪是以非法占有为目的，在签订、发行合同过程中，骗取对方当事人财物的行为，非法占有的主观故意是认定合同诈骗必不可少的条件。徐某在与客户签订合同的过程中，确实有伪造营业部印章、业务专用章与被害人签订虚假合同或向客户提供虚假的资金存取款凭证的行为，但其目的在于获取客户的资金，从而用于拆借或投资牟利。仅因徐某为获取资金便利，使用了一定的欺诈性手段而认定其主观上具有非法占有目的，有客观归罪之嫌。本案中以徐某在签订具体"理财协议"、"承诺书"是否使用了虚假手段来作为判定其合同诈骗罪成立与否的唯一理由，显然是不合适的。通观本案，徐某之所以会实施犯罪行为，开始时是为了填补营业部亏损。徐某在获取涉案客户资金后，有过买入股票、债券1160余万元等理财行为，也有支付客户到期本息的新债还旧债行为，期间还混有徐某个人买房、投资、偿还个人借款的行为。但是，总计23850万的涉案资金中，徐某用于个人加上去向不明的资金只有1450万元，占总数6%。累计亏空7740余万元中，因个人因素造成的损失只有其投资损失的642万余元，其他均为民事诉讼赔偿、支付理财借款本息、拆借资金和股票国债交易损失等。虽然，1450万元和642万余元从绝对数量来看，是巨额的，但从全案的角度来看，其个人非法占有的故意并不明显。从本案证据来看，徐某个人使用的部分中，还有部分是用于归还委托理财的本息。从行为的后期来看，徐某还将自己两套房产抵押给银行，获取1000万元贷款支付给被害人蒋某某，这一行为也表明徐某非法占有的故意不明显。因此本案证据难以认定徐的行为具有非法占有目的，不应认定合同诈骗罪。

综上所述，法院对徐某以非法吸收公众存款罪和挪用资金罪并罚，判处其有期徒刑10年，并处罚金人民币20万元的判决，无论从定性还是量刑上都是正确。

（整理人：王世涛）

案例 19：沈某某等人非法吸收公众存款、非法经营案

——"创业投资"与非法吸收公众存款的区别及对不特定公众的理解等

一、基本情况 >>

案　　由：非法吸收公众存款、非法经营

被告人：沈某（曾用名孙某某），男，汉族，1966 年 5 月 30 日出生，中专文化，系上海某创业投资有限公司股东、总经理，户籍地上海市浦东新区洋泾南村陈家宅某号，暂住地上海市浦东新区浦东大道某弄，因涉嫌非法经营案于 2009 年 2 月 20 日被公安机关刑事拘留，同年 3 月 27 日经检察机关批准，由公安机关执行逮捕。

被告人：张某某，男，汉族，1974 年 8 月 28 日出生，中专文化，系上海某创业投资有限公司法定代表人、财务部和行政部经理，户籍地陕西省某县，暂住地上海市浦东新区博兴路某弄，因涉嫌非法经营案于 2009 年 2 月 23 日被刑事拘留，同年 3 月 27 日经检察机关批准，由公安机关执行逮捕。

被告人：沈某某，男，汉族，1977 年 10 月 25 日出生，高中文化，系上海某创业投资有限公司股东、研发总监，户籍地上海市虹口区虬江路某弄，因涉嫌非法经营案于 2009 年 2 月 20 日被公安机关取保候审。

二、诉辩主张 >>

（一）人民检察院指控事实

1. 非法经营罪

2007 年 9 月至 2008 年 7 月，被告人沈某、张某某、沈某某在未经国家证券管理部门批准的情况下，指使员工采用在报刊登载广告、向社会不特定公众

拨打电话推荐的手法，以上海某公司名义与被害人俞某某、陆某某等8人签订"委托资产管理合同"或"代理操盘协议"后，代理操作客户证券账户，在账户赢利20%～30%时，再向客户收取20%的管理费，非法经营额达人民币400余万元。

2. 非法吸收公众存款罪。

2008年3月至2008年10月，被告人沈某、张某某、沈某某指使公司员工采用向社会不特定公众拨打电话推荐上海某公司代理企业和个人进行创业投资，并以上海某公司名义与客户签订《创业投资业务固定收益》合同，约定年收益率为15%，以此非法吸收许某某、周某等80余人资金共计人民币500余万元。上述资金，除部分用于上海某公司经营开销外，大部分经上海某公司决定被存放至被告人沈某、张某某个人证券账户中用于证券交易。3名被告人均有自首情节。

（二）被告人辩解及辩护人辩护意见

3名被告人及辩护人对起诉书指控非法经营罪的事实及定性没有争议，被告人对非法吸收公众存款罪的事实没有异议，但提出其行为属于创业投资的业务范围，不构成犯罪。辩护人提出如下意见：第一，被告人的行为不构成非法吸收公众存款罪。理由包括：（1）客观上没有实施变相吸收公众存款的行为，上海某公司的工商登记经营范围包括代理个人进行创业投资，公司确实开展过前期调研工作，80余名客户中有部分是公司的老客户，不属于不特定对象的范围；（2）2009年7月10日国家发改委发布通知规定创投业务不得承诺固定收益，本案行为发生在2009年之前，故被告人与客户签订承诺固定收益的合同不具有违法性；（3）被告人的主观目的是进行创业投资，并没有吸收公众存款扰乱金融管理秩序的意图。第二，检察机关指控非法吸收公众存款的金额有误，应当扣除已经返还客户的钱款，总金额应当不足500万元，不能认定为数额巨大。第三，被告人沈某某有一段时期没有在公司上班，在共同犯罪中起次要作用，应当认定为从犯。第四，3名被告人均有自首情节，系初犯偶犯，且账户钱款已经被冻结能够弥补部分损失，对被告人应当减轻处罚。

三、人民法院认定事实和证据 　　　　　　　　　　>>

（一）认定犯罪事实

经人民法院审理查明：

2006年9月，被告人沈某、张某某、沈某某注册成立上海某创业投资有限公司（以下简称上海某公司），先后租借本市浦东南路××号××、××室开展经营活动。

2007 年 9 月至 2008 年 7 月，被告人沈某、张某某、沈某某在未经国家证券管理部门批准的情况下，指使员工采用在报刊登载广告、向社会不特定公众拨打电话推荐的手法，以上海某公司名义与被害人俞某某、陆某某等 8 人签订"委托资产管理合同"或"代理操盘协议"后，代理操作客户证券账户，在账户赢利时再收取管理费，非法经营额达人民币 400 余万元。

2008 年 3 月至 2008 年 10 月，被告人沈某、张某某、沈某某指使公司员工采用向社会不特定公众拨打电话推荐上海某公司代理企业和个人进行创业投资，并以上海某公司名义与客户签订《创业投资业务固定收益》类合同，约定年收益率为 15%，非法吸收资金共计人民币 500 余万元。除少部分用于上海某公司经营开销外，大部分经上海某公司决定被存放至被告人沈某、张某某个人证券账户中用于证券交易。

2009 年 2 月 11 日，被告人沈某、沈某某至公安机关投案自首，同年 2 月 20 日，被告人张某某至公安机关投案自首。案发后，被告人沈某某主动退出赃款 10 万元。

（二）认定犯罪证据

上述事实有以下证据证明：

1. 证实被告人沈某、张某某、沈某某身份情况及上海某公司法人资格的证据：上海某公司的企业营业执照、3 名被告人的供述及证人史某某的证言，被告人沈某、张某某、沈某某的供述及证人韩某、沈某的证言。

2. 证实上海某公司为他人代客理财的证据：被害人陆某、潘某某、俞某某、邓某某、徐某某、郑某某、蔡某、陈某某的陈述及公安机关依法调取的《委托代理操盘协议》、《委托资产管理合同》等书证；证人韩某、沈某的证言；上海某公司的工商登记资料、营业执照等相关资料；上海公信中南会计师事务所有限公司司法鉴定意见书。

3. 上海某公司以"代理个人创业投资"的名义吸纳巨额钱款的证据；被害人蔡某、曹某某、曹某勇等 80 余名被害人的陈述；公安机关依法调取的固定收益类合同、相关的收据；被告人沈某、张某某、沈某某的供述及证人韩某、沈某的证言；公安机关依法调取的被告人张某某的申银万国股票账户；公安机关依法冻结的被告人沈某的账户；上海公信中南会计师事务所有限公司司法鉴定意见书。

4. 证实上海某公司成立后主要业务既有非法业务也有合法业务的证据：被告人沈某、张某某、沈某某的供述和证人韩明、沈辉的证言及公安机关依法所调取的相关书证材料；证人邹某某等人的证言及相关的《出资协议书》；上海公信中南会计师事务所有限公司司法鉴定意见书。

5. 证实被告人沈某、张某某、沈某某到案经过的证据：公安机关出具的《案发经过》；被告人沈某、张某某、沈某某对其到案经过的供述。

四、判案理由

人民法院认为，上海某创业投资有限公司未经中国证监会批准，非法经营证券业务，扰乱市场秩序，情节特别严重；违反国家金融管理法规，向社会不特定的个人变相吸收公众存款，扰乱金融秩序，数额巨大。被告人沈某、张某某、沈某某作为公司直接负责的主管人员，其行为均已构成非法经营罪和非法吸收公众存款罪，对被告人应予两罪并罚。3 名被告人均主动到案，能如实供述犯罪事实，具有自首情节，依法减轻处罚。被告人沈某某能主动退出部分赃款，酌情从轻处罚。辩护人的相关意见予以采纳。

五、定案结论

人民法院依照《中华人民共和国刑法》第 225 条第 3 项、第 176 条第 1 款、第 69 条、第 67 条、第 53 条、第 64 条之规定，判决如下：

1. 被告人沈某犯非法经营罪，判处有期徒刑 4 年，罚金人民币 3 万元；犯非法吸收公众存款罪，判处有期徒刑 2 年，罚金人民币 4 万元，决定执行有期徒刑 5 年，罚金人民币 7 万元。

2. 被告人张某某犯非法经营罪，判处有期徒刑 4 年，罚金人民币 3 万元；犯非法吸收公众存款罪，判处有期徒刑 2 年，罚金人民币 4 万元，决定执行有期徒刑 5 年，罚金人民币 7 万元。

3. 被告人沈某某犯非法经营罪，判处有期徒刑 2 年，罚金人民币 3 万元；犯非法吸收公众存款罪，判处有期徒刑 2 年，罚金人民币 4 万元，决定执行有期徒刑 3 年，缓刑 5 年，罚金人民币 7 万元。

六、法理解说

本案被告人实施了两种犯罪行为：一种是以代客炒股形式实施的非法经营证券咨询业务的行为；另一种是以创业投资名义实施的非法吸收公众存款行为。本文对被告人非法经营罪的事实不作讨论，仅对非法吸收公众存款犯罪进行评析。本案被告人和辩护人辩称，被告人的行为系"创业投资"，不是非法吸收公众存款，对此分析如下：

（一）"创业投资"与被告人行为的差异

根据 2005 年 11 月 15 日国家发展和改革委员会、科技部等十部委发布的《创业投资企业管理暂行办法》（以下简称《办法》）的规定，"创业投资，系指向创业企业进行股权投资，以期所投资创业企业发育成熟或相对成熟后主要通过股权转让获得资本增值收益的投资方式"。金融市场中，所称"创业投资"一般系指向具有高增长潜力的未上市创业企业进行股权投资，并通过提供创业管理服务参与所投资企业的创业过程，以期在所投资企业发育成熟后即通过股权转让实现高资本增值收益的资本运营方式。根据《办法》的规定，本案被告人所在的创业投资企业，"系指在中华人民共和国境内注册设立的主要从事创业投资的企业组织"。金融市场中，进行创业投资的主体可以是单位等组织，也可以是具有一定投资能力和经济实力的个人。

比较被告人的行为和创业投资的含义，我们不难看出，创业投资是一种使用资金的行为，即将资金投入到未上市的创业企业，而不是吸收资金的行为。本案中，被告人辩称其行为系"创业投资"，实则是混淆了创业投资中资金吸收和资金使用两种反向行为的性质，偷换概念，将其所在创业投资企业吸收资金的行为也称之为创业投资。

（二）"创业投资"募集资金行为与非法吸收公众存款罪的界限

当前，社会上打着"创业投资"名义，募集资金的行为十分常见，区分"创业投资"与非法吸收公众存款等非法集资犯罪应当把握以下几个方面：第一，不能针对不特定公众募集资金。创业投资是一种高风险、高收益的风险投资活动，不能向社会不特定公众吸收资金。第二，不能承诺还本付息或变相承诺还本付息。创业投资是一种股权投资行为，属于直接投资，投资人应当根据实际投资情况享有收益和承担风险。承诺还本付息使行为性质变成了间接投资，属于吸收存款的性质。根据 1998 年国务院《非法金融机构和非法金融业务活动取缔办法》（以下简称《取缔办法》）第 4 条规定，"非法吸收公众存款或者变相吸收公众存款。前者是指向社会不特定对象吸收资金我，承诺在一定期限还本付息的活动。后者是指不以吸收公众存款的名义，向社会不特定对象吸收资金，但承诺履行的义务与前者相同的活动。"如果行为人向不特定公众募集资金，并承诺或变相承诺还本息，其行为即属于非法吸收公众存款。

（三）本案被告人的行为已构成非法吸收公众存款罪

本案中，被告人及其单位与投资人签订《创业投资业务固定收益》合同，约定固定收益，并采用随机拨打电话的方招揽社会不特定公众参与，其行为已构成非法吸收公众存款罪。

被告人的行为已违反国家规定。2009年，国家发改委发布的《关于加强创业投资企业备案管理严格规范创业投资企业募资行为的通知》（以下简称《通知》）第2项规定，创业企业"不得承诺固定收益，不得面向不特定对象通过发布广告等方式进行推介"。从规定的演变过程来看，1998年的《取缔办法》已明确禁止任何机构从事具有还本付息特征的吸收存款活动，《通知》仅是对《取缔办法》规定的一种重申和强调，而非单独针对创投企业创设新的规定。换言之，国家从1998年开始就已严格禁止与还本付息相关的吸收存款活动，包括创业投资在内的任何经营活动都应当遵守这项规定，《通知》是否再作出类似的规定，并不影响原有规定的效力。本案中，被告单位上海某公司开展了承诺还本付息的业务活动，并且向不特定客户吸收资金用于二级市场炒作股票，明显地违反了国家金融管理的相关规定。因此，辩护人提出的被告人行为未违反国家规定的辩护意见不能成立。

（四）对不特定公众的理解

本案中被告人系向社会不特定公众吸收资金。被告人及其所在公司采用随机拨打电话、邮寄宣传资料、客户间互相介绍的方法，向不特定的社会公众推荐创业投资业务，属于针对社会不特定公众。

辩护人辩称部分投资人系老客户，不属于不特定对象。这一观点未能把握不特定对象的本质。不特定对象要求的是人员来源的不特定和人员范围的不特定。即使是曾经在被告人处投资过的老客户，其最初也是因被告人采用不特定方式招揽而来，来源亦是不特定的。同时，老客户这一人员范围也不能视为特定的对象，仅因曾经有过涉案的投资行为并不能使人员特定化。对于创业投资企业募集资金的行为，区分针对的是特定对象与不特定对象，应当结合投资者的选择程序，承担风险能力与人数因素综合分析。通常情况下，公司委托中介机构面向社会公众采用推广会等方式进行宣传，随后筛选出合适的投资人，审查投资人的资产价值与申报财产内容的真实性、是否具备识别并承担风险能力等内容，明确提示投资风险，有明确的人数和资金总量的限制。对于符合上述条件的，应认定为属于特定对象，相反，对于不设定任何标准和人数条件，不考察投资人的具体情况，只要出资即予以接纳的情况，应当认为是属于非特定对象的范围。本案中，被告人对于投资人的数量和资金总量没有限制，不考察投资人的资信状况，只要收到投资邮寄材料就接纳并签订合同，且多数投资人为60岁以上的离退休人员。这种情况下，被告人的行为显然属于针对不特定对象吸收存款。

（五）续签合同的本金是否计入犯罪金额

本案中，被告人所在公司通过签订保本付息的创业投资合同吸收到的资金，在合同期满后，与客户继续签订合同，这部分是否应当计入到非法吸收公众存款的数额有一定争议。当前司法实践中，扣除与计入的两种处理方式均存在。本文认为，非法吸收公众存款罪是行为犯，只要行为人实施了非法吸收公众存款或者变相吸收公众存款的行为，扰乱金融秩序就可以构成本罪。正常的存款业务中，定期存款到期后，储户在不取出存款的情况下，只要重新办理一次定期存款的手续，就意味着原有存储关系终结，产生了新的存储关系。因此，本案中，原有投资合同终结后，投资人再与被告人重新签订的投资合同是一个新的吸收存款行为。被告人每完成一次非法吸收资金活动，即完成一次变相的非法吸收公众存款行为，对于其续签理财合同，也是对变相吸收存款行为的又一次着手，是对非法吸收公众存款这一违法事实的重新认可。为进一步说明这一问题，可设想如果某个投资人在投资协议到期后，从被告人处取走了本息后离开，但过了数日或数小时后，又回到被告人处，与被告人重新签订投资合同，将原先从被告人处取回资金再次投入的，这种情况下，这笔资金是否应当计处犯罪数额？本文认为，这时将该笔资金计入犯罪数额应当没有争议。然而，这一情况与不取走资金直接重新签订投资合同的情况并无本质区别，也是同一个投资人和同一笔资金，只不过重新签订合同的时间间隔有所不同。因此，重新签定投资合同的是一次新吸收资金行为，应当累计计算犯罪数额。法院判决认定被告人的非法吸收公众存款的数额是准确的。

（整理人：郭宝合）

案例20：孙某某非法吸收公众存款案

——发放并出售房屋抵押债权行为的性质

一、基本情况

案　由：非法吸收公众存款

被告人：孙某某，男，45岁，大学学历，系上海A投资管理中心、上海B抵押顾问有限公司和徐州B抵押贷款服务有限公司法定代表人，户籍地江苏省徐州市泉山区大学城，住所地江苏省徐州市铜山新区某小区，因非法吸收公众存款案于2007年7月26日，被公安机关刑事拘留，同年8月30日经检察机关批准，由公安机关执行逮捕。

二、诉辩主张

（一）人民检察院指控事实

检察机关在起诉中指控的主要犯罪事实如下：

2003年7月至2007年3月间，被告人孙某某先后注册成立徐州B抵押贷款公司、上海B抵押贷款顾问有限公司及下属苏州分公司、无锡分公司、合肥分公司及上海A投资管理中心，并全面负责上述公司的一切经营管理活动。

2005年3月起，被告人孙某某先后采用在相关报纸刊登广告等方式，以高息回报为诱饵吸引社会公众前来存款投资。之后，孙某某在未经中国人民银行批准的情况下，以转让房屋抵押债权的名义，通过上述公司与上海、苏州、无锡、徐州、合肥等地群众签订各类回购合同等，允诺4.5%～12%的年息回报并到期还本付息，从而吸收160余位自然人将个人资金存入孙某某本人或其控制的个人银行账户内。至案发，吸收公众存款共计人民币1588万元。被告人孙某某将上述吸收到的资金再以7%～24%的年息在异地放贷给以房产作抵押的多名借款人，从中赚取大量存款、贷款息差及手续费。

（二）被告人辩解及辩护人辩护意见

被告人孙某某对被指控的事实没有异议，但认为，其主观方面没有非法吸收公众存款的犯罪故意；其从事的是民间借贷中介活动，没有触犯刑法。

辩护人认为，被告人孙某某没有向社会不特定对象吸收资金，也未向社会不特定对象承诺在一定期限内还本付息，因此其行为不符合变相吸收公众存款的犯罪构成要件；相关合同文件注明了债务人的姓名，检察机关提供的证人陈述证明还本付息的主体是被告人公司的证词属证人的主观理解，不应采纳；孙某某及其掌控的几个公司资金远不足抵御合同中约定金额的风险，投资人之所以放心地投资，真正原因是由债务人提供的"房产他项权"作抵押，无论孙某某及其公司是否履行回购义务，最终履行债务的还是借款人。因此，尽管投资人与借款人互不接触且分别与孙某某及其公司签订合同，孙某某实施的还是中介行为；孙某某的行为未造成当事人的经济损失，又帮助当事人满足投资和用款的不同需求，无社会危害性，其没有犯罪的故意。

三、人民法院认定事实和证据

（一）认定犯罪事实

人民法院经公开审理查明：

被告人孙某某于 2003 年 7 月 2 日以其与妻子李某共同出资的形式经向江苏省徐州工商行政管理局登记，注册成立了徐州 B 抵押贷款服务有限公司（以下简称"徐州 B 公司"）。该公司的注册资本为人民币 10 万元，企业类型为自然人控股的有限责任公司，经营范围：抵押贷款服务、房地产策划代理与经纪服务、加盟店连锁管理服务，孙某某为法定代表人。2004 年 1 月 19 日，被告人孙某某又以其与妻子李某共同出资的形式经向上海市工商行政管理局登记，注册成立了上海 B 抵押贷款顾问有限公司（以下简称"上海 B 公司"）。该公司的注册资本为人民币 10 万元，登记的企业类型为国内合资的有限责任公司，经营范围：抵押贷款咨询顾问、投资理财咨询顾问，孙某某为法定代表人。2004 年 9 月 6 日，经上海市工商行政管理局批准，该公司更改了住所地和经营范围。更改后的经营范围是：抵押贷款咨询、投资理财咨询（涉及许可项目的凭许可证经营）。此后，孙某某又先后设立了"上海 B 公司"的三家分公司。其中，于 2004 年 2 月 26 日，经向江苏省苏州工商行政管理局沧浪分局登记，注册成立了苏州分公司，孙某某先后委任侍某、王某某为该分公司负责人；于 2004 年 11 月 18 日经向江苏省无锡工商行政管理局崇安分局登记，注册成立了无锡分公司，孙某某委托朱某某为负责人；于 2007 年 3 月 16 日经向安徽省合肥市工商行政管理局登记，注册成立了合肥分公司，孙某某委托王某某为公司负责人。上述3家分公司不具有独立法人资格，业务经营范围与总公司相同。

2005年10月8日，被告人孙某某以个人独资的形式经向上海市工商行政管理局浦东新区分局登记，注册成立了上海A投资管理中心（以下简称"A中心"）。该公司的注册资本为人民币500万元（注册实收资本金为零），经营范围：投资管理咨询、企业管理咨询、商务信息咨询、市场信息咨询的调查（以上均除经纪），百货的零售（涉及许可经营的凭许可证经营），孙某某为法定代表人。

在上述公司的经营活动中，被告人孙某某分别在上海、无锡、苏州、徐州等地的《新民晚报》、《新闻晨报》、《青年报》、《每日经济报》、《金融证券报》、《江南晚报》、《姑苏晚报》、《广播电视报》、《都市晨报》、《彭城晚报》、《徐州公交报》、《新报》等报刊和社区、道路的广告牌上刊登以宣传"保本保息高收益"、"投资理财年利率6%～10%"、"期限短、投资少"、"随借随还"等为内容的广告，吸引社会公众前来投资理财。自2005年3月8日至2007年7月26日，被告人孙某某以转让房屋抵押权的形式、以"上海B公司"及其分公司、"徐州B公司"、"A中心"为回购人或上述公司员工为债权转让人等名义与当地投资者169人签订《龙票回购合同书》、《债权回购合同书》、《抵债房收购合同书》、《债权与抵押权受让承诺书》或《债权人顾问合同》等合同和约定投资期限、金额、利息的《利息清单》、《龙票收益清单》、《债权人龙票收息清单》共计361份，通过其个人银行账户吸纳投资人资金计人民币1588万元。被告人孙某某将上述吸收到的每笔资金，在放大年利率后再放贷给以房产作抵押的借款人，从中收取手续费和牟取经营利润。

（二）认定犯罪证据

上述事实有以下证据证明：

1. 江苏省徐州工商行政管理局、上海市工商行政管理局、江苏省苏州工商行政管理局沧浪分局、江苏省无锡工商行政管理局崇安分局、安徽省合肥市工商行政管理局和上海市工商行政管理局浦东新区分局提供的企业登记查询资料证实：被告人孙某某以自然人控股、国内合资和个人独资的投资形式注册成立了"徐州B公司"、"上海B公司"及其3个分公司和"A中心"；其经营范围分别是"抵押贷款服务、房地产策划代理与经纪服务、加盟店连锁管理服务"和"抵押贷款咨询、投资理财咨询（涉及许可项目的凭许可证经营）"及"投资管理咨询、企业管理咨询、商务信息咨询、市场信息咨询的调查（以上均除经纪）、百货的零售（涉及许可经营的凭许可证经营）"；公司住所地分别在上海市、江苏省的徐州市、苏州市、无锡市、安徽省合肥市；法定代表人是孙某某。

2. 证人刘某某、工作人员沈某某等 5 人的证词，《上海证券报》等报纸刊登的广告和相关文字宣传资料证实：被告人孙某某利用广告吸收公众投资的事实。

3. 员工沈某某等 9 人的证词、投资人邓某某等 5 人的证词、借款人施某某等 4 人的证词、公安机关查获的由被告人孙某某以公司名义与投资人签订的 361 份合同书等及其附件、被告人孙某某的供述、中国银监会上海监管局出具的"沪银监函〔2008〕41 号"函文证实被告人孙某某以"上海 B 公司"及其分公司、"徐州 B 公司"、"A 中心"为回购人或上述公司员工为债权转让人参与回购经营。

4. 公安机关查获的合同书及其相关材料、上海复兴明方会计事务所出具的"复会师业〔2007〕第 1428 号"《报告书》证实：被告人孙某某共吸收资金 1588 万元。

四、判案理由

人民法院认为，被告人孙某某以广告宣传吸引不特定社会公众，并以转让房屋抵债权的名义向社会公众销售回购合同，承诺到期还本付息，变相吸收公众存款 1500 余万元，其行为已构成非法吸收公众存款罪，且数额巨大，依法应予惩处。检察机关指控被告人孙某某犯罪的罪名成立。鉴于本案尚未实际造成他人经济利益的损失等，对被告人孙某某可酌情从轻处罚。

五、定案结论

人民法院依照《中华人民共和国刑法》第 167 第 1 款、第 64 条之规定，判决如下：

1. 被告人孙某某犯非法吸收公众存款罪，判处有期徒刑 3 年，并处罚金人民币 15 万元；

2. 违法所得予以追缴。

六、法理解说

本案中，被告人孙某某在民间向借款人发放住房抵押贷款，同时又以

"住房抵押债权转让"方式将所发放的住房抵押贷款拆分后，转售给公众投资人的行为是近年来出现的一种新类型金融犯罪案件。孙某某通过住房抵押贷款的发放与出售来实现牟取利差、手续费和融资的目的，其行为类似于国外金融机构在"住房抵押贷款一、二级市场"的经营业务，其中以"债权回购"方式开展的"住房抵押债权转让"业务与"住房抵押贷款证券化"十分相近。实践中，如何认识这一行为争议较大。

本案法院以非法吸收公众存款罪对孙某某定罪处罚，辩护人提出了无罪的意见，除此之外，主要还有三种观点。第一种观点认为，孙某某以住房抵押债权转让为名吸纳投资人资金1500余万元，并将吸收到的资金在提高利率后再放贷给以房屋作抵押的借款人，发放抵押贷款4000余万元，其实施的是只有银行等合法金融机构才能进行的金融业务，孙某某未经许可非法从事金融业务，扰乱了金融管理秩序，属于从事"其他严重扰乱市场秩序的非法经营行为"，应依照《刑法》第225条第4项之规定，以非法经营罪一罪论处。第二种观点认为，孙某某在不具合法经营主体的前提下，利用A、B两家公司同时开展了两种非法金融业务，一是承诺保本付息向社会公众吸收资金，二是向社会公众发放抵押贷款，孙某某通过资金的"一吸一放"来达到个人从中牟取息差的目的。孙某某的前一行为属于变相吸收公众存款，应依照《刑法》第176条的规定，认定非法吸收公众存款罪；后一行为是非法经营银行贷款业务，构成非法经营罪，应当两罪并罚。第三种观点认为，孙某某的两个行为中，吸收资金是手段行为，发放贷款是目的行为，虽然这两个行为分别触犯了非法吸收公众存款罪和非法经营罪，但其手段行为与目的行为相互依靠，不可分割，且存款与贷款通常是具备关联性的。因此，孙某某的行为属于牵连犯，应依照牵连犯"择一重罪"的处罚原则定罪量刑。由于孙某某的犯罪情节在非法经营罪和非法吸收公众存款罪中，分别属于情节特别严重和数额巨大，比照两罪的量刑，非法经营罪最高刑15年重于非法吸收公众存款罪的最高刑10年，故应对孙某某以较重的非法经营罪定罪。

对于上述观点具体分析如下：

（一）本案中能否认定非法经营罪

根据《刑法》第225条的规定，非法经营罪是指违反国家规定，实施非法经营活动，扰乱市场秩序，情节严重的行为。该罪是司法实践中一个常见多发的犯罪类型，从刑法理论上讲，它属于法定犯或行政犯的范畴（区别于自然犯、刑事犯），与国家的政治、经济形势和刑事政策密切相关。由于罪名本身的高度概括性以及近年来立法的修订、有关行政法规、司法解释对非法经营罪的频繁规定和解释，非法经营罪的内涵与外延有不断扩大的趋势，理论界将其视为"口袋罪"。因而，对于一些新出现的非法经营情况应如何正确适用法律，成为司法实践中面临的突出问题，本案就是一例。

1. 对"违反国家规定"的理解

"违反国家规定"是构成非法经营罪的前提条件，也是非法经营行为具有可罚性的客观基础。因此，确定此罪的犯罪构成，首先要审查非法经营行为的行政违法性。这里关键是对非法经营罪中的"非法"和"违反国家规定"如何理解。

非法是指违法的一种状态，在我国，法是一个内涵丰富的概念，就法律体系而言，宪法、基本法、国务院及所属各部门制定的行政法规、规定以及地方性法规均在法律之列，违反上述法律体系中之任何一项均为非法。我们认为，对非法经营罪中的"法"和"国家规定"应作限制性解释，《刑法》第225条的违反国家规定仅限于法律法规的范围，包括全国人大及其常委会颁布的法律、国务院颁布的行政法规。这从该条第1项规定的非法经营行为是"未经许可经营法律、行政法规规定的专营、专卖物品或其他限制买卖的物品"中也肯定了非法经营罪中的"法"包括法律和行政法规。最高人民法院对上述法律法规所作的司法解释则是司法实践中认定非法经营行为的直接依据。除此之外，一切地方性法规、行政规章等都不在非法经营罪的法律之列。

需指出的是，刑法中的非法经营的含义不同于行政机关执法中的非法经营。在行政执法中，地方性法规、地方行政规章、规范性文件均可作为执法依据，但在刑法上，必须是违反全国性的法律、行政法规，才能据以定罪，这正体现了刑法与行政法的不同评价标准。

2. 对《刑法》第225条第4项"其他严重扰乱市场秩序的非法经营行为"的理解

《刑法》第225条第4项"其他严重扰乱市场秩序的非法经营行为"被视为非法经营罪的"堵漏条款"。"严重扰乱市场秩序"表面上是对行为特征的描述，但这一描述本身是高度抽象的，是刑法分则第三章的所有其他犯罪的表现形式。《刑法》第225条"非法经营罪"规定了4种违反国家规定非法经营、情节严重的行为，前三种行为刑法均作了明确的界定，分别是未经许可经营法律、行政法规规定的专营、专卖物品或者其他限制买卖的物品；买卖进出口许可证、进出口原产地证明以及其他法律、行政法规规定的经营许可证或者批准文件；未经国家有关主管部门批准，非法经营证券、期货、保险或者支付结算业务的行为。第四种行为是指其他严重扰乱市场秩序的非法经营行为，对于这项规定，应该如何理解？对本案的认定十分关键。

在1997年刑法出台初期，实践中对于该项内容在理解和适用上均十分谨慎，很少适用。然而随着经济的迅猛发展，市场经济活动出现了越来越多难以预计到的严重影响市场秩序的行为。在行政处罚难以有效抑制的情况下，国家立法机关、司法机关开始从非法经营罪的"其他严重扰乱市场秩序罪"这个比较抽象的规定寻求突破口，频繁将新出现的严重扰乱市场秩序的行为纳入非法经营罪的调整范畴，使这个"小口袋"的口径越扯越大——从最先的非法买卖外汇，到非法经营食盐、非法印制出版物、非法经营港澳、国际电信业务，随后又增加了非法传销、销售彩票、擅自从事互联网上网服务经营活动等。"堵漏条款"存在被滥用的危险。

本文认为，绝非在所有经济领域中的非法经营行为都能够"严重地"扰乱市场秩序，只有极少数经济领域中发生的非法经营行为才可能对市场秩序构成严重威胁，也才能够纳入刑法调整范围，对这些行为通过制定刑事立法或者司法机关以明确的司法解释加以规制或阐明。因此，第4项所指的"其他行为"应当是与法条明确列举的其他3种非法经营活动具有相当的社会危害性的行为。从前几项的规定来看，构成非法经营罪的行为均属于国家限制、禁止经营或者特许经营的行为，属于违反行政法上的特别规定的行为。因此，在司法中，对其他严重扰乱市场秩序的行为的具体适用应当保持与列举情形在质和量上的同等。前三项规定的罪状均属于违反行政法上的特别禁止义务的行为，则第4项"堵漏条款"规定的情形在社会危害程序上不应低于前三项的规定。因此，一般的无照、无证经营等违反工商、交通管理法规的经营行为构成违法行为，但并不能认定为非法经营罪。

3. 非法经营罪与非法吸收公众存款罪的界限

根据《刑法》第176条的规定，非法吸收公众存款罪，是指行为人违反国家法律、法规的规定，在社会上以存款的名义或其他形式公开吸收公众资金的行为。虽然广义上非法吸收公众存款行为是一种非法从事金融业务的行为，但非法吸收公众存款行为本身，并不是一种直接牟取利益的行为，而是一种募集资金的行为。也就是说非法吸收公众存款是不能直接获取经济利益的（以非法吸收公众存款形式实施的集资诈骗犯罪除外），行为人只能通过吸收存款后的使用行为，如贷款、投资等，实现获利。因此，非法吸收公众存款行为本身不具有经营行为的本质特征——营利性，这是其与非法经营行为的重大区别之一。

（二）孙某某行为刑事责任分析

本案中，孙某某的行为不属于《刑法》第225条已明确列举的3种非法经营犯罪行为，如果认定孙某某构成非法经营罪，只有适用该条第4项"其他严重扰乱市场秩序的非法经营行为"的规定。本案要认定孙某某的行为构成非法经营罪，只能通过认定孙某某从事了严重扰乱市场秩序的非法经营行为来实现。下面我们就分析孙的行为是否符合该项的规定。

1. 民间放贷行为一般不应当纳入刑法调整范围

孙某某在本案中的行为包括两个部分：一是高利放贷，二是向社会公众吸收资金。我们首先评价单纯的高利放贷行为。改革开放以后，民间借贷的行为就一直十分普遍，甚至有些地区，如浙江温州等地，民间借贷的规模已占据了资金市场的主导地位。对于民间借贷一直争论不断，一方认为民间借贷对银行和信用社形成冲击，影响了金融机构的正常经营，并且可能带来诸多问题，应当予以取缔；另一方则认为民间借贷这类民间金融活动在沿海经济发达地区无法消灭，甚至在事实上已成为当地农村金融市场"必要的有益补充"①，应当区别对待，"堵"、"疏"结合，最大限度发挥其积极作用。因此，对于利用自有资金进行民间放贷的行为一般不应作为犯罪处理。这是因为，行为人以自有资金向他人放贷，一方面，风险由放贷人自己承担，不直接损害他人利益；另一方面，这种放贷行为便于个人和企业融资，有利于促进经济发展。此外，民间放贷中的借款人一般都是因不符合贷款条件无法从银行取得贷款或不能及时从银行取得贷款的情况下，才向放贷人借款的，民间放贷行为并不会实质影响商业银行的贷款业务。国家的政策允许和支持开办小额贷款公司以及温州金融改革区的试点，实际上也支持了这一观点。所以，单纯的民间放贷行为，其社会危害性尚未达到刑法要追究的范围，不宜认定为犯罪。高利放贷过程中出现其他犯罪行为，如暴力讨债、非法吸收存款等，这并不是民间放贷行为本身，对这些行为可以按各自触犯的罪名处罚。

2. 孙某某的行为难以认定为非法经营银行业务

如果对孙某某向借款人发放住房抵押贷款，同时又以"债权回购"方式将所发放的住房抵押贷款拆分后，向投资人转售的行为进行整体的评价，我们认为孙某某是进行了一项新型的金融业务。孙某某通过住房抵押贷款的发放与出售来实现年取利差和手续费的目的，其行为类似于国外金融机构在"住房抵押贷款一、二级市场"的经营业务，其中以"债权回购"方式开展的"住房抵押债权转让"业务与"住房抵押贷款证券化"十分相近。

20 世纪 70 年代兴起的资产证券化被称为是近 30 年来世界金融领域最重大和发展最迅速的金融创新和金融工具，它通过向市场发行资产支持证券（简称 ABS），将贷款资产进行处理与交易，最终实现融资，使证券经济从投

---

① 初本德主编：《地下钱庄问题深度解析》，中国方正出版社 2008 年版，第 60 ~ 61 页。

资领域扩展到消费领域。住房抵押贷款证券化是资产证券化的最主要也是最基本的形式。这一金融业务的过度膨胀也引发了 2008 年的全球金融危机。

一个完整的住房抵押贷款市场包括住房抵押贷款一级市场和住房抵押贷款二级市场。抵押贷款一级市场即按揭贷款市场，是指借款人（按揭人）以所购房产作抵押向金融机构申请贷款，银行对其进行严格审查后发放贷款的市场。住房抵押贷款二级市场即住房抵押债权转让市场，是指金融机构将住房贷款转售给其他投资者，或者以抵押贷款为担保，发行抵押贷款证券的市场。二级市场可以分为证券化市场和非证券化市场两部分，其中证券化市场是指银行等金融机构将其持有的抵押债权汇集重组为抵押群组，通过专门机构的担保和信用加强，以证券的形式出售给投资人的融资过程，以此形成的资金流通市场，称为抵押贷款二级市场。非证券化市场是指由投资者直接买断住房抵押贷款，从而实现相关债权主体的直接转换。

由于抵押贷款一级市场涉及银行的安全性、盈利性和流动性，基本还款期限较长、资金流动性差以及信用风险较大等原因，导致银行开展住房抵押贷款业务的积极性不高。为了分散银行在发放住房抵押贷款时面临的贷款风险，国际上目前通用的方法是实行住房抵押贷款证券化——即开展二级市场。这一金融业务在美国等发达国家已经比较成熟，但在我国尚处于萌芽阶段，属于新生事物。

在当前的金融市场中，"住房抵押贷款证券化"从 2005 年开始在我国个别银行内进行了试点。现有法律、法规既没有将其纳入仅能由银行等金融机构开展的金融业务范围，也没有明文对其实施限制或禁止。换言之，我国银行法等相关金融法律、法规中并没有明确此项业务属于银行等金融机构的业务范围，也没有将它列入必须经行政许可方能从业的金融业务。1998 年 4 月，国务院颁发的《非法金融机构和非法金融业务活动取缔办法》将未经中国人民银行批准，擅自设立从事或者主要从事金融业务活动的机构及其筹备组织都被视为非法金融机构，并对非法金融业务进行了界定，将"擅自从事非法吸收公众存款或者变相吸收公众存款"、"非法集资"、"非法发放贷款、办理结算、票据贴现、资金拆借、信托投资、金融租赁、融资担保、外汇买卖"以及"中国人民银行认定的其他非法金融业务"4 种情况列入非法金融业务活动。"住房抵押贷款债权转让"并不在其中。我们可以评价孙某某的行为是在从事一项金融活动，但此项金融活动是否只能是银行机构的特许经营业务，是否属于《取缔办法》中列举的"非法金融业务"的范畴，目前并没有足够的法律依据进行判定，只能说孙某某开展的这项创新性的民间金融业务是游走于国家法律、法规框架之外，处于"灰色地带"。

非法经营罪是一种典型的行政犯罪,以违反法律、行政法规为前提条件,没有行政上的违法性,也不可能有刑事上的追究。在分析一个行为是否构成非法经营罪,最重要的标准说看它是否违反了法律、行政法规的限制性或者禁止性规定。值得指出的是,孙某某的行为不属于《刑法》第225条明确列举的3种非法经营行为,只能适用第4项的规定,而第4项是一项"堵漏性条款",在适用该项规定时,我们更应当严格判断,并以行为违反行政法律、法规的特别规定为前提,以防止该项规定成为新的"口袋罪"。就本案而言,认定孙某某的整体行为是非法从事金融业务,缺少法律依据。

综上所述,我们认为该案孙某某的行为不应认定为非法经营罪。

3. 孙某某向社会公众吸收资金的行为属于变相非法吸收公众存款

本案中,孙某某的另一个行为,是以转让住房抵押贷款名义,向社会公众吸收资金,我们认为属于变相非法吸收公众存款。

(1) 孙某某从事的是一种金融借贷活动,并非抵押贷款、投资理财咨询的中介服务活动

第一,从签约的主体看,本案中,孙某某在取得借款人抵押房地产权的权利人主体后,以其经营的多家公司及公司员工作为债权转让人,与各投资人签订"抵押权回购"、"承诺"等合同来吸收资金。在这种回购合同中,并非由实际借款人来作为履行回购义务的一方当事人。与投资人建立收购关系的是孙某某的公司或公司员工,履行合同的双方当事人主体明确。孙某某的公司或公司员工并非以中间人的角色参与到本案经营活动中。

第二,从资金的走向看,本案例中,无论是一方投资人,还是异地借款人,都直接、单方面地与孙某某及其掌控的公司发生联系。按照孙某某的要求,投资人投入或收回投资、获取利息及借款人获取或归还借款和支付利息,均分别直接经孙的个人账户流转,借、贷双方是完全独立的。

第三,从获取利益的方式看,孙某某除了收取借款人的借款手续费外,个人还确定分别以7%~24%年利率从借款人处收取利息,以4.5%~12%的年利率向投资人支付利息,从而获取两者间的息差作为经营利润。这种不体现借、贷双方共同意志,而由经营者个人确定利率并通过经营获取利润牟利的特征与仅以收取服务费为收益的中介服务有本质的区别。

(2) 孙某某的经营行为属于变相非法吸收公众存款

从《刑法》第176条的规定看,非法吸收公众存款罪的罪状较为明确,其中的"非法吸收公众存款"和"变相非法吸收公众存款"的行为均由国务院发布的《非法金融业务取缔办法》所界定,即"非法吸收公众存款"是指:未经中国人民银行批准,向社会不特定对象吸收资金,出具凭证,承诺在一定

期限内还本付息的活动;"变相吸收公众存款"是指:未经中国人民银行批准,不以吸收公众存款的名义向社会不特定对象吸收资金,但承诺履行的义务与吸收公众存款性质相同的活动。同时,行为人的行为是否达到"扰乱金融秩序"的程度,是通过综合考虑吸存客观方面的诸要素,如非法吸收公众存款的地点、范围、数额以及给存款造成的损失、影响等加以判断。

本案中,开展承诺保本支付固定收益的所谓"债权回购"经营业务,其具体运作过程是:孙某某或其公司以给予固定回报或高于银行同期储蓄存款利率数倍、到期还本付息的承诺为前提,通过与客户(即投资人)签订名为债权回购合同等方法吸引客户投入资产购买所谓的住房抵押债权,再在异地将该资产放贷给以房屋作抵押的贷款人(即借款人),从中赚取息差,实现自己收益最大化。上述行为反映的主要特征:一是孙某某或其公司与投资人之间虽然签订了名义上的"债权回购合同"等,但还不是真正意义上的债权转让协议,其本质是孙某某向投资人约定到期兑现的承诺进行吸纳资金的行为;二是孙某某在取得客户投资的资产后又以自己的名义向异地借款人提供贷款,投资人在孙某某向其作出付息及还款承诺后并不真正关心自己买入的是何人、何处的房屋抵押债权,也不办理住房抵押权转让的变更登记手续;三是无论孙某某及其公司是否盈亏都要在约定期限内向投资人兑现承诺,即客户投入资产的风险实际由孙某及其公司承担,投资人只管付款收息。由此可见,孙某某推出的保本付息承诺的"债权回购"业务,实际就是以"债权(住房抵押债权)转让"名义向社会不特定人借用资金的行为。这与储户将钱款存入储蓄机构,由储蓄机构向储户承诺给予还本付息的吸收公众存款的性质是一致的。虽然,从吸收资金的手段上,孙某某不是直接以存款名义进行,而冠以"回购债权"之名,但在"面向社会不特定公众"、"承诺支付高息"、"按期还本付息"等实质内容上与非法吸存的法律定义无异,属于变相吸收公众存款的行为。

(3)孙某某主观上具有非法吸收公众存款的故意,其行为也具有社会危害性

金融业是专门经营资本、货币业务的,主要就是存贷款业务。国家为了防范金融风险,对金融业给予严格的市场准入制度,对金融业实行特许经营,任何从事银行金融机构业务活动必须经中国人民银行的批准。案例中,孙某某注册成立的相关的公司的登记文件中均明确注明"涉及许可项目的凭许可证经营",这不仅是一个提示,更是一个限制。孙某某作为这些公司的设立者及实际经营者,应当了解从事银行业金融机构业务活动未经许可是被限制的。孙某某明知自己未经许可,仍非法从事案例中存、贷款性质的金融业务,证明了其主观上具有违法犯罪的故意。

　　需要指出的是，任何经营活动，经营者在满足自身利益的同时，都是在向社会或者社会成员提供一定的服务，但不是只要能向社会或社会成员提供服务就可以放弃依法经营的应尽责任和义务。不可否认，现实生活中，民间借贷是非常普遍的现象，不仅有公民之间相互借贷，而且有企业及其他组织集资建房等情形，同样都受到合同法的保护。因此，国家是允许民间借贷的。我国的法律之所以禁止非法吸收公众存款，并非禁止公民和其他组织合法地借贷资金，而是禁止公司、其他组织或个人未经批准从事金融业务，从而扰乱金融秩序。孙某某在不具有合法吸存主体的前提下，擅自从事金融性质业务，向社会不特定的公众大量吸收资金用于个人牟利，其行为显然不能简单说成是有助于他人对金融活动的需求，相反恰恰是对国家原有的、有序的金融秩序的破坏，具有社会危害性。

　　综上所述，本案被告人孙某某的行为已构成非法吸收公众存款罪，鉴于其未给被吸收存款人造成重大损失，法院以非法吸收公众存款罪判处其有期徒刑3年，并处罚金人民币15万元是准确的。

（整理人：刘佩兰　邱　莉）

案例21：李某某等三人非法吸收公众存款案

——私募股权基金与非法集资的界限等

一、基本情况

案　由： 非法吸收公众存款

被告人： 李某某，男，汉族，1960年8月20日出生，高中文化，系A（天津）股权投资基金有限公司上海代表处首席代表、上海B投资咨询有限公司总经理，户籍地黑龙江省萝北县某村，暂住上海市长江西路某号，2011年6月24日因本案经检察机关批准，由公安机关执行逮捕。

被告人： 余某某，女，汉族，1969年10月26日出生，初中文化，系上海B投资咨询有限公司业务员，户籍所在地上海市宝山区顾村镇某号，2011年6月24日因本案经检察机关批准，由公安机关执行逮捕。

被告人： 范某某，男，汉族，1955年7月30日出生，高中文化，系A（天津）股权投资基金有限公司授权代表、上海B投资咨询有限公司总经理，户籍在上海市宝山区宝钢六村某号，暂住上海市宝山区杨桃路某弄。2011年1月30日因本案被公安机关取保候审，同年11月8日由检察机关决定继续对其取保候审。

二、诉辩主张

（一）人民检察院指控事实

检察机关在起诉中指控的主要犯罪事实如下：

A（天津）股权投资基金有限公司（以下简称A公司）于2010年7月13日在天津登记注册成立。上海B投资咨询有限公司（以下简称B公司）于2010年8月27日在上海登记注册成立。A公司于2010年9月21日出具授权委托函委托B公司为A公司在上海的特约代理商，从事商务、财务活动。2010年12月11日A公司任命被告人李某某为该公司上海代表处首席代表。

被告人李某某经 B 公司法定代表人石某（另案处理）的口头任命，担任 B 公司总经理，于 2010 年 4 月起，在租赁的上海市浙江中路××号××室办公室内，为 A 公司募集资金。李某某任命被告人余某某为 B 公司副总经理，在上述办公场所，根据石某的授意，合伙采用向社会公众宣传、介绍投资项目、发放投资项目说明书、带领投资者到 A 公司和项目基地实地参观并召开介绍会等方式吸引社会公众同意以存款的方式进行投资，之后由石某提供格式合同，以 A 公司的名义与投资人签订《理财协议》，约定存款投资项目为"五某苑"房产项目，许诺 5% ~ 10% 的固定月息和到期还本付息的收益回报，从而诱使徐某琳、余某忠等 70 余名社会公众签订《理财协议》，非法吸收公众存款人民币 600 万余元，支付利息人民币 100 万余元。被告人李某某、余某某提供本人及石某的个人银行账户用于收取投资款。自 2010 年 4 月至 2011 年 4 月期间，李某某、余某某通过个人银行账户向石某个人银行账户汇款人民币 183 万余元。李某某、余某某分别取得佣金人民币 23.02 万元和 11.8 万元。至案发，尚有人民币 500 万余元未归还投资人。

B 公司于 2010 年 8 月 28 日出具授权书，授权被告人范某某负责 A 公司基金产品投资推荐及咨询业务。A 公司则分别于 2010 年 9 月 21 日、12 月 4 日出具授权委托函委托 B 公司为 A 公司在上海的特约代理商，从事商务、财务活动，被告人范某某系授权代表。

被告人范某某经 B 公司法定代表人石某的口头任命，担任 B 公司总经理，于 2010 年 8 月起，在租赁的上海市黄浦区九江路××号××室办公室内，为 A 公司募集资金。在上述办公场所，被告人范某某吸纳司某兰、王某石、兰某霞、郑某香等人作为业务员，采用通过向自己的亲戚、朋友、同事等社会公众宣传、介绍投资项目、发放投资项目说明书材料、观看 A 公司网站网页和视频、带领投资者到 A 公司和项目基地实地参观等方式吸引社会公众同意以存款方式进行投资。之后由石某提供格式合同，以 A 公司的名义与投资人签订《理财协议》，约定存款投资项目为"五某苑"房产项目，许诺 5% ~ 10% 的固定月息和到期还本付息的收益回报，从而诱使社会公众签订 90 余份《理财协议》，《理财协议》涉及金额为人民币 818 万元，实际非法吸收公众存款人民币 424.16 万元。后由被告人范某某通过其银行账户向石某个人银行账户汇款人民币 379 万余元。

经侦查，公安人员于 2011 年 5 月 20 日在 B 公司办公室当场抓获被告人李某某后，即安排李某某以"公司有事，需要其赶至公司办公室"为由，电话通知被告人余某某到达办公室，随后将其抓获。

被告人范某某于 2011 年 1 月 1 日主动至公安机关投案,并交代了有关犯罪事实,同时举报他人也有非法吸收公众存款的行为,并于 2010 年 5 月 20 日协助公安机关抓捕了该被举报人。

(二)被告人辩解及辩护人辩护意见

被告人李某某辩称:(1)计算犯罪金额时,应当把投资者存款中支付给业务员作为佣金的部分扣除。(2)其与被告人余某某业务分开,应分开计算犯罪金额。(3)有 3 人共计 70 万元系从范某某(另案被告人)处转存,实际钱款并未到账。

被告人李某某的辩护人认为:(1)投资人与业务员身份重合,应从吸收存款本金中扣除佣金。(2)被告人误认为所从事的是私募基金业务,属于法律上认识错误,主观恶性不大。(3)鉴于我国的金融环境和司法现状,对该类案件司法实践处理普遍较轻。(4)被告人自身投资亦有损失,请求法庭对被告人减轻处罚,并适用缓刑。

被告人余某某辩称:(1)其仅介绍他人投资,自身投资亦有损失,故其只是普通业务员兼投资者,不应成为本案被告人。(2)其不能为李某某及其业务员所招揽的业务承担责任。(3)石某珍及其介绍的投资者系浙江团队转存;另王某石 11 万元单子系转存;上述钱款并未实际到账。(4)扣除佣金转存、佣金、红利等,本案非法吸收存款数额实际不到 300 万元。(5)扣除其他业务员及其亲属的投资款后,本案非法吸收公众存款数额将所剩无几。(6)起诉未扣除除首期利息外的其他利息。

被告人余某某的辩护人提出:(1)被告人余某某未被正式任命为 B 公司副总经理,其接受李某某指令、安排,向李汇报工作,只能从其自身客户中获取佣金,而不能从李某某的客户中获取佣金,故余某某系从犯。(2)佣金在未入公司账户或未被公司以其他方式实际控制前即被提取,故应从非法吸存本金中扣除。(3)被告人余某某集投资人与受害人身份于一身,自身利益与投资者利益绑定,无甚恶意。(4)投资者自身亦应对投资损失负责。(5)希望法庭处理本案时能考虑到我国的金融、司法现状。(6)被告人到案后供述稳定,认罪态度较好,庭上辩解系行使辩护权和表达权,恳请法庭理解被告人的心情,对被告人减轻处罚,并适用缓刑。

被告人范某某对检察机关指控的事实、证据、罪名均无异议,但辩称非出于故意,且具有自首立功情节,积极配合公安机关工作,希望法庭对其从宽处理。

被告人范某某的辩护人认为,被告人对本案犯罪性质认识不清,主观故意较轻,且自身投资亦有损失,主观恶性较轻。同时被告人具有自首、立功情节，认罪悔罪态度较好，又系初犯，请求法庭考虑本案的多种成因，对被告人从轻处罚，并适用缓刑。

三、人民法院认定事实和证据 >>

（一）认定犯罪事实

人民法院经公开审理查明：

A 公司于 2010 年 7 月 13 日在天津登记注册成立。B 公司于 2010 年 8 月 27 日在上海登记注册成立。A 公司于 2010 年 9 月 21 日出具授权委托函委托 B 公司为 A 公司在上海的特约代理商，从事商务、财务活动。2010 年 12 月 11 日 A 公司任命被告人李某某为该公司上海代表处首席代表。被告人李某某经 B 公司法定代表人石某（另案处理）的口头任命，担任 B 公司总经理，自 2010 年 4 月至 2011 年 4 月期间，与被告人余某某在上海市浙江中路××号××室，根据石某的授意，合伙采用向社会公众宣传、介绍投资项目、发放投资项目说明书、带领投资者实地参观、召开介绍会等方式吸引社会公众同意以存款的方式进行投资。之后由石某提供格式合同，以 A 公司的名义与投资人签订《理财协议》，约定存款投资项目为"五某苑"房产项目，许诺 5% ~10% 的固定月息和到期还本付息的收益回报，从而诱使徐某琳、余某忠、陈某芝等 30 余名社会公众签订《理财协议》，非法吸收公众存款 436.76 万元，被告人李某某、余某某提供本人及石某的个人银行账户用于收取投资款。自 2010 年 4 月至 2011 年 4 月期间，李某某、余某某通过个人银行账户向石某个人银行账户汇款 183 万余元。被告人李某某、余某某分别取得佣金 23.02 万元和 11.8 万元。经侦查，公安人员于 2011 年 5 月 20 日在 B 公司办公室当场抓获被告人李某某后，即安排李某某以"公司有事，需要其赶至公司办公室"为由，电话通知被告人余某某到达办公室，随后将其抓获。

被告人范某某系 A 公司授权代表，经 B 公司法定代表人石某（另案处理）的口头任命，担任 B 公司总经理，于 2010 年 8 月起，在租赁的上海市黄浦区九江路××号××室办公室内，为 A 公司募集资金。在上述办公场所，被告人范某某吸纳司某兰、王某石、兰某霞、郑某香等人作为业务员，采用通过向自己的亲戚、朋友、同事等社会公众宣传、介绍投资项目、发放投资项目说明书材料、观看 A 公司网站网页和视频、带领投资者到 A 公司和项目基地实地参观等方式吸引社会公众同意以存款方式进行投资。之后由石某提供格式合同，以 A 公司的名义与投资人签订《理财协议》，约定存款投资项目为"五某苑"房产项目，许诺 5% ~10% 的固定月息和到期还本付息的收益回报，从而诱使社会公众签订 90 余份《理财协议》,《理财协议》涉及金额为人民币 818 万元,实际非法吸收公众存款人民币 424.16 万元。被告人范某某通过其银行账户向石某个人银行账户汇款人民币 379 万余元。被告人范某某于 2011 年 1 月 1 日主动至公安机关投案,并交代了有关犯罪事实,同时举报他人也有非法吸收公众存款的行为,并于 2010 年 5 月 20 日协助公安机关抓捕了该被举报人。

B 公司成立后,于 2010 年 8 月 28 日出具授权书,授权被告人范某某负责 A 公司基金产品投资推荐及咨询业务。A 公司则分别于 2010 年 9 月 21 日、12 月 4 日出具授权委托函委托 B 公司为 A 公司在上海的特约代理商,从事商务、财务活动,被告人范某某系授权代表。被告人范某某经 B 公司法定代表人石某(另案处理)的口头任命,担任 B 公司总经理,于 2010 年 8 月起,在租赁的上海市黄浦区九江路××号××室办公室内,为 A 公司募集资金。在上述办公场所,被告人范某某吸纳司某兰、王某石、兰某霞、郑某香等人作为业务员,采用通过向自己的亲戚、朋友、同事等社会公众宣传、介绍投资项目、发放投资项目说明书材料、观看 A 公司网站网页和视频、带领投资者到 A 公司和项目基地实地参观等方式吸引社会公众同意以存款方式进行投资。之后由石某提供格式合同,以 A 公司的名义与投资人签订《理财协议》,约定存款投资项目为“五某苑”房产项目,许诺 5% ~ 10% 的固定月息和到期还本付息的收益回报,从而诱使社会公众签订 90 余份《理财协议》,《理财协议》涉及金额为人民币 818 万元,实际非法吸收公众存款人民币 424.16 万元。被告人范某某通过其银行账户向石某个人银行账户汇款人民币 379 万余元。被告人范某某于 2011 年 1 月 1 日主动至公安机关投案,并交代了有关犯罪事实,同时举报他人也有非法吸收公众存款的行为,并于 2010 年 5 月 20 日协助公安机关抓捕了该被举报人。

(二)认定犯罪证据

上述事实有下列证据证明:

1. 被告人供述

被告人李某某、余某某的多次供述证实:其于 2010 年 4 月起,在上海市浙江中路××号××室以 A 公司名义对外非法吸收公众存款,2011 年 5 月 20 日在 B 公司办公室被公安人员抓获的事实。

被告人范某某多次供述证实,其于 2010 年 8 月起,在上海市九江路××号××室以 A 公司名义对外非法吸收公众存款,及自首和协助公安机关抓捕其他被告人的事实。

2. 证人证言

王某英、郑某香、徐某琳、石某珍、凌某成、张某明、宋某方、戚某林、王某石、陈某璋、姚某伟、陆某苹、王某、陈某芝、徐某娣、胡某珍、范某某、杨某山等多名证人的证词证实，被告人李某某、余某某共同非法吸收公众存款的事实。

司某兰、王某石、兰某霞、郑某香、潘某通、段某伟、蔡某华、朱某、吴某、邓某华、莫某芬、薛某怡、顾某云、史某芳、李某娟、蔡某、仲某珍、吴某贞、姚某伟、孙某平、李某、万某余、张某宝、章某雄、姚某声、童某莉、于某、童某云、李某兴、宋某兰、施某菊、顾某、石某银、张某珍、万某林、丁某等多名证人的证言证实，被告人范某某非法吸收公众存款的事实

3. 书证和物证

（1）企业法人营业执照、租赁合同、A公司出具的授权委托函、任职决定、理财协议、专用收据、转账付款凭证等书证证实，被告人李某某、余某某以A公司名义非法吸收公众存款的事实。

（2）企业法人营业执照、租赁合同、A公司出具的授权委托函、B公司出具的授权书、名片、理财协议、专用收据、银行查询材料等书证证实，被告人范某某以A公司名义非法吸收公众存款的事实。

（3）上海市公安局黄浦分局制作的搜查笔录、扣押物品清单、缴获的赃物和有关书证等证据证实，公安人员于2011年5月20日在B公司办公室和被告人李某某的暂住处查获电脑、理财协议和两名被告人记录的投资者名单等纸质文件的事实。

（4）公安机关出具的案发经过及工作情况说明证实，被告人李某某于2011年5月20日在B公司办公室被公安人员抓获，以及协助公安人员抓获被告人余某某的经过；被告人范某某的到案情况及协助公安人员抓获其他被告人的经过。

4. 司法鉴定意见书

司法鉴定意见书证实，被告人李某某、余某某、范某某非法吸收公众存款的金额。

5. 软件公司出具的计算机司法鉴定书

司法鉴定书证实，被告人范某某以A公司名义非法吸收公众存款的事实。

四、判案理由

人民法院认为，被告人李某某、余某某身为A公司直接负责的主管人员和其他直接责任人员，变相吸收公众存款，扰乱金融秩序，其行为均已构成非法吸收公众存款罪。检察机关指控的罪名成立，对被告人李某某、余某某应予

刑事处罚。被告人李某某系 B 公司直接负责的主管人员，被告人余某某系其他直接责任人，该事实有证人王某英、郑某香的书面证言、被告人李某某、余某某供述及公安机关查获的记录投资者名单等募集资金原始资料文件的搜查笔录等证据予以证明，故对被告人余某某关于其仅为普通投资者及业务员、不应成为本案被告人的辩解不予采纳。本案系单位犯罪，李某某和余某某作为 A 的直接负责主管人员和其他直接责任人员，基于同一目的集合到上海市浙江中路某处为 A 公司从事募集资金业务，具有单位意志统一性和利益归属集团性特征，不能作为单独犯罪来区分，故对两被告人关于犯罪金额分开计算的辩解均不予采纳。对单位故意犯罪的直接负责的主管人员和其他直接责任人员，不区分主、从犯，可按照其在单位犯罪中所起的作用判处刑罚，故对被告人余某某的辩护人关于区分主从犯的辩护意见不予采纳。两被告人误认为所在单位从事私募基金业务，系对法律的认识错误，不影响本案犯罪成立，但两被告人自身投资亦有损失，主观恶性相对较小，对两被告人的辩护人的该节辩护意见均予以采纳。非法吸收公众存款的数额，以行为人所吸收资金全额计算，案发前后已归还的数额可作为量刑情节酌情考虑。本案按投资人的实缴金额计算非法吸收公众存款数额，投资人投资后获得的利息，不应从犯罪金额中予以扣除。投资人所获佣金，作为被告人所在单位对赃款的处分，亦不应从犯罪金额中予以扣除。故对被告人余某某关于起诉未扣除除首期利息外的其他利息的辩解、被告人余某某及两被告人的辩护人关于投资人所获佣金应从非法吸收公众存款数额中扣除的辩解及辩护意见均不予采纳。本案计算非法吸收公众存款数额时未计入两被告人本人及其亲属的投资数额，但 A 公司的其他业务员非本案被告人，且非本案两被告人的亲属，故对被告人余某某关于扣除其他业务员及其亲属的投资款后本案非法吸收公众存款数额将所剩无几的辩解不予采纳。被告人李某某协助公安机关抓捕同案犯，有立功表现，依法可从轻处罚。根据两被告人的犯罪情节等，本案不适用缓刑，故对两辩护人的该节辩护意见均不予采纳。

被告人范某某身为 A 公司的直接责任人员，变相吸收公众存款，扰乱金融秩序，其行为已构成非法吸收公众存款罪，依法应对被告人予以刑事处罚。被告人对所从事行为的性质误解不影响本罪的成立和量刑，故对被告人辩称非出于故意的辩解及辩护人关于被告人对本案犯罪性质认识不清、主观故意较轻的辩护意见均不予采纳。被告人范某某主动投案，并如实供述自己的罪行，系自首，依法可从轻处罚；被告人范某某协助公安机关抓捕其他被告人，有立功表现，依法可从轻处罚；根据被告人的犯罪事实、情节及认罪、悔罪表现等，可以适用缓刑，故对辩护人的相关辩护意见均予以采纳。

五、定案结论

人民法院依照《中华人民共和国刑法》第 176 条、第 68 条第 1 款、第 64 条之规定，判决如下：

1. 被告人李某某犯非法吸收公众存款罪，判处有期徒刑 2 年，并处罚金人民币 10 万元；

2. 被告人余某某犯非法吸收公众存款罪，判处有期徒刑 2 年，并处罚金人民币 10 万元；

3. 被告人李某某、余某某违法所得予以追缴，发还各被害人。

人民法院依照《中华人民共和国刑法》第 12 条第 1 款、第 176 条、第 67 条第 1 款、第 68 条、第 72 条第 1 款和第 3 款、第 64 条之规定，判决如下：

1. 被告人范某某犯非法吸收公众存款罪，判处有期徒刑 1 年 3 个月，缓刑 1 年 3 个月，并处罚金人民币 8 万元；

2. 被告人范某某的违法所得予以追缴，发还各被害人。

六、法理解说

本案是一起由合法成立的私募股权基金所实施的非法吸收公众存款案，要理解本案为何会构成非法吸收公众存款罪，首先要清晰地理解私募基金与非法集资的界限。

（一）私募基金与非法集资的界限

私募基金是与公募基金相对应的一个概念，是指一种非公开宣传的、私下向特定投资人募集资金的一种集合投资。私募基金根据投资对象的不同可分为两种：一种是私募证券投资基金；另一种是私募股权投资基金（通常被称为PE）。前者将私募来的资金投资于证券市场公开上市的证券，后者将私募来的资金投资于非上市企业的股权。由于私募股权投资基金的资金来源于向他人募集，而我国目前对于私募股权投资基金尚未有明确的法律法规，因此，在实践中有很多私募基金会涉及非法集资行为，也有很多股权投资基金公司打着私募基金的旗号实施着非法吸收公众存款和集资诈骗犯罪。

私募基金与非法吸收公众存款罪的界限主要在于：一是否承诺固定回报；二是否针对社会公众。首先，由于私募基金从事的是高风险的投资，因此没有人可以准确预测投资回报率，更无法承诺固定的投资回报率。而且，真正意义上的私募基金自身投资的目的并不是追求存款的利息，而是希望通过投资证券、股权等方式获得投资运作的收益。因此，如果所谓的私募基金向投资人保证固定的收益率，或者是还本付息，则这种资金具有了"存款"的意义，属于承诺固定回报，应当认定为非法吸收公众存款。其次，规范化的私募基金不仅不会针对社会公众，而且还会设定一定的投资门槛，对投资人的资金实力有一定的要求，即设定"合格投资人"的资格要求。这种对特定投资人的资格要求，其实质是要求合格投资者具有较高的抗风险能力，而非普通的社会公众。

本案中，虽然A公司系依法注册成立的私募股权基金公司，其经营范围包括"从事对未上市企业的投资，对上市公司非公开发行股票的投资及相关咨询服务（国家有专项、专管规定的，按规定执行），但是，其与投资者签订的《理财协议》上并未约定投资风险，相反，协议条款所体现的是固定的月息和定期回购，属于还本付息的存款性质。事实上，相关的证人证言和两名被告人的供述也均能证实，A公司吸纳资金的性质属于"吸收存款"，而且，A公司对投资人的资质也没有任何条件限制，只要有资金就来者不拒，显然针对的是不特定的社会公众。因此，本案被告人的行为不属于私募的性质。

（二）被告人的行为系非法吸收公众存款

被告人的行为符合"公开性"和"对象的不特定性"的特征。最高人民法院2010年11月22日颁布的《关于审理非法集资刑事案件具体应用法律若干问题的解释》（以下简称《解释》）第1条明确规定了非法吸收公众存款或者变相吸收公众存款的构成要件，构成非法吸收公众存款罪必须具备4个特征，即非法性、公开性、利诱性（回报性）、社会性（对象不特定性）。A公司虽依法注册为股权投资基金公司，属于非银行金融机构，其未经中国人民银行批准从事存款业务，缺少法定的特别授权，即为非法。其在《理财协议》中承诺在一定期限内以货币方式还本付息，即为利诱。"非法性"和"利诱性"在本案中体现的比较明确充分。

本案中，对于"公开性"和"对象的不特定性"的认定存在一定的争议。公开性特征，根据《解释》第1条第1款第2项的规定，是指"通过媒体、推介会、传单、手机短信等途径向社会公开宣传"，虽然《解释》仅列举了4种公开宣传的途径，这主要是考虑到这4种途径比较典型，只是例示性的规定，并不以此为限，实践中常见的宣传途径还有标语、横幅、宣传册、宣传画、讲座、论坛、研讨会等形式，甚至还包括口口相传、以人传人的方式。究竟如何理解"公开性"？是否意味着为某一区域或者行业的全体人员知晓？是否要求非法吸收公众存款行为被非出资人所知晓？虽然从非法吸收公众存款罪的表现形式与特点来看，其行为或多或少具有公开性，但是本罪的成立并不以非出资者知晓为前提，也不以某个区域或者行业内的多数人知晓为前提。换言之，非法吸收公众存款行为完全可能只是资金吸收人知晓。

首先，本案中，虽然尚无证据证实被告人以媒体、推介会、传单、手机短信的途径向社会公开宣传，但是，公安人员在中福大厦2109室B公司的办公室内拍摄的照片证实，B公司的墙上贴有关于"五某苑"和"吉某有限公司123果汁"等投资项目的介绍宣传资料；A公司的网页上也有相关投资项目的介绍；投资人均证实在2109室办公室看到墙上的宣传资料和视频资料。其次，被告人李某某、余某某分别供述称，"A公司的董事长王某伟和B公司的法定代表人石某每个月会来上海一到两次，在B公司2109室办公室里召集投资人和有投资意向的人来开会，向他们宣传A公司的投资项目，并介绍项目的进展情况，另外我们也组织过4次左右的实地参观活动"。最后，凌某成、张某明的证词均证实李某某、余某某到靖江召集投资人开会宣传投资项目。这些证据足以证实被告人的行为符合向社会公开宣传的特征。

社会性特征，根据《解释》第1条第1款第4项的规定，是指向社会不特定对象吸收资金。同时第2款规定，未向社会公开宣传，在亲友或者单位内部针对特定对象吸收资金的，不属于非法吸收或者变相吸收公众存款。本案中，两名被告人吸收公众存款的对象人数涉及70余名，公安人员所提供的15名投资人的证词，以及相关的书证可以证实涉案的39名投资人的具体投资情况。上述证人证言可以证实：一是这39名投资人中除王某英、王某石之外，其他37名投资人均与B公司和A公司无任何关系，既非公司股东也非公司员工。二是这些投资人中，既有在其他处投资过A公司项目后，获悉上海B公司也有投资，即主动打114电话查询后上门投资的，如石某珍；也有余某某以前炒股票认识的朋友，如宋某方；或者是范某某以前的老同事，如姚某伟；还有业务员张某媛的债主上门讨债时遇到余某某，经其介绍而投资的等。这都说明投资人的身份是不限制的，只要有资金则来者不拒，体现了集资对象的广泛性。三是集资行为的社会辐射面较广。李某某、余某某积极鼓励投资人对外宣传投资项目，只要介绍新的投资人的话，按照投资金额向介绍人支付佣金。如石某珍就先后介绍了12人投资，既有石某珍的同事、亲戚、邻居、朋友，也有石某珍老公的亲戚、朋友的恋人。这些投资人身份各异，体现了在李某某、余某某的主观故意上并未限定投资人的范围，而是积极追求更多的投资额。四是投资人的抗风险能力差。从公安人员提供的15名投资人的证词中发现，这15人的年龄大多在50~60多岁，最大年龄为73岁。这些老人缺乏投资知识、资金有限，且难以承受损失风险。这些证据足以证实被告人的行为符合向社会不特定对象进行吸收公众存款的特征。

综上，本案3名被告人的行为符合刑法规定，构成非法吸收公众存款罪。

（三）本案中 A 公司是否构成非法吸收公众存款罪

最高人民法院《关于审理单位犯罪案件具体应用法律有关问题的解释》第 3 条规定："盗用单位名义实施犯罪，违法所得由实施犯罪的个人私分的，依照刑法有关自然人犯罪的规定定罪处罚。"从该条规定可以看出，最高人民法院实际上认为，只有同时具备"以单位名义实施犯罪"、"违法所得归单位所有、使用"这两个构成要件，才能认定为单位犯罪①。对这一立场，最高人民法院在《全国法院审理金融犯罪案件工作座谈会纪要》中更是进一步明确地指出："以单位名义实施犯罪，违法所得归单位所有的，是单位犯罪。"为了单位的利益，强调的是主观层面的目的或者动机，落实到客观结果，就是违法所得归单位所有。所以，法院在处理和认定单位犯罪时强调，从概念上有三个把握的要点：第一，必须以单位的名义；第二，行为是为了单位的利益；第三，违法所得归单位所有。

因此，立足上述判断的标准，我们来分析本案中 A 公司是否构成非法吸收公众存款罪。该公司系依法注册成立的股权基金公司，其经营范围包括"从事对未上市企业的投资，对上市公司非公开发行股票的投资及相关咨询服务（国家有专项、专管规定的，按规定执行），并无存款业务；其与投资者签订的《理财协议》上也未约定投资风险，相反，协议条款所体现的是固定的月息和定期回购，属于还本付息的存款性质。相关的证人证言和被告人的供述均能证实，A 公司吸纳资金的性质属于"吸收存款"。而 A 公司对投资人的资质也没有任何条件限制，只要有资金就来者不拒，显然针对的是不特定的社会公众。所以，A 公司是一种变相非法吸收公众存款的行为。

虽然被告人李某某在汉口路 618 号 2109 室租赁办公室是以 B 公司的名义，但是李某某提供给投资人签订的理财协议并不是以 B 公司的名义，而是以 A 公司的名义。同样，李某某、余某某的供述，以及证人王某英的证词均能证明所募集的资金大都通过石某的个人账户上缴给 A 公司。被告人范某某提供给投资人签订的理财协议也是以 A 公司的名义，A 公司对 B 公司以及范某某也有委托授权，授权其进行募集资金的活动。证据证实，范某某作为是 A 公司授权代表、B 公司总经理，在上海从事非法吸收公众存款的行为，所募集的资金主要归属于 A 公司。侦查阶段，A 公司曾通过书面发函和派遣律师的方式跟公安机关进行了沟通，认可该公司委托 B 公司在上海募集资金的行为，表示愿意承担向投资人偿还资金的责任。

---

① 孙军工：《〈关于审理单位犯罪案件具体应用法律有关问题的解释〉的理解与适用》，载《刑事审判参考》1999 年第 3 期。

上述证据足以证明，李某某等人的吸收公众存款的行为体现了 A 公司意志的整体性，从利益归属上也体现了团体性，因此，不应当认定个人犯罪，应当认定 A 公司单位犯罪，构成非法吸收公众存款罪。被告人李某某作为 A 公司上海代表处的首席代表，在上海从事非法吸收公众存款的行为，属于直接负责的主管人员。被告人余某某、范某某具体从事非法吸收公众存款的行为，属于单位犯罪的其他直接责任人员。

（四）关于犯罪数额的认定

本案中被告人及辩护人对各自的犯罪数额提出了较多意见，法院判决部分也已作了较充分的阐述。本文赞同法院观点，归纳起来有以下几个方面。

第一，关于李某某和余某某各自非法吸收公众存款的数额是否分开计算。单位犯罪的数额原则上应当共同计算，不能予以分割，除非两名被告人不仅完全独立实施犯罪行为，而且相互之间对他人的行为并不明知。本案被告人李某某和余某某在同一处办公，且相互交流，完全明知对方的行为，因此不应当分开计算。

第二，非法吸收公众存款的数额应当以行为人实际吸收的资金全额计算，利息及案发前后已归还的数额不应当扣除，仅可以作为量刑情节酌情考虑。非法吸收公众存款行为在每次收到吸收的资金后就已完成既遂状态，并不以实际损失或行为人非法占有数额为构成要件，因此只要是吸收到资金就应当行为人的犯罪数额，归还的本金和利息均不应扣除。

需指出的是，在存在"断头息"（借款人在交付投资资金时先扣除约定的利息）的情况下，由于行为人实际收取的资金中不包括借款人先行扣除的利息，因而这部分利息行为人没有实际取得，故应当从犯罪数额中扣除。

第三，行为人为吸收存款支付的佣金，是行为对赃款的处分，或者说是犯罪的成本，不能从犯罪金额中扣除。

第四，特定人群的存款数额不属于非法吸收公众存款犯罪，不能计入犯罪数额。因此，本案判决计算非法吸收公众存款数额时未计入两名被告人本人及其亲属的投资数额。

第五，A 公司的其他业务员非本案被告人，也非本案两名被告人的亲属，且是被告人在社会上公开招揽，既是业务员又是存款人，不属于特定人群范畴，其投资款应当计入犯罪数额。

（整理人：陆　川）

案例22：被告人崔某某非法吸收公众存款案

——以合作养殖为名变相吸收公众存款的认定

一、基本情况　　　　　　　　　　　　　　　　　　　>>

案　由：非法吸收公众存款

被告人：崔某某，男，汉族，1949 年出生于山东省鱼台县，高中文化，中共党员，原深圳丰祥贸易公司法定代表人。

二、诉辩主张　　　　　　　　　　　　　　　　　　　>>

（一）人民检察院指控事实

北京市房山区人民检察院以京房检刑诉〔2007〕315 号起诉书指控被告人崔某某犯非法吸收公众存款罪。

（二）被告人辩解及辩护人辩护意见

被告人崔某某辩解其与被害人只是合同纠纷，不存在犯罪问题。辩护人的辩护意见认为：从非法吸收公众存款的立法渊源及其在刑法分则体系中的犯罪归类看，非法吸收公众存款行为之所以犯罪化，根本原因就在于其侵犯了国家对金融业的正常监管秩序。吸收公众资金虽然与非法吸收公众存款在表象上极为相似，但只有借吸收公众资金非法从事银行信贷业务时，才能对银行业的正常业务活动和国家对银行业的正常监管秩序构成冲击，才属于变相吸收公众存款。本案中，第一，被告人崔某某客观上从事的是獭兔养殖事业；第二，被告人崔某某为扩大规模吸收他人投资后用于獭兔养殖，不是经营信贷业务；第三，《合作养殖獭兔合同》约定投资人不担风险，一年后返给本金并分享与投资额相同的固定利润受民事法律调整；第四，被告人崔某某獭兔养殖存留的资产完全可以支付投资人的损失，即使投资人有损失也不能改变合作养殖獭兔资金的性质，完全属于民事法律关系；第五，因投资人经常到兔场及崔某某住所索要投资，严重影响了被告人和生活安宁，崔某某为躲避债务离开案发地不是逃匿。故被告人崔某某的行为不构成非法吸收公众存款罪，应宣告被告人崔某某无罪。

三、人民法院认定事实和证据　　　　　　　　　　　>>

（一）认定犯罪事实

北京市房山区人民法院审理认定，被告人崔某某原系深圳丰祥贸易公司法定代表人。1999年12月，该公司因未按规定申报年检被吊销营业执照。2000年7月及9月间，被告人崔某某以深圳丰祥贸易公司的名义承包马某华位于北京市房山区官道乡南刘庄村的养兔场，租赁南刘庄村原场院作为养殖和办公场所，对外自称北京（深圳）丰祥兔业集团董事长，宣传该集团下属多个獭兔场，是北京西南高科技发展总公司与深圳外贸合资兴办的外贸商品出口基地，向全国招商，承诺投资者不参加饲养、不承担风险、分享固定利润。2000年7月至10月间，崔某某以深圳丰祥贸易公司的名义先后与周某福、康某和、王某胜、李某、张某勤、魏某明、张某瑞、郭某平、张某某、高某兰签订合作养殖獭兔合同。合同约定：投资人投资后，使用一周年退还本金，投资者不担风险，一周年分享与投资额相同的固定利润。合同签订后，崔某某以深圳丰祥贸易公司的名义收取周某福、康某和、王某胜、李某、张某勤、魏某明、张某瑞、郭某平、张某某、高某兰投资款共计人民币22.4万元。被害人投资后，发现崔某某的獭兔场经营不善，部分被害人开始向崔某某索要投资款。2001年4月，崔某某出走，无法联系。2001年9月，北京市房山区官道乡南刘庄村党支部书记姜某荣到北京市公安局房山分局报案。2007年10月1日，被告人崔某某被湖北省麻城车站派出所民警抓获归案。

（二）认定犯罪证据

上述事实有以下证据证明：

1. 户籍证明、干部履历表、核准内资企业法人吊销登记的有关资料、处罚决定书及证人康某鹏、李某的证言证实：崔某某原系河北省人民政府驻深圳办事处干部。1993年7月河北省保定地区行政公署驻深圳联络处注册成立深圳丰祥贸易公司，崔某某任该公司法定代表人。因该公司未按规定申报1997至1998年度年检，1999年12月23日，深圳市工商行政管理局决定将深圳丰祥贸易公司营业执照吊销。

2. 证人姜某荣的证言及承包合同书、房屋院落租赁合同书证实：2000年7月间，经北京市房山区官道乡南刘庄村同意，崔某某以深圳丰祥贸易公司的名义与在南刘庄村经营兔场的马某华签订承包合同书，合同约定深圳丰祥贸易公司承包马某华的兔场及 20 亩饲料地，承包费每年 1.8 万元。2000 年 9 月间，崔某某以深圳丰祥贸易公司的名义与南刘庄村经济联合社签订租赁合同，合同约定深圳丰祥贸易公司租赁南刘庄村原场院作为养殖和办公场所。

3. 名片、招商简介、合作养殖獭兔合同、收据、受理刑事案件登记表，证人姜某荣的证言及被害人周某福、康某和、王某胜、李某、张某勤、魏某明、张某某、郭某平、张某瑞、高某兰的陈述证实：2000 年 7 月间，崔某某自称北京（深圳）丰祥兔业集团董事长，对外发布招商简介，宣传北京（深圳）丰祥兔业集团下属多个獭兔场，是北京西南高科技发展总公司与深圳外贸合资兴办的外贸商品出口基地，向全国招商，承诺投资者不参加饲养、不承担风险、分享固定利润。2000 年 7 月至 10 月间，崔某某以深圳丰祥贸易公司的名义先后与周某福、康某和等人签订合作养殖獭兔合同。合同约定：投资人投资后，使用一周年退还本金，投资者不担风险，一周年分享与投资额相同的固定利润。合同签订后，崔某某以深圳丰祥贸易公司的名义收取周广福投资款 5 万元，康某和投资款 5 万元，王某胜投资款 3 万元，李某、谷某枝投资款 3 万元，张某勤投资款 2 万元，魏某明投资款 1.1 万元，张某某投资款 1 万元，郭某平投资款 1 万元，张某瑞投资款 1 万元，高某兰投资款 3000 元。被害人投资后，发现崔某某的公司未注册，獭兔场经营不善，部分被害人开始向崔某某索要投资款。2001 年 4 月，崔某某出走，无法联系。

4. 被告人崔某某的供述证实北京西南高科技发展总公司不存在。

5. 北京市工商行政管理局房山分局关于农村养殖业承包户是否需要注册登记的回复证实：2000 年至 2001 年，按照国家工商局和市工商局的有关政策，对农村养殖业承包户不要求申请注册登记，实行自愿申请注册登记的原则。

6. 证人于某、纪某平的证言证实：2000 年及 2001 年，房山区养殖獭兔最高收益为 13%。

7. 证人姜某荣、邵某增的证言及马某华书写的证明证实：2001 年 5 月，因找不到崔某某，马某华清点财产后接手兔场。2001 年 6 月，马某华请邵某增看护兔场内物品。现院内有十几间房、兔舍和一些铁皮柜子，马某华联系不上。

8. 受理刑事案件登记表及到案经过证实：2001 年 9 月 7 日，姜某荣到北京市公安局房山分局报案。2007 年 10 月 1 日，被告人崔某某被湖北省麻城车站派出所民警抓获归案。

在审理中，公诉人还宣读、出示了如下证据：

1. 证人张某岐的证言及欠据证明：2000 年 7 至 8 月间，崔某某从张某岐处收购獭兔，因而欠张某岐兔款 2520 元。

2. 证人姜某荣、李某全的证言及收据证明：2000 年 10 月至 11 月间，崔某某在租用的南刘庄村原场院内建房让李某全帮助拉砖，因而欠李某全砖沙款7000 余元。施工方为河北省易县一包工队，工钱 1 万余元已结清。房子基本可以使用。

3. 南刘庄村村民委员会出具的证明证明：崔某某拖欠 2000 年 10 月至2001 年 8 月电话费 1000 余元，拖欠 2001 年 3 月至 5 月电费 300 余元，拖欠南刘庄村经联社房屋租金 2 万元，拖欠工人工资 2.6 万余元。

4. 起诉书及医院收据证实：2001 年 3 月 13 日，受雇于崔某某的会计姜某芳在兔场工作中突然发病，经抢救无效死亡。2001 年 6 月，姜某芳之妻刘某青起诉要求崔某某赔偿相关费用。

5. 欠据证明：崔某某欠张某瑞工资款、伙食费共计 2860 元。

6. 周某福提供的材料证明：周某福于 2001 年 6 月 4 日垫付崔某某欠民工周某印、刘某华、周某印、吕某艺工资款、伙食费等共计人民币 7000 余元。

7. 张某勤提供的工资卡片、借据证明：崔某某欠张某勤 2000 年 8 月至2001 年 2 月工资人民币 3000 余元。崔某某于 2000 年 2 月、2001 年 3 月两次向张某勤借款共计人民币 5500 元。

被告人崔某某提供了鉴定结论通知书证明位于南刘庄村兔场的房屋等经鉴定价值人民币 258592 元。辩护人提供了如下证据：

1. 雷某明书写的书信证明：2000 年 12 月，南刘庄兔场处于瘫痪状态，崔某某已无经营权，职工有偷兔子的行为。

2. 委托书证明：2001 年 4 月，崔某某将南刘庄村兔场委托给了姜某荣，姜某荣参与兔场实际管理。

3. 资产清单证明：2000 年 12 月 16 日，经崔某某与姜某亭清点，南刘庄村兔场资产为 22.5 万余元。2001 年 1 月 21 日，经崔某某与周某印清点，佛满村兔场资产为 4.2 万余元。葫芦堡兔场资产为 5.5 万余元。

4. 支出凭证证明崔某某在经营兔场期间部分资金流向。

上述公诉人、辩护人及被告人提供的证据现均无法查证属实，一审法院均不予确认。在审理中，辩护人申请调取出警记录，证明谷某枝当时在崔某某家待着不走，并说住在崔某某家，崔某某是为了躲避不合法的讨债方式才走的，不是逃匿。法院认为该证据与对被告人崔某某的定罪量刑无关，不予准许。

四、判案理由 >>

被告人崔某某违反国家规定，向社会宣传投资北京（深圳）丰祥兔业集团合作养殖獭兔能得到高额回报，变相吸收公众存款，其行为严重扰乱了国家的金融秩序，已构成非法吸收公众存款罪，依法应予惩处。北京市房山区人民检察院指控被告人崔某某犯有非法吸收公众存款罪罪名成立。

五、定案结论 >>

北京市房山区人民法院根据被告人崔某某犯罪的事实、犯罪的性质、情节和对于社会的危害程度，依照《中华人民共和国刑法》第176条第1款、第52条、第64条之规定，判决如下：

1. 被告人崔某某犯非法吸收公众存款罪，判处有期徒刑1年，并处罚金人民币2万元；

2. 责令被告人崔某某退赔被害人周某福人民币5万元，退赔被害人康某和人民币5万元，退赔被害人王某胜人民币3万元，退赔被害人李某、谷某枝人民币3万元，退赔被害人张某勤人民币2万元，退赔被害人魏某明人民币1.1万元，退赔被害人张某瑞人民币1万元，退赔被害人郭某平人民币1万元，退赔被害人张某某人民币1万元，退赔被害人高某兰人民币3千元。

六、法理解说 >>

我国一直严厉打击非法吸收公众存款的行为，为了逃避打击，吸收公众存款或变相吸收公众存款的手段也不断翻新。当下，一些商家以商品交易为幌子，行变相吸收公众存款之实。这类变相吸收公众存款的行为具有很强的迷惑性，司法实践中很容易将其当作是正常的商品交易，从而放纵犯罪。本案中崔某某以合作养殖为名吸收公众存款的方式与一般的以借款合同的形式吸收资金的方式不同，属于比较典型的变相吸收公众存款的方式。

在2010年最高人民法院《关于审理非法集资刑事案件具体应用法律若干问题的解释》出台之前，我国司法实践一般以国务院发布的《非法金融机构和非法金融业务活动取缔办法》（以下简称《办法》）第4条的规定，来理解刑法第176条中的"非法吸收公众存款"和"变相吸收公众存款"。即"'非法吸收公众存款'是指未经中国人民银行批准，向社会不特定对象吸收资金，出具凭证，承诺在一定期限内还本付息的活动；'变相吸收公众存款'是指未经中国人民银行批准，不以吸收公众存款的名义，向社会不特定对象吸收资金，但承诺履行的义务与吸收公众存款相同，即都是还本付息的活动"。可以看出，该条对"存款"（尤其是"变相吸收公众存款"）界定的核心要义，就在于相关的经营活动是否还本付息。虽然刑法与行政法规是不同位阶的规范，各自规范的目的也并不相同，用行政法规来解释刑法的做法有待商榷，但是从具体结论来看，我国《刑法》第 176 条中的"变相吸收公众存款"，同《办法》第 4 条第 2 款的含义基本相同。无论行为人以何种名义融资，只要其行为最终可以归结为返本付息，就能够将其认定为变相吸收公众存款。这一点与最高人民法院 2010 年 12 月 13 日公布了《关于审理非法集资刑事案件具体应用法律若干问题的解释》的第 2 条规定的精神是一致的。

学界存在不少主张限制非法吸收存款罪处罚范围的观点。有观点认为，只有当行为人将吸收的公众存款用于货币资本的经营时（如发放贷款），才能认定为扰乱金融秩序。①也就是说，即使行为人从事了保本付息的融资活动，但如果其将吸收的款项用于企业的日常生产经营支出，由于该行为不会扰乱金融秩序，因而不构成非法吸收公众存款罪。本案中崔某某的辩护律师就持此种观点。之所以提出以资金用途等来限制非法吸收公众存款罪的处罚范围，就在于人们对还本付息融资方式的严重社会危害性缺乏认识。当前，由于我国中小企业向银行贷款困难，在其融资需求无法得到满足的情况下，通过直接融资来解决企业发展的资金问题已经至关重要。而在我国，民众普遍偏爱储蓄而不喜欢冒险投资，对企业来说，最理想的直接融资手段恐怕就是承诺保本高息。尤其当企业经营成功，能够兑现合同而使投资者受益时，这种行为甚至会被认为是一种双赢的融资方式，这也往往使得人们对其危害性丧失警觉。要想正确认定此类貌似"双赢"的融资方式是否构成犯罪，就必须先明确承诺返本付息融资方式的严重社会危害性。

首先，承诺保本付息的融资方式会对社会公众的财产安全造成危险，严重影响我国的金融管理秩序和信用制度。企业或者个人通过保本付息的方式来融资的，并不是仅仅因为该类行为会造成与银行争储的局面，就被认为具有破坏金融秩序的社会危害性；其危害性是在于这些单位或个人，实质上是在经营银行揽储的业务，但同时既不具备银行对抗风险的实力，也不会受到银监会等国家机构对其风险运作的严密监控，故很难保证存款人的财产安全。正如我国学者分析的那样，在瞬息万变的商业竞争中，一旦经营出现问题，就会无法返还本金。由于是面向公众吸收资金，一旦无法归还本金，就会在一定时期、一定

---

① 张明楷：《刑法学》，法律出版社 2007 年版，第 584 页。

的社会范围内导致地区金融秩序的失控，成为社会不稳定的因素。①正是由于不具有银行经济实力与风险防控能力的企业与个人，在经营承诺保本付息的融资方式时，会对公众的财产安全造成隐患，在这个意义上，应该认为此类直接融资的方式是一种会危害一般公众的财产安全、破坏社会信用制度与经济秩序的抽象危险犯。② 至于通过保本付息融资所得款项是否用于资本经营，并不会影响该行为对公众财产安全，以及社会经济秩序、信用制度所具有的抽象危险。

其次，不论吸收款项为何用途，承诺保本付息的融资方式在其他国家也构成犯罪。日本于1955年制定了《关于取缔非法出资、存款及利息的法律》（以下简称出资法）。该法将承诺保本付息的融资方式认定为犯罪的具体规定，和我国可谓如出一辙。出资法第1条规定："任何人不得以向不特定且多数人明示或暗示日后会全额或高于全额退还出资的方式收取出资金。违反前述规定的，处三年以下惩役，单处或并处300万日元以下的罚金。"第2条规定："除其他法律特别规定的能够从事吸收存款业务者外，任何人均不得从事吸收存款的业务。本条中的存款是指从不特定且多数人处收受金钱，收受定期或不定期的存款；不论是以企业债券、借款或者其他名义，只要具有与前项存款相同的经济性质即可。违反上述规定的，处三年以下惩役，单处或并处300万日元以下的罚金。"在具体的案件中，认定融资方式是否"与存款具有相同的经济性质"的关键，就在于是否承诺保本付息。③而所得资金的用途并不会影响对行为的认定。保本付息的融资方式，在德国也构成犯罪。根据《德国信用业法》第54条规定，未取得信用业法的许可而从事银行业务的，构成轻罪。德国联邦信用业监管局曾经认定非法吸收25名以上公众存款的构成该罪。④吸收款项的用途同样不会影响该罪的成立。

最后，从经济学的角度看，即使吸收存款不用于货币经营，也应属于金融秩序的范畴。在经济学界，资本市场的微观运行机制是"金融"的最狭义范畴。而"金融"并不限于资本市场，当前，对"金融"最权威的界定认为，凡是涉及货币供给、银行与非银行信用、以证券交易为操作特征的投资、商业

---

① 孙国祥、魏昌东：《经济刑法研究》，法律出版社2005年版，第325页。

② 顾肖荣主编：《经济刑法》（第8辑），上海社会科学院出版社2009年版，第84页。

③ ［日］木村光江：《出资法の保護法益》，载《神山敏雄先生古稀祝賀論文集经济刑法》（第2卷），成文堂2006年版，第141～143页。

④ 王世洲：《德国经济犯罪与经济刑法研究》，北京大学出版社1999年版，第224～226页。

保险，以及以类似形式进行运作的所有交易行为的集合就是金融。① 其中，所谓的"信用"就是指借贷行为，即以收回为条件的付出，或以归还为义务的取得。② 可见，吸收公众存款属于信用秩序中典型的"借"的行为，故应属于金融范畴。非法吸收公众存款用于生产经营的，由于其破坏国家的信用秩序，因而也会影响国家金融管理秩序。由此可见，变相非法吸收公众存款的核心在于是否返本付息，只要未受国家法律法规许可而从事返本付息的融资活动，融资规模达到我国追诉标准的，就应当认定为非法吸收公众存款罪，至于所吸收的款项到底为何用途，则在所不问。③ 为了打击变相吸收公众存款的行为和便于司法操作，最高人民法院于 2010 年 12 月 13 日公布的《关于审理非法集资刑事案件具体应用法律若干问题的解释》对何为变相吸收公众存款做了列举行的规定，该解释第 2 条规定："实施下列行为之一，符合本解释第一条第一款规定的条件的，应当依照刑法第一百七十六条的规定，以非法吸收公众存款罪定罪处罚：（一）不具有房产销售的真实内容或者不以房产销售为主要目的，以返本销售、售后包租、约定回购、销售房产份额等方式非法吸收资金的；（二）以转让林权并代为管护等方式非法吸收资金的；（三）以代种植（养殖）、租种植（养殖）、联合种植（养殖）等方式非法吸收资金的；（四）不具有销售商品、提供服务的真实内容或者不以销售商品、提供服务为主要目的，以商品回购、寄存代售等方式非法吸收资金的；（五）不具有发行股票、债券的真实内容，以虚假转让股权、发售虚构债券等方式非法吸收资金的；（六）不具有募集基金的真实内容，以假借境外基金、发售虚构基金等方式非法吸收资金的；（七）不具有销售保险的真实内容，以假冒保险公司、伪造保险单据等方式非法吸收资金的；（八）以投资入股的方式非法吸收资金的；（九）以委托理财的方式非法吸收资金的；（十）利用民间'会'、'社'等组织非法吸收资金的；（十一）其他非法吸收资金的行为。"本案中崔某某的行为正好与本条的第 4 项规定相符。

本案，被告人崔某某以深圳丰祥贸易公司的名义把"养兔场"承租下来后，开始向社会发布招商简介，其简介中承诺投资者不参加饲养、不承担风险、分享固定利润等众多优厚的条件。招商简介发布后，2000 年 7 月至 10 月，崔某某以深圳丰祥贸易公司的名义，陆续与 10 位"投资者"签订了合作

---

① 黄达主编：《金融学》，中国人民大学出版社 2003 年版，第 107 页。
② 黄达主编：《金融学》，中国人民大学出版社 2003 年版，第 59 页。
③ 丁慧敏：《论"变相吸收公众存款"——以三种商品交易形式为例》，载《政治与法律》2011 年第 4 期。

养殖獭兔合同，合同约定，投资人投资后，使用一周年，退还本金，投资者不担风险，一周年后分享与投资额相同的固定利润。最终崔某某获得投资款22.4万元。被告人崔某某的行为已符合非法吸收公众存款罪关于向社会不特定公众吸收资金的行为。被告人崔某某向社会宣传投资北京（深圳）丰祥兔业集团合作养殖獭兔能得到高额回报，以代养殖獭兔的名义变相吸收公众存款，其行为严重扰乱了国家的金融秩序，已构成非法吸收公众存款罪。北京市房山区人民法院以非法吸收公众存款罪对其定罪处罚是正确的，其辩解和辩护人的辩护意见均不成立。

（案例提供：北京市房山区人民检察院；整理人：蔡永成）

案例 23：被告人刘某某非法吸收公众存款案

——单位犯罪的认定

一、基本情况

案　　由：非法吸收公众存款

被告单位：某某生活塑料制品厂，1997 年 4 月 3 日注销；于 1997 年 1 月 20 日另注册为石家庄某某塑料制品有限公司，1999 年 11 月 11 日被某某县工商局依法吊销。

被 告 人：刘某某，男，汉族，1957 年 3 月 5 日出生，文盲，某某综合四处生活管理站职工，曾担任某某生活塑料制品厂厂长，石家庄市某某塑料制品有限公司董事长。

二、诉辩主张

（一）人民检察院指控事实

某某市人民检察院以某某检公刑诉字（2003）第 99 号起诉书指控被告单位某某生活塑料制品厂、被告人刘某某犯非法吸收公众存款罪。

（二）被告人辩解及辩护人辩护意见

被告人刘某某辩称，起诉书指控的事实发生过程基本属实，只是集资款没有为自己所占用，还不上集资款主要是经营亏损。

辩护人的主要辩护意见为，被告人刘某某所谓非法吸收公众存款之行为均发生在新刑法实施之前，旧刑法并没有规定非法吸收公众存款罪，故根据新刑法第 12 条规定的从旧兼从轻的原则，被告人的行为不构成犯罪，应无罪释放。

三、人民法院认定事实和证据

（一）认定犯罪事实

河南省某某市人民法院审理认定，某某生活塑料制品厂是某某石油管理局第四综合服务处生活管理站开办的集体企业，厂长为被告人刘某某，于1994年9月30日申请注册，1997年4月3日注销，该厂的债权债务由1997年1月20日注册登记的石家庄市某某塑料制品有限公司继承，公司法定代表人为被告人刘某某，该公司于1999年11月11日被某某县工商行政管理局依法吊销。被告人刘某某在担任某某生活塑料制品厂厂长的1995年6月30日之后至任某某塑料制品有限公司董事长的1997年上半年正常经营期间，连续以厂、公司购进设备、原料资金周转困难为名，决定并实施了以存折年息10%、现金年息20%～30%的高额利息为诱饵，向社会公众非法吸收存款累计金额达181万余元，由于经营不善发生严重亏损，除归还的38万元外，被吸收的大部分存款无法归还。之后华油综合四处因代还原塑料厂集资款遭受经济损失87万余元。至今仍有被吸收的群众存款本金累计达62万余元无法归还。

（二）认定犯罪证据

上述事实有以下证据证明：

企业负责人申请登记注册书证实某某生活塑料制品厂于94年9月30日向工商局申请注册；营业执照证实某某生活塑料制品厂的经营有效期限为1995年3月3日至1997年12月31日，负责人为刘某某，经济性质为集体；某某钻井工程公司生活管理站任命决定书证实1994年9月27日被告人刘某某被任命为某某生活塑料制品厂厂长；承包经营合同证实1995年3月1日某某生活管理站将塑料制品厂承包给被告人刘某某，期限一年；企业申请注销登记注册书证实某某生活塑料制品厂1997年1月24日申请，某某县工商局1997年4月3日同意注销；某某县工商局证明证实石家庄某某塑料制品有限公司于1997年1月20日注册登记，法人代表为刘某某，企业类型为有限责任公司，于1999年11月11日被依法吊销执照；任职文件证实刘某某被推选为石家庄市某某塑料制品有限公司董事长，股东、董事签名为刘某某、韩某某、田某某、代某某、张某某、付某某；协议书一份证实某某石油第四综合服务处生活管理站（原某某生活管理站）与石家庄某某塑料制品有限公司达成协议，原某某生活塑料制品厂的债权、债务，未履行完毕的合同、协议及所打的一切票据，全部由石家庄某某塑料制品有限公司承担；某某第四综合服务处证明证实该处及某某公司从未有同意某某生活塑料制品厂集资的会议记录，被告人刘某某在公安机关的供述证实被告人承包某某生活塑料厂期间及后来的某某有限公司期间，为资金周转自主决定向综合处职工及当地群众高息集资的过程；综合处负责人吴某某证言证实综合队于 1993 年开始筹建塑料厂没有注册，被告人刘某某任厂长，开始时综合队决定向职工集资，后来此厂被收到生活站之后由被告人承包，综合队就不再过问该厂的任何事了。综合队书记袁某某证实约 1994 年春，刘某某向综合队建议办塑料厂，并提出向队上集资，年息 30%，之后以综合队的名义建厂，当时没有注册登记，1995 年初把集资款都还上了，随着办了营业执照，之后刘某某有事请示生活站，工资也由生活站发；综合队办事员王某某证言证实 1994～1995 年时负责帮助刘建国的塑料厂记录综合队、生活站内部的集资款和还款情况，给被集资人出具一式两联的收据，利息按年息约 10%～20%，前期的集资基本还上了，约 1996 年之后的，基本没还上；原某某生活管理站站长田某某证实，1994 年下半年该管理站下属综合队自筹资金建塑料厂，刘某某任厂长，1995 年 3 月到某某县工商局注册登记，之后刘某某与生活管理站签合同，承包该厂，此后该厂向职工集资的事生活站不清楚。到 1996 年 9 月，管理局有文件不让二级单位干三产，塑料厂不能干了，田某某帮刘某某另建厂房搬家，于 1997 年 3 月初另成立石家庄某某塑料制品有限公司，刘某某任董事长，期间被告人又向职工及当地老百姓集资约五六十万元；生活站会计王某某证实其不知道塑料厂集资一事，未给该厂管理账目，只管帮忙报税表；综合四处经营办公室主任樊某证实塑料厂是刘某某个人承包，集资也是其个人行为，从未汇报过；原某某综合四处处长张某某证实综合处当时不知道刘某某吸收存款的事，1996 年 10 月听职工反映后，马上召开党政联席会决定清理塑料厂，并注销该企业，并证实 1998、1999 年某某综合四处代塑料厂偿付部分集资款的情况；律师马某某证实综合四处代塑料厂赔偿了部分集资款；某某综合四处财务资产部会计师杨某某证实综合四处因塑料厂集资的原因已赔偿集资户 87 万余元；石家庄中级法院判决书、某某县法院民事调解书、某某石油管理局第四综合服务处与张某某、樊某云、史某凯的协议书、还款清单均证实华油第四综合服务处代塑料厂偿付集资款的事实；某某塑料制品有限公司股东张某某、付某某、代某某证言证实该公司集资未经股东会议商议决定；袁某军、秦某前、秦某、端某、孙某国、李某平、康某峰、庞某琴、刘某英、林某兰、李某青、孙某杰、赵某华、史某凯、张某荣、张某会、胡某奎、刘某会、黄某然、刘某铎、冯某英、陈某英、石某宝、赵某明、刘某芳、樊某云、高某坤、宋某江、张某山等人的证言及某某生活塑料制品厂、石家庄某某塑料制品有限公司出具的相关集资收款凭证，刘某某非法吸收公众存款情况清单证实 1995 年 6 月 30 日以后至 1997 年 9 月期间刘某某经营的塑料厂与某某公司向职工及当地群众吸收存款数额约 181 万余元及相应约定利息情况。

另某某分局刑警大队抓获经过证实，自 1998 年 7 月 24 日公安机关多次抓捕被告人刘某某未果，之后网上通缉，2003 年 3 月 7 日在天津至沧州的列车上被乘警抓获，次日移交某某分局；办案说明证实未能找到某某生活塑料厂期间的会计资料，无法核实刘某某整个集资情况和资金用途及整个的收支是否平衡，无法证实刘某某有转移、侵吞资金的事实；侦查说明证实秦某前、孙某国、李某平、秦某、康某峰、袁某军、李某旗等人的原始收款凭证现存档于石家庄中级法院（1999）石经终字第 22—1 号判决书案卷档案；办案说明一份证实刘某某非法吸收公众存款案的重要当事人韩某某；凭证中记载的存款人基本情况不详，单位改革后或解除劳动合同或回原籍，法定期限内难以做到逐人落实；户籍证明证实被告人刘某某的身份。

以上证据查明来源合法，内容客观真实，且经当庭出示质证，能够相互印证证实审理查明的被告人的上述事实，本院予以确认

四、判案理由 　　　　　　　　　　　　　　　　　　　 >>

被告人刘某某负责某某生活塑料制品厂和石家庄市某某塑料制品有限公司期间，违反国家有关规定，仿照银行吸收存款的做法，以确定的存款期限，高出银行利率很高的利息，自己决定面向社会公众吸收存款 181 万余元，给其主管单位造成经济损失 87 万余元，至今仍有 62 万余元群众集资款无法偿付，其目的是为自己所负责的单位牟取利益，并无非法占有被吸收存款的故意，且不能还上集资款的原因主要是经营亏损，不存在个人侵吞的事实，其行为属典型的单位犯罪，被告人的此行为发生于新刑法实施前，依据 1995 年《全国人大常委会关于惩治破坏金融秩序犯罪的决定》的相关规定，本应对被告单位判处罚金并对直接负责的主管人员和其他责任人员定罪处罚，但被告单位某某生活塑料制品厂已注销，石家庄市某某塑料制品有限公司已被依法吊销，依据最高人民检察院《关于涉嫌犯罪单位被撤销、注销、吊销营业执照或宣告破产的应如何进行追诉问题的批示》涉嫌犯罪的单位被撤销、注销、吊销营业执照或宣告破产的，应当根据刑法关于单位犯罪的相关规定，对实施犯罪行为的该单位直接负责的主管人员和其他直接责任人员追究刑事责任，对该单位不再追诉。故本案不应再对被告单位进行追诉，而被告人刘某某作为被告单位某某生活塑料制品厂和石家庄市某某塑料制品有限公司的负责人，其行为已构成非法吸收公众存款罪，检察机关对其指控事实清楚，证据确实充分，罪名成立。

五、定案结论

人民法院依照《中华人民共和国刑法》第 12 条、《全国人大常委会关于惩治破坏金融秩序犯罪的决定》第 7 条第 1 款和第 2 款、最高人民法院《关于适用刑法第十二条几个问题的解释》第 3 条、最高人民检察院《关于涉嫌犯罪单位被撤销、注销、吊销营业执照或宣告破产的应如何进行追诉问题的批复》之规定，判决如下：

1. 对被告单位某某生活塑料制品厂，石家庄市某某塑料制品有限公司终止审理。

2. 被告人刘某某犯非法吸收公众存款罪，判处有期徒刑 1 年，并处罚金 5 万元，罚金于本判决生效后 30 日内缴纳。

六、法理解说

本案涉及单位犯罪。根据《刑法》第 176 条第 2 款的规定，单位犯前款罪的，对单位判处罚金，并对其直接负责的主管人员和其他直接责任人员，依照前款的规定处罚，可以看出非法吸收公众存款罪的犯罪主体是一般主体，既包括自然人，也包括单位。同时我国《刑法》第 30 条的规定，公司、企业、事业单位、机关、团体可以成为单位犯罪的主体。区分非法吸收公众存款罪是单位犯罪还是自然人犯罪直接的意义在于追诉标准不同。2010 年 5 月 7 日最高人民检察院、公安部发布的《关于公安机关管辖的刑事案件立案追诉标准的规定（二）》第 28 条规定："非法吸收公众存款或者变相吸收公众存款，扰乱金融秩序，涉嫌下列情形之一的，应予立案追诉：（一）个人非法吸收或者变相吸收公众存款数额在二十万元以上的，单位非法吸收或者变相吸收公众存款数额在一百万元以上的；（二）个人非法吸收或者变相吸收公众存款三十户以上的，单位非法吸收或者变相吸收公众存款一百五十户以上的；（三）个人非法吸收或者变相吸收公众存款给存款人造成直接经济损失数额在十万元以上的，单位非法吸收或者变相吸收公众存款给存款人造成直接经济损失数额在五十万元以上的；（四）造成恶劣社会影响的；（五）其他扰乱金融秩序情节严重的情形。"以上可以看出，是否是单位犯罪的入罪标准上差异是显而易见的，所以司法实践中，区分非法吸收公众存款罪的犯罪主体显得尤为必要。

一般认为，公司、企业构成单位犯罪要具备三个条件：一是具有单位的主体资格；二是以单位的名义、代表单位的意志实施犯罪；三是为单位牟取利益。在单位犯罪和个人犯罪交织的非法吸收公众存款案件中，要对主管人员代表单位实施的犯罪行为，按单位犯罪追究其刑事责任；而对其个人实施的犯罪行为，则按自然人犯罪追究其刑事责任；再实行数罪并罚。非法吸收公众存款单位犯罪的构成要件包括单位主体资格、单位意志、单位行为、单位利益4个方面，"以单位名义"并非单位犯罪的要件之一。符合单位适格、体现单位意志、实施单位行为、利益归属单位的，应当认定为非法吸收公众存款单位犯罪。利益归属单位是认定非法吸收公众存款犯罪的关键，同时也作为推定单位意志的辅助条件。

（一）关于单位主体资格

单位主体的认定存在形式认定和实质认定两种。根据《刑法》第30条的规定，公司、企业、事业单位、机关、团体可以成为单位犯罪的主体。司法实践中，对单位的主体认定，一般以工商管理局颁发的法人营业执照为据，在无法提供法人营业执照的情况下，工商行政管理局出具的公司基本情况证明也可以作为单位主体资格的形式认定依据。在单位被撤销、注销、吊销营业执照或宣告破产的情况下，按照单位犯罪的有关规定，对有关责任人员追究刑事责任，对单位不再追诉。从实质上否定具有形式合法性的单位标准，在现行司法解释中有两条：一是以犯罪为目的而成立的单位；二是单位成立后以犯罪为主要活动的。实践中主要看企业成立后有没有实际的合法经营活动。此外，实践中从公司的实质合法性上来否定公司形式合法性的情形还有：（1）从单位注册资金或有无独立财产角度进行单位主体有无刑事责任能力的判断。有无注册资金是公司法人的成立条件之一。公司以其注册资金对外承担有限责任，公司没有注册资金、没有独立财产，影响到该公司的刑事责任能力。因此，个人以虚假资金注册公司，实质没有任何出资的不能认定构成单位犯罪。（2）名为单位实为个人。有些公司实际为特定一人出资、一人从事经营管理活动，主要利益归属于该特定个人，此时公司不再是一个具有人格化的有机整体，以刑法上的个人论。

（二）关于"以单位名义"

司法实践中涉及单位集资的情形主要有3种：一是以企业名义借款，有的还以个人作担保；二是以个人名义借款，由企业担保；三是关联企业互为借款担保人。实际上，被告人在吸收资金的过程中是以单位名义还是以个人名义借款存在很大的随意性，在被告人掌握多家企业的情况下，以哪家单位的名义借款也同样存在较大的随机性。究其原因，主要是涉案企业均是私营企业，虽然大多以公司的形式存在，但基本没有脱离家族式管理模式，企业资产和个人资产掺杂，难以明确区分，财会制度落后，募集资金通过个人账号还是企业账号走账随意性大，而且绝大多数单位提供自己的账户供被告人收付资金。因此，

"以单位名义"不宜作为非法吸收公众存款单位犯罪的要件之一。实际上，"以单位名义"也难以成为单位犯罪的要件之一。虽然单位犯罪理应以本身单位的名义实施，但是很多案例表现出犯罪单位并没有以自己单位的名义实施犯罪。特别的情况有：冒用其他单位名义实施犯、以虚假单位名义实施犯罪、以个人名义实施单位犯罪等。

（三）关于单位意志

单位意志是单位犯罪的主观要件。实践中的难题在于如何区分单位意志和个人意志。本单位意志的表现形式可以分为三种：单位集体研究决定、主管人员决定、一般工作人员的行为得到领导认可或默许。（1）经过股东会、董事会、经理办公会议形成的决定是单位意志。一般根据会议决议、记录、纪要或借据中有全部股东签名的，即可认定为单位意志。（2）法定代表人等主管人员的决定一般可以推定为单位意志。推定的前提是：从单位内部来看，法定代表人、董事长、负责人、总经理等人的意志与履行单位职务有关，意志的形成和目的，都具有履行职务性质；从单位外部来看，出借人有理由认为这些主管人员的意志可以代表单位意志。因此，由董事长、法定代表人、总经理、负责人等单位主管人员加盖单位印章的行为应认定为单位行为，除非有证据证明出借人知道或者应当知道上述主管人员的行为系个人行为而不是单位行为，如借款过程中有单位其他主管人员提出异议等。理由是：加盖单位印章对外即为单位行为，而且出借人也往往是因为看好单位实力和前景而将资金借出，在他们看来上述主管人员完全可以代表单位意志。（3）判断单位一般工作人员的行为意志是不是单位意志，主要看该行为是否得到单位授权。授权有具体的授权和概括的授权。对概况的授权的判断主要考察岗位职责、职务权限和业务管理上的惯例等，一般工作人员在概括授权范围内的行为意志是单位意志，超出概括授权的行为意志不是单位意志。

（四）关于单位行为

单位犯罪的行为具有业务性，一般由单位内部多人完成。刑法将单位犯罪主体规定为单位和单位内的直接负责的主管人员和直接责任人员。对单位犯罪行为的考察也可以集中到对直接负责的主管人员的犯罪行为和直接责任人员的犯罪行为的考察。"直接负责的主管人员"一般是单位内具有一定行政职务身份的人，而且涉案的单位犯罪行为属于其主管、分管的业务范围内。直接负责的主管人员的犯罪行为一般表现为指挥、同意、默认或直接实施等。"直接责任人员"一般是犯罪单位内的职员、业务员，在履行工作或业务时，直接操作实施犯罪行为。在单位犯罪行为的分工上，单位内部人员实施什么具体犯罪行为一般由个人的工作岗位性质决定或单位领导安排分配，个人在犯罪中所起的作用大小与个人主观意志或恶意没有必然的直接联系。因此，单位犯罪中直接责任人员的犯罪行为具有分配性、岗位性和业务性，这决定了不能将凡是参与实施了业务犯罪的单位职员都认定为直接责任人员。只有那些主观上具有较大主动性积极性、客观上在单位犯罪中起主要作用的直接责任人员需要承担单位犯罪的刑事责任。

（五）关于利益归属单位

利益归属个人还是单位，是区别个人犯罪还是单位犯罪的关键标准。但实践中存在的普遍情形是，部分集资款用于单位，部分用于个人，那么单位所得占集资款的多大比重才可以追究单位责任？一般认为违法所得大部分归单位所有才构成单位犯罪。如果集资款用于单位的比例很小，即便绝对数很大，也不认定为单位犯罪。

综上所述，非法吸收公众存款单位犯罪的构成要件包括单位主体资格、单位意志、单位行为、单位利益4个方面，"以单位名义"并非单位犯罪的要件之一。本案中被告人刘某某曾担任某某生活塑料制品厂厂长，石家庄市某某塑料制品有限公司董事长，负责某某生活塑料制品厂和石家庄市某某塑料制品有限公司的经营管理。被告人刘某某负责期间，向多人吸收存款181万余元，以确定的存款期限，高出银行利率很高的利息，并出具了某某生活塑料制品厂、石家庄某某塑料制品有限公司收款凭证，违反国家金融管理的有关规定，扰乱国家金融秩序，给其主管单位造成经济损失87万余元，至今仍有62万余元群众集资款无法偿付。被告人刘某某把集资款主要用于单位的正常经营，其目的是为自己所负责的单位牟取利益，并无非法占有被吸收存款的故意，不能归还集资款的原因主要是单位经营亏损，不存在个人侵吞的事实，其行为属典型的单位犯罪。

本案中一个特殊的地方是，案发时被告人刘某某曾负责的某某生活塑料制品厂、石家庄市某某塑料制品有限公司已经被撤销、注销，所以根据最高人民检察院《关于涉嫌犯罪单位被撤销、注销、吊销营业执照或宣告破产的应如何进行追诉问题的批示》，涉嫌犯罪的单位被撤销、注销、吊销营业执照或宣告破产的，应当根据刑法关于单位犯罪的相关规定，对实施犯罪行为的该单位直接负责的主管人员和其他直接责任人员追究刑事责任，对该单位不再追诉。故本案不应再对被告单位进行追诉，而被告人刘某某作为被告单位某某生活塑料制品厂和石家庄市某某塑料制品有限公司的负责人，其行为已构成非法吸收公众存款罪。

综上，法院对某某生活塑料制品厂、石家庄市某某塑料制品有限公司中止审理，对被告人刘某某以非法吸收公众存款定罪的裁判是正确的。

（案例提供：河北省辛集市人民检察院；整理人：蔡永成）

案例24：项某某、范某某非法吸收公众存款、虚开增值税专用发票、逃税案

——正常经营亏损导致不能还本付息的不能认定具有非法占有为目的

一、基本情况

案　由：非法吸收公众存款、虚开增值税专用发票、逃税
被告人：项某某，男，35岁。
被告人：范某某，女，29岁。

二、诉辩主张

（一）人民检察院指控事实

浙江省某某市人民检察院以某检刑诉〔2010〕31号起诉书指控被告人项某某、范某某犯集资诈骗罪、逃税罪、虚开增值税专用发票罪。

（二）被告人辩解及辩护人辩护意见

被告人项某某对起诉书指控其犯逃税罪、虚开增值税专用发票罪无异议，但辩称：

1. 其向他人借款的行为不构成集资诈骗罪；

2. 指控其妻子范某某的犯罪事实不是事实。

其第一辩护人对起诉书指控被告人项某某犯逃税罪、虚开增值税专用发票罪无异议，但提出：项某某的集资行为不构成集资诈骗罪。理由：项某某在集资过程中虽然使用隐瞒真相、虚构事实的方法，但主观上不是为了骗取集资款占为己有，而是想用于公司经营，主观上没有非法占有集资款项的故意，集资来的钱均用于公司的经营，未用于其他，项某某的借款行为本质上是普通的民间借贷行为，起诉书指控项某某、范某某集资诈骗的犯罪事实表述上与客观事实不符。综上，项某某的行为符合非法吸收公众存款罪的构成要件，应当以非

法吸收公众存款罪定罪处罚。

其第二辩护人提出：（1）被告人项某某主动投案后如实供述，没有为其妻子范某某推脱责任，认罪态度好，应认定自首；（2）被告人项某某集资的对象绝大部分是其亲戚、朋友、同学、同事，对象是特定的，这部分数额不能认定为犯罪数额。

被告人范某某及辩护人辩称：

1. 关于集资诈骗这一块，其没有骗过任何人；

2. 关于逃税这一块，其是按项某某的指示去办理的；

3. 关于虚开增值税专用发票这一块，其根本不知道。

其辩护人提出：起诉书指控被告人范某某犯集资诈骗罪、逃税罪、虚开增值税专用发票罪均不能成立，应宣告其无罪。理由：（1）范某某只是挂名股东，不具有股东所享有的权利；（2）范某某没有采用虚构、隐瞒事实的方法骗取集资款，也没有与项某某有事先商量和预谋的行为，在本案中的一系列行为都是代其丈夫项某某做的，由范某某所写借条真正的借款人是项某某，范某某无权支配和使用借款；（3）范某某离开庆元的行为不能认定为外逃；（4）范某某主观上不明知逃税的事情，只是按照项某某的要求去办理税务申报；（5）2008年3月31日虚开的三张增值税专用发票不是范某某开的，事前事后范某某均未与丽水市极点数码有限公司联系过，其在该段时间里准备生小孩。

三、人民法院认定事实和证据

（一）认定犯罪事实

浙江省某某市中级人民法院审理认定：

1. 2008年2月25日，被告人项某某、范某某通过临时借款250万元，验资完毕即抽逃出资的方式进行增资，将2003年成立的"浙江庆元恒鹰数码有限公司"名称变更为"浙江恒鹰电脑有限公司"，由项某某担任法定代表人。2008年3月18日，项某某擅用其岳母胡某某的身份证登记为虚假股东，通过临时借款240万元，验资完毕即抽逃出资的方式进行增资，将2007年2月成立的"丽水市快威恒鹰电脑科技有限公司"名称变更为"浙江达商电脑有限公司"，由胡某某担任法定代表人，项某某为实际经营人。两公司成立后，主要在庆元、丽水、杭州等地经营电脑业务。2007年9月，项某某与范某某结婚。同月，范某某成为浙江庆元恒鹰数码有限公司的股东，占股份40%，并负责该公司的财务及纳税申报。经审计，两公司连年亏损。

2. 2004 年至 2008 年 10 月，被告人项某某在经营浙江恒鹰电脑有限公司（包括前身）、浙江达商电脑有限公司（包括前身）期间，未经中国人民银行批准，以个人名义，以做电脑生意为由，采用出具借条的方式，以月息 10‰～20‰向吴某、吴某明、李某华等 37 位不特定社会公众非法吸收存款共计人民币 626.8 万元，期间，被告人范某某为项某某非法吸收公众存款提供帮助。被告人项某某、范某某将上述吸收的资金除支付利息 73.289 万元、归还本金 13.8 万元外，主要用于公司经营，公司经营严重亏损后，没有能力兑付到期本息，未归还数额为 541.756 万元。

3. 2004 年至 2008 年 10 月，被告人项某某在经营浙江恒鹰电脑有限公司（前期为浙江庆元恒鹰数码有限公司）、浙江达商电脑有限公司（前期为丽水市快威恒鹰电脑科技有限公司）期间，采用欺骗、隐瞒的手段进行虚假纳税申报，偷逃增值税税款为人民币 3491634.86 元。其中，2007 年 9 月，被告人范某某成为浙江恒鹰电脑有限公司的股东后，负责该公司的财务及纳税申报，帮助项某某进行虚假纳税申报，至 2008 年 6 月共偷逃增值税税款 1339713.19 元。

4. 2007 年 11 月 27 日、12 月 21 日、12 月 29 日，被告人项某某在经营丽水市快威恒鹰电脑科技有限公司期间，为谋取非法利益，在无货物购销的情况下，虚开 10 份增值税专用发票给杭州市升阳计算机系统工程有限公司，虚开两份增值税专用发票给丽水市极点数码有限公司，共计销售额为 1031183.8 元，税额为 175301.2 元。2008 年 3 月 31 日被告人项某某在经营浙江恒鹰电脑有限公司期间，为谋取非法利益，在无货物购销的情况下，虚开 3 份增值税专用发票给丽水市极点数码有限公司，共计销售额为 256410.27 元，税额为 43589.73 元。

2008 年 11 月，被告人项某某、范某某潜逃。2009 年 3 月 14 日项某某到庆元县公安局投案，同年 7 月 30 日，范某某在浙江省嘉兴市被抓获归案。

（二）认定犯罪证据

1. 认定上述事实 1 的证据：

（1）书证

户籍证明，证实两被告人的刑事责任年龄等身份情况。结婚登记表证实，两名被告人于 2007 年 9 月 25 日登记结婚。

验资报告、注册资本实收情况表、前后对照表、银行票据、收款收据及工商登记等相关资料证实，浙江庆元恒鹰数码有限公司由项某某、范某某共同出资 50 万元组建，在 2008 年 2 月 25 日两人共同增资 250 万元，变更为浙江恒鹰电脑有限公司。2008 年 2 月 27 日该 250 万元被项某某从公司账户上支取。

丽水市快威恒鹰电脑科技有限公司由胡某某、项某某共同出资 60 万元组建，2008 年 3 月 18 日两人共同增资 240 万元变更为浙江达商电脑有限公司。2008 年 3 月 21 日该 240 万元由项某某从公司账户上转入庆元公司，同日被领取。

庆元公司股东会决议、公司变更申请表证实，2007 年 9 月 12 日吴某某等人将股份转给范某某。由范某某出资 20 万元，占 40% 的股份，项某某出资 30 万元。2008 年 2 月 20 日两人决定增资，并由范某某到工商部门办理相关变更手续。

庆元县工商局出具的证明证实，浙江庆元恒鹰数码有限公司注册变更及名称变更为浙江恒鹰电脑有限公司的两次变更登记手续系范某某前往工商机关办理。

扣押物品清单证实，公安机关从两公司扣押的相关账目情况。

浙江网新图灵、浙江天健远见、航天金穗、杭州拓昊电脑科技等公司提供的相关账目证实，上述公司与项某某公司的业务往来情况。

庆达会审〔2009〕86 号审计报告证实，2004 年至 2008 年庆元恒鹰公司账面累计亏损 183 万余元，2007 年至 2008 年丽水电脑公司账面累计亏损 224 万余元等情况。

（2）被告人供述

被告人项某某对两家电脑公司成立的时间、增资及变更名称的原因、范某某占有股份等情况供认不讳，所供与上述证据反映的情况相符。另供述庆元公司的会计工作由其和范某某完成，有时由范某某完成出纳工作。

被告人范某某的供述，证实知道项某某以其名字共同出资进行工商登记，占庆元公司 40% 的股份，但其没有实际出资。其协助项某某做好庆元公司的财务会计管理工作。

（3）证人证言

证人吴某某、陈某某证言证实，2004 年 6、7 月份项某某邀吴某某与陈某某以投款的形式三人出资合伙一起做电脑生意，由项某某负责经营管理，后公司处于亏损状态，2006 年 5、6 月份两人退出股份。

证人吴某证言证实，2006 年年底与项某某等人共出资 60 万元共同经营丽水快威电脑公司，丽水电脑生意竞争激烈，利润较低，其因公司亏损没有利润而退出，项某某用钱大方，请个人培训花 5 万元。

证人胡某某证言证实，其没有投资项某某的公司，成为该公司的股东不知情，身份证在家丢失。

证人姚某某证言证实，在 2008 年 2 月 25 日前几天项某某以公司资金周转的名义向其短期借款 250 万元、240 万元，后已归还。

证人周某某证言证实，其在 2006 年 7 月至 2008 年 10 月分别在项某某的庆元店和丽水店工作，项某某在丽水开了销售店面 5 个，售后服务中心一个，丽水电脑公司处于亏损状态，项某某讲究门面，注重公司装修等资金投入，范某某在庆元负责财务，对丽水的财务也应清楚。

证人陈某某证言证实，其在 2007 年 11 月 20 日至 2008 年 10 月任庆元店的收银员，店里具体的账务由范某某做，2008 年 4 月份前相关发票都由范某某开。2008 年 2 月 26 日应范某某的要求开出收到范某某、项某某投资款 100 万元、150 万元的发票，但未收到相关款项。

证人吴某证言证实，2005 年 4 月至 2007 年 10 月在项某某的庆元公司，2007 年 11 月至 2008 年 9 月 30 日在项某某的丽水公司上班，庆元店的会计、出纳是范某某。在丽水期间，项某某高进低出销售电脑，不听员工提醒认为不会亏损。

证人柳某某、黄某某、蔡某某证言分别证实，其分别前后担任过项某某丽水电脑公司的会计，公司财务状况不景气，没有什么钱挣，有些款都要庆元公司来支付，处于亏损状态。

证人刘某、吴某某证言分别证实，其分别前后担任过项某某丽水电脑公司出纳等职，公司零售情况不好，卖出价格较低，赚不到钱，电脑卖出去还不够支付货款，利润很不理想。公司资金周转困难，由项某某拆东墙补西墙运行。每个月营业报表会发给项某某或范某某。

证人毛某某、叶某某、潘某某、袁某某、贾某某、王某证言分别证实，浙江网新图灵公司、杭州拓昊电脑公司、浙江天健远见科技公司、航天金穗科技公司、杭州萧山方德计算机有限公司与项某某公司有业务往来，浙江网新图灵公司给予项某某公司货物赊货的信用额度，在 2008 年 8 月 5 日给项某某公司发货 91 万，至今有 49 万元货款未支付。证人叶某某、袁某某、王某证言还证实项某某公司存在高进低出的销售方式。证人潘某某的证言还证实，项某某公司在 2008 年 11 月份欠浙江天健远见科技公司货款 60 多万元，后以公司的返款、店面及货物予以抵销。

证人张某某证言证实，其系联想（上海）有限公司杭州办事处浙江区消费业务总监，认为联想电脑销售不存在丽水地区代理权一说，经销商升为分销商难度很大。

2. 认定上述事实 2 的证据：

（1）被告人供述

被告人项某某供述证实，其以个人名义，以做电脑生意为由，向吴某、吴某某、周某某等 37 位不特定社会公众借款 626.8 万元，将借款用于公司的电脑项目经营，并支付部分本金和利息，因公司经营亏损数百万元造成无法还款。向私人的借款都在庆元恒鹰电脑有限公司的账目中，2008年下半年有几笔可能做在丽水的账目中。公司的账户及私人账户，其和范某某都会取现，但大部分是自己取。向吴某华的借款27.5万元，由范某某代写借条及收钱。庆元公司的会计工作由其和范某某完成，没有出纳，有时由范某某完成这项工作。2008年2月、3月，庆元电脑店的会计工作，其有空从丽水回庆元时就自己做，记账凭证由范某某装订。

被告人范某某供述证实，帮助项某某向其亲戚借款，同时向别人借款时出具借条，如吴某华；在公司参与经营，打款、收账等有关会计出纳的事项。

（2）被害人陈述

被害人吴某、吴某某、李某某等30余人陈述证实，项某某以做电脑生意为名向他们借款的数额及利息支付等情况。其中部分被害人指证范某某知情并有出具借条、签名、盖章、收钱等帮助行为：被害人叶某某证实在项某某向其借钱时，由范某某收钱及出具借条。被害人周某某证实将2.8万元交给范某某，由范某某出具借条。被害人胡某某证实将自己的3万元及金某某1.3万元、胡某某2.2万元交给项某某时，项打电话叫来范某某，范某某到办公室在借条上加盖财务章和庆元恒鹰数码有限公司的公章。被害人叶某某证实2007年3月8日有一次将1万元借给项某某，由范某某收并代项某某出具借条。被害人柳某某、胡某某证实2008年6月3日胡某某将4万元借给项某某时，借条先由范某某签字，后由项某某签字。被害人吴某某证实其借钱给项某某，每次借条由范某某出具，2008年6月27日，范某某重新换写两张借条给其，金额为27.5万元。

（3）借条等书证

证实两被告人向各被害人借款的时间、数额、还款、利息等的约定情况。周某某的3张借条共11万元、叶某某的1张借条5万元、胡某某的1张借条4万元，系范某某与项某某共同出具的借条，周某某2.8万元、吴某华的2张借条共27.5万元系范某某单独出具的借条。相关的银行凭证证实，项某某、范某某相关银行账户的往来款情况。有关清单证实，陈某某、杭州金穗公司从项某某的公司领取电脑等物的情况。

（4）证人证言

证人吴某、叶某某、范某某、姚某某、吴某某、翁某某证言证实，项某某向他们借款的时间、数额、利息约定等，后已归还。证人翁某某证言还证实，其将4万元现金借给项某某时，借款协议是项某某写的，公章是项某某老婆盖的。证人姚某某证言还证实，其到项某某办公室收取利息时，由项某某老婆经手。

3. 认定上述事实3的证据：

（1）书证

公司相关的明细账及凭证、税务机关的检查签证及工作底稿、纳税申报表、丽水市国家税务局稽查局有关项某某范某某涉税案件的检查报告等证实，税务申报情况及逃税的数额。

（2）被告人供述

被告人项某某对通过少申报销售额，或少开发票的形式来逃税的犯罪事实供认不讳，所供与上述证据反映的情况相符。但供述范某某不知逃税一事，纳税申报的材料是其算出数字由范某某或公司的其他人员交到税务师事务所。

被告人范某某供述，证实其2006年年底开始帮项某某在庆元的电脑店做一些管理工作，2007年帮项某某将原来的账目凭证重新分科目输入电脑软件。2007年合伙股东退出，其成为股东，协助项某某做好电脑店的财务会计管理工作。根据项某某要求填好税务申报表数据，并将发票等财务资料送到税务师事务所代理记账，再到中行缴款，由中行扣除电脑公司的税款。杭州、庆元公司的账其与项某某可以操作。账目内容真实，数据准确。杭州办事处的账由其输入电脑做入庆元公司。

（3）证人证言

证人叶某某证言证实，2007年1月至2008年10月在项某某开的庆元电脑店，协助项某某的弟弟项某东做好店面管理和营销工作，主要负责店面零售。项某某负责电脑的采购，一般在丽水，财务由范某某负责，公司的发票（普通增值等）由范某某与陈某玲开，陈某玲也是根据范某某的交代开。相关的凭证都交给范某某由其统一做账。公司的纳税申报主要是范某某自己到税务机关申报，有时收银员会受范某某交代代范某某送票去申报。

证人叶某某证言证实，其系诚信税务师事务所的外聘兼职人员，所里安排其从2007年初至2008年8月为项某某的恒鹰电脑公司代理记账，庆元公司增值税发票的开具认证都是范某某的名字，其根据范提供的增值税专用发票记账联及普通发票及财务票据入账，生成报表，再由公司自己去交税，其记账的财务资料都是范某某交给其的，其与项某某没有联系，都与范某某联系。

证人周某某证言证实，丽水公司的采购由项某某负责，账册、财务电脑等东西经项某某交代由其保管，后交了给公安机关。

证人黄某某证言证实，2007年11月至2008年4月其在公司任会计，证实达商公司有两套账：一套是真实的账；一套是有开发票的账，以开具的发票入账，少于实际销售收入，进行纳税申报，造成少纳税。按项某某指示开增值税发票，有虚开发票的情况。杭州办事处的并账是范某某叫其做的。

证人柳某某证言证实，2007年5月其到达商公司任会计。范某某会打电话与其核对货款往来情况。因其不能了解公司的往来款情况，于11月月底离开。纳税申报的材料是根据项某某的要求提供。公司根据项某某的意图有内外两套账。

证人蔡某某证言证实，2008年3月至10月在达商公司任会计，有部分销售没有发票。公司是按开发票的销售额进行纳税申报，项某某要求超过负税率的就在下个月进行申报。申报材料要经请示项某某同意才能申报。

4. 认定上述事实4的证据：

（1）书证

浙江恒鹰电脑有限公司开给丽水市极点数码有限公司的三份增值税专用发票，丽水市快威恒鹰电脑科技有限公司开具给丽水市极点数码有限公司、杭州市升阳计算机系统工程有限公司的12份增值税专用发票、相关极点数码公司、升阳公司增值税专用发票的认证结果清单及通知书证实，虚开的时间、销售额、税额、单位等情况。

网上银行记账通知、电汇凭证证实，上述两家公司之间的往来款情况。

逃税比率计算表证实，浙江恒鹰电脑有限公司2004年至2008年6月，每年的逃税比例分别为73.88%、76.51%、55.41%、96.94%、88.33%；浙江达商电脑有限公司2007年5月至2008年6月，每年的逃税比例分别为85.33%、82.90%。

（2）证人证言

证人侯某证言证实，丽水市极点数码有限公司与项某某的浙江庆元恒鹰数码有限公司、丽水市快威恒鹰电脑科技有限公司无真实货物交易，通过发货款给庆元公司，而取得增值税发票5张，后货款退回，并将发票用于抵扣税款。

证人朱某证言证实，杭州升阳计算机系统工程有限公司与项某某的丽水市快威恒鹰电脑科技有限公司无真实货物交易。但虚开了10份增值税专用发票，用于抵扣税款。

证人毛某某证言证实，2008年11月范某某离开庆元，2009年春节前，范某某以在外地生活比较困难为由向其借了5000元人民币。

（3）其他证据

归案经过及被告人项某某、范某某的供述证实两人的归案情况。

四、判案理由

被告人项某某、范某某未经中国人民银行批准，以个人名义，以做电脑生意为由向社会不特定公众吸收存款共计人民币 626.8 万元，主要用于公司的电脑项目经营活动，因经营亏损无力归还 541.756 万元，数额巨大，后果严重，严重影响社会稳定，其行为均已构成非法吸收公众存款罪。被告人项某某、范某某在经营公司期间采用欺骗、隐瞒的手段进行虚假纳税申报，数额巨大，其行为均已构成逃税罪。被告人项某某经营公司期间在无货物购销情况下，为他人虚开增值税专用发票，数额较大，其行为已构成虚开增值税专用发票罪。

五、定案结论　　　　　　　　　　　　　　　>>

浙江省丽水市中级人民法院根据《中华人民共和国刑法》第 176 条第 1 款、第 201 条、第 205 条第 1 款和第 4 款、第 25 条第 1 款、第 26 条、第 27 条、第 67 条、第 69 条、第 52 条、第 64 条之规定，判决如下：

1. 被告人项某某犯非法吸收公众存款罪，判处有期徒刑 5 年，并处罚金人民币 10 万元，犯逃税罪，判处有期徒刑 4 年，并处罚金人民币 20 万元；犯虚开增值税专用发票罪，判处有期徒刑 3 年，并处罚金人民币 5 万元；数罪并罚，决定执行有期徒刑 10 年，并处罚金人民币 35 万元；

2. 被告人范某某犯非法吸收公众存款罪，判处有期徒刑 1 年 6 个月，并处罚金人民币 5 万元；犯逃税罪，判处有期徒刑 1 年 6 个月，并处罚金人民币 5 万元，数罪并罚，决定执行有期徒刑 2 年，并处罚金人民币 10 万元；

3. 赃款继续追缴，返还被害人。

六、法理解说　　　　　　　　　　　　　　　>>

非法吸收公众存款罪和集资诈骗罪都属于非法集资类犯罪，前者规定在破坏金融管理秩序罪一节，后者规定在金融诈骗罪一节，是否具有非法占有为目的是区分两罪的关键所在。非法吸收公众存款罪和集资诈骗罪的量刑幅度差异很大，前者最高 10 年有期徒刑，后者最高可以达到死刑。非法吸收公众存款罪与集资诈骗罪在犯罪构成上存在许多重合之处，都是向社会不特定公众筹集资金，都破坏了金融管理秩序。两者的区别主要表现在犯罪的主观故意不同，集资诈骗罪是行为人采用虚构事实、隐瞒真相的方法意图永久非法占有社会不特定公众的资金，具有非法占有的主观故意；而非法吸收公众存款罪行为人只是临时占用投资人的资金，行为人承诺而且也意图还本付息。在集资诈骗罪中，行为人也往往承诺归还本金并许以高额利息或者其他名义的回报，但这只是行为人实施诈骗的手段，并不打算真正还本付息。非法吸收公众存款罪的行为人也往往没有归还投资人的本息，造成投资人损失，但这往往是行为人经营失败造成的，并非行为人的本意。所以，对非法吸收公众存款罪和集资诈骗罪，要透过现象看本质，分析行为人究竟有没有非法占有的目的。本案中被告人项某某、范某某从起诉时的集资诈骗罪到判决时非法吸收公众存款罪，争议的焦点在于两名被告人对于集资款是否具有非法占有的目的。

司法实践中对于如何区分非法吸收公众存款罪和集资诈骗罪难点较多，主要集中在非法占有为目的主观故意的认定上。最高人民法院于 2010 年 12 月 13 日公布了《关于审理非法集资刑事案件具体应用法律若干问题的解释》（以下简称《2010 解释》），该解释第 4 条在最高人民法院《关于审理诈骗案件具体应用法律的若干问题的解释》、《全国法院审理金融犯罪案件工作座谈会纪要》等相关规定的基础上，结合当前审判工作实际，规定了："（一）集资后不用于生产经营活动或者用于生产经营活动与筹集资金规模明显不成比例，致使集资款不能返还的；（二）肆意挥霍集资款，致使集资款不能返还的；（三）携带集资款逃匿的；（四）将集资款用于违法犯罪活动的；（五）抽逃、转移资金、隐匿财产，逃避返还资金的；（六）隐匿、销毁账目，或者搞假破产、假倒闭，逃避返还资金的；（七）拒不交代资金去向，逃避返还资金的；（八）其他可以认定非法占有目的的情形等可以认定为以非法占有为目的的具体情形。"适用本条规定时，应注意以下几个问题：

第一，非法占有目的的认定原则。认定是否具有非法占有目的，应当坚持主客观相一致的原则，既要避免以诈骗方法的认定替代非法占有目的的认定，又要避免单纯根据损失结果客观归罪，同时也不能仅凭行为人自己的供述，而是应当根据案件具体情况具体分析。对于因经营不善、市场风险等意志以外的原因，造成较大数额的集资款不能返还的，不应当认定为集资诈骗罪；对于行为人使用诈骗方法非法集资，具有《2010 解释》规定情形之一，致使数额较大集资款不能返还或者逃避返还，即使行为人不予供认的，也可以认定为集资诈骗罪。

第二，对明知没有归还能力的理解。司法实践中对于《全国法院审理金融犯罪案件工作座谈会纪要》中规定的明知没有归还能力掌握有一定难度，《2010 解释》第 4 条第 1 项将之修改规定为："集资后不用于生产经营活动或者用于生产经营活动与筹集资金规模明显不成比例"，该项规定实际上是对明知没有归还能力的具体化。对于规定中的生产经营活动与筹集资金规模明显不成比例，有意见指出该表述不够明确，实践中操作上仍有困难，建议修改为仅将少量资金（或者小部分资金）用于生产经营活动。但实践中的情况较为复杂，修改建议的表述较为具体，便于实践操作，缺点是过于绝对，而将集资规模与生产规模联系起来，通过比例关系进行分析判断更具科学性和包容性。对于将后期所集资金主要用于支付前期本金和高额回报的情形，是否可以直接推定为以非法占有为目的。"以新还旧"、"以后还前"确实可以初步断定最终不具有归还能力，但其不具有归还能力的根本原因不在于是否支付本息，而是没有具体的生产经营活动，对此，完全可以认定为以非法占有为目的。同时，支付本息是非法集资的一个基本特征，在一定意义上，按期支付本金和高额回报反而有可能说明行为人主观上没有非法占有目的，容易引起不必要的误解，没有必要将此种情形加以规定。

第三，关于肆意挥霍的理解。首先，这是一个度的把握问题。行为人将大部分资金用于投资或生产经营活动，而将少量资金用于个人消费或挥霍的，不应仅以此认定具有非法占有的目的。这也是《2010解释》强调"肆意"二字的本意所在。其次，挥霍通常指的是消费性支出。实践中存在一些挥霍性投资的情形，对此需要具体情况具体分析。如行为人仅将投资行为作为对外宣传等行骗手段，投资行为纯属消耗性，行为人也不指望从该投资行为获取收益的，可以视为挥霍。

第四，关于携带集资款逃匿的理解。首先，逃匿包含逃跑和藏匿双重含义。以往司法解释中均表述为逃跑，《2010解释》规定为逃匿，意在突出行为人逃避刑事追究的一面，避免不加区分地将各种逃跑的情形一概作集资诈骗处理。其次，逃匿必须与携款联系起来进行综合分析。逃匿可能出于躲债、筹资等多种原因，只有携款潜逃的，才足以说明行为人具有拒绝返还集资款的主观目的。

第五，关于将集资款用于违法犯罪活动的理解。《2010解释》起草过程中有意见指出，用于违法犯罪活动与非法占有目的没有必然联系，建议删去。但将用于违法犯罪活动作为认定非法占有目的的一种情形，主要是基于政策考虑所作出的一种法律上的拟制，以体现从严打击的需要。

第六，关于拒不交代资金去向的理解。实践中行为人拒不交代资金去向的情形较为突出，此种情形已经明显反映出非法占有的主观故意，为了从严打击此类犯罪分子，尽可能地挽回集资群众的经济损失，故《2010解释》增加此种情形的规定。

回到本案中，被告人项某某、范某某的借款对象大部分是曾经的同事、朋友，曾经的同事不同于其公司的职工，朋友也大部分是因业务关系而认识，系一般的朋友，部分借款系通过这些同事、朋友进行延伸向其他人所借，属于向社会不特定公众筹集资金。被告人项某某2004年至2008年10月，经营浙江恒鹰电脑有限公司（包括前身）、浙江达商电脑有限公司（包括前身）期间，以个人名义，以做电脑生意为由，采用出具借条的方式，以月息 10‰ ~ 20‰ 向吴某、吴某明、李某华等 37 位不特定社会公众非法吸收存款共计人民币 626.8 万元，此笔资金除用于支付利息和归还部分本金外（支付利息 73.289 万元、归还本金 13.8 万元、未归还数额为 541.756 万元），主要用于上述公司的经营，但由于公司经营不擅，导致严重亏损，从而导致项某某没有能力兑付到期本息。期间，被告人范某某为项某某非法吸收公众存款提供帮助。由于项某某将借款主要用于公司经营上，不具有《2010 解释》第 4 条规定的情形之一，无法认定其主观上具有非法占有的目的。

综上，被告人项某某、范某某以承诺还本分红或者付息的方法，向社会不特定对象筹集资金，主要用于公司的生产经营活动，主观上没有非法占有借款的故意，因经营亏损而未能及时兑付本息，未归还的数额达 500 余万元，后果严重，严重影响社会稳定，符合非法吸收公众存款罪的构成要件，对项某某、范某某应当以非法吸收公众存款罪定罪处罚。检察机关指控两名被告人犯集资诈骗罪的罪名不当。浙江省丽水市中级人民法院对被告人项某某、范某某的非法吸收公众存款的定性是正确的。

（案例提供：浙江省丽水市人民检察院；整理人：蔡永成）

十、伪造、变造金融票证罪

案例 25：徐某某伪造金融票证、票据诈骗案

——伪造金融票证罪的构成要件及对"伪造"行为的理解等

一、基本情况

案　由：伪造、变造金融票证，票据诈骗

被告人：徐某某，女，汉族，1986 年 5 月 17 日出生，中专文化，农民，户籍所在地上海市青浦区朱家角镇，住上海市松江区方舟园某号，2010 年 5 月 6 日因本案经检察机关决定取保候审。

二、诉辩主张

（一）人民检察院指控事实

人民检察院在起诉中指控的主要犯罪事实如下：

1. 2009 年 3 月至 7 月，徐某某从他人处获取空白支票 5 张，然后自己填写金额及出票日期等记载事项，并且私自加盖与预留印鉴不符的出票人印章。徐某某明知上述支票印鉴不符且无法兑现，为了拖延归还所欠货款及个人借款，仍将其支付给郑某某、花某某、黄某某、孙某某，支票总额为 24 万元人民币，后徐某某支付给郑某某、黄某某、孙某某的支票先后遭银行退票。

2. 2009 年 6 月下旬，徐某某将上海某涂装设备厂出具给其的一张上海农村商业银行支票上小写金额 2 万元涂改为 5 万元，并将该支票支付给被害人陈某某，以兑换现金的方式，从陈某某处骗得 2 万元。

据此，人民检察院指控被告人徐某某的行为构成伪造金融票证罪和票据诈骗罪。

（二）被告人辩解及辩护人辩护意见

被告人徐某某对当庭出示、宣读的证据未提出异议，亦无证据提供。

辩护人亦无相应辩护意见。

三、人民法院认定事实和证据　　　　　　　　>>

（一）认定犯罪事实

法院经公开审理查明：

2009 年 3 月至 7 月，徐某某从他人处获取空白支票 5 张，然后自己填写金额及出票日期等记载事项，并且私自加盖与预留印鉴不符的出票人签章。徐某某明知上述支票印鉴不符且无法兑现，为了拖延归还所欠货款及个人借款，仍将其支付给郑某某、花某某、黄某某、孙某某，支票总额为 24 万元人民币，徐某某支付给郑某某、黄某某、孙某某的支票先后遭银行退票。被告人徐某某到案后主动交代了公安机关尚未掌握的部分伪造金融票证的犯罪事实。2009 年 6 月下旬，徐某某将上海某涂装设备厂出具给其的一张上海农村商业银行支票上小写金额 2 万元涂改为 5 万元，并将该支票支付给被害人陈某某，以兑换现金的方式，从陈某某处骗得 2 万元。案发后，徐某某向司法机关退款 2 万元。

（二）认定犯罪证据

上述事实有下列证据证明：

1. 书证

（1）公安局出具的《案发经过》证实：抓获被告人徐某某的时间、地点及经过。

（2）中国工商银行股份有限公司某支行的查询存款/汇款通知书（回执）、中国农业银行股份有限公司某支行的查询存款/汇款通知书（回执）证实：徐某某曾开出支票，支票遭银行退票。

（3）支票存根联，支票、退票通知。

（4）公安局的扣押物品、文件清单。

（5）徐某某的户籍信息。

2. 鉴定意见

公安局物证鉴定中心鉴定书证实：上海某有限公司财物专用章及孙某某印与支票上的相应印文不符。

3. 被害人陈述及被告人供述

被害人陈某某的陈述，证实徐某某支付了一张由上海某涂装设备厂出票的金额 5 万元的上海农村商业银行支票，并以兑换现金的方式从其处骗的 2 万元，后该支票遭银行退票。

被告人徐某某的供述证实：其为拖延所欠款项，从他人处获取 5 张空白支票，填写金额及出票日期后，私自加盖了与预留印鉴不符的财务专用章及法人印章后支付给了债权人。其将 1 张上海农村商业银行支票上小写金额 2 万元元涂改为 5 万元后支付给陈某某，并以兑换现金的方式从陈某某处获得 2 万元。

4. 证人证言

证人郑某某、黄某某、汪某某、花某某、孙某某、孙某、张某、张某某的证言笔录，证明徐某某曾开出过 5 张支票，且遭到银行退票；支票上的印章与预留印鉴不符；上海某涂装设备厂给徐某某出具的上海农村商业银行的支票上未填写大写金额及出票日期，该支票遭到银行退票。

四、判案理由

法院认为，徐某某伪造多张支票，总面额 24 万元，其行为已构成伪造金融票证罪，依法应予惩处；同时徐某某以非法占有为目的，变造支票使用，进行金融票据诈骗活动，数额较大，其行为又构成票据诈骗罪，应该数罪并罚。鉴于徐某某到案后主动交代了司法机关尚未掌握的伪造金融票证罪的犯罪事实，属于交代同种罪行，酌情予以从轻处罚。检察机关指控被告人徐某某的犯罪罪名及关于数罪并罚、认定被告人属于交代同种罪行的公诉意见正确，予以确认。徐某某到案后认罪态度较好，酌情予以从轻处罚。

五、定案结论

人民法院根据《中华人民共和国刑法》第 177 条第 1 款第 1 项、第 194 条、第 52 条、第 53 条、第 69 条、第 72 条、第 64 条及最高人民法院《关于处理自首和立功具体应用法律若干问题的解释》第 4 条之规定，判决如下：

1. 被告人徐某某犯伪造金融票证罪，判处有期徒刑 1 年，并处罚金人民币 2 万元；犯票据诈骗罪，判处有期徒刑 2 年，并处罚金人民币 2 万元，决定执行有期徒刑 2 年 6 个月，缓刑 3 年，并处罚金人民币 4 万元；

2. 扣押在案的赃款人民币 2 万元发还被害人陈某某。

六、法理解说

伪造、变造金融票证罪，是指伪造、变造汇票、本票、支票、委托收款凭证、汇款凭证、银行存单及其他银行结算凭证、信用证或者附随的单据、文件以及伪造信用卡的行为。《刑法》第177条对此罪予以规定，意图禁止伪造、变造行为的出现，维护国家的金融管理秩序和国家机关的正常管理活动和声誉，保护公私财产权利不受侵犯。本罪是选择性罪名，只要针对上述金融票证实施了伪造或变造行为即构成犯罪。本罪系一般主体，行为人只要达到了刑事责任年龄，具有刑事责任能力就可能是本罪主体，单位也可以成为该罪的主体。从主观上看，成立本罪必须是故意，即明知自己伪造、变造金融票证会引起严重的危害后果，或者明知道伪造、变造行为不合法，仍然实施。本罪侵害的客体则是金融管理秩序，直接客体金融票证的管理制度。在客观方面，本罪表现为行为人或单位实施了伪造、变造金融票证的行为。需要注意的是金融票证的范围，本文认为除了刑法所举的和金融法律法规所明确规定的金融票证外，只有伪造、变造具有结算功能的其他的金融机构单据才能构成本罪，伪造、变造不具有结算功能的金融机构其他单据的不构成本罪。例如，伪造银行进账单的行为，因银行进账单只是银行告知客户已收到资金的凭证，并不具备结算的功能，客户凭银行进账单并不能提取账户内的资金，所以伪造银行进账单的行为不构成本罪。本案的被告人徐某某伪造多张支票，已构成伪造金融票证罪。

伪造金融票证罪的伪造行为可分为两种情况：其一是有形伪造，行为人没有金融票证制作权限，冒用或者虚构他人名义，擅自制造外观上足以使一般人误认为是真实的金融票证的行为；其二是无形伪造，行为人虽具有金融票证制作权，但是其超越权限，违背事实，制造内容虚假的金融票证。本罪中的变造，是指擅自对真实的金融票证进行加工，改变数额、日期或其他内容的行为。本案中，徐某某从他人处获得5张空白支票，自己填写金额及出票日期等记载事项后，私自加盖与预留印鉴不符的出票人签章，系无权限人假冒他人名义在票据上签章的行为，属于伪造票据。

《中华人民共和国票据法》第4条第2款规定，持票人行使票据权利，应当按照法定程序在票据上签章，并出示票据。据此可知，票据合法的签章使得票据产生金融票证的价值，没有合法签章的票据，不能使用，没有价值。行为人在空白的票据上加盖伪造的印章，伪造出票人的签章，出示票据，便可行使票据权利。因此，无权限人假冒他人或者以虚构人的名义签章的行为，也属于伪造票据的行为。伪造与变造的区别关键在于行为人是否变更票证的实质内容，不能仅看票证形式上是否真实。如若行为人伪造了票证的实质内容，即属于伪造票证行为；如果行为人变更了票证的原有实质内容，则属于变造票证行为。本案中，徐某某伪造他人签章，私自加盖在他人支票之上，并填写相关内容，法院认定其行为系伪造金融票证，定性是准确的。

票据诈骗罪，是指以非法占有为目的，利用金融票据进行诈骗活动，骗取数额较大财物的行为。根据《刑法》第194条第1款第1项规定，以非法占有为目的，明知是伪造、变造的汇票、本票、支票而使用，获取财物，数额较大的，构成票据诈骗罪。这里的使用，指的是按照票据的功能及其通常使用方式，将伪造、变造的票据作为真实的票据进行利用的行为。本案中，徐某某将一张票面金额为2万元的支票，涂改为5万元，将真实支票的票面金额进行涂改的的行为，属于变造支票，符合变造金融票证罪的构成要件。之后，其明知银行对于变造后的与出票事项记载不符的票据是不会予以承兑的，仍其将变造的支票支付给陈某某，以兑换现金的方式，从陈某某处骗得2万元现金，非法占有的目的十分清晰，符合票据诈骗罪的构成要件。徐某某的行为同时构成变造金融票证罪和票据诈骗罪，但由于其变造金融票证的目的是以现金承兑方式诈骗被害人钱款，故变造支票是手段行为，票据诈骗是目的行为，前后两罪存在刑法意义上手段和目的的牵连关系，应当按照牵连犯理论从一重罪处罚。比较变造金融票证罪和票据诈骗罪的刑法规定，可以看到两罪的法定刑非常相近，仅仅在罚金刑设置上，变造金融票证罪有一个"或单处罚金"的规定，而票据诈骗罪只有"并处罚金"的规定，故后罪比前罪更重。因此，法院最终判处票据诈骗罪是正确的。

本案中，徐某某到案后如实交代了司法机关尚未掌握的部分伪造金融票证的犯罪事实，法院认定属交代同种罪行，酌情予以从轻处罚。这是正确适用了最高人民法院《关于处理自首和立功具体应用法律若干问题的解释》的结果。该司法解释第4条规定，"被采取强制措施的犯罪嫌疑人、被告人和已宣判的罪犯，如实供述司法机关尚未掌握的罪行，与司法机关已掌握的或者判决确定的罪行属同种罪行的，可以酌情从轻处罚"。在本案中，徐某某虽然被动到案后如实交代了司法机关未掌握的犯罪事实，但因为其所交代的与司法机关查明的属同种事实，故根据该司法解释规定，不认定为自首，也不属坦白，仅作为酌情从轻处罚的量刑情节。这里又延伸出自首、准自首、坦白等法定量刑情节的认定问题：（1）自首包括一般自首和准自首，一般自首，是指犯罪以后自动投案，如实供述自己罪行的行为；准自首，是指被采取强制措施的犯罪嫌疑人、被告人或者正在服刑的罪犯，如实供述司法机关还未掌握的本人其他罪行的行为，这里的"其他"是指异种罪行而非同种罪行。一般自首与准自首的区别就在于投案是否主动，只要主动投案，即便供述的是司法机关已掌握的犯罪事实，也不影响一般自首认定。（2）坦白，是指犯罪人被动归案后，如实交代自己被指控的犯罪事实的行为。坦白与一般自首的主要区别在于是否自动投案，一般自首时犯罪人主动投案，如实供述自己的犯罪事实；坦白则是被动投案，供述被指控的犯罪事实。坦白与准自首的主要区别在于是否如实供述司法机关还未掌握的本人其他罪行，如实供述司法机关已经掌握的罪行，为坦白，如实供述司法机关未掌握的异种罪行，则为准自首。本案中徐某某对于司法机关指控的犯罪事实如实供述的行为就属于坦白。

综观全案事实，法院根据《刑法》第 177 条第 1 款第 1 项、第 194 条、第 52 条、第 53 条、第 69 条、第 72 条、第 64 条、最高人民法院《关于处理自首和立功具体应用法律若干问题的解释》第 4 条之规定，认定徐某某构成伪造金融票证罪和票据诈骗罪，认定其具有自首情节，决定执行有期徒刑 2 年 6 个月，缓刑 3 年，并处罚金人民币 4 万元，体现了《刑法》第 5 条规定的罪责刑相适应原则，是正确的。

（整理人：徐孝帅）

案例 26：张某某金融凭证诈骗、伪造金融票证、伪造国家机关证件、印章案

——伪造金融票证罪与相关罪名的罪数关系等

一、基本情况

案　由： 金融凭证诈骗、伪造金融票证、伪造国家机关证件、印章

被告人： 张某某，男，汉族，1961 年 11 月 9 日出生，高中文化，无业，户籍所在地上海市奉贤区某农场，住上海市闵行区纪王镇纪高路某弄。2009 年 3 月 25 日因本案经人民检察院批准，由公安机关执行逮捕。

二、诉辩主张

（一）人民检察院指控事实

检察机关在起诉中指控的主要犯罪事实如下：

1. 2007 年 11 月，被告人张某某将一张伪造的户名为自己的，金额为人民币 10 万元的中国银行定期存单作抵押，先后从被害人张某某处骗得 12000 元人民币。

2. 2008 年 3 月到 6 月，被告人张某某将一张伪造的金额为 10 万元的中国银行储蓄存单作抵押，先后从被害人彭某某处骗得人民币 1.3 万余元。

3. 2008 年 6 月到 8 月，被告人张某某将一张伪造的户名为自己的，金额为 5 万元的中国农业银行储蓄存单，及伪造的上海市房地产权证作抵押，从被害人蒋某某处骗的人民币 6800 元。

4. 2007 年 10 月至 2008 年 3 月，被告人张某某先后伪造了面额为 15 万元、户名为自己的中国农业银行储蓄存单，面额为 10 万元的、户名为自己的中国建设银行储蓄存单，面额为 17 万元、户名为张某某的中国工商银行储蓄存单。

5.2008 年 4、5 月间，被告人张某某通过他人，先后伪造了户主姓名为自己的上海市普陀区兰溪路 450 弄 250 号 202 室的居民户口簿，以及权利人为自己的兰溪路 450 弄的上海市房地产权证。

此外，张某某 2000 年因为介绍卖淫罪被判处有期徒刑 6 年 6 个月，2006 年 4 月 13 日刑满释放。张某某于 2008 年 1 月 17 日主动到案，如实供述了自己利用伪造的银行储蓄存单等凭证骗取钱款的主要犯罪事实。

据此，检察院指控被告人张某某构成金融凭证诈骗罪、伪造金融票证罪和伪造国家机关证件、印章罪；同时认为张某某系累犯，对部分犯罪有自首情节。

（二）被告人辩解及辩护人辩护意见

被告人张某某对当庭出示、宣读的证据未提出异议，亦无证据提供。

辩护人亦无辩护意见。

三、人民法院认定事实和证据　　　　　　　　　>>

（一）认定犯罪事实

法院经公开审理查明：

1.2007 年 10 月至 2008 年 3 月，被告人张某某先后伪造了面额为 10 万元、户名为自己的中国银行定期存单一张，户名为自己、金额分别为 15 万元及 5 万元的中国农业银行储蓄存单各一张，户名为张某某、金额为人民币 17 万元的中国工商银行储蓄存单一张，面额为 10 万元的、户名为自己的中国建设银行储蓄存单一张。

2.2007 年 11 月，被告人张某某以看病为由借款，将一张伪造的户名为自己的，金额为人民币 10 万元的中国银行定期存单作抵押，先后从被害人李某某处骗得 1.2 万元人民币。

3.2008 年 3 月到 6 月间，被告人张某某以借钱为名，将一张伪造的金额为 10 万元的中国银行储蓄存单作抵押，先后从被害人彭某某处骗得人民币 1.3 万余元。

4.2008 年 6 月到 8 月间，被告人张某某以借钱为名，将一张伪造的户名为自己的，金额为 5 万元的中国农业银行储蓄存单，及伪造的权利人为自己的、坐落于上海市奉贤区五四农场洪卫港新村和上海市兰溪路 1355 弄的上海市房地产权证作抵押，从被害人蒋某某处骗得人民币 6800 元。

5.2008 年 6 月下旬，被告人张某某因欠李某某钱无力归还，将一本伪造的户主为自己的、住址为上海市兰溪路 450 弄的居民户口簿及同一地址的上海市房地产权证作为抵押搪塞李某某的催款。

案发后，张某某于 2008 年 1 月 17 日主动到公安机关，如实供述了自己利用伪造的银行储蓄存单等凭证骗取被害人钱款的主要犯罪事实。

（二）认定犯罪证据

上述事实有下列证据证明：

1. 书证

（1）公安局扣押物品清单、证明、伪证没收凭证。

（2）公安局调取证据通知书、清单。

（3）被告人曾被判处刑罚的刑事判决书及刑满释放证明。

（4）上海市房地产登记册房屋状况及产权人信息、样章。

2. 鉴定意见

相关银行、公安机关及房地产交易中心出具的鉴定证明证实：本案的相关银行存单、户口簿及房地产权证书均系伪造。

3. 被害人陈述及被告人供述

被害人张某某、彭某某、蒋某某的陈述，证实张某某的诈骗事实；被告人张某某供述，对于其以上所被指控犯罪事实均无异议，并如实交代了自己的一些主要犯罪事实。

4. 证人证言

证人李某某、张某某、王某某、黄某等人的证言，证明张某某的诈骗事实。

四、判案理由 　　　　　　　　　　　　　　　　　　　　　》》

法院认为，被告人张某某以非法占有为目的，使用伪造的银行储蓄存单骗取他人财物，数额较大，依法应予惩处；同时被告人张某某伪造国家机关证件及印章，其行为已构成伪造国家机关证件、印章罪。被告人张某某先后通过他人伪造了 6 张银行储蓄存单等凭证，并将其中的 3 张银行储蓄存单等凭证用于诈骗活动，由于被告人张某某伪造金融票证是手段行为，其目的是诈骗，两者之间存在牵连关系，属于牵连犯罪，应按照"从一重罪处断"的原则，在伪造金融票证罪与金融凭证诈骗罪之间从一重罪即金融凭证诈骗罪处罚，对检察机关指控的被告人张某某犯伪造金融票证罪不予认定。被告人张某某案发后先后至公安机关如实供述了利用伪造的银行储蓄存单等凭证骗取被害人钱款的主要犯罪事实，依法认定为金融凭证诈骗罪为自首，可以从轻处罚。被告人张某某在有期徒刑刑罚执行完毕后五年内，又犯应当判处有期徒刑以上刑罚，系累犯，应当从重处罚。公诉人的相关公诉意见，合法有据，予以采纳，被告人张某某在庭审中自愿认罪，酌情从轻处罚。

五、定案结论

　　人民法院依据《中华人民共和国刑法》第 194 条、第 280 条第 1 款、第 69 条、第 67 条第 1 款、第 65 条第 1 款、第 53 条、第 64 条以及最高人民法院《关于处理自首和立功具体应用法律若干问题的解释》第 1 条之规定，判决如下：

　　1. 被告人张某某犯金融凭证诈骗罪，判处有期徒刑 3 年 3 个月，并处罚金人民币 2 万元；犯伪造国家机关证件、印章罪，判处有期徒刑 6 个月，决定合并执行有期徒刑 3 年 6 个月，并处罚金人民币 2 万元；

　　2. 责令被告人退缴违法所得后分别发还被害人。

六、法理解说

　　本案被告人先后实施了伪造国家机关证件、印章、伪造金融票证和金融凭证诈骗的行为，检察机关以金融凭证诈骗罪、伪造金融票证罪和伪造国家机关证件、印章罪三罪对被告人提起公诉，但法院仅以金融凭证诈骗罪、伪造国家机关证件、印章罪作出判决，未认定伪造金融票证罪，存在一定争议。

　　伪造国家机关公文、印章罪，是指伪造国家机关公文、印章的行为。伪造金融票证罪，是指伪造汇票、本票、支票、委托收款凭证、汇款凭证、银行存单及其他银行结算凭证、信用证或者附随的单据、文件以及伪造信用卡的行为。金融凭证诈骗罪，是指以非法占有为目的，使用伪造、变造的委托收款凭证、汇款凭证、银行存单、其他银行结算凭证，骗取财物数额较大的行为。实践中，这三个行为经常会有两个，或者三个一起出现在同一案件中。虽然三罪在构成要件上差异较大，似易于分辨，但由于三罪之间存在的一定的牵连关系，认定一罪，还是数罪，经常会困扰司法实务工作者。本案就是一起较为典型的案件。

　　本案中，被告人张某某实施了三种性质的行为：一是先后伪造了 6 张共计面额人民币 57 万元银行存单；二是将其中三张伪造的存单分别质押给他人，骗得人民币 3 万余元；三是伪造户口簿和房产证，并用以搪塞其他债权人。三种行为中，因银行存单系《刑法》第 177 条第（2）项规定的其他银行结算凭证，被告人伪造了 57 万元的银行存单，数额已达到最高人民检察院、公安部规定的"总面额一万元以上或者数量在十张以上的"追诉标准，被告人的第一种行为构成伪造金融票证罪。被告人使用伪造的银行存单骗取钱款 3 万余元的行为，符合《刑法》第 194 条第 2 款"使用伪造、变造的委托收款凭证、汇款凭证、银行存单等其他银行结算凭证"骗取财物的规定，且数额较大，已构成金融凭证诈骗罪。户口本和房产证均系国家机关颁发的证件，被告人的伪造户口本和房产证的行为也已构成伪造国家机关证件、印章罪（户口本和房产证上公安机关、房屋管理部门的印章系伪造）。

法院判决认为，"被告人张某某先后通过他人伪造了 6 张银行储蓄存单等凭证，并将其中的 3 张银行储蓄存单等凭证用于诈骗活动，由于被告人张某某伪造金融票证是手段行为，其目的是为了诈骗，两者之间存在牵连关系，属于牵连犯罪，应按照"从一重罪处断"的原则，在伪造金融票证罪与金融凭证诈骗罪之间从一重罪即金融凭证诈骗罪处罚，对检察机关指控的被告人张某某构成伪造金融票证罪不予认定"，从而未认定被告人张某某的伪造金融票证罪，本文认为是值得商榷的。

一般认为，牵连犯是指以实施某一犯罪为目的，而其犯罪的手段行为或者结果行为又触犯了其他罪名的情形。[1] 成立牵连犯，应当具备以下几个条件：第一，行为人实施了数个犯罪行为，是实质的数罪。实施一个犯罪行为触犯多个法条的，是想象竞合或法条竞合，不属于牵连犯。第二，数个犯罪行为触犯的是不同罪名。数个行为触犯同一罪名的不是牵连犯，而是连续犯或持续犯。第三，数个行为之间必须具有牵连关系。这是牵连犯的最本质特征，不存在牵连关系的数个行为成立数罪，不是一罪。所谓牵连关系，是指行为人所实施的数个犯罪行为之间具有手段与目的或者原因与结果的密切关系。就本案而言，金融凭证诈骗罪的法条之中就规定了该罪是使用伪造的金融凭证骗取他人财物的行为，为实现诈骗目的，必然会有伪造金融凭证的行为。因而，伪造金融凭证行为和金融凭证诈骗行为之间存在着紧密的关联，前者是手段行为，后者是目的行为，二者之间成立牵连犯。法院判决适用牵连犯的刑法理论是准确的。问题是，本案中被告人所实施的所有伪造金融凭证的行为并非全部与其实施的金融凭证诈骗的行为相牵连。被告人共伪造了 6 张银行存单，使用其中的 3 张骗得钱款 3 万余元。根据牵连犯原理，被告人伪造这 3 张银行的行为，分别与其实施的 3 次金融凭证诈骗的行为形成牵连关系，应当择一罪，即金融凭证诈骗罪，从重处罚。但法院判决中，将被告人所有伪造金融凭证的行为都视为金

---

① 陈兴良：《刑法适用总论（上卷）》，法律出版社 1999 年版，第 696 页；吴振兴：《罪数形态论》，中国检察出版社 1996 年版，第 274 页。

融凭证诈骗罪的手段行为却是不恰当的。如前所述，牵连犯是数个不同类犯罪行为之间存在手段与目的或原因与结果的关系。本案中被告人伪造未使用的其他3张银行存单的行为与被告人金融凭证诈骗的行为之间并无直接的关联。虽然我国刑法认定犯罪不是一行为一罪，而是将相同罪名的数个犯罪行为都认定为一罪，犯罪次数作为量刑情节，但不等于可将数个犯罪行为完全视为一次犯罪或是一个犯罪行为。数个相同罪名的犯罪行为认定为一罪，是处断上的一罪，实质上还是数罪，是数个行为。牵连犯是一个犯罪行为与另一个犯罪行为存在牵连关系，而非一个罪名与另一个罪名存在牵连关系。因此，本案中被告人伪造3张未使用银行存单的行为，与被告人金融凭证诈骗的行为之间并不存在牵连关系，不成立牵连犯，应当单独予以评价。被告人伪造3张银行存单，面额合计32万元，已达到追诉标准，应认定为伪造金融票证罪。

实践中，伪造印章与伪造金融凭证或票据之间；伪造印章或证件等与诈骗犯罪之间；伪造金融凭证或票据与金融诈骗之间，经常会出现牵连关系。我们要注意的是，在定罪时，既要对每个犯罪行为均给予刑法上的评价，不能遗漏，又要注意对同一性质的行为作整体评价，不能分割对待。同时，在量刑时，还需要关注被告人的罪刑是否相适应，不能出现畸轻，或者畸重的现象。

此外，对本案被告人的第三种行为，即从他人处获得财物之后，又将伪造产权证明或伪造的金融票证等权利凭证交给债权人进行所谓"抵押"、"担保"的行为性质如何认定，实践中也存在一定的争议。有观点认为这类行为应当以诈骗犯罪追究刑事责任，使用伪造票据的，认定票据诈骗罪；用伪造金融凭证的，认定金融凭证诈骗罪；使用伪造有价证券的，认定有价证券诈骗罪；使用其他产权证明的，认定为诈骗罪。对这一观点本文不能赞同，有两点理由：其一，诈骗罪是以非法占有为目的，采用虚构事实、隐瞒真相的方法骗取他人财物，数额较大的行为。诈骗罪中，虚构事实或隐瞒真相的诈骗行为应当是行为人在骗取财物之时，获得财物之前或者获得财物过程中实施。换言之，被害人是由于受到行为人诈骗行为的影响，出现错误认识后才将财物交给行为人的。因此，诈骗罪中的诈骗行为是事前行为，并非事后行为。行为人取得财物后，为拖延归款时间，搪塞债权人而实施的欺骗行为不能够成立诈骗犯罪。其二，行为人将伪造的票据、金融凭证、产权证明等交给债权人时，双方的债权并未消灭。行为人将这类权利凭证交给债权人只是用于所谓"抵押"或"担保"，来获得债权人对其还款能力的信任，而不是直接用于抵偿债务。需注意的是，这里的"抵押"或"担保"并不成立担保法中抵押或担保关系，仅是行为人事后的一种拖延与搪塞手段。因此，本文认为此类行为虽有欺骗性，但并未骗得财物，不构成诈骗犯罪。如果伪造相关权利凭证的行为已构成伪造金融票证、伪造国家机关公文等其他犯罪，可以相关罪名追究刑事责任。当然，取得财物后使用伪造权利凭证的行为在特殊情况下，也存在诈骗犯罪的可能。如果行为人使用伪造的权利凭证支付或者抵偿给债权人，意图使双方的债权债务关系从形式上予以解除，消灭债权，不再承担民事上的偿还责任时，可认定为诈骗犯罪。例如，将伪造票据、有价证券等交给债权人后，索回借据等借款凭证的，拒不归还借款的，应当认定为诈骗犯罪。

本案该节事实中，被告人的行为仅是事后对债权人的搪塞，因此不构成诈骗犯罪，但其伪造国家机关证件和公章的行为已构成伪造国家机关公文、印章罪，应当以该罪追究刑事责任。法院对被告人这一行为的定性是准确的。

（整理人：吴卫军　徐孝帅）

十一、妨害信用卡管理罪

案例27：谭某某妨害信用卡管理案

——妨害信用卡罪中持有伪造信用卡行为的认定

一、基本情况 >>

案　　由：妨害信用卡管理罪

被告人：谭某某（化名林某某），男，1972年6月23日出生，初中文化，无固定职业，住香港特别行政区九龙竹园（自报），2011年5月13日因本案经检察机关批准，由公安机关执行逮捕。

二、诉辩主张 >>

（一）人民检察院指控事实

检察机关在起诉中指控的主要犯罪事实如下：

2011年4月1日，被告人谭某某携带持卡人为LAM MAN WAI的8张伪造的信用卡，与张某一道，使用伪造的港澳居民来往内地通行证登记入住上海嘉汇华美达大酒店908、909房间，被告人谭某某实际入住909房间。次日，在公安人员核查入住人员身份信息时，谭某某将8张伪造的信用卡及伪造的香港永久性居民身份证、港澳居民来往内地通行证藏匿于所住房间的床垫下。据此，人民检察院指控被告人谭某某构成妨害信用卡管理罪。

（二）被告人辩解及辩护人辩护意见

被告人对当庭出示、宣读的证据未提出异议，亦无证据提供。

辩护人亦无相应辩护意见。

三、人民法院认定事实和证据

（一）认定犯罪事实

人民法院经公开审理查明：

2011 年 4 月 1 日，被告人谭某某携带持卡人为 LAM MAN WAI 的 8 张伪造的信用卡，与张某一道，使用伪造的港澳居民来往内地通行证登记入住上海嘉汇华美达大酒店 908、909 房间，被告人谭某实际入住 909 房间。次日，在公安人员核查入住人员身份信息时，谭某某将 8 张伪造的信用卡及伪造的香港永久性居民身份证、港澳居民来往内地通行证藏匿于所住房间的床垫下。

（二）认定犯罪证据

上述事实有以下证据证明：

1. 证人证言

（1）证人李某某、俞某证言证实：被告人谭某某入住上海嘉汇华美达大酒店 909 房间。

（2）证人孙某证言证实：其在打扫上海嘉汇华美达大酒店 909 房间时，在床垫下发现了名为林某某的身份证件和 8 张卡主为 LAM MAN WAI 的信用卡。

2. 书证、物证

（1）境外人员临时住宿登记单证实：中文姓名为林某某的香港居民于 2011 年 4 月 1 日登记入住上海嘉汇华美达大酒店 908 号客房。

（2）上海嘉汇华美达大酒店出具的情况说明证实：证人孙某在打扫上海嘉汇华美达大酒店 909 房间时，在床垫下发现了林某某的身份证件和 8 张卡主为 LAM MAN WAI 的信用卡。

（3）上海市公安局徐汇分局调取证据清单和信用卡、身份证件证实：公安机关从上海嘉汇华美达大酒店调取了署名为"林某某"的身份证件和 8 张卡主为 LAM MAN WAI 的信用卡。

（4）VISA 国际组织、美国万事达卡国际组织出具的证明证实：涉案 8 张信用卡均系万事达卡，在中国大陆无消费记录。

（5）查询存款/汇款通知书证实：林某某未在花旗银行（中国）有限公司开立账户，4 张涉案信用卡非该行账户。

（6）姓名为"林某某"的香港永久性居民身份证和港澳居民来往内地通行证证实：被告人谭某某化名林某某，以林某某的名字登记入住酒店。

（7）姓名为"谭某某"的香港永久性居民身份证和港澳居民来往内地通行证证实：被告人谭某某系香港永久性居民，出生于 1972 年 6 月 23 日。

（8）公安机关出具的工作情况证实：公安人员于 2011 年 4 月 2 日在上海嘉汇华美达大酒店 909 房间抓获谭某某。

（9）行政处罚决定书证实：被告人谭某某因使用伪造的证件被行政拘留10 日。

3. 被告人供述

被告人谭某某供述证实：其携带 8 张伪造的信用卡从深圳来到上海，以虚假的林某某身份登记入住上海嘉汇华美达大酒店 908 房间，实际住在 909 房间，并将伪造的信用卡藏匿于 909 客房的床垫下。

四、判案理由

人民法院认为，被告人谭某某明知是伪造的信用卡而持有，数量达 8 张，其行为已构成妨害信用卡管理罪，应予处罚。检察机关的指控成立。鉴于被告人谭某某到案后能如实供述自己的罪行，依法予以从轻处罚。

五、定案结论

人民法院根据《中华人民共和国刑法》第 177 条之一第 1 款第 1 项、第67 条第 3 款、第 53 条、第 64 条之规定，判决如下：

1. 被告人谭某某犯妨害信用卡管理罪，判处有期徒刑 2 年，并处罚金人民币 5 万元；

2. 缴获的作案工具予以没收。

六、法理解说

近年来，随着信用卡应用的普及，信用卡犯罪呈高发状态。虽然信用卡犯罪的核心行为和末端行为是信用卡诈骗，其直接危害性体现于信用卡诈骗对金融管理秩序及银行等金融机构资产的侵害，但由于信用卡的特殊性，围绕信用卡诈骗犯罪，产生了多种犯罪预备行为，形成了非法获取信用卡信息及公民身份信息资料、非法交易信用卡信息、空白信用卡制作、信用卡伪造、虚假身份申领信用卡、非法交易、运输、保管伪造和骗领的信用卡等多个犯罪环节，最终再实现信用卡诈骗犯罪。实践中，这些不法行为呈现出组织化、专业化、国际化的特点，且分工日益细化，各个环节常由犯罪分子分别实施，前后环节之间互不隶属，单线联系。《刑法》原有的信用卡诈骗罪和伪造信用卡行为以伪造金融票证罪追究刑事责任的规定，只能对使用和伪造信用卡环节的行为追究刑事责任，对其他环节查获的人员，如果作为信用卡诈骗或伪造金融票证共同犯罪追究，行为人之间的共同犯罪故意又很难查证。实践中，曾出现查获行为人持有大量伪造信用卡或者伪造空白信用卡的案件，因无法证明其实施了伪造或使用伪造信用卡行为，而难以追究其刑事责任。

为了打击此类犯罪行为，保障金融秩序，维护银行等金融机构及公民的合法利益，2005 年 2 月 28 日全国人大常委会颁布的《刑法修正案（五）》增设了第 171 条之一妨害信用卡管理罪和窃取、收买、非法提供信用卡信息罪。根据《刑法》第 177 条之一规定，具有"（一）明知是伪造的信用卡而持有、运输的，或者明知是伪造的空白信用卡而持有、运输，数量较大的；（二）非法持有他人信用卡，数量较大的；（三）使用虚假的身份证明骗领信用卡的；（四）出售、购买、为他人提供伪造的信用卡或者以虚假的身份证明骗领的信用卡的"，构成妨害信用卡管理罪。

本案被告人的行为属于明知伪造信用卡而持有，已触犯了《刑法》第 177 条之一第 1 款第 1 项的规定，构成妨害信用卡管理罪。认定"明知伪造信用卡而持有"行为，要求行为人客观上实施了持有伪造信用卡的行为，主观上明知持有的信用卡是伪造。我国刑法中有多个持有型犯罪的规定，例如，第 348 条非法持有毒品罪、第 172 条持有假币罪等。一般认为"持有"是持续地对特定物品进行支配、控制的状态，其内涵为"维持控制状态的行为"。[①] 司法实践中，对于"持有"的认定，并不要求控制和支配存在时间上的延续性和空间上的紧密性，只要事实上行为人控制和支配被禁止持有的物品即可以成立。换言之，成立"持有"不需要证明行为人何时、何地、以何种方式取得被禁止物品，只要证明被禁止物品处于行为人实际控制、支配的状态；也不要求行为人随身携带被禁止物品，只要证明被禁止物在行为人的意识支配下，处于其可控制、支配的范围。本案中，被告人将伪造的信用卡藏匿于所住房间的床垫下，实际控制着伪造的信用卡，属于《刑法》上的持有行为。

对于行为人主观上明知是伪造的信用卡的证明，应当结合信用卡自身的特点和理性正常人的认识能力来判断。信用卡系个人向银行等金融机构申领的可以用于支付钱款的信用凭证，卡面印制有持卡人的姓名，除亲属、委托等特殊情况外，个人一般只能持有自己名下的信用卡。一个正常人如果持有他人名下的信用卡，不能说明正当理由的，即可以证明行为人明知信用卡来源不法，而

---

① 吴靖宇：《妨害信用卡管理罪实务问题探析》，载《黑龙江省政法管理干部学院学报》2010 年第 9 期（总第 84 期），第 40 页。

成立非法持有信用卡犯罪。由于现实中信用卡的不法来源存在着伪造的信用卡和非法取得的他人信用卡两种情况，行为人主观上也会出现是明知持有伪造信用卡，还是他人信用卡的差异。区分两种不同情况，一般直接取决于持有信用卡自身的真伪，即以信用卡的真伪来认定行为人是属于持有伪造信用卡，还是非法持有他人信用卡。虽然这两种行为定罪标准有一定差异，这一观点可能有客观归罪之嫌，但司法实践中，持有型犯罪对行为人主观明知的要求，是一种概括性的故意，即明知持有物品的不法性，而不需要证明行为人明知持有物品具体属于何种不法类型。例如，非法持有毒品罪主观上只要求行为人认识到持有的是毒品，甚至仅要求证明行为人明知持有物品时非法物品即可，并不要求行为人清楚地知道自己持有的是何种毒品，但定罪量刑则以行为人持有毒品的实际品种为标准。因此，非法持有信用卡行为的主观明知类型，一般也应当由行为人实际持有信用卡的类型所决定，并以此适用不同的定罪标准。当然，如果行为人能够明确证明其主观上仅明知持有他人的信用卡，而不知道是伪造信用卡的，应当作为例外情况，仅认定其明知他人信用卡而非法持有。本案被告人实际持有伪造的信用卡 8 张，符合《刑法》第 177 条之一明知伪造信用卡而持有的规定。

对于《刑法》第 177 条之一第 1 款第 1 项适用，还需注意的是，持有伪造空白信用卡行为与持有伪造信用卡行为的区别。信用卡的实际可用性，取决于卡内储存的电子信息，而非常物理意义上存在的信用卡。因此，伪造的信用卡是指未经授权制作的写有可用性电子信息资料的信用卡；未经授权制作的仅有信用卡物理形态，没有写入可用性电子信息资料的信用卡就是伪造的空白信用卡。伪造的空白信用卡尚不能直接使用，需要进一步加工后才能形成伪造信用卡，持有伪造的空白信用卡的社会危害性明显低于持有伪造的信用卡。因此，《刑法》对持有、运输伪造的信用卡犯罪行为未作数额的规定，持有、运输一张伪造的信用卡即构成妨害信用卡管理罪，但对持有、运输伪造的空白信用卡则规定数量较大的才构成犯罪。根据 2010 年 5 月 7 日最高人民检察院、公安部《关于公安机关管辖的刑事案件立案追诉标准的规定（二）》和 2009 年 12 月 3 日最高人民法院、最高人民检察院《关于办理妨害信用卡管理刑事案件具体应用法律若干问题的解释》（以下简称《解释》）的规定，明知伪造信用卡持有、运输的行为和明知是伪造的空白信用卡而持有、运输，数量累计在 10 张以上的，均构成妨害信用卡管理罪。

《刑法》第 177 条之一规定，明知是伪造的信用卡而持有、运输的，处 3 年以下有期徒刑或者拘役，并处或者单处 1 万元以上 10 万元以下罚金；数量巨大或者有其他严重情节的，处 3 年以上 10 年以下有期徒刑，并处 2 万元以上 20 万元以下罚金。根据《解释》第 2 条的规定，明知是伪造的信用卡而持有、运输 10 张以上的，应认定为数量巨大。本案中被告人谭某某持有 8 张伪造的信用卡，尚未达到数量巨大标准，因此法院以妨害信用卡管理秩序罪，判处被告人谭某某有期徒刑 2 年，并处罚金人民币 5 万元，是准确的。

（整理人：陆　川）

案例28：张某某、朱某某信用卡诈骗、 妨害信用卡管理案

——伪造信用卡相关罪名的关系及实行犯 未到案情况下共同犯罪的认定

一、基本情况 >>

案　由：信用卡诈骗、妨害信用卡管理

被告人：张某某，男，马来西亚国籍，1976 年 12 月 14 日出生，高中文化，无业，住马来西亚吉隆坡市，暂住地广州市广州大道北某号，2009 年 9 月 18 日因本案经检察机关批准，由公安机关执行逮捕。

被告人：朱某某，男，马来西亚国籍，1980 年 10 月 13 日出生，初中文化，无业，住马来西亚 NO A12 TAMAN RUBY2700 JERANTUT PAHANG，2009 年 9 月 18 日因本案经检察机关批准，由公安机关执行逮捕。

二、诉辩主张 >>

（一）人民检察院指控事实

人民检察院在起诉中指控的主要犯罪事实如下：

2009 年 6 月起，被告人张某某、朱某某伙同他人，用非法获取的本市居民钱某某、王某某、贾某某等 58 人的中国招商银行、工商银行、光大银行、民生银行、交通银行、建设银行等信用卡磁条信息及密码制作而成伪造信用卡，指使同伙"黑皮"、"光头"（绰号，均另行处理）等人于 2009 年 6 月 16 日至同月 21 日间，在河南省郑州市、广东省深圳市等地的多家银行自动取款机上分 21 次进行提现，共获取人民币 105 万余元。2009 年 8 月 14 日公安机关又在张某某使用化名为"陈某某"的假香港居民身份证登记租住的广州市广州大道北××号××花园房内，查获记录有信用卡磁条信息及密码的空白卡面

伪造信用卡 3551 张及 ATM 机插卡槽等多种盗取银行卡信息的设备。据此，人民检察院指控被告人张某某的行为构成信用卡诈骗罪和妨害信用卡管理罪，朱某某的行为构成信用卡诈骗罪。

（二）被告人辩解及辩护人意见

被告人张某某否认实施检察机关指控之罪。张某某的辩护人在为其辩护中认为：检察机关指控张某某构成信用卡诈骗罪事实不清、证据不足；对于检察机关指控张某某构成妨害信用卡管理罪的事实无异议，但认为张某某未造成实施损害，请求法庭从轻处罚。

被告人朱某某及其辩护人对于检察机关指控构成信用卡诈骗罪均无异议，但认为朱某某是受人指使代为租房，仅参与实施三次望风行为，系从犯，请求法庭从轻处罚。

三、人民法院认定事实和证据　　　　　　　　　　>>

（一）认定犯罪事实

法院经公开审理查明：

2009 年 6 月中旬，被告人张某某、朱某某伙同"黑皮"、"光头"（绰号，均另案处理），用非法获取的上海市居民钱某某、王某某、贾某某等人的中国招商银行、工商银行、交通银行等信用卡磁条信息及密码制作的共 58 张伪造的信用卡，由"黑皮"、"光头"在河南省郑州市、广东省深圳市等地的多家银行 ATM 机上，通过直接提现或转入他人信用卡内后再提现的方法，共骗得人民币 93.5 万元。2009 年 8 月 14 日公安人员从张某某租住的房内查获有提款密码的伪造信用卡 3551 张、ATM 机插卡槽、磁条读写器等盗取银行卡信息的盗码装置及张某某持有的化名为"陈某某"的假香港身份证一张。

（二）认定犯罪证据

上述事实有下列证据证明：

1. 书证

（1）公安局搜查笔录、扣押物品清单证实：在张某某租赁的房间内查获信用卡 3551 张、ATM 机插卡槽等多种盗取银行卡信息的盗码装置。

（2）银行对账单证实：50 多名被害人的信用卡曾被他人提取现金，共计 93.5 万元。

（3）房屋租赁合同及名为"陈某某"的伪造香港身份证证实：公安机关查获的 3551 张信用卡存放的房屋是由张某某化名"陈某某"租赁的。

（4）房屋租赁合同、租房收据、名为"陈某某"的假香港证件记录证实：

朱某某曾在深圳、郑州租房，租借郑州一房屋时由张某某支付租金、定金，朱某某签订房屋租赁合同。

（5）两名被告人的护照及出入境记录查询表证实：两名被告人系马来西亚国籍及在我国的出入境情况。

2. 鉴定意见

上海某数据司法鉴定中心出具的司法鉴定证实：张某某所持有的3551张信用卡系伪造的银行卡；查获的磁条信息复制器和磁卡读写机，可以复制制作银行卡；查获的笔记本电脑硬盘内所含信息属于银行卡信息；本案所涉及的50张被提款的伪造信用卡原数据所在文件自该电脑中查获。

3. 被害人陈述及被告人供述

钱某某等50名被害人的陈述证实：他们的信用卡被他人提取现金。被告人张某某、朱某某到案后的供述证实：他们曾实施人民检察院所指控的行为。

4. 证人证言

证人朱某某、赵某某、赵某某、杨某、王某某等人的证词证实：张某某曾租赁有关房屋，屋内的三大箱物品是朱某某帮张某某一起搬来的，张某某和朱某某与"黑皮"、"光头"关系密切。

5. 视听资料

ATM机监控录像证实："黑皮"、"光头"等多次在郑州、深圳等地提取现金。

四、判案理由 　　　　　　　　　　　　　　　　　　》》

法院认为，被告人张某某、朱某某以非法占有为目的，伙同他人，通过使用伪造的信用卡取现的方法实施信用卡诈骗活动，其行为均已构成信用卡诈骗罪，且数额特别巨大；张某某还持有数量巨大的伪造的信用卡及ATM机插卡槽、磁条读写器等盗取信用卡信息的盗码设备，构成妨害信用卡管理罪。其中，被告人张某某应两罪并罚。根据相关证据发现，被告人张某某、朱某某及其辩护人的相关辩解和辩护意见均不能成立。检察机关指控两名被告人的罪名成立。鉴于朱某某在信用卡诈骗共同犯罪中所起作用相对较轻，酌情从轻处罚；张某某所持有的3000余张伪造信用卡尚未流向社会，未造成严重后果，酌情从轻处罚。

五、定案结论 　　　　　　　　　　　　　　　　　　》》

法院根据《中华人民共和国刑法》第196条第1款第1项、第177条之一第1款、第69条、第6条第1款、第25条第1款、第35条、第52条、第53条、第64条及最高人民法院、最高人民检察院《关于办理妨害信用卡管理刑事案件具体应用法律若干问题的解释》第5条第1款和第2条第2款第2项之规定，判决如下：

1. 被告人张某某犯信用卡诈骗罪，判处有期徒刑13年，并处罚金人民币10万元，驱逐出境；犯妨害信用卡管理罪，判处有期徒刑7年，并处罚金人民币6万元，驱逐出境，决定执行有期徒刑16年，并处罚金人民币16万元，驱逐出境；

2. 被告人朱某某犯信用卡诈骗罪，判处有期徒刑12年，并处罚金人民币8万元，驱逐出境；

3. 违法所得予以追缴，不足部分责令退赔，查获伪造信用卡及犯罪工具均予没收。

六、法理解说 >>

本案是一起由国际信用卡犯罪集团实施的信用卡诈骗犯罪案件。国际信用卡犯罪集团分工合作，先派盗码人至境内ATM机上使用盗码装置，盗取信用卡信息，通过网络等方式传输到境外，再由伪造人利用盗取的信息伪造信用卡，然后偷运至境内交专门的保管人负责保管。同时，伪卡集团在境外招募刷卡人入境，保管人即将伪造的信用卡交给刷卡人，并负责管理刷卡人，由刷卡人使用伪造的信用卡提现或购买高价值商品，再将所得现金或商品交给保管人或专门的赃物收取人，最后由收取人上缴伪卡集团。本案抓获的二名被告人是整个犯罪当中环节的保管人，负责保管伪造信用卡和管理刷卡人，并收取刷卡人使用伪造信用卡提取的赃款。由于本案被告人既实施了指使他人进行信用卡诈骗犯罪，又实施了保管伪造信用卡，以及持有盗码装置等多个行为，且伪卡集团的组织策划者和直接实施信用卡诈骗犯罪的刷卡人均未到案，故产生了被告人构成几种信用卡犯罪，以及实行犯和犯罪集团首要分子未到案情况下，如何认定两名被告人在信用卡诈骗犯罪中的地位和作用等争议。具体分述如下：

（一）伪造信用卡相关罪名之间的关系与被告人的罪名认定

根据《刑法》规定，与伪造信用卡有关的罪名共有4个，分别是伪造金融票证罪，妨害信用卡管理罪，窃取、收买、非法提供信用卡信息罪和信用卡诈骗罪。《刑法》第177条第1款第4项规定，"伪造信用卡的"，构成伪造金融凭证罪；第177条之一第1款第1项、第4项规定，"明知是伪造的信用卡而持有、运输的，或者明知是伪造的空白信用卡而持有、运输，数量较大的"

和"出售、购买、为他人提供伪造的信用卡的"构成妨害信用卡管理罪；《刑法》第 196 条第 1 款第 1 项"使用伪造的信用卡"构成信用卡诈骗罪。上述 3 个罪名的法条中均明确规定了与伪造信用卡相关行为的刑事责任。《刑法》第 177 条第 2 款规定，"窃取、收买或者非法提供他人信用卡信息资料的"构成窃取、收买、非法提供信用卡信息罪，虽然该法条中没有伪造信用卡的表述，但窃取、收买、非法提供信用卡信息的行为直接与伪造信用卡相关联，也应当属于与伪造信用卡相关的犯罪。上述 4 项罪名延着伪造信用卡犯罪链，从伪造信用卡犯罪的源头开始规范，涵盖了伪造信用卡犯罪的整个环节。现对照这 4 个罪名的相关规定，对被告人行为逐一分析。

1. 窃取、收买、非法提供信用卡罪与相关罪名的关系

实践中，伪造信用卡犯罪，一般先从非法获取他人信用卡信息开始，信用卡的可用性以卡内储存的电子信息为基础，没有信用卡信息就不可能伪造信用卡就不能实现，最多只能是伪造空白信用卡。因此，窃取、收买、非法提供信用卡是伪造信用卡的前端行为或者说是准备行为，但前一行为并非是成立后一行为的必要条件。根据最高人民法院、最高人民检察院《关于办理妨害信用卡管理刑事案件具体应用法律若干问题的解释》（以下简称《信用卡解释》）（2009 年 12 月 3 日）的规定，"复制他人信用卡、将他人信用卡信息资料写入磁条介质、芯片或者以其他方法伪造信用卡 1 张以上的"和"伪造空白信用卡 10 张以上的"，均应当认定为《刑法》第 177 条第 1 款第 4 项规定的"伪造信用卡"，以伪造金融票证罪定罪处罚。根据这一规定，《刑法》规定的"伪造信用卡"包括复制他人信用卡、将他人信用卡信息资料写入磁条介质、芯片，以及伪造空白信用卡等 3 种以及其他伪造信用卡的行为，其中，只有将他人信用卡信息资料写入磁条介质、芯片的行为需以窃取、收买或非法提供他人信用卡信息为前提条件。当行为人实施该种伪造信用卡行为时，由于窃取、收买、非法提供信用卡信息是实现该种伪造信用卡行为所必备的前端行为。所以，当行为人既实施了窃取、收买、非法提供信用卡信息行为，又使用以这一行为非法获取的信用卡信息伪造信用卡的，成立牵连犯，前一行为是手段行为，后一行为是目的行为，应当以量刑较重的伪造金融票证罪定罪处罚。

此外，在窃取、收卖、非法提供他人信用卡信息的认定上，还有两点需引起关注。其一，该罪不仅是伪造金融票证的前端行为，而且也可能是信用卡诈骗的前端或准备行为。在电子技术和互联网广泛运用的现今社会，电话和网络转账支付已十分普遍，使用信用卡网络或电话转账支付时，并不需要使用物理意义上的实物卡片，一般仅需信用卡账号和密码就可以完成转账支付行为。非法获取他人信用卡信息后，行为人可以直接通过电话、网络的方式实现盗划他

人信用卡内资金，而不需要伪造信用卡。使用非法获取的他人信用卡信息，通过电话、网络等方式盗划他人信用卡账户资金的行为，属于《刑法》第196条第1款第3项规定的"冒用他人信用卡的"行为，应当构成信用卡诈骗罪。如行为人既实施了窃取、收买、非法提供他人信用卡信息的行为，又利用该信用卡信息盗划他人资金的，亦成立牵连犯，应以处罚较重的信用卡诈骗罪定罪处罚。这类行为中，如果行为人盗划他人资金行为尚未达到信用卡解释规定的5000元人民币的追诉标准时，虽信用卡诈骗罪不成立，但仍可以窃取、收买、非法提供信用卡信息罪追究刑事责任。行为人实施了窃取、收买、非法提供他人信用卡信息行为，又利用该信息伪造信用卡，并使用该伪造信用卡实施诈骗时，三个行为之间成立牵连关系，也应当择一从重论处。

其二，当行为人没有合法依据持有他人信用卡信息，却没有证据证实行为人实施了窃取、收买、非法提供该信息行为，也不能证明行为人利用该信息实施了信用卡诈骗时，因妨害信用卡管理罪和窃取、收买、非法提供他人信用卡信息罪均没有将非法持有他人信用卡信息规定为犯罪，所以对这一行为并不能以犯罪处理。

本案中，被告人虽然非法持有盗码装置及他人信用卡信息，但尚无证据证实二人实施了窃取、收买或非法提供信用卡信息行为，因此，不能认定被告人构成窃取、收买、非法提供他人信用卡信息罪。

2. 伪造金融票证罪（伪造信用卡）与相关罪名关系

《刑法》第177条伪造金融票证罪规定了四种犯罪情形，伪造信用卡是其中之一，本文在探讨伪造信用卡相关犯罪时，提及的伪造金融票证罪，仅指伪造信用卡行为所成立的伪造金融票证罪。前文已对窃取、收买、非法提供信用卡信息罪与伪造信用卡之间的关系作了分析，下面进一步分析伪造信用卡与妨害信用卡管理罪和信用卡诈骗罪之间的关系。

根据《刑法》第177条之一和第196条的规定，持有伪造的信用卡或持有伪造的空白信用卡，数量较大的行为构成妨害信用卡管理罪；使用伪造的信用卡，进行信用卡诈骗活动数额较大的行为构成信用卡诈骗罪。持有和使用伪造的信用卡，必须先伪造信用卡，因此，伪造信用卡是妨害信用卡诈骗罪和信用卡诈骗罪的前置行为，并且伪造信用卡行为与持有伪造的信用卡和使用伪造的信用卡均成立牵连关系，同时实施的应当择一重处罚。

《刑法》规定的法定刑，妨害信用卡管理罪明显低于信用卡诈骗罪和伪造金融票证罪，适用时争议不大。但根据《刑法》第177条和第196条的规定，伪造金融票证罪"伪造、变造金融票证的，处五年以下有期徒刑或者拘役，并处或者单处二万元以上二十万元以下罚金；情节严重的，处五年以上十年以下有期徒刑，并处五万元以上五十万元以下罚金；情节特别严重的，处十年以上有期徒刑或者无期徒刑，并处五万元以上五十万元以下罚金或者没收财产"；信用卡诈骗罪"数额较大的，处五年以下有期徒刑或者拘役，并处二万元以上二十万元以下罚金；数额巨大或者有其他严重情节的，处五年以上十年以下有期徒刑，并处五万元以上五十万元以下罚金；数额特别巨大或者有其他特别严重情节的，处十年以上有期徒刑或者无期徒刑，并处五万元以上五十万元以下罚金或者没收财产"，二者法定刑基本相当，实践中可能出现难以判别的情况。对此本文认为，伪造信用卡后用于信用卡诈骗的，在量刑档次不同的情况下，应当以量刑较重的罪名认定，在量刑属于同一档次的情况下，则应当认定为信用卡诈骗罪。理由是：虽然两罪存在牵连关系，但伪造信用卡后用于信用卡诈骗的，信用卡诈骗不仅是目的行为，也是主行为，伪造信用卡附属于信用卡诈骗行为，因此在量刑档次相同，量刑轻重难以准确区别的情况下，应当以主行为定罪量刑，在量刑轻重可以分清的情况下，应当择一重处罚。

此外，还需指出的是，伪造信用卡的伪造金融票证罪和信用卡诈骗罪的一罪论处，前提是同宗行为，即两种行为以一罪论处的，伪造行为所伪造的信用卡必须是信用卡诈骗中所使用的伪造信用卡，否则应当分别认定为信用卡诈骗和伪造金融票证罪，数罪并罚。例如，行为人伪造了10张信用卡，用其中的1张实施了信用卡诈骗，则应当在认定其构成信用卡诈骗罪的同时，对其伪造另外未使用的9张信用卡的行为以伪造金融票证罪定罪处罚。

本案两名被告人虽然持有大量伪造信用卡，但没有证据证实其参与伪造信用卡，所以不能认定为伪造金融票证罪。

3. 妨害信用卡管理罪（明知伪造信用卡持有的）与相关罪名之间的关系。

《刑法》第177条之一第1款第1项规定，明知伪造的信用卡而持有和明知伪造的空白信用卡而持有，数量较大的，构成妨害信用卡管理罪。根据该项规定，以及《信用卡解释》中"复制他人信用卡、将他人信用卡信息资料写入磁条介质、芯片或者以其他方法伪造信用卡1张以上的"、"伪造空白信用卡10张以上的"，均应当认定为刑法第177条第1款第4项规定的"伪造信用卡"，以伪造金融票证罪定罪处罚的规定，刑法中的伪造信用卡应分为伪造的可使用信用卡和伪造空白信用卡两类。《刑法》第177条之一第1款1项规定的"明知伪造信用卡而持有"中的伪造信用卡应当是"伪造的可使用信用卡"，这一行为在伪造信用卡犯罪涉及的四项罪名中，处于中间环节，既可能是使用伪造信用卡诈骗犯罪的前端或准备行为，又可能是伪造信用卡行为的后端或结果行为。非法持有伪造的空白信用卡则是伪造可使用信用卡的前端或准备行为。

在相关罪名适用时，行为人非法持有可使用伪造信用卡的，只有在不能证明其具有伪造信用卡行为或使用伪造信用卡诈骗行为的情况下，才以妨害信用卡管理罪追究刑事责任；反之，应当分别以伪造金融票罪或信用卡诈骗罪定罪处罚。行为人非法持有伪造的空白信用卡的，如果没有证据证实其有伪造空白信用卡的行为，则以妨害信用卡管理罪处罚，并要求数量达到 10 张以上的标准。在行为人既非法持有伪造信用卡，又实施伪造信用卡或信用卡诈骗行为时，与伪造信用卡和信用卡诈骗之间成立牵连关系不同的是，二者之间不属于牵连犯，而是吸收犯。伪造信用卡和使用伪造信用卡诈骗两个行为中均自然包括非法持有伪造信用卡行为，不应当是牵连关系，而应当是伪造信用卡或信用卡诈骗吸收了非法持有行为，应当分别认定为伪造金融票证罪和信用卡诈骗罪。当然，被吸收的非法持有信用卡行为也应当是伪造信用卡或信用卡诈骗犯罪的同宗行为，不是同一伪造信用卡的，应当成立数罪，而非一罪。

本案中，被告人张某某在其租赁的房屋内存放了 3000 余张伪造的信用卡，因这些信用卡都已记录有磁条信息及密码，虽是空白卡面，但不是空白信用卡，而是可使用的信用卡。这 3000 多张伪造的信用卡处于张某某的实际占有和控制范围之内，并且根据其的供述及其他证据，证实张某某明知这些信用卡是伪造的。被告人非法持有的 3000 余张伪造的信用卡中，仅小部分用于实施信用卡诈骗犯罪，被告人非法持有的未用于信用卡诈骗犯罪的伪造信用卡应当与其信用卡诈骗行为分别评价。据此，法院认定张某某的行为构成信用卡诈骗罪、妨害信用卡管理罪二罪是准确的。

（二）实行犯未到案情况下，共同犯罪的认定

本案中，被告人朱某某的辩护人提出了李某某系信用卡诈骗罪从犯的辩护意见。对此，需要从整个共同犯罪中各被告人的作用进行评判。如前所述，本案系国际信用卡犯罪集团所实施的组织严密、分工细致的共同犯罪。虽然直接使用伪造信用卡盗划现金和商品的实行犯"黑皮"、"光头"和犯罪集团的组织策划者均未能到案，但现有证据已证实，朱某某、张某某在信用卡诈骗犯罪中系"看管人"，不仅负责保管大量伪造的信用卡，而且将伪造信用卡交予"黑皮"等人，指使"黑皮"等盗划他人资金，并收取赃款、赃物。"黑皮"等使用伪造的他人信用卡盗划资金的事实也已有银行对账单及监控录像证实，并且从被告人处查获的笔记本电脑硬盘内发现了本案所涉及的 50 余张被提款的伪造信用卡原数据。因此，虽然实行犯未到案，但现有证据已证实两名被告人参与了本案的信用卡诈骗犯罪，且在共同犯罪中起到了指使和管理作用，二人均应当认定为主犯。朱某某辩护人提出的朱系从犯的意见不能成立。鉴于朱某某在共同犯罪中所起作用相对较轻，法院判决酌情从轻处罚，已充分考虑了

朱某某的犯罪情节。

综观全案，法院根据《刑法》第 196 条第 1 款第 1 项、第 177 条之一第 1 款之规定，判处张某某犯信用卡诈骗罪和妨害信用卡管理罪，决定执行有期徒刑 16 年，并处罚金人民币 16 万元，刑满驱逐出境；判处朱某某犯信用卡诈骗罪，判处有期徒刑 12 年，并处罚金人民币 8 万元，是准确的。

（整理人：吴卫军　徐孝帅）

案例 29：吕某某妨害信用卡管理案

——对非法持有他人信用卡行为的理解

一、基本情况

案　　由：妨害信用卡管理

被告人：吕某某，女，汉族，1980 年 7 月 29 日出生，小学文化，农民，户籍在湖南省邵阳市邵东县界岭某村，暂住上海市芳华路某弄，2011 年 6 月 22 日因本案被公安机关取保候审。

二、诉辩主张

（一）人民检察院指控事实

2011 年 6 月 20 日下午，被告人吕某某携带他人的 11 张信用卡到上海市肇周路某超市欲出售时，被公安人员当场人赃俱获。经查，涉案信用卡分别属于朱某某、李某某、倪某某、黄某某、武某某、张某某、高某某、赵某某、沈某某、王某某和魏某某 11 人所有，其中朱某某、黄某某、高某某、倪某某、沈某某、赵某某 6 人明确表示不认识被告人吕某某，且未曾将信用卡出借或转赠被告人吕某某。为此，人民检察院指控被告人吕某某的行为构成妨害信用卡管理罪。

（二）被告人辩解及辩护人辩护意见

被告人吕某某对公诉机关所控事实不表异议，在法院告知有关法律规定及可能导致的法律后果后，被告人表示自愿认罪。

辩护人亦无其他辩护意见。

三、人民法院认定事实和证据

（一）认定犯罪事实

法院经公开审理查明：

2011 年 6 月 20 日下午，被告人吕某某携带他人的 11 张信用卡到上海市肇周路某超市欲出售时，被公安人员当场人赃俱获。经查，涉案信用卡分别属于朱某某、李某某、倪某某、黄某某、武某某、张某某、高某某、赵某某、沈某某、王某某和魏某某11人所有，其中朱某某、黄某某、高某某、倪某某、沈某某、赵某某6人明确表示不认识被告人吕某某，且未曾将信用卡出借或转赠被告人吕某某。

（二）认定犯罪证据

上述事实有下列证据证明：

1. 书证

（1）银行出具的情况说明，证实涉案11张信用卡的持卡人信息；

（2）公安局制作的扣押物品清单及工作情况记录。

2. 证人证言

证人朱某某、黄某某、高某某、倪某某、沈某某、赵某某等人的书面证言，证实其6人均不认识被告人吕某某，亦未曾将信用卡出借或转赠吕某某。

3. 被告人供述

被告人吕某某的供述，对检察机关的指控不持异议。

四、判案理由

法院认为被告人吕某某非法持有他人信用卡，数量较大，其行为已经构成妨害信用卡管理罪，依法应对被告人予以刑事处罚。鉴于被告人吕某某到案后如实供述犯罪事实，依法可以从轻处罚。鉴于被告人吕某某自愿认罪，可酌情从轻处罚。

五、定案结论

人民法院根据《中华人民共和国刑法》第177条之一第1款第2项、第67条第3款、第72条第1款和第3款之规定，判决如下：

被告人吕某某犯妨害信用卡管理罪，判处拘役3个月，缓刑3个月，并处罚金人民币1万元。

六、法理解说

根据《刑法》第177条之一第1款第2项的规定，非法持有他人信用卡，数量较大，构成妨害信用卡管理罪。这一行为侵犯的犯罪客体是国家对信用卡的管理制度；客观方面表现为非法持有他人信用卡且数量较大；主体为一般主体，即达到法定刑事责任年龄、具有刑事责任能力的自然人；主观方面为故意，过失不够成本罪。对于非法持有他人信用卡行为的理解主要包括以下几个方面：

（一）对"非法持有"的理解

信用卡并非法律禁止持有的违禁品，因此非法持有他人信用卡中的"非法"的含义与非法持有毒品罪等不同。一般认为，刑法中的"非法"持有行为中的"非法"主要包括两种情况：其一为持有的物品本身属于法律禁止持有的物品，如非法持有枪支、弹药等；其二为持有的物品本身并不属于法律禁止持有的物品，但其持有行为没有合法的根据。本项规定中的"非法持有"属于第二种情况，即没有合法根据持有他人信用卡。信用卡系一种信用支付工具，根据国际信用卡组织和中国人民银行的规定，信用卡及其账户仅限于经发卡行批准的持卡人本人及经持卡人授权的近亲属使用，不能提供、转借给他人。事实上，持卡人将信用卡交给他人使用，等于将自己的资金交给他人使用，只有经过持卡人授权后，其他人才能合法持有其信用卡。因此，该项规定中的非法持有首先应当理解为行为人未获取他人的授权，而持有他人信用卡。同时，在没有持卡人授权的情况下，实践中还可能存在因法律规定或无因管理，而合法持有他人信用卡的情况，例如执法中扣押、拾得他人信用卡后代保管等。因此，对于这里的非法持有应当是指，行为人未经持卡人授权，也无其他合法依据持有他人信用卡的行为。

（二）对"他人信用卡"的理解

本项规定中的犯罪对象"他人信用卡"是他人真实有效的信用卡，包括他人合法申领的信用卡和用虚假的身份证明骗领的信用卡。如果行为人持有伪造的信用卡一般应适用《刑法》第177条之一第1款第1项，持有伪造信用卡的规定。只有在特殊情况下，持有伪造的信用卡行为才可能符合本项的规定，也就是行为人由于认识错误，将其持有的伪造的信用卡误认为是他人合法申领的信用卡时才存在这一可能。但因持有伪造信用卡和持有他人信用卡量刑标准差异较大，前者没有数量要求，后者则要求数量较大的才构成犯罪，故在实践中常出现行为人实际持有伪造信用卡，却辩称是他人信用卡的情况。对此，应当要求行为人提供其产生认识错误的合理依据和证据，且要求其因认识错误产生的主观故意只能是确定的"明知持有他人合法申领的信用卡"，而不能是概括的"非法的信用卡"。否则，很可能就会被不法分子利用来逃避处罚。

此外，他人信用卡的范围应当不包括空白、作废的信用卡。根据2004年12月29日全国人民代表大会常务委员会《关于〈中华人民共和国刑法〉有关信用卡规定的解释》，刑法规定的"信用卡"，是指由商业银行或者其他金融机构发行的具有消费支付、信用贷款、转账结算、存取现金等全部功能或者部分功能的电子支付卡。空白与作废信用卡不具备上述功能，不应属于信用卡范围。同时，《刑法》第 177 之一第 1 款第 1 项已对持有伪造的空白信用卡，数量较大的行为作了规定，第 2 项非法持有他人信用卡，数量较大的规定不应当包括持有空白信用卡，否则应当明确写入法条。

（三）数量较大的标准

因实践中存在持卡人将信用卡交给他人使用或保管的情况。同时，持有他人信用卡的目的和用途，也不同持有伪造信用卡那样主要是为了进行信用卡诈骗犯罪，还可能是为了套取现金、洗钱等，因此其社会危害性低于持有伪造信用卡。所以，刑法规定非法持有他人信用卡，数量较大的才构成妨害信用卡管理罪。根据 2010 年 5 月 7 日最高人民检察院、公安部《关于公安机关管辖的刑事案件立案追诉标准的规定（二）》的规定，非法持有他人信用卡，数量累计在 5 张以上的应予立案追诉；根据 2009 年 12 月 3 日最高人民法院、最高人民检察院《关于办理妨害信用卡管理刑事案件具体应用法律若干问题的解释》非法持有他人信用卡 50 张以上的，属于数额巨大。

本案中，吕某某持有 11 个人的信用卡 11 张，其中有 6 人明确表示不认识吕某某，且未曾将信用卡出借或转赠被告人吕某某，可见，吕某某持有他人信用卡并未取得持卡人的合法授权，其虽有出售的目的，但尚未实施出售行为，因此，吕某某的行为属于非法持有他人信用卡，且数量较大，已触犯了《刑法》第 177 条之一第 1 款第 2 项之规定，构成妨害信用卡管理罪。吕某某到案后，如实供述了其非法持有他人信用卡的犯罪事实，符合坦白的认定条件，可以依法予以从轻处罚。同时，其自愿认罪，认罪态度良好，且行为尚未造成重大影响，可以酌情对其从轻或者减轻处罚。

（整理人：时明清）

案例 30：宋某某、周某某妨害信用卡管理案

——骗领信用卡行为的认定

一、基本情况

案　由： 妨害信用卡管理

被告人： 宋某某，男，汉族，1991 年 5 月 11 日出生，初中文化，无固定职业，户籍所在地河南省济源市某庄，暂住上海市富平路某弄，2010 年 9 月 9 日因本案经检察机关批准，由公安机关执行逮捕。

被告人： 周某某（自报），女，汉族，1990 年 11 月 27 日出生，初中文化，无固定职业，户籍所在地河南省获嘉县某村，暂住上海市富平路某弄，2010 年 9 月 9 日因本案经检察机关批准，由公安机关执行逮捕。

二、诉辩主张

（一）人民检察院指控的事实

被告人宋某某为了出售信用卡牟利，通过电脑互联网向他人非法购买了周某、何某、程某等人的身份证。2010 年 8 月 3 日、4 日，被告人宋某某使用周某、何某、程某等人的身份证分别在本市普陀、长宁等地区的中国银行、中国工商银行、农业银行、建设银行的各支行等，骗领各类银行借记卡 12 张。

2010 年 8 月 4 日下午，被告人宋某某又让其女友被告人周某某携带拾得的李某某等人的身份证，共同至上海市普陀、长宁等地区的中国银行、中国工商银行、农业银行、建设银行的各支行等处，由周某某填写相应资料向银行申领各类银行借记卡 4 张。

当日下午 16 时许，被告人宋某某在上海市茅台路中国农业银行某支行门口等候正在银行内办理网银手续的被告人周某某时，被公安人员盘查，公安人员当场在其助动车后备箱内查获涉案的身份证及银行卡。被告人宋某某被抓获至派出所后，向公安机关交代了同案犯周某某的情况，并协助公安机关至暂住

地抓获了周某某。为此，人民检察院指控被告人宋某某、周某某行为构成妨害信用卡管理罪。

（二）被告人辩解及辩护人辩护意见

被告人宋某某、周某某在开庭审理过程中对于检察院的指控无异议。

辩护人亦无其他辩护意见。

三、人民法院认定事实和证据　　　　　　　》》

（一）认定犯罪事实

法院经公开审理查明：

被告人宋某某为了出售信用卡牟利，通过电脑互联网向他人非法购买了周某、何某、程某等人的身份证。2010 年 8 月 3 日、4 日，被告人宋某某使用周某、何某、程某等人的身份证分别在本市普陀、长宁等地区的中国银行、中国工商银行、农业银行、建设银行的各支行等，骗领各类银行借记卡 12 张。

2010 年 8 月 4 日下午，被告人宋某某又让其女友被告人周某某携带以前拾得的李某某等人的身份证，共同至上海市普陀、长宁等地区的中国银行、中国工商银行、农业银行、建设银行的各支行等处，由周某某填写相应资料向银行申领各类银行借记卡 4 张。

2010 年 8 月 4 日下午 16 时许，被告人宋某某在上海市茅台路中国农业银行某支行门口等候正在银行内办理网银手续的被告人周某某时，被公安人员盘查，公安人员当场在其助动车后备箱内查获涉案的身份证及银行卡。被告人宋某某被抓获至派出所后，向公安机关交代了同案犯周某某的情况，并协助公安机关至暂住地抓获了周某某。

（二）认定犯罪证据

上述事实有下列证据证明：

1. 书证、照片

（1）公安局扣押物品清单及相关照片。

（2）银行监控截屏照片。

（3）相关银行的信用卡申领资料。

2. 证人证言

证人周某、覃某某等人的证言。

3. 鉴定意见

司法鉴定意见书。

4. 被告人供述

被告人宋某某、周某某对犯罪事实供认不讳。

四、判案理由

法院认为，被告人宋某某单独或伙同被告人周某某使用虚假的身份证明骗领银行卡，被告人宋某某犯罪数量巨大，其行为均已构成妨害信用卡管理罪，依法应予惩处。检察机关的指控，事实清楚，定性正确。案发后，被告人宋某某有立功情节，依法可从、减轻处罚。被告人宋某某、周某某交代态度较好，且在庭审中自愿认罪，酌情从轻处罚。

五、定案结论

法院根据《中华人民共和国刑法》第 177 条之一第 1 款第 3 项、第 25 条第 1 款、第 68 条第 1 款、第 53 条、第 64 条之规定，判决如下：

1. 被告人宋某某犯妨害信用卡管理罪，判处有期徒刑 2 年 6 个月，并处罚金人民币 2 万元；

2. 被告人周某某犯妨害信用卡管理罪，判处有期徒刑 8 个月，并处罚金人民币 1 万元。

六、法理解说

骗领信用卡的行为是《刑法修正案（五）》新增加的妨害信用卡管理罪中的一种行为。本案中被告人实施的行为是《刑法》第 177 条之一第 1 款第 3 项规定的"使用虚假的身份证明骗领信用卡"的行为。这里是指行为人在办理信用卡申领手续时，使用虚假的身份证明骗取金融机构信任，获得信用卡的行为。骗领行为侵犯的犯罪客体是国家对信用卡的管理制度；客观方面为使用虚假的身份证明骗领信用卡；主体为一般主体，即达到法定刑事责任年龄、具有刑事责任能力的自然人；主观方面为故意，过失不够成本罪。

身份证明是信用卡申请领人最重要信息资料，是信用卡申领人的基本情况信息，也是金融机构授予申领人信用卡及授信额度的基础，还是发生信用卡纠纷时明确责任主体的依据。根据中国银监会 2011 年 1 月颁布的《商业银行信用卡业务监督管理办法》的规定，申领信用卡应当提供本人有效身份证件。所谓"使用虚假的身份证明骗领信用卡"，是指行为人申领信用卡时，使用虚假的身份证明骗取金融机构信任，骗得信用卡的行为。对于"身份证明"的理解，理论界有广义与狭义分。"广义说"认为，本罪中的身份证明是指一切能够证明信用卡申领人真实身份和资信的证明材料或证件，包括身份证、户籍证、学生证、工作证以及介绍信等。根据这一观点，本罪中的"身份证明"不仅指证明申领人主体身份的证件，而且包括所有能够证明信用卡申请人真实身份及资信的相关证件和材料。"狭义说"认为，"身份证明"只能是包括居民身份证、军官证、护照等身份证件。对此，本文认为，对于本罪中的"身份证明"可以从两个层面加以理解。

第一，身份证明应当仅指申领人申领信用卡时提供的有关身份的证明材料，而不应包括证明申领人信用的其他材料。首先，刑法条文中使用了"身份证明"的表述，这一文字的含义只是关于申领人身份的证明，并不涉及申领人的信用。其次，2009年12月3日最高人民法院、最高人民检察院《关于办理妨害信用卡管理刑事案件具体应用法律若干问题的解释》（以下简称《信用卡解释》）第2条第2款规定，"违背他人意愿，使用其居民身份证、军官证、士兵证、港澳居民往来内地通行证、台湾居民来往大陆通行证、护照等身份证明申领信用卡的，或者使用伪造、变造的身份证明申领信用卡的，应当认定为刑法第一百七十七条之一第一款第（三）项规定的'使用虚假的身份证明骗领信用卡'"，其中所列举的身份证明均系身份证件，不包括资信证明。最后，也是最重要的是，申领信用卡所使用的身份证明，不仅反映出行为人的资信，更重要的是在民事上确立了申领人与发卡行的责任关系，持卡人违约时，发卡行可以根据持卡人申领信用卡时提供的身份追究行为人的违约责任。如果持卡人申领信用卡时提供了虚假的身份，持卡人在形式上就不存在与发卡行的民事关系，其行为性质也就发生转变，由民事责任转为刑事责任。这种转变直接体现出了骗领信用卡行为的社会危害性，也体现出产生这种危害性的根源是信用卡申领人使用了虚假的"身份证明"，而非是其他资信证明。

第二，"身份证明"不仅指身份证件。虽然《信用卡解释》所列举的"身份证明"均为身份证件，同时《商业银行信用卡业务监督管理办法》也规定申领信用卡时需提供有效身份证件，但事实上，有效的身份证明并非都是"身份证件"。例如，在身份证遗失时，派出所开具的证明材料，也能够视为有效的"身份证明"，同时，实践中，发卡行及其员工也不都是严格按照规定，要求信用卡申领人提供有效身份证件，前几年，个别银行甚至接受"名片"作为身份证明。因此，发卡行接受的所有关于行为人身份的证明材料均应当属于身份证明。至于虚假身份证明则既可以是伪造的身份证明，也可以是冒用他人身份证明。

据此，本文认为，只有行为人使用虚假的身份证明骗领信用卡的才能构成本罪是与立法原意相符合的。行为人在申领信用卡时提供的收入证明、财产证明、担保等有关个人信用的证明材料，即使存在虚假的成分，但提供了真实的身份证明的，不应当构成本罪。如果其骗得信用卡后，实施恶意透支等行为，可以信用卡诈骗罪追究刑事责任。

本案中，被告人宋某某、周某某使用非法购买的他人身份证，冒用他人名义申领信用卡，其行为符合《刑法》第177条之一第1款第3项"以虚假的身份证明骗领信用卡的"的规定，构成妨害信用卡管理罪。根据2009年"两高"《信用卡解释》第2条第2款第4项的规定，"使用虚假的身份证明骗领信用卡10张以上的"属于数量巨大，宋某某骗领了信用卡16张，已达到了数量巨大的标准。因宋某某到案后向公安人员提供了同案犯周某某的情况，并协助公安人员在暂住地抓获周某某，符合1998年最高人民法院《关于处理自首和立功具体应用法律若干问题的解释》第5条"协助司法机关抓捕其他犯罪嫌疑人（包括同案犯）的，……应当认定有立功表现"的规定，可认定宋某某具有立功情节，从轻或减轻处罚。

综上所述，法院根据《中华人民共和国刑法》第177条之一第1款第3项、第25条第1款、第68条第1款、第53条、第64条之规定，判决被告人宋某某犯妨害信用卡管理罪，判处有期徒刑2年6个月，并处罚金人民币2万元；被告人周某某犯妨害信用卡管理罪，判处有期徒刑8个月，并处罚金人民币1万元，是正确的。

（整理人：马超逸）

案例 31：杨某某等人信用卡诈骗、妨害信用卡管理案

——信用卡"养卡"行为的刑事责任分析

一、基本情况

案　由：妨害信用卡管理

被告人：杨某某，女，汉族，1963 年 3 月 15 日出生，高中文化，无业，住上海市梅陇某村，2008 年 11 月 28 日经检察机关批准，由公安机关执行逮捕。

被告人：祁某某，女，汉族，1957 年 11 月 8 日出生，高中文化，无业，住上海市呼玛某村，2008 年 11 月 28 日经检察机关批准，由公安机关执行逮捕。

被告人：乔某某，女，汉族，1964 年 3 月 19 日出生，高中文化，无业，住上海市娄山关路某弄，经检察机关批准，由公安机关执行逮捕。

二、诉辩主张

（一）人民检察院指控事实

1. 信用卡诈骗罪的事实

2007 年 3 月至 2008 年 1 月，被告人杨某某先后提供了自己及其丈夫华某某、外甥女杨某、外甥王某某等人的身份证复印件，通过江苏省南京市某贷款咨询有限公司乔某某等人以虚构工作单位和收入证明等手段申领了户名为"杨某某"、开户行分别为工商银行、民生银行、上海银行、平安银行的信用卡共 4 张；申领了户名为"华某某"、开户行为中国银行的信用卡 1 张；户名为"杨某某"、开户行分别为深圳发展银行、民生银行、兴业银行、中信银行、建设银行、浦发银行和宁波银行的信用卡共 8 张；户名为"王某某"、开

户行分别为中信银行、民生银行、宁波银行的信用卡共 3 张。

随后，杨某某以帮助消费积分、免年费为由获取了杨某和王某某的信任，取得了其为两人申领的共计 11 张信用卡以及王某某本人在广发银行、深圳发展银行办理的 2 张信用卡的实际使用权。

2006 年 6 月至 2008 年 10 月，杨某某在无归还能力的情况下，多次持其本人在中国银行、建设银行、交通银行已办理的 4 张信用卡及其通过乔某某等人办理的 16 张信用卡以及王某某本人办理的 2 张信用卡刷卡消费或通过祁某某、乔某某等处的 POS 机，在无真实交易的情况下进行信用卡透支套现、"养卡"操作，所得款项均被其消费。至案发，上述 22 张信用卡共透支本金人民币209026.93 元尚未归还。

2008 年 10 月 14 日，杨某某接公安人员电话通知后，主动到公安机关投案并如实交代了主要犯罪事实。到案后，杨某某还向公安机关提供了被告人祁某某、乔某某非法从事信用卡业务的地址，协助公安机关抓获了祁某某。

2. 妨害信用卡管理罪的事实

2006 年 12 月至 2007 年 7 月，被告人乔某某伙同董某某（另处）等人利用租赁的上海市漕溪北路××号××室和借来的 POS 机，以南京某贷款咨询有限公司的名义从事有偿为他人代办信用卡、信用卡套现以及信用卡"养卡"业务。2007 年 7 月后，乔某某离开该公司，租用上海市漕溪北路××号××室，并从上海某数码科技有限公司借得 POS 机，单独从事有偿为他人代办信用卡、信用卡套现和信用卡"养卡"业务。乔某某离开南京某贷款咨询有限公司后，董某某聘用被告人祁某某继续从事上述业务。

2008 年 10 月 23 日，公安人员至上海市漕溪北路××号××室抓获祁某某，查获现金人民币166200 元、POS 机 3 台、他人信用卡共计 191 张。同日，公安人员还在上海市漕溪北路××号××室查获 POS 机 1 台、他人信用卡 256张。当日，乔某某接公安人员电话通知后，主动到上海市漕溪北路××号××室投案。到案后，乔某某如实交代了主要犯罪事实。

（二）被告人辩解及辩护人辩护意见

被告人杨某某对检察机关指控的犯罪事实无异议。其辩护人亦无其他辩护意见。

被告人祁某某对检察机关指控的犯罪事实作了供述。其辩护人亦无其他辩护意见。

被告人乔某某对检察机关指控的犯罪事实作了供述。其辩护人认为被告人系初犯，且系自首，建议对其从宽处罚并适用缓刑。

三、人民法院认定事实和证据

（一）认定犯罪事实

法院经公开审理查明：

1. 信用卡诈骗罪的事实

2007年3月至2008年1月，被告人杨某某先后提供了自己及其丈夫华某某、外甥女杨某、外甥王某某等人的身份证复印件，通过南京某贷款咨询有限公司乔某某等人以虚构工作单位和收入证明等手段申领了户名为"杨某某"，开户行分别为工商银行、民生银行、上海银行、平安银行的信用卡共4张；申领了户名为"华某某"，开户行为中国银行的信用卡1张；户名为"杨某某"，开户行分别为深圳发展银行、民生银行、兴业银行、中信银行、建设银行、浦发银行和宁波银行的信用卡共8张；户名为"王某某"，开户行分别为中信银行、民生银行、宁波银行的信用卡共3张。

随后，杨某某以帮助消费积分、免年费为由获取了杨某和王某某的信任，取得了其为两人申领的共计11张信用卡以及王某某本人在广发银行、深圳发展银行办理的2张信用卡的实际使用权。

2006年6月至2008年10月，杨某某在无归还能力的情况下，多次持其本人在中国银行、建设银行、交通银行已办理的4张信用卡及其通过乔某某等人办理的16张信用卡以及王某某本人办理的2张信用卡刷卡消费或通过祁某某、乔某某等处的POS机，在无真实交易的情况下进行信用卡透支套现、"养卡"操作，所得款项均被其花用。至案发，上述22张信用卡共透支本金人民币209026.93元尚未归还。

2008年10月14日，杨某某接公安人员电话通知后，主动到公安机关投案并如实交代了主要犯罪事实。到案后，杨某某还向公安机关提供了被告人祁某某、乔某某非法从事信用卡业务的地址，协助公安机关抓获了祁某某。

2. 妨害信用卡管理罪的事实

2006年12月至2007年7月，被告人乔某某伙同董某某（另处）等人利用租赁的上海市漕溪北路××号××室和借来的POS机，以南京某贷款咨询有限公司的名义从事有偿为他人代办信用卡、信用卡套现以及信用卡"养卡"业务。2007年7月后，乔某某离开该公司，租用上海市漕溪北路××号××室，并从上海某数码科技有限公司借得POS机，单独从事有偿为他人代办信用卡、信用卡套现和信用卡"养卡"业务。乔某某离开南京某贷款咨询有限公司后，董某某聘用被告人祁某某继续从事上述业务。

2008年10月23日，公安人员至上海市漕溪北路××号××室抓获祁某某，查获现金人民币 166200 元、POS 机 3 台、他人信用卡共计 191 张。同日，公安人员还在上海市漕溪北路××号××室查获 POS 机 1 台、他人信用卡 256 张。当日，乔某某接公安人员电话通知后，主动到上海市漕溪北路××号××室投案。到案后，乔某某如实交代了主要犯罪事实。

（二）认定犯罪证据

上述事实有下列证据证明：

1. 书证

中国工商银行、中国建设银行、中国交通银行、光大银行、广东发展银行、中国农业银行、中国银行、深圳发展银行、深圳平安银行、浦东发展银行、中国民生银行、上海银行、宁波银行、中信银行、兴业银行报案材料、信用卡月结单、法律程序通知书、催款记录、透支通知书复印件、清账通知书复印件、还款提醒书复印件、信用卡申请材料复印件、信用卡复印件、收入证明复印件、名片复印件、房产证复印件、交易明细记录、身份证复印件、房产租赁合同复印件、组织机构代码证副本、营业执照副本、税务登记证副本复印件、图章印纹、举报材料、常住人口基本信息、接受刑事案件登记表、案发经过情况等。

2. 被告人供述

被告人杨某某、祁某某、乔某某的供述笔录。

3. 证人证言

证人杨某、王某某、华某某、施某某、刘某某、周某某、方某某、魏某某、陈某某、徐某某、戴某某、徐某甲、何某某、金某某、褚某某、丁某某、沈某某、王某甲、乔某某的证言笔录。

4. 鉴定意见

司法鉴定意见书

四、判案理由

法院认为，被告人杨某某以非法占有为目的，冒用他人信用卡或者使用信用卡恶意透支共计人民币 20 余万元，数额特别巨大，其行为已构成信用卡诈骗罪；被告人祁某某、乔某某分别非法持有他人信用卡 191 张、256 张，其行为已分别构成妨害信用卡管理罪，应予处罚。检察机关指控的罪名成立。鉴于被告人杨某某系自首，且具有立功表现，依法予以减轻处罚。被告人乔某某系自首，到案后能认罪、悔罪，并能主动退缴违法所得，依法予以减轻处罚并可宣告缓刑。关于辩护人适用缓刑的辩护意见，有事实依据，予以采纳。

五、定案结论 〉〉

人民法院根据《中华人民共和国刑法》第 196 条第 1 款第 3 项和第 4 项及第 2 款、第 177 条之一第 1 款第 2 项、第 67 条第 1 款、第 68 条第 1 款、第 72 条、第 73 条第 2 款和第 3 款、第 64 条之规定，判决如下：

1. 被告人杨某某犯信用卡诈骗罪，判处有期徒刑 7 年，并处罚金人民币 5 万元；

2. 被告人祁某某犯妨害信用卡管理罪，判处有期徒刑 3 年，缓刑 3 年，并处罚金人民币 1 万元；

3. 被告人乔某某犯妨害信用卡管理罪，判处有期徒刑 2 年 6 个月，缓刑 2 年 6 个月，并处罚金人民币 2 万元；

4. 被告人杨某某的违法所得责令退赔给各被害单位；被告人祁某某、乔某某的违法所得予以没收。

祁某某、乔某某，回到社区后，应当遵守法律、法规，服从监督管理，接受教育，完成公益劳动，做一名有益社会的公民。

六、法理解说 〉〉

本案系 2009 年 2 月《刑法修正案（七）》出台之前，对信用卡"养卡"行为予以刑事处罚的一起案件，虽然定性存在一定争议，但对司法实务中处理新类型金融案件仍具有一定参考意义。

所谓信用卡"养卡"，是指信用卡持卡人不能在规定还款期内归还信用卡透支款或意图透支套现长期占用资金等情况下，将信用卡及密码交给"养卡"人，由"养卡"人在还款期内先替持卡人归还透支款，然后"养卡"人再通过虚构交易等方法，使用 POS 机从持卡人的信用卡套现出资金收回垫付款项，同时"养卡"人向持卡人收取一定比例的手续费，谋取不法利益。信用卡透支消费有一定时间的免息期，透支取现则没有免息的优惠，透支消费免息期满后也要支付高额利息。养卡人在免息期内先垫付透支款，再虚构消费收回款项，即可在一定时间内使持卡人不会因无力归还透支款而出现违约，又能够为持卡人不断延长透支款免息期，从而长期免息占用透支款。这不仅满足了部分超前消费人员的需要，还创造了一种利用信用卡进行不法融资的手段，更给信用卡诈骗犯罪提供了便利条件。因此，"养卡"行为近年来十分常见，其中滋生了多种犯罪行为，典型的是各类诈骗犯罪。

本案中的被告人杨某某就是利用"养卡"实施信用卡诈骗犯罪。杨某某以自己及近亲属名义办理信用卡后恶意透支，并冒用他人信用卡，至案发，尚未归还的款项达到 20 余万元，其行为已触犯了《刑法》第 196 条第 1 款第 3 项、第 4 项之规定，构成信用卡诈骗罪，对此当无疑议。值得关注的是，案件中，杨某某恶意透支和冒用他人信用卡取现的行为，系由祁某某等"养卡"人帮助其完成。同时，杨某某早在 2006 年 6 月就已无力归还透支款，但在祁某某等人为其"养卡"下，持续进行信用卡诈骗长达 2 年多时间，至 2008 年 10 月才被发现，透支金额已达到巨大程度。由此可见，信用卡"养卡"行为是信用卡诈骗犯罪的重要环节。

"养卡"行为的危害性不仅限于此，更重要的是"养卡"行为给发卡银行带来的巨大的风险，严重扰乱了金融秩序。因此，2009 年 2 月颁布的《刑法修正案（七）》在《刑法》225 条非法经营罪第 3 项规定中加入了"非法从事资金支付结算业务"后，2009 年 12 月"两高"联合出台的《关于办理妨害信用卡管理刑事案件具体应用法律若干问题的解释》中即规定"违反国家规定，使用销售点终端机具（POS 机）等方法，以虚构交易、虚开价格、现金退货等方式向信用卡持卡人直接支付现金，情节严重的，应当依据刑法第二百二十五条的规定，以非法经营罪定罪处罚"。根据上述规定，本案中被告人祁某某、乔某某的行为应当认定为非法经营罪。

虽然，现有法律规定与本案判决存在一定差异，但笔者认为，本案在《刑法修正案（七）》及信用卡司法解释出台之前判决，根据当时的法律规定，本案判决并无不当。

本案中祁某某、乔某某的行为在我国《刑法》的评价有着一个变化的过程。2005 年 2 月《刑法修正案（五）》《刑法》第 177 条之一规定，非法持有他人信用卡，数量较大，构成妨害信用卡管理罪。案件中，公安机关在祁某某、乔某某的非法从事 POS 套现的两处窝点分别查获他人信用卡 191 张、256 张。通常认为，非法持有他人信用卡，是指行为人未经他人授权，也无其他合法依据持有他人信用卡的行为。虽然祁某某等持有他人信用卡是因替他人养卡，表面上是经过持卡人授权的行为，但持卡人的将信用卡交给祁某某等人系出于套取信用卡资金的不法目的，祁某某等人持有他人的信用卡也都是用于套取银行资金不法用途。因此，我们有理由认为祁某某等人属于非法持有他人信用卡。祁某某、乔某某非法持有他人信用卡共计 447 张，显然也属于数量较大。如前所述，信用卡"养卡"行为具有较大的社会危害性，在当时法律尚未对这类行为专门作出规定的情况下，对于这种社会危害性较大的行为，应当在原有法律规定中寻找与其不法行为相符合的条文予以处罚。虽然妨害信用卡管理秩序罪并不能对"养卡"行为给予全面的评价，但"养卡"行为中的非法持有他人信用卡，数量较大的行为，已符合该罪的构成要件，因此，可以以妨害信用卡管理罪追究两名被告人的刑事责任。

在《刑法修正案（七）》和信用卡司法解释出台以后，对于 POS 机套现的养卡行为一般以非法经营罪定罪处罚，"养卡"人事先与信用卡诈骗行为人通谋的，则应当以信用卡诈骗罪共犯追究刑事责任。

（整理人：时明清）

案例 32：张某、李某某妨害信用卡管理案

——妨害信用卡管理罪与伪造金融票证罪的理解和适用

一、基本情况 >>

案　由：妨害信用卡管理

被告人：张某，男，汉族，1967 年 12 月 4 日出生，大学学历，系上海市某食品有限公司董事长，户籍所在地上海市陕西南路某弄，暂住上海市龙华西路某弄，2004 年 11 月 25 日因本案经检察机关逮捕，由公安机关执行逮捕。

被告人：李某某，曾化名江涛、张宏志、汪华建，男，汉族，1968 年 5 月 8 日出生，高中文化，系上海市某食品有限公司副总经理，户籍所在地上海市西钩玉弄某号，暂住上海市新闸路某弄，2004 年 11 月 25 日因本案经检察机关逮捕，由公安机关执行逮捕。

二、诉辩主张 >>

（一）人民检察院指控事实

检察机关在起诉中指控的主要犯罪事实如下：

被告人张某、李某某等人事先商议，合伙伪造信用卡，由张某负责收集他人信用卡信息资料，李某某负责邮寄伪造的信用卡卡面。李某某于 2004 年 5 月 18 日、6 月 7 日、6 月 9 日分别化名"江涛"、"张宏志"、"汪华建"，先后 3 次将伪造的印有 JCB、VISA、MASTER 等信用卡标识及图案的信用卡共计 788 张，通过上海市石门二路邮政局、曹家渡邮政局、长宁第一邮政局邮寄至日本。2004 年 10 月 22 日公安人员在张某的住所查获写有他人信用卡信息资料的纸条，在李某的住所查获有 JCB、VISA、MASTER 标志的金属压钳三只。据此，检察机关指控被告人张某、李某某的行为构成伪造金融票证罪，且系犯罪未遂。

（二）被告人辩解及辩护人意见

被告人张某、李某某对于检察机关指控自己的行为触犯刑法有关规定不持异议，但是辩称两人并无共谋，且各自实施的行为之间没有关联。

被告人张某、李某某的辩护人除同意两被告人的上述辩解外，均认为张某、李某某系犯罪未遂，且情节一般，请求法庭从轻处罚。

三、人民法院认定事实和证据 >>

（一）认定犯罪事实

人民法院经公开审理查明：

被告人李某某于 2004 年 5 月 18 日、6 月 7 日、6 月 9 日分别化名"江涛"、"张宏志"、"汪华建"，先后 3 次将印有 JCB、VISA、MASTER 等标识及图案卡面的伪造的空白信用卡共计 788 张，通过上海市石门二路邮政局、曹家渡邮政局、长宁第一邮政局邮寄至日本。2004 年 10 月 22 日，公安机关在被告人张某的住所查获写有 20 个他人信用卡卡号信息资料的纸条，其中 18 个信息资料系 VISA 国际卡的卡号磁道信息。

（二）认定犯罪证据

上述事实有下列证据证明：

1. 书证

（1）上海市公安局的搜查证、搜查笔录、扣押物品清单证实：张某持有 20 个他人的信用卡信息资料。

（2）中国银联股份有限公司风险管理部及 VISA 国际代表处出具的证明证实：张某持有 20 个他人的信用卡信息资料是非法获取。

（3）国际特快专递邮件详情单证实：李某某先后 3 次用化名邮寄 788 张信用卡。

2. 鉴定意见

上海市公安局出具的《文检鉴定意见》证实：李某某先后 3 次邮寄 788 张信用卡系伪造的空白信用卡。

3. 被告人陈述及辩解

被告人张某、李某某的陈述证实：张某非法获取他人的信用卡信息资料，李某某明知是伪造的空白信用卡而邮寄；被告人张某、李某某辩解称：两人并无共谋，各自实施的行为无关联。

4. 证人证言

证人洪某某、耿某某、陆某某的证言笔录及辨认照片证实：李某某先后 3 次邮寄信用卡。

四、判案理由

人民法院认为，被告人张某非法收集他人信用卡信息资料，被告人李某某明知是伪造的空白信用卡而运输，数量较大，两名被告人的行为均已分别构成妨害信用卡管理罪，依法应予处罚。检察机关指控张某、李某某的基本犯罪事实清楚，证据确实充分。现有证据尚不能证明张某、李某某系经事先商议而后分工实施了起诉书指控的事实，故两人应对其各自实施的收集他人信用卡信息资料及运输伪造信用卡的行为分别承担责任，两名被告人及其辩护人关于张某、李某某无共谋、不构成共同犯罪的辩解、辩护意见，本院予以采纳。鉴于张某收集的 20 条信用卡信息和李某某运输的 788 张空白信用卡均未流向社会，未造成严重后果，对张某、李某某酌情从轻处罚。

五、定案结论

人民法院根据《中华人民共和国刑法》第 12 条、第 177 条第 1 款第 4 项及《中华人民共和国刑法修正案（五）》第 1 条第 1 款第 1 项、第 2 款之规定，判决如下：

1. 被告人张某犯妨害信用卡管理罪，判处有期徒刑 1 年，并处罚金人民币 2 万元；

2. 被告人李某某犯妨害信用卡管理罪，判处有期徒刑 1 年，并处罚金人民币 2 万元。

六、法理解说

本案系 2005 年《刑法修正案（五）》颁布前提起公诉，颁布后判决的一起案件。在案件处理的过程中，涉及对妨害信用卡管理罪、伪造金融票证罪构成要件的理解以及两者的关系、《刑法》第 12 条规定的从旧兼从轻原则适用等问题。具体分述如下：

（一）被告人的行为是否构成伪造金融票证罪

张某、李某某的行为发生在 2004 年，《刑法修正案（五）》的出台是 2005 年 2 月。根据从旧兼从轻原则，张某、李某某的行为受到《刑法修正案（五）》调整的前提是张某、李某某的行为依照当时的法律认为是犯罪，并且处罚比《刑法修正案（五）》中的罪名的处罚要重。因此，本案的第一个关键点是张某、李某某的行为是否构成伪造金融票证罪。

伪造金融票证罪，是指伪造汇票、本票、支票、委托收款凭证、汇款凭证、银行存单、信用证或者附随的单据、文件，以及伪造信用卡等金融票证的行为。所谓伪造金融票证，是指无权制作金融票证的人假冒他人或者虚构他人的名义擅自制作金融票证的行为。本案中，张某、李某某客观上实施了伪造信用卡的行为。根据《刑法》第177条第1款第4项规定，伪造信用卡的，构成伪造金融票证罪。伪造信用卡，通常具有两种不同的行为表现：第一，非法制作信用卡，也即仿照真实信用卡的形式、图样、材质、技术要素等内容，制作虚假的信用卡；第二，利用银行制作的空白信用卡，输入各种信用卡电子数据信息制作虚假的信用卡。空白的信用卡仅仅是一种材质，只有输入了账号等电子数据信息后，才能成为可以用于骗取财物的伪造信用卡。因此，"伪造空白信用卡"和"向空白信用卡中输入电子数据信息"都是伪造信用卡的行为。

本案中，公安机关及时发现并截获了李某某欲寄到日本的拟进一步加工的伪造空白信用卡的788张，查获了张某收集的他人信用卡卡号信息资料等，使信用卡被伪造成功的犯罪结果无法得逞。伪造金融票证罪属行为犯，只要是出自于故意而伪造金融票证的，犯罪就已成立。依照《刑法》第177条的规定，伪造金融票证罪不需具备损害结果，伪造、变造金融票证行为本身就已表现出这一犯罪的社会危害性。国家立法，正是基于一定行为对社会的危害性达到应受刑罚处罚的程度时，在制定法律时将该类行为规定为犯罪，并以法律条文叙明罪状。行为人只要实施了条文规定的叙明罪状行为，即为一定之罪成立。因此，犯罪的危害结果没有出现并不影响对张某、李某某行为性质的评价。当然，行为犯也要求行为要实施到一定的法定程度。根据当时最高人民检察院、公安部《关于经济犯罪案件追诉标准的规定》（2001年4月18日），伪造、变造金融票证，涉嫌下列情形之一的，应予追诉：（1）伪造，变造金融票证，面额在1万元以上的；（2）伪造、变造金融票证，数量在10张以上的。李某某运输往日本国的伪造空白信用卡卡面多达788张，张某收集写有他人信用卡资料的纸条中18条信息系VISA国际卡的卡号磁条信息，他们的行为显然达到了追诉标准的要求。

同时，张某、李某某主观上具有伪造信用卡的故意。本案中，两名被告人及其辩护人仅辩解称两人并非共同犯罪，对于两人主观上分别具有伪造信用卡的故意并不否认。无论是被告人张某实施的收集信用卡磁条信息的行为，还是李某某实施的明知是伪造的空白信用卡而予以运输的行为，都是伪造信用卡犯罪中不可或缺的环节。张某运输的空白信用卡卡面数量之多，李某某收集的他人信用卡卡号磁条信息的特点等情况也进一步证实了两名被告人具有伪造信用卡的主观目的。

综上，张某、李某某主观上有伪造金融票证的故意，客观上实施了伪造金融票证的行为，尽管行为尚未完全实施完毕，但伪造金融票证罪并不以所有行为完成、危害结果出现为构成要件。两名被告人的行为发生在2004年，均触犯了当时《刑法》第177条"伪造金融票证罪"的规定。

（二）张某、李某某的行为是否触犯《刑法》第177条之一的规定

妨害信用卡管理罪是2005年《刑法修正案（五）》新设的罪名，这一罪名实质上是立法细化信用卡犯罪各个行为环节的体现。根据《刑法》第177条之一的规定，有以下两点需要注意：第一，行为人对持有、运输的伪造的信用卡或者伪造的空白信用卡必须以明知为前提，不明知的不能认定为犯罪。本案中，李某某先后3次用化名将伪造的信用卡卡面邮寄至日本，该行为充分表现出其对持有、运输的是伪造的信用卡是明知的。第二，对明知是伪造的信用卡而持有、运输的，构成犯罪并不要求必须具备"数量较大"的构成要件；而对明知是伪造的空白信用卡而持有、运输的，则必须达到数量较大，才构成犯罪，持有一枚或者少量伪造的空白信用卡并不成立犯罪。本案中，李某某先后3次将788张伪造信用卡寄往日本，无疑达到了"数量较大"的要求。根据《刑法修正案（五）》第1条第1款第2项的规定，被告人李某某明知是伪造的空白信用卡而运输，数量较大，其行为符合妨害信用卡管理罪的入罪要求。

《刑法》第177条之一第2款规定，"窃取、收买或者非法提供他人信用卡信息资料的，依照前款规定处罚"。在信用卡的磁条上写入事先非法获取的他人信用卡的信息是伪造信用卡的最关键环节。本案中，张某在住所收集他人信用卡磁条信息，属于窃取他人信用卡信息资料，该行为是伪造信用卡的关键环节之一，且收集了多达18条的信用卡信息，其行为已触犯了《刑法》第177条之一第2款的规定。

因此，张某、李某某的行为分别触犯了《刑法修正案（五）》第1条（即刑法177条之一）第1款第1项及第2款的规定，分别构成妨害信用卡管理罪、窃取信用卡信息罪。

（三）本案是否可以根据从旧兼从轻原则适用《刑法》第177条之一

《刑法》第177条规定了3个法定刑幅度，分别是"五年以下有期徒刑或者拘役，并处或者单处二万元以上二十万元以下罚金"、"五年以上十年以下有期徒刑，并处五万元以上五十万元以下罚金"、"十年以上有期徒刑或者无期徒刑，并处五万元以上五十万元以下罚金或者没收财产"。《刑法》第177条之一规定了两个法定刑幅度，分别是"三年以下有期徒刑或者拘役，并处或者单处一万元以上十万元以下罚金"、"三年以上十年以下有期徒刑，并处

二万元以上二十万元以下罚金"。两罪比较，无论是在主刑还是在附加刑上，《刑法》第 177 条之一的处刑轻于《刑法》第 177 条。根据《刑法》第 12 条第 1 款规定的从旧兼从轻原则，本案应当适用《刑法修正案（五）》第 1 条，以妨害信用卡管理罪判处刑罚。

（四）妨害信用卡管理罪与伪造金融票证罪的关系

1. 妨害信用卡管理罪和伪造金融票证罪是两个相互独立的罪名

需要明确的是，当刑法修正案采取"刑法第×××条后增加一条，作为第×××条之一"的方式对刑法进行修正时，增加的法条与其前面的法条相互独立，两条文不能共用同一罪名。因此，《刑法修正案（五）》第 1 条增加的刑法第 177 条之一，虽然在"信用卡"这一犯罪对象上与第 177 条伪造、变造金融票证罪存在相近之处，但两条文在罪状描述上毕竟存在很大的差别，"伪造、变造金融票证"不能包容《刑法修正案（五）》中规定的"持有、运输、出售、购买、窃取、为他人提供"等行为形态特征。况且，实践中查获的很多案件，行为人持有大量伪造的信用卡或者伪造的空白信用卡，但无法查明该信用卡系其本人伪造，或者已用于实施诈骗，就很难追究刑事责任。因此，不能将违反新增加的第 177 条之一的行为，以伪造、变造金融票证罪定罪处罚。

2. 妨害信用卡管理罪的出台是对伪造金融票证罪的补充和完善

面对信用卡业务的高速发展和犯罪活动的日益猖獗，加大打击信用卡犯罪的力度以维护信用卡管理秩序十分必要，而要想有效地打击信用卡犯罪，就需要有科学、完善的法律体系。我国刑事法律规定与信用卡有关的犯罪最早是在 1995 年 6 月 30 日全国人大常委会制定的《关于惩治破坏金融秩序犯罪的决定》中。1997 年《刑法》修订时，在《刑法》第 177 条"伪造、变造金融票证罪"和第 196 条"信用卡诈骗罪"中再次作了规定。然而，对于实践中出现的持有、运输、携带伪造的信用卡等行为却没有直接规定为犯罪，要惩治这些行为，在司法实践中存在相当大的难度，致使许多严重危害信用卡管理秩序的行为逃避了应有的刑事制裁。

有鉴于此，司法机关和金融主管部门均建议对信用卡类犯罪作出进一步的具体规定。2005 年 2 月 28 日全国人大常委会通过了《刑法修正案（五）》，明确规定：在刑法第 177 条后增加一条，作为第 177 条之一。本案所涉及的即为第 177 条之一第 1 款第 1 项和第 2 款的规定。根据 2007 年 11 月 6 日起施行的最高人民法院、最高人民检察院《关于执行〈中华人民共和国刑法〉确定罪名的补充规定（三）》，将《刑法修正案（五）》增加的第 177 条之一，规定为两个新的罪名，即"妨害信用卡管理罪"、"窃取、收买、非法提供信用卡信息罪"。至此，我国法律中关于信用卡犯罪的规定包括《刑法》第196条的信用卡诈骗罪，177条规定的伪造、变造金融票证罪，《刑法修正案（五）》第1条所增设的妨害信用卡管理罪。如果行为人伪造信用卡可以以伪造金融票证罪论处，如果使用伪造的信用卡可以以信用卡诈骗罪论处，如果没有证据证明其具体行为的性质，但非法持有、运输、出售、购买伪造的信用卡以及骗领信用卡的，则可以妨害信用卡管理罪论处。

　　本案判决于2005年，因当时《关于执行〈中华人民共和国刑法〉确定罪名的补充规定（三）》（以下简称《补充规定》）尚未颁布，最高人民法院、最高人民检察院《关于办理妨害信用卡管理刑事案件具体应用法律若干问题的解释》（2009年12月3日）（以下简称《解释》）和最高人民检察院、公安部《关于公安机关管辖的刑事案件立案追诉标准的规定（二）》（以下简称《追诉标准（二）》）（2010年5月7日）也未出台。人民法院根据《刑法修正案（五）》第1条第1款第1项、第2款的规定，均以妨害信用卡管理罪判处张某、李某某有期徒刑1年，并处罚金人民币2万元，符合当时的法律规定，是恰当的。但在《补充规定》、《解释》和《追诉标准（二）》相继颁布后，依照现有规定，本案两名被告人的定罪和量刑均出现较大差异。根据《补充规定》，被告人张某的行为应当认定为窃取信用卡信息罪。根据《解释》第2条、第3条的规定，明知是伪造的空白信用卡而持有、运输100张以上的应认定为数量巨大；窃取他人信用卡信息足以伪造可进行交易的信用卡，或者足以使他人以信用卡持卡人名义进行交易，涉及信用卡5张以上的，应当认定数量巨大。李某某先后邮寄伪造的空白信用卡788张，张某窃取信用卡信息20条，两人的行为均达到了数量巨大的标准，应处3年以上10年以下有期徒刑，并处2万元以上20万元以下罚金。

（整理人：龙　潭）

十二、窃取、收买、非法提供信用卡信息罪

案例33：朱某甲、朱某乙、廖某某窃取信用卡信息案
——对"窃取"信用卡信息行为的理解等

一、基本情况　　　　　　　　　　　　　　　　　>>

　　案　由：窃取信用卡信息

　　被告人：朱某甲（自报），男，汉族，1973年2月25日出生，初中文化，农民，住江西省瑞金市壬田镇某村，2009年4月4日因本案经检察机关批准逮捕，由公安机关执行逮捕。

　　被告人：朱某乙（自报），男，汉族，1979年6月12日出生，小学文化，农民，住江西省瑞金市壬田镇某村，2009年4月4日因本案经检察机关批准逮捕，由公安机关执行逮捕。

　　被告人：廖某某（自报），男，汉族，1974年3月1日出生，小学文化，农民，住江西省赣州市章贡区某路，2009年4月4日因本案经检察机关批准逮捕，由公安机关执行逮捕。

二、诉辩主张　　　　　　　　　　　　　　　　　>>

　　（一）人民检察院指控事实

　　人民检察院在起诉中指控的主要犯罪事实如下：

　　2009年2月，被告人朱某甲、朱某乙、廖某某经预谋后，先后至中国建设银

行松江区两处营业点、中山中路某支行及青浦区某支行、闵行区某支行等自动取款机处，将事先准备好的摄像头、读卡器安装在自动取款机上，以窃取他人信用卡信息。经鉴定，从三名被告人处扣押的读卡器内发现有 33 条信用卡磁条信息，摄像头内发现持卡人在自动取款机上输入信用卡密码过程的视频文件。据此，人民检察院指控被告人朱某甲、朱某乙、廖某某行为构成窃取信用卡信息罪。

（二）被告人辩解及辩护人辩护意见

三名被告人对当庭出示、宣读的证据未提出异议，亦无证据提供。

其辩护人亦无其他辩护意见。

三、人民法院认定事实和证据

（一）认定犯罪事实

法院经公开审理查明：

2009 年 2 月，被告人朱某甲、朱某乙、廖某某在他人纠集下，先后多次至中国建设银行上海市松江区两处营业点以及闵行区某支行等自动取款机处，将事先准备好的摄像头、读卡器安装在自动取款机上，以窃取他人信用卡信息。

2009 年 2 月 28 日 18 时许，被告人朱某甲、朱某乙、廖某某至本区中国建设银行中山中路某支行自动取款机处，采用上述相同方法窃取信用卡信息后，被当场抓获，其使用的读卡器、摄像头等作案工具被扣押。经鉴定，读卡器内有信用卡磁条信息 33 条（其中 1 条与报案被窃的信用卡磁条信息相符），摄像头内有摄入信用卡密码输入过程的视频文件。

（二）认定犯罪证据

上述事实有下列证据证明：

1. 物证

（1）从被告人朱某甲处查获的摄像头一个。

（2）从被告人廖某某处查获的读卡器一部。

2. 书证

（1）公安局扣押物品文件清单。

（2）公安局出具的案发经过材料。

3. 证人证言

（1）证人张某某的证言及中国建设银行中山中路某支行出具的情况说明证实，2009 年 2 月 28 日 18 时许，三名男子在中国建设银行中山中路某支行的自动取款机上安装可疑设备，在设备安装完毕之后，先后有 6 名用户持信用卡在该自动取款机上使用。此外，在 2009 年 2 月中旬，中国建设银行松江区两处营业点的自动取款机上也发现有人安装可疑设备的事实。

（2）证人金某及中国建设银行闵行区某支行出具的情况说明证实，2009年2月19日7时许，两名男子在中国建设银行闵行区某支行的自动取款机处安装类似读卡器，摄像头设备的事实。

（3）证人陆某某的证言及中国建设银行青浦区某支行出具的情况说明证实，2009年2月19日8时30分许，两名男子在中国建设银行青浦区某支行的自动取款机处安装类似读卡器、摄像头设备，在设备安装完毕后，有两名用户持信用卡在该自动取款机上使用的事实。

（4）证人沈某、张某的证言证实三名被告人系抓获归案的事实。

4. 鉴定意见

上海某电子数据司法鉴定中心出具的《司法鉴定意见书》证实，在扣押的读卡器内发现有 33 条信用卡磁条信息，摄像头内发现持卡人在 ATM 机上输入信用卡密码过程的视频文件。

5. 视听资料

银行自动取款机处监控录像证实，2009 年 2 月，被告人朱某某等人先后在中国建设银行松江区两处营业点、中山中路某支行及青浦区某支行、闵行区某支行等自动取款机处安装读卡器及摄像头的事实。

四、判案理由　　　　　　　　　　　　　　>>

法院认为被告人朱某甲、朱某乙、廖某某窃取他人信用卡信息资料，其行为均已构成窃取信用卡信息罪。检察机关指控的罪名成立。三名被告人能自愿认罪，均可酌情从轻处罚。

五、定案结论　　　　　　　　　　　　　　>>

人民法院依照《中华人民共和国刑法》第 177 条之一第 2 款、第 25 条第 1 款、第 64 条、第 52 条、第 53 条的规定，判决如下：

1. 被告人朱某甲犯窃取信用卡信息罪，判处有期徒刑 1 年 6 个月，并处罚金人民币 2 万元；

2. 被告人朱某乙犯窃取信用卡信息罪，判处有期徒刑 1 年 6 个月，并处罚金人民币 2 万元；

3. 被告人廖某某犯窃取信用卡信息罪，判处有期徒刑 1 年 6 个月，并处罚金人民币 2 万元；

4. 扣押在案的作案工具，予以没收。

六、法理解说 >>

窃取信用卡信息罪是 2005 年 2 月 28 日全国人大常委会通过的《刑法修正案（五）》新增加的罪名。根据《刑法》第 177 条之一第 2 款的规定，"窃取、收买或者非法提供他人信用卡信息资料的"，构成窃取、收买、非法提供信用卡信息罪。该罪系选择性罪名，有窃取、收买、非法提供信用卡信息行为之一的，分别以相应罪名处罚。在《刑法修正案（五）》之前，窃取信用卡信息的行为极少入罪，曾有司法机关以伪造金融票证罪共犯追究此类行为的刑事责任，但引起了理论界较大的争议。《刑法修正案（五）》规定该罪后，有效解决了司法实践中对此类危害性较大的行为难以处置的问题。本案被告人在《刑法修正案（五）》颁布后，实施了窃取信用卡信息的行为，已构成窃取信用卡信息罪。

信用卡信息资料是一组有关发卡行代码、持卡人账号、密码、校验码等内容的加密电子数据，由发卡行写入信用卡磁条或芯片中，是信用卡能够被 POS 机、ATM 机等终端机具识别的依据。行为人掌握他人信用卡信息后，就能够伪造他人的信用卡，或者直接通过网络、电话等方式盗用卡内的资金，进行信用卡诈骗活动。因此，窃取、收买、非法提供他人信用卡信息行为是伪造信用卡行为和使用伪造信用卡诈骗行为的准备或前置行为；窃取、收买、非法提供信用卡信息罪是伪造金融票证罪和信用卡诈骗罪的上游犯罪。窃取信用卡信息罪，是窃取他人信用卡信息资料的行为，认定中需注意三个问题：一是对窃取行为认定；二是对信用卡信息资料的理解；三是罪数认定。具体分述如下：

（一）对"窃取"信用卡信息行为的理解

信用卡信息资料是一组电子数据，不是以实体形式存在的物品，因此，窃取信用卡信息资料中的"窃取"行为，与盗窃等一般罪名中的"窃取"既有相同之处，又存在一定的区别。刑法上，传统窃取是违反财物所有人意志，将他人占有的财物转移为自己或第三人占有的行为。[①] 在盗窃等犯罪中，大多数观念认为，窃取应当具有秘密性，即窃取行为具有隐瞒性，不为他人，特别是不为财物所有人所知晓。窃取信用卡信息资料中的"窃取"与传统上"窃取"相同点在于，都是非法获取他人的信息（或财物）的行为，通常均具有秘密性。两者的不同之处在于：其一，信息的占有具有其特殊性，不具备财物的占

---

① 张明楷：《刑法学》，法律出版社 2007 年版，第 727 页。

有所具有的直接的排他性和独占性。因为信息可以为多人所获取，行为人非法获取他人信息，并没有直接排除合法所有人对该信息的占有状态，合法持有人失去的是对该信息的独占权。因此，窃取信用卡信息中的"窃取"不是物权上的非法占有行为，而是应当是一种非法获取行为。其二，由于信用卡信息不是实体的物，窃取信用卡信息不能直接取得，而需要借助一定的载体予以记录，载体可以是电磁存储介质，也可以是纸张等形式。其三，由于信用卡信息以电子、书面等形式存在，窃取信息的方法与传统的"窃取"差异较大，且具有多样性，实践中，窃取信用卡信息的手段较多，有在 POS 机安装读卡器直接窃取、在 ATM 机上安装读卡器和摄像头分别窃取磁条信息和密码、通过网络黑客技术盗取、接触信息卡信息的人员使用存储介质或书面记录窃取等多种，这些手段都属于窃取行为。本案中，三名被告人就是采用了在银行 ATM 机上安装读卡器和摄像头的方式分别窃取他人信用卡磁条信息和密码，再根据时间对比后以获取完整的信用卡信息。

还需强调的是，虽然窃取信用卡信息罪中的"窃取"行为通常都具有隐密性，不为公众和合法所有人知晓，但并不排除具有公开性的"窃取"行为。这时的"窃取"实则是一种非法获取的行为。因此，一些具有公开性的非法获取他人信用卡信息行为的应当也构成窃取他人信用卡信息罪。例如，行为人在网络上盗取他人信用卡信息，即使合法持有人发现行为人在盗取其信用卡信息的也构成该罪。又如，行为人公开拷贝合法持有人储存在计算机中的信用卡信息，在未构成其他犯罪的情况下，也应当以窃取信用卡信息罪追究刑事责任。

（二）对信用卡信息资料的理解

信用卡信息资料是一组电子数据，实践中由于发卡行和信用卡种类的不同，信用卡信息资料的内容也是各不相同的，在技术上，难以确定一个信用卡信息资料的统一标准。因此，最高人民法院、最高人民检察院《关于办理妨害信用卡管理刑事案件具体应用法律若干问题的解释》（2009 年 12 月 3 日）（以下简称《信用卡解释》）规定，"窃取、收买、非法提供他人信用卡信息资料，足以伪造可进行交易的信用卡，或者足以使他人以信用卡持卡人名义进行交易，涉及信用卡 1 张以上不满 5 张的"，应当以窃取、收买、非法提供信用卡信息罪追究刑事责任。根据这一规定，只要行为人窃取的信用卡信息满足"足以伪造可进行交易的信用卡"和"足以使他人以信用卡持卡人名义进行交易"两个条件之一的，即属于《刑法》第 177 条之一第 2 款规定的信用卡信息资料。司法实践中证明行为人窃取的信息属于"足以伪造可进行交易的信用卡"应当由专门鉴定部门或相关信用卡组织出具鉴定意见。"足以使他人以信用卡持卡人名义进行交易"针对的是不需要使用物理卡片的信用卡交易行为，一般是网络和电话转账、支付等。实践中，通过网络和电话进行的信用卡转账或支付，仅需要卡号和密码，行为人窃取他人信用卡卡号和密码后，可以直接冒用持卡人名义进行信用卡诈骗。因此，这种行为具有较大的社会危害性，也构成窃取信用卡信息罪。

此外，还需注意的是，2004年12月29日全国人民代表大会常务委员会《关于〈中华人民共和国刑法〉有关信用卡规定的解释》规定，"刑法规定的'信用卡'，是指由商业银行或者其他金融机构发行的具有消费支付、信用贷款、转账结算、存取现金等全部功能或者部分功能的电子支付卡"。根据这一规定，刑法中的信用卡不仅是可以透支的贷记卡，还包括储蓄卡等有支付结算功能的借记卡，窃取借记卡信息资料的，也构成窃取信用卡信息罪。

（三）窃取、收买、非法提供信用卡信息罪的罪数认定

窃取、收买、非法提供信用卡信息罪系选择性罪名，可参照2001年1月《全国法院审理金融犯罪案件工作座谈会纪要》关于假币类犯罪选择性罪名适用的纪要。根据该纪要，行为人对同一宗信用卡信息实施了法律规定为选择性罪名的行为，应根据行为人所实施的数个行为，按相关罪名刑法规定的排序并列确定罪名，数额不累计计算，不实行数罪并罚。行为人对不同宗信用卡信息实施法律规定为选择性罪名的行为，并列确定罪名，数额按全部信用卡信息累计计算，不实行数罪并罚。

窃取、收买、非法提供信用卡信息系伪造信用卡和信用卡诈骗的前置行为，行为人在实施该行为的同时，很可能实施了其他信用卡犯罪。在行为人既实施了窃取、收买、非法提供信用卡信息行为，又实施了伪造信用卡或信用卡诈骗行为时，一般应当依照牵连犯原理，以量刑较重的伪造金融票证罪或信用卡诈骗罪定罪处罚。根据《刑法》和信用卡司法解释的规定，窃取、收买、非法提供信用卡信息1份和伪造信用卡1张的分别构成窃取、收买、非法提供信用卡信息罪和伪造金融票证罪，后罪的量刑重于前罪，同时实施这两种行为的应当以量刑更重的伪造金融票证罪定罪。但《刑法》规定信用卡诈骗，数量较大的才构成犯罪，根据信用卡司法解释规定冒用他人信用卡的，骗得5000元人民币以上的才构成犯罪。当行为人窃取、收买、非法提供他人信用卡信息后，进行信用卡诈骗，数额不满5000元时，虽不能认定信用卡诈骗罪，但仍可以窃取、收买、非法提供信用卡信息罪追究刑事责任。

由于《刑法》已将窃取、收买、非法提供信用卡信息行为独立规定为犯罪，因此，无论行为人以何种目的窃取、收买、非法提供信用卡，只要其没有实施其他信用卡犯罪，且未事先与实施其他信用卡犯罪的行为人共谋，形成共

同的犯罪故意,应当仅认定为窃取、收买、非法提供信用卡信息罪,而不能以其目的定罪。例如,行为人以信用卡诈骗为目的窃取他人信用卡信息,在尚未实施信用卡诈骗犯罪时被抓获,只能以窃取、收买、非法提供他人信用卡信息罪处罚。

本案中,经鉴定,被告人持有的读卡器内有信用卡磁条信息33条,其中1条与报案被窃的信用卡磁条信息相符,且摄像头内有摄入信用卡密码输入过程的视频文件。这足以证实本案被告人非法获取了最少一条足以伪造可进行交易的信用卡信息,其行为已构成窃取信用卡信息罪。

(整理人:吴卫军 时明清)

案例34：施某某、岳某某窃取、非法提供信用卡信息案

——采用网络黑客技术攻击境外网站窃取信用卡信息并出售的行为如何定性等

一、基本情况　　　　　　　　　　　　　　　>>

案　　由：窃取、非法提供信用卡信息

被告人：施某某，男，1987年7月15日出生，中专文化，无固定职业，住上海市普陀区某路，2011年10月21日因本案经检察机关批准，由公安机关执行逮捕。

被告人：岳某某，男，1989年1月10日出生，初中文化，无固定职业，住河南省辉县市孟庄镇某村，2011年10月21日因本案经检察机关批准，由公安机关执行逮捕。

二、诉辩主张　　　　　　　　　　　　　　　>>

（一）人民检察院指控事实

检察机关在起诉中指控的主要犯罪事实如下：

被告人施某某、岳某某伙同赵某某（另案处理）于2011年3月至5月相互配合攻破三家境外购物网站，先后窃取信用卡信息3000余条、6000余条及200余条，并将信息提供给方某某（另案处理）等人，方某某又将其中的300余条信息提供给肖某（另案处理），肖某用该批信用卡信息在境外相关购物网站购买商品。

据此，人民检察院认定被告人施某某、岳某某构成窃取、非法提供信用卡信息罪。

（二）被告人辩解及辩护人辩护意见

被告人施某某对起诉书指控的事实做了供述。其辩护人认为施某某在共同

犯罪中作用较小，能认罪悔罪，建议对其从轻处罚并适用缓刑。

被告人岳某某对起诉书指控的事实做了供述。其辩护人认为岳某某主观恶性不大，能如实供述，认罪态度较好，建议对其从轻处罚。

三、人民法院认定事实和证据 >>

（一）认定犯罪事实

人民法院经公开审理查明：

2011年3月至5月，被告人施某某、岳某某伙同他人利用网络黑客技术先后攻破网址为 www. asj. co. jp 的购物网站，从中窃取3000余条信用卡信息；攻破网址为 www. unico－fan. co. jp 的购物网站，从中窃取6000余条信用卡信息；攻破网址为 www. tennis－gear. jp 的购物网站，从中窃取200余条信用卡信息。

期间，被告人施某某、岳某某将窃取的上述信用卡信息提供给方某某等人，方某某又将其中的部分信用卡信息提供给肖某某，肖某某利用该信用卡信息在境外相关网站购物。经鉴定，其中79条信用卡磁条信息系有效的 VISA 信用卡信息，据此可以制作出 VISA 信用卡。

2011年9月25日，被告人施某某、岳某某在山东省日照市被公安人员抓获。

（二）认定犯罪证据

上述事实有以下证据证明：

1. 证人证言

（1）证人赵某某的证言证实：其与被告人施某某一起攻击网站获取数据，并由被告人岳某某将他们获取的数据卖给他人，后三人平分所得赃款。

（2）证人方某某的证言证实：其向被告人施某某、岳某某提议，如能攻破网站并获取信用卡信息，方某某将支付二被告人一定报酬，被告人施某某、岳某某同意该提议后，入住到方某某家中实施攻击网站，后方某某从二被告人手中得到4000余条信用卡信息，其经筛选后将300余条信用卡信息陆续发给肖某某。

（3）证人肖某某的证言证实：其从证人方某某手中获得200～300余条信息后，使用这些信用卡信息在境外购买商品。

（4）证人张某某、高某的证言证实：被告人施某某将信息出卖给他人的事实。

2. 鉴定意见

上海辰星电子数据司法鉴定中心计算机固定保全司法鉴定证实：司法鉴定中心固定、保全了相关电子邮箱内容以及相关人员 QQ 聊天记录的情况。

3. 书证、物证

（1）被告人岳某某等人的电子邮箱内的邮件记录、QQ 聊天记录证实：被告人施某某、岳某某以及证人赵某某相互配合作案。

（2）信用卡信息记录证实：被告人施某某、岳某某以及证人赵某某窃取的信用卡信息。

（3）工商银行交易明细证实：被告人施某某以及证人在银行账户存入相关款项。

4. 被告人供述

被告人施某某、赵某某交代证实：利用黑客技术攻击网站、窃取信用卡信息并非法提供给他人的相关犯罪事实。

四、判案理由　　　　　　　　　　　　　　　》》

人民法院认为，被告人施某某、岳某某结伙利用网络黑客技术攻破境外购物网站，窃取购物网站的信用卡信息并提供给他人使用，数量巨大，其行为均已构成窃取、非法提供信用卡信息罪，且系共同犯罪，应予处罚。鉴于被告人施某某、岳某某到案后能如实供述自己的罪行，辩护人提出从轻处罚的意见，本院予以采纳。根据被告人的犯罪事实、性质、情节及对社会的危害程度，辩护人建议对施某某使用缓刑的意见，本院不予支持。

五、定案结论　　　　　　　　　　　　　　　》》

人民法院根据《中华人民共和国刑法》第 177 条之一第 1 款和第 2 款、第 25 条第 1 款、第 67 条第 3 款、第 53 条、第 64 条之规定，判决如下：

1. 被告人施某某犯窃取、非法提供信用卡信息罪，判处有期徒刑 4 年，并处罚金人民币 5 万元；

2. 被告人岳某某犯窃取、非法提供信用卡信息罪，判处有期徒刑 4 年，并处罚金人民币 5 万元；

3. 被告人的违法所得予以追缴。

六、法理解说 $\gg$

　　随着社会的发展和科技的进步，现代社会已经进入了网络时代。购物网站的快速发展和信用卡使用的普及，使市场交易更为便捷，人们的生活日益便捷。但是，科技进步的同时也带来了新的犯罪手段和犯罪方法，网络犯罪和信用卡犯罪随之产生，且成高发态势。本案是一起网络犯罪与信用卡犯罪相结合的案件，两名被告人采用网络黑客技术攻击境外购物网站窃取信用卡信息并非法出售给他人，是一种利用网络实施的新型信用卡犯罪案件。对于本案，法院依照《刑法修正案（五）》增设的第177条之一第2款的规定，认定两名被告人构成窃取、非法提供信用卡信息罪的判决是正确的。下面结合案件事实和证据，对本案定性，以及窃取、收买、非法提供信用卡信息罪的适用作进一步分析。

　　（一）窃取、非法提供信用卡信息罪的适用

　　窃取、非法提供信用卡信息罪是2005年《刑法修正案（五）》增设的第177条之一规定的两个选择性罪名，是指窃取、非法提供他人信用卡信息资料的行为。虽然该罪侵犯的客体是信用卡管理制度，但实质上对信用卡持卡人、发卡行、代收行以及信用卡组织等单位和个人的资金有着极大的潜在危害。信用卡之所以能够使用，并非因为存在物理意义上的卡片，而是因为信用卡信息以数据状态存在，可以识别。信用卡之所以能在ATM机、POS机等终端上使用，就是因其卡内存储的数据化信息，即信用卡信息可以被终端识别。网络银行、电话银行、手机银行等都能够进行无卡交易，也正是依靠信用卡信息通过网络、电话传递后进行识别。因此，行为人获取了信用卡信息就已经实际控制了持卡人的信用卡账户，既能通过将信息写入空白信用卡的方法制作伪造信用卡，在ATM机、POS机等终端设备上盗用卡内资金，也可以在不制作伪卡的情况下，直接通过网络或电话银行，以及网上购物等方式盗划卡内资金。因此，信用卡信息的重要性不容置疑。行为人不论采用何种方式主动获取他人的信用卡信息，其目的当然是利用该信息获取不法利益，因此窃取、收买信用卡行为具有明显的社会危害性。同时，不论行为人是非法获取的他人信用卡信息，还是因工作关系或其他来源（如误收含有信用卡信息的电子邮件或短信、拾得储存信用卡信息的存储介质，乃至偶然看到记住的他人信用卡卡号和密码）得到的他人信用卡信息，只要其将之没有合法依据的提供给第三人，其也应当明知第三人获取信用卡信息的不法用途。因此，将他人信用卡信息非法提供给第三人的行为，也具有与窃取、收买信用卡信息相近似的社会危害性。所以《刑法修正案（五）》增设了窃取、收买、非法提供信用卡信息罪。

从犯罪构成上看，窃取、收买、非法提供信用卡信息（包括妨害信用卡管理）的行为实际上是伪造信用卡或信用卡诈骗行为的预备，而伪造信用卡行为又是信用卡诈骗行为的预备。之所以刑法增设罪名，专门规治信用卡诈骗犯罪的预备行为，一个很重要的原因就是信用卡犯罪专业化与国际化。从窃取信用卡信息——交易信用卡信息——制作伪造信用卡——运输、保管、交易伪造信用卡——实施信用卡诈骗，已经形成一条完整的产业链，各个阶段由专门的人分工负责，既有紧密型的国际信用卡犯罪集团统一组织实施跨国信用卡诈骗犯罪，也有以交易为纽带的松散型犯罪团伙分工合作，还有单个个体独立进行某一阶段的犯罪行为。本案是一起分工合作的跨国信用卡犯罪案件，两被告人专门负责窃取境外信用卡信息，出售给方某某，方某某又将信息提供给肖某某，由肖某某再通过网上购物的方法进行信用卡诈骗犯罪，各环节互不干涉。在《刑法修正案（五）》之前，伪造金融票证罪和信用卡诈骗罪分别可以处罚伪造信用卡和信用卡诈骗犯罪行为，但对上述信用卡犯罪中其他环节就无法规治。《刑法修正案（五）》出台前，实践中就经常出现对上述行为如何处理的争议，也曾放纵了一批犯罪行为。《刑法修正案（五）》将前述行为分别规定为妨害信用卡管理罪和窃取、收买、非法提供信用卡信息罪是非常有必要的。

窃取、非法提供信用卡信息罪的认定中需要注意的是三个问题：一是何为信息卡信息；二是对"非法提供"的理解；三是与伪造金融票据及信用卡诈骗罪之间的关系。结合案例分述如下：

1. 关于信用卡信息

从专业上而言，根据中国人民银行 2000 年 11 月 8 日发布的《银行卡磁条信息格式和使用规范》的规定，信用卡信息资料主要包括：（1）主账号；（2）发卡机构标识号码；（3）个人账户标识；（4）校验位；（5）个人标识代码，即持卡人的个人密码，是最重要的信用卡信息。人民银行规定的信用卡信息包括 5 项内容，但并不意味着只有完全符合上述规定的，也就是具备全部 5 项内容的才属于信用卡信息。实践中，由于发卡行和信用卡的类型不同，信用卡信息也不完全一样。信用卡信息成为犯罪对象的原因是因其功用性，也就是信息能够被用于信用卡交易，从而获取财物。因此，最高人民法院、最高人民检察院《关于办理妨碍信用卡管理刑事案件具体应用法律若干问题的解释》（以下简称《信用卡解释》）规定，"窃取、收买、非法提供他人信用卡信息资料，足以伪造可进行交易的信用卡，或者足以使他人以信用卡持卡人名义进行交易，涉及信用卡 1 张以上"，以窃取、收买、非法提供信用卡信息罪定罪处罚。《信用卡解释》从"足以伪造可进行交易的信用卡"和"足以使他人以信用卡持卡人名义进行交易"两个角度来界定何为信用卡信息资料。"足以伪造可进行交易的信用卡"的信息资料，是指进行有磁交易（如在 ATM 机和 POS 机等终端机具上进行交易）时所需要的信用卡信息资料；"足以使他人以信用卡持卡人名义进行交易"的信息资料，是指进行无磁交易（如网上银行和电话支付等）时所需要的信用卡信息资料。① 可见，刑法中的信用卡信息并不要求信息完备，只要具备功能性即可成立。在无卡支付时，卡号加密码或校验码就可能成立信用卡信息。

本案中被告人施某某、岳某某从国外网站攫取的信息包含：信用卡的卡号、有效期、持卡人姓名以及 CVV（校验码），经鉴定其中 79 条系有效 VISA 卡信息，并且涉案人肖某某也确利用这些信息通过网上购物的方式完成了信用卡诈骗犯罪。因此，本案中被告人出售的信息属于刑法规定的信用卡信息。

2. 关于"非法提供"

对"非法提供"的理解，需要把握两点：其一，"非法提供"是没有合法依据的提供，不仅包括出售行为，也包括无偿给予的行为。因为信用卡信息的功用就是进行信用卡交易，没有合法依据地将他人信用卡信息提供给第三人，就意味着将他人的信用卡交给第三人使用。因此，这种行为无论是否获得报酬，均属于"非法提供"。其二，"非法提供"不以"非法获取"为前提，将合法获得、持有的他人信用卡信息没有合法依据的提供给第三人也是"非法提供"。作为选择性罪名，本案中行为人即窃取了信用卡信息，又将信息出售给方某某，认定为窃取、非法提供信息卡信息罪是准确的。但我们不能从本案得出，只有将用"窃取"等非法手段获得信用卡信息提供给他人才属于"非法提供"。"非法提供"是提供信用卡信息行为的非法性，而不是信用卡信息来源的非法性。例如，银行工作人员将工作中掌握的客户信用卡信息没有合法依据的提供给他人，就属于典型的非法提供信用卡信息罪行为。

3. 与相关罪名的关系

该罪认定中还要注意的是与信用卡诈骗罪、伪造金融票证罪之间的关系。如前所述窃取、收买、非法提供信用卡信息是伪造金融票证和信用卡诈骗罪的预备行为。但由于刑法已经将这一行为独立设置为犯罪，那就不能将该罪行为直接视为伪造金融票证或信用卡诈骗罪的共犯。一般情况下，只实施窃取、收买、非法提供信用卡信息行为，没有参与实施伪造信用卡、信用卡诈骗行为的，即使明知他人使用其提供的信用卡信息进行伪造或诈骗行为，也只能认定本罪，而不能以信用卡诈骗或伪造金融票证的共犯处理。因为，窃取、收买、

---

① 陈国庆、韩耀元、吴峤滨：《〈关于办理妨害信用卡管理刑事案件具体应用法律若干问题的解释〉理解与适用》，载《人民检察》2010 年第 2 期。

非法提供信用卡信息罪的主观故意中实已包含了概括的明知后续行为是信用卡诈骗或伪造信用卡的内容。这仍是由信用卡信息的功用性所决定的。如果行为人实施了该罪的行为，又参与了后续犯罪，则以后续行为所触犯罪名处理。需要注意的是事先有通谋的情况，即后续犯罪行为人在事先将自己将要实施的后续犯罪告知窃取、收买、非法提供信用卡信息行为人，行为人再窃取、收买信用卡信息，并非法提供给后续犯罪行为人的，因行为人与后续犯罪行为人不仅在犯意上有联络，且其行为也已成为后续犯罪行为的一部分，故应当以后续犯罪的共犯认定。本案中，两名被告人尽管知晓方某某可能将信用卡信息用于诈骗，但二人主观上仅仅想以自己窃取的信用卡信息与方某某进行交易，行为独立，且没有直接与方某某形成诈骗的共同故意，因此，仍应当以窃取、非法提供信用卡信息罪定罪量刑。

（二）窃取、非法提供信用卡信息罪与非法获取计算机信息系统数据罪竞合与牵连关系

因本案中被告人系采用网络黑客技术攻破境外购物网站后窃取信用卡信息，因此本案还存在行为人是构成窃取、非法提供信用卡信息罪，还是非法获取计算机信息系统数据罪的争议。

《刑法》第285条第2款规定，违反国家规定，侵入国家事务、国防建设、尖端科学技术领域以外的计算机信息系统或者采用其他技术手段，获取该计算机信息系统中存储、处理或者传输的数据，情节严重的，构成非法获取计算机信息系统数据罪，处3年以下有期徒刑或者拘役，并处或者单处罚金；情节特别严重的，处3年以上7年以下有期徒刑，并处罚金。本案两名被告人先后三次利用黑客技术侵入境外购物网站的网络系统，窃取信用卡信息多达近万条，已触犯了该条的规定。

本文认为，本案中两罪之间既有想象竞合关系，又存在牵连关系，应当以窃取、非法提供信用卡信息罪定罪处罚。本案两名被告人实际上实施了刑法上的两个行为，成立选择性罪名中的两罪，窃取信用卡信息罪和非法提供信用卡信息罪。窃取信用卡罪与非法获取计算机信息系统数据罪成立想象竞合。想象竞合，又称观念的竞合、想象的数罪，是指一个犯罪行为而触犯数个罪名的犯罪，① 是指基于一个犯意的发动，实施一个犯罪行为，侵犯数个客体，成立数个罪名的情况。判断是否属于想象竞合，首先要求行为人仅实施了一个犯罪行为，实施多个犯罪行为的可能是牵连犯或吸收犯等，不成立想象竞合。本案中，被告人侵入网络系统获得信用卡信息只能视为一个行为。从行为上看，本

---

① 马克昌：《犯罪通论》，武汉大学出版社2006年版，第671页。

案的"窃取"行为与"非法获取"行为只是对行为的不同表述方式,"窃取"本身就属于"非法获取"的一种;从取得的内容看,本案中的信用卡信息实则就是计算机信息系统数据,信息系统数据包括信用卡信息。因此,本案中窃取信用卡信息与非法获取计算机信息系统数据是同一行为。同时,两罪之间也不存在法条竞合关系。法条竞合,是指一个行为同时符合了数个法条规定的犯罪构成,但从数个法条之间的逻辑关系看,只能适用其中一个法条,当然排除适用其他法条的情况。① 法条竞合要求同时触犯的数个法条规定之间存在包容或重叠关系。本案中,窃取信用卡信息罪与非法获取计算机信息系统数据罪客体完全不同,不存在包容或者重叠关系。因此,我们认为两罪属于想象竞合。同时,被告人非法获取计算机信息系统数据的行为(就是窃取信用卡信息的行为)与其非法提供信用卡信息之间,系手段行为和目的行为,存在牵连关系。无论是想象竞合犯,还是牵连犯,刑法处断的原则都是择一罪从重处罚。量刑上,窃取、收买、非法提供信用卡信息罪最高刑为 10 年有期徒刑,较非法获取计算机信息系统数据罪最高刑 7 年为重,因此本案应当认定窃取、非法收买信用卡信息罪。

(整理人:吴卫军　陆　川)

---

① 因本文对于销售假冒注册商标罪不作讨论,相关事实和证据略。

案例35：陈某窃取信用卡信息案

——窃取信用卡信息罪犯罪既遂的标准等

案　由：窃取信用卡信息

被告人：陈某，男，汉族，1974年12月12日出生，小学文化，无业，户籍所在地广西省永福县永福镇迎宾西路，2010年5月7日因本案经检察机关批准，由公安机关执行逮捕。

（一）人民检察院指控事实

人民检察院在起诉中指控的主要犯罪事实如下：

2010年4月1日18时许，被告人陈某伙同他人至上海市茅台路236号中国工商银行茅台路支行附近，在银行外设的ATM自动取款机上安装了笔式针孔摄像机及磁条信息复制器，窃取信用卡信息。后张某、倪某、方某先后在上述的ATM自动取款机上操作使用各自的信用卡，其中方某在操作使用时，因自动取款机发生故障，同时发现插卡口有异物，求助银行。随后，公安民警至现场，将逃逸途中的被告人陈某抓获。此外，查明陈某1998年4月因盗窃罪被法院判处1年有期徒刑；2007年12月因盗窃罪被法院判处1年有期徒刑。据此，检察院指控被告人陈某的行为构成窃取信用卡信息罪，且系累犯。

（二）被告人辩解及辩护人辩护意见

被告人陈某到案后刚开始拒不供述，辩解称自己仅是路过银行；在庭审过程中则自愿认罪，且对当庭出示、宣读的证据未提出异议，亦无证据提供。

被告人陈某的辩护人认为：陈某系犯罪未遂，请求法庭比照既遂犯从轻、减轻处罚；而且陈某系本案的从犯，在共同犯罪中起次要和辅助作用，请求法庭从轻、减轻处罚。

三、人民法院认定事实和证据

（一）认定犯罪事实

法院经公开审理查明：

2010 年 4 月 1 日 18 时许，被告人陈某伙同他人至上海市茅台路 236 号中国工商银行茅台路支行附近，在银行外设的一台 ATM 自动取款机上安装了笔式针孔摄像机及磁条信息复制器。后张某、倪某、方某先后在上述的 ATM 自动取款机上操作使用各自的信用卡，其中方某在操作使用时，ATM 机发生故障，同时发现插卡口有异物，故求助银行。被告人陈某等返回上述 ATM 机附近，欲取回上述笔式针孔摄像机及磁条信息复制器，因被害人方某拒绝陈某等人进入该 ATM 机房而未果，后民警至现场，将逃逸途中的陈某抓获。经鉴定，查获的笔式针孔摄像机拍摄的内容为客户在 ATM 机上的操作过程，包括用户输入密码的过程；磁条信息复制器成功读取了张某及倪某的信用卡信息资料。

（二）认定犯罪证据

上述事实有下列证据证明：

1. 书证

（1）公安局扣押物品清单。

（2）公安局调取证据通知书、清单。

（3）被告人曾被判处刑罚的刑事判决书。

2. 鉴定意见

（1）公安局物证鉴定所出具的手印鉴定书证实：ATM 机上的"7"字形金属条上发现提取的指纹系陈某的左手中指所留。

（2）上海某电子数据司法鉴定中心出具的计算机司法鉴定书证实：ATM 上笔式针孔摄像机的内容为客户在 ATM 机上的操作过程，包括用户输入密码的过程；磁条信息复制器发现成功读卡记录为三条，其中包括张某及倪某的信用卡信息。

3. 被害人陈述及被告人供述

被害人张某、倪某、方某的陈述证实：三人先后在该 ATM 机上使用了各自的信用卡，方某证实 ATM 机插卡口有异常情况。

被告人陈某的供述，其对于以上所被指控犯罪事实均无异议，自愿认罪。

4. 证人证言

证人林某、张某某及同案关系证人吴某某的证言证实：2010 年 4 月 1 日 18 时 30 分许，两人着便衣巡逻至茅台路 236 号工商银行门口附近，发现方某所使用的 ATM 机被人装载了异物，同时发现被告人陈某等三名行为可疑人员；

陈某等见被人发现，分头逃逸，陈某在逃逸途中，将随身携带的黑包扔掉，后巡逻民警将陈某抓获，并从其扔掉的黑色包内查获摄像探头等作案工具。

5. 勘验、辨认笔录

刑事科学技术研究所出具的现场勘验笔录证实：ATM 机上的 "7" 字形金属条上发现提取的指纹，金属条中间部位有便携式袖珍摄像机，取款机插卡口有高仿插卡口，其背面安装了磁条信息复制器。被害人方某的辨认笔录证实：被告人陈某等在 ATM 机房间外面，行为可疑。

6. 视听资料、电子数据

相关银行及街面的监控录像资料证实：陈某伙同他人在 ATM 自动取款机上安装笔式针孔摄像机及磁条信息复制器的过程；笔式针孔摄像机及磁条信息复制器证实：其内容为客户在 ATM 机上的操作过程及 3 条信用卡信息记录。

四、判案理由　>>

法院认为，被告人陈某伙同他人在银行自动取款机上安装摄像头、银行卡磁条信息复制器，窃取他人信用卡信息资料，其行为已经构成窃取信用卡信息罪，依法应予惩处。检察机关的指控，事实清楚，定性正确。被告人陈某等人欲再次进入 ATM 机房取回窃取信用卡信息的工具时，因被害人方某发现该 ATM 机有异常，拒绝被告人陈某等人进入该 ATM 机房，后陈某被当场抓获而未得逞，应认定为犯罪未遂。辩护人关于陈某系犯罪未遂的意见，予以采纳。同时，本案系共同犯罪，辩护人关于陈某系从犯的意见，与本案查明的事实不符，不予采纳。陈某因犯盗窃罪判处有期徒刑 1 年，在执行完毕后 5 年内故意再犯应判处有期徒刑以上刑罚之罪，系累犯，从重处罚。鉴于被告人陈某犯罪未遂，庭审中自愿认罪，予以从轻处罚。

五、定案结论　>>

人民法院根据《中华人民共和国刑法》第 177 条之一、第 23 条、第 25 条第 1 款、第 65 条第 1 款、第 53 条之规定，判决如下：

被告人陈某犯窃取信用卡信息罪，判处有期徒刑 2 年，并处罚金人民币 1 万元。

六、法理解说

本案被告人陈某通过在 ATM 机上安装笔式针孔摄像机和磁条信息复制器的方式，窃取他人信用卡密码和信息，其行为已构成盗取信用卡信息罪。本案认定中主要有三个方面的问题值得关注：第一，在被告人到案之初拒不供认的情况下，现有证据能否认定被告人实施了窃取他人信用卡信息资料的行为；第二，对本罪的既遂标准如何理解，被告人的行为是否已犯罪既遂；第三，在同案犯未到案的情况下，被告人的行为是否属于从犯。针对这三方面问题，具体评述如下：

（一）被告人拒不供述的情况下，现有证据能否证实被告人实施窃取他人信用卡信息资料的行为

被告人陈某刚到案后拒不供述，辩解自己途经银行，没有实施犯罪。但根据本案现有的证据，相关银行及街面的监控拍摄到了陈某伙同他人在 ATM 机上安装笔式针孔摄像机及磁条信息复制器的过程，已直接证明了窃取信用卡信息的作案工具是陈某伙同他人安装的。刑事科学技术研究所出具的现场勘验笔录证实，ATM 机的金属条上提取的指纹系陈某的左手中指所留，进一步证明了陈某伙同他人安装窃取信用卡信息设备的事实。因此，陈某伙同他人在涉案 ATM 机上安装信用卡盗码装置的事实已有充分证据证明。电子数据司法鉴定中心出具的司法鉴定书证实，现场查获的陈某等人安装在 ATM 上的笔式针孔摄像机拍摄到的内容为用户的操作过程；磁条信息复制器已读取了三条被害人的信用卡信息，进一步证明了陈某安装的盗码设备已成功窃取了他人的信用卡信息资料。同时，被害人方某某的陈述以及证人吴某某等人的证言也可以印证陈某作案过程。因此，本案即使陈某拒不供述，现有证据也已能够证明陈某实施了窃取他人信用卡信息资料的行为。

（二）窃取信用卡信息罪犯罪既遂的标准

本案中，被告人陈某的辩护人以陈某的犯罪系未遂犯罪为由进行辩护。根据刑法规定，犯罪未遂，是指行为人已经着手实施犯罪，由于行为人意志以外的原因而未完成犯罪的形态；犯罪既遂，指的是行为人的行为完全符合刑法规定的犯罪构成要件的行为。犯罪未遂与犯罪既遂的关键区别在于犯罪是否得逞，如果犯罪未得逞则为犯罪未遂，反之为犯罪既遂。窃取信用卡信息罪的既遂必须是行为人窃取得到了他人的信用卡信息资料，但其既遂标准具有一定的特殊性。最高人民法院、最高人民检察院《关于办理妨害信用卡管理刑事案件具体应用法律若干问题的解释》第 3 条的规定，行为人窃取、收买、非法提供他人信用卡信息资料，足以伪造可进行交易的信用卡，或者足以使他人以

信用卡持卡人名义进行交易的，以窃取、收买、非法提供信用卡信息罪定罪处罚。根据这一规定，窃取信用卡信息罪的既遂，除要求行为人实际窃取得到了信用卡信息外，还要求行为人窃取得到信用卡信息需达到足以伪造可进行交易的信用卡或足以使他人以信用卡持卡人名义进行交易的程度。换言之，行为人虽然意图窃取他人信用卡信息并实施了窃取行为，但是没有获得他人信用卡信息或者获取的信用卡信息是不完全的，都不成立窃取信用卡信息罪的既遂。在行为人已经完成窃取行为，窃得了信用卡信息的情况下，因该信息不能被用于制作可交易的信用卡或进行交易，实则是对象不能犯，也属于犯罪未遂。本案中，陈某虽实施了窃取他人信用卡信息的行为，但是还未实际获得他人的信用卡信息。因此，法院采纳辩护律师的意见，认定被告人犯罪未遂是准确的。

（三）关于主从犯的认定

本案中，辩护人还提出，陈某在犯罪中仅起到了次要或辅助作用，系本案的从犯。根据刑法规定，主犯是指组织、领导犯罪集团进行犯罪活动或者在共同犯罪中其主要作用的人；从犯是指在共同犯罪中起次要或者辅助作用的人。本案现有证据足以证实，在窃取他人信用卡信息的共同犯罪过程中，陈某积极实施了传递作案工具、检查作案工具安装情况、查看 ATM 机的使用情况并欲取回作案工具等行为，系本案窃取他人信用卡信息行为的实施者和积极参与者，属于实行犯，在犯罪中起主要作用。因此，陈某的行为不属于从犯。同时，陈某之前因盗窃罪被判处 1 年有期徒刑，在刑满释放 1 年后又犯应判处有期徒刑以上刑罚之罪，符合《刑法》第 65 条第 1 款的规定，系累犯。

综观全案事实，法院根据《刑法》第 177 条之一、第 23 条、第 25 条第 1 款、第 65 条第 1 款、第 53 条之规定，认定被告人陈某构成窃取信用卡信息罪，判处有期徒刑 2 年，并处罚金人民币 1 万元，是正确的。

（整理人：薛豫岑）

案例36：焦某某等人收买、
非法提供信用卡信息案
——对"收买"和"非法提供"信用卡信息的理解

一、基本情况　　　　　　　　　　　　　　　　　　　　>>

案　由：收买、非法提供信用卡信息

被告人：焦某某，男，汉族，1982年6月25日出生，中专文化，农民，户籍所在地河南省淮阳县某村，2011年5月20日因本案经检察机关批准，由公安机关执行逮捕。

被告人：周某某，男，汉族，1988年3月20日出生，初中文化，农民，户籍所在地江苏省宿迁市宿豫区某村，2011年5月20日因本案经检察机关批准，由公安机关执行逮捕。

二、诉辩主张　　　　　　　　　　　　　　　　　　　　>>

（一）人民检察指控事实

检察机关在起诉中指控的主要犯罪事实如下：

2011年1月，被告人焦某某从境外网站购买境外信用卡信息资料后，将不少于5条的信用卡信息资料加价出售给李某某（另处）。同年3月至4月，被告人周某某从境外网站购买境外信用卡信息资料后，将10余条信用卡信息资料加价出售给李某某等人。2011年4月17日，被告人焦某某在河南省被抓获，同月21日，被告人周某某在浙江省被抓获。据此，检察机关指控被告人焦某某、周某某构成收买、非法提供信用卡信息罪。

（二）被告人辩解及辩护人辩护意见

被告人焦某某对起诉指控其出售给李某某5条信用卡信息资料提出异议，辩解其中有2条信息出现过挂失和销卡，是无效信息。

被告人周某某对起诉指控其将 10 余条信用卡信息资料出售给李某某提出异议，辩解其中有部分是无效信息。辩护人认为周某某出售的信用卡信息有重复出售情况，作案时间短，未造成重大危害，且到案后认罪态度较好，建议对其从轻处罚。

三、人民法院认定事实和证据

（一）认定犯罪事实

人民法院经公开审理查明：

2011 年 1 月，被告人焦某某从境外网站购买境外信用卡磁条信息资料后加价出售给李某某。经鉴定，其中 4 条信用卡磁条信息系有效的 VISA 信用卡信息，据此可以产生出 VISA 信用卡。

2011 年 3 月至 4 月，被告人周某某从境外网站购买境外信用卡磁条信息资料后加价出售给李某某等人。经鉴定，其中 3 条信用卡磁条信息系有效的 VISA 信用卡信息，据此可以产生出 VISA 信用卡。

2011 年 4 月 17 日、21 日，被告人焦某某、周某某分别在河南省、浙江省被公安机关抓获。

（二）认定犯罪证据

上述事实有下列证据证明：

1. 书证

（1）QQ 聊天记录。

（2）VISA 国际组织上海办事处出具的证明。

（3）扣押物品清单。

（3）信用卡交易明细。

（4）公安机关的情况说明及案发情况。

2. 证人证言

证人李某某的证言笔录。

3. 鉴定意见

司法鉴定检验报告书。

4. 被告人供述

被告人焦某某、周某某对上述犯罪事实所作的供述。

四、判案理由

被告人焦某某收买、非法提供信用卡信息资料，足以伪造可进行交易的信用卡，或者足以使他人以信用卡持卡人名义进行交易，涉及信用卡4张；被告人周某某收买、非法提供信用卡信息资料，足以伪造可进行交易的信用卡，或者足以使他人以信用卡持卡人名义进行交易，涉及信用卡3张，其行为均已构成收买、非法提供信用卡信息罪，应予以处罚。检察机关指控罪名成立。经查，检察机关认定被告人焦某某、周某某分别收买信用卡磁条信息资料后将不少于5条或10条信息加价出售，但其中部分磁条信息资料是否足以伪造可进行交易的信用卡，或者是否足以使他人以信用卡持卡人名义进行交易，检察机关尚未提供确凿的证据，本院不予认定。对被告人焦某某、周某某及辩护人的相关辩护意见，本院予以采纳。鉴于被告人焦某某、周某某到案后能如实供述自己的犯罪事实，依法可以从轻处罚。

五、定案结论

人民法院根据《中华人民共和国刑法》第177条第1款和第2款、第67条第3款、第53条、第64条及最高人民法院、最高人民检察院《关于办理妨害信用卡管理刑事案件具体应用法律若干问题的解释》第3条之规定，判决如下：

1. 被告人焦某某犯收买、非法提供信用卡信息罪，判处有期徒刑2年，并处罚金人民币4万元；

2. 被告人周某某犯收买、非法提供信用卡信息罪，判处有期徒刑1年6个月，并处罚金人民币3万元；

3. 违法所得及犯罪工具予以没收。

六、法理解说

信用卡为持卡人存取款和消费带来了较大的便利，已越来越为人们所青睐，但其广泛应用也为犯罪分子牟取非法利益提供了可乘之机。近年来，信用卡犯罪的方法越来越复杂和专业化，犯罪人员也从单一向团伙化发展，具体分工越来越细，成员之间的联系也越来越隐蔽，加大了预防和打击犯罪的难度，同时在司法实践中对于该类犯罪的认定也出现了争议。从信用卡犯罪的整个过程来看，包含了获得信息、制作流转、非法使用三大阶段，2005年《刑法修正案（五）》颁布后，我国刑法对这几个阶段的行为均有所规制。我国信用卡犯罪立法中使用了截断的犯罪构成理论，将信用卡诈骗犯罪的预备阶段行为和共同犯罪分工行为"截断"出来，独立构成犯罪，解决了司法实践中难以认定的预备犯罪行为人具有信用卡诈骗犯罪之故意的问题，也解决了信用卡诈骗团伙犯罪中因主犯没有到案，而帮助犯之犯罪故意难以证明的问题等，具有十分重要的意义。目前，与信用卡相关的犯罪涉及盗窃罪、信用卡诈骗罪、伪造金融票证罪、妨害信用卡管理罪以及窃取、收买、非法提供信用卡信息罪等罪名。其中，窃取、收买、非法提供信用卡信息罪在立法层面上注重于对持卡人信用卡信息资料的保护，以期从源头上对信用卡犯罪加以遏制。本案就是一起侵犯他人信用卡信息的犯罪案件，虽然案情较简单，但对办理同类案件具有一定的借鉴意见。

（一）窃取、收买、非法提供信用卡信息罪的刑法规定

窃取、收买、非法提供信用卡信息罪，是2005年2月《刑法修正案（五）》增设的《刑法》第177条之一第2款所规定的罪名。根据该款规定"窃取、收买或者非法提供他人信用卡信息资料的"，构成窃取、收买、非法提供信用卡信息罪。2009年12月，最高人民法院、最高人民检察院颁布了《关于办理妨害信用卡管理刑事案件具体应用法律若干问题的解释》（以下简称《信用卡解释》），进一步明确了该罪的构成要件和入罪标准。《信用卡解释》第3条规定，"窃取、收买、非法提供他人信用卡信息资料，足以伪造可进行交易的信用卡，或者足以使他人以信用卡持卡人名义进行交易，涉及信用卡1张以上不满5张的，依照刑法第一百七十七条之一第二款的规定，以窃取、收买、非法提供信用卡信息罪定罪处罚；涉及信用卡5张以上的，应当认定为刑法第一百七十七条之一第一款规定的'数量巨大'"。

（二）对"收买"信用卡信息行为的理解

窃取、收买、非法提供信用卡信息罪是选择性罪名，应根据行为人所实施的行为，按刑法规定的排序并列确定罪名。本案中，被告人实施了收买、非法提供信用卡信息资料的行为，没有窃取信用卡信息资料的行为，故应以收买、非法提供信用卡信息罪认定。下面我们针对本案中涉及的收买和非法提供信用卡信息的行为作进一步分析。"收买"一词宾语是物时，主要是购买的意思；宾语是人时，则是用钱物或其他好处笼络拉拢人，使其受利用的含义。从词义的角度上看，收买信用卡信息资料应当是购买，也就是以支付一定的财物为对价获取他人持有的信用卡信息资料的行为。但本文认为将收买信用卡信息资料的收买行为限定于以财物为对价的购买行为并不能代表立法原意，也不能适应司法实践的要求。本罪的刑法法条中使用的是"收买"，不是购买，收买行为

不仅包括以财物为对价的购买行为，还包括以其他物质或非常物质利益为交换，使他人被利用的含义。实践中，除了使用金钱直接向他人购买信用卡信息资料外，还存在行为人以各种手段和方式拉拢腐蚀信用卡发卡银行或机构的工作人员，让相关工作人员为其提供他人信用卡信息资料的行为。此类行为的危害性绝不低于"窃取"和"购买"他人信用卡信息资料，甚至更有过之。非法获取信用卡信息的各种行为中，刑法仅将"窃取"、"收买"、"非法提供"三项规定为犯罪，同时也未将非法持有信用卡信息资料入罪，如果将"收买"仅视作财物交换的购买，则以前述方式非法获取他人信用卡信息资料的行为必然难以规制。因此，收买信用卡信息资料的行为应当是以金钱、物质或其他利益从他人（如银行等金融机构的工作人员）手中获取他人信用卡信息资料的行为。

（三）对"非法提供"信用卡信息行为的理解

本罪规定的非法提供信用卡信息与窃取、收买信用卡信息是反向的行为，前者将信用卡信息交给他人，后者是从他人处获取信用卡信息。对于何为非法提供信用卡信息行为，存在不同的观点。有观点认为，所谓非法提供，是指持有持卡人信息资料者违反规定，未经持卡人同意而向他人提供持卡人信用卡信息资料的行为；还有人认为，"非法提供"是指私自提供合法掌握的他人信用卡信息资料的行为。笔者认为，这两种观点均难以准确界定实践中各种非法提供信用卡信息资料的行为。前一观点中的未经持卡人同意向他人提供信用卡信息资料的行为并不都是非法提供行为。例如，司法机关因办案、执行等公务需要，依法查询当事人信用卡信息资料时，相关银行提供资料就不需要经过持卡人同意。后一观点将非法提供的信用卡信息资料限定于合法掌握的信息资料更与司法实践相悖。实践中，除信用卡发卡银行和机构员工，可能会违反规定，将合法持有的信用卡信息提供给他人外，更多的通过非法途径获取信用卡信息资料后，再提供给他人谋利。例如，网络上常见的非法出售信用卡信息资料行为，出售人大多是非法获取的他人信用卡信息。信用卡信息资料对于持卡人来说具有独立性、利益性，所以法律给予信用卡信息资料以特别的保护，禁止持有相关资料的机构和人员对外泄露。据此，本文认为，非法提供信用卡信息资料是相对于合法提供而言的，没有合法依据向持卡人以外的第三人（方）提供信用卡信息资料即属于非法提供。非法提供的他人信用卡信息即可以是行为人合法持有、取得的他人信用卡信息，也可以是行为人非法取得的他人信用卡信息。当行为人非法取得他人信用卡信息行为属于"窃取"、"收买"行为时，应当认定窃取、收买、非法提供信用卡信息罪。

本案中两名被告人通过网络购买他人信用卡信息资料后，又提供给第三人，其行为均应当认定收买、非法提供信用卡信息罪。

（四）关于本案犯罪数额的认定

根据信用卡解释第 3 条的规定，行为人窃取、收买、非法提供他人信用卡信息资料，足以伪造可进行交易的信用卡，或者足以使他人以信用卡持卡人名义进行交易，涉及信用卡 1 张以上不满 5 张的，可以构成本罪。因此，本罪中作为犯罪数额认定的信用卡信息资料应当有证据证实，"足以伪造可进行交易的信用卡"或"足以使他人以信用卡持卡人名义进行交易"。本案中法院以经鉴定证明属于有效信用卡信息资料的数额认定两名被告人的犯罪数额是符合司法解释规定的。

（整理人：吴卫军　王世涛）

案例 37：方某某等人信用卡诈骗、
收买、非法提供信用卡信息案
——罪数与犯罪数额的认定等

案　　由：信用卡诈骗、收买、非法提供信用卡信息，销售假冒注册商标的商品

被告人：方某某，男，1989 年 10 月 26 日出生，大专文化，无业，住上海市浦东新区康桥川周公路某号，暂住上海市嘉定区华亭镇华旺路某弄，2011 年 6 月 30 日因本案经检察机关批准，由公安机关逮捕。

被告人：肖某，男，1988 年 12 月 6 日出生，大专文化，无业，户籍地江西省万安县芙蓉镇文教路某号，暂住北京市圆明园西路某号，2011 年 6 月 30 日因本案经检察机关批准，由公安机关逮捕。

被告人：徐某，男，1982 年 8 月 5 日出生，大专文化，无业，户籍地江苏省沛县沛城镇，暂住上海市嘉定区华亭镇华旺路某弄，2011 年 6 月 30 日因本案经检察机关批准，由公安机关逮捕。

被告人：何某某，男，1988 年 11 月 4 日出生，大学学历，无业，户籍地江西省万安县芙蓉镇凤凰路某号，暂住北京市圆明园西路某号，2011 年 6 月 30 日因本案经检察机关批准，由公安机关逮捕。

被告人：李某，男，1987 年 10 月 24 日出生，大专文化，无业，户籍地江西省万安县芙蓉镇凤凰路某号，暂住北京市圆明园西路某号，2011 年 6 月 30 日因本案经检察机关批准，由公安机关逮捕。

被告人：黄某某，男，1987 年 8 月 23 日出生，大专文化，无业，户籍地上海市浦东新区康桥川周公路某号，暂住上海市嘉定区华亭镇华旺路某弄，2011 年 6 月 30 日因本案经检察机关批准，由公安机关逮捕。

被告人：徐某某，男，1986 年 11 月 26 日出生，大专文化，无业，户籍地上海市浦东新区康桥川周公路某号，暂住上海市嘉定区华亭镇华旺路某弄，2011 年 6 月 30 日因本案经检察机关批准，由公安机关逮捕。

被告人：方某，男，1978 年 4 月 3 日出生，初中文化，无业，户籍地福建省福清市东瀚镇某村，暂住上海市嘉定区华亭镇华旺路某弄，2011 年 6 月 30 日因本案经检察机关批准，由公安机关逮捕。

二、诉辩主张

（一）人民检察院指控事实

人民检察院在起诉中指控的主要犯罪事实如下：

（销售假冒注册商标的商品罪事实略）

2011 年 3 月起被告人方某某指使被告人黄某某、徐某某用施某某、岳某某（另案处理）提供的他人信用卡信息，在境外相关购物网站购买共计折合人民币 53721.84 元的商品，并将购得的商品在境外予以销赃。其中黄某某参与的金额为人民币 35497.35 元，徐某某参与的数额为人民币 18224.49 元。

2011 年 3 月，被告人方某某从施某某、岳某某处购得 4000 余条他人信用卡信息，并将其中 200 余条信息通过网络发给被告人肖某。

2009 年 11 月，被告人徐某介绍唐某通过网络向境外人士购买 40 余条他人信用卡信息。2011 年 3 月，徐某将 2 条他人信用卡信息提供给被告人方某某。同年 5 月，被告人徐某让他人为自己从 IP 地址为 173.224.126.13 的网站购买了 18 条他人信用卡信息。

2009 年 12 月，被告人肖某、李某结伙，利用从网络上购买的他人信用卡信息，购买 Canon PC1356 型照相机一台，Sony PCG－7184N 型笔记本电脑一台，合计人民币 17650 元。

2011 年 3 月至 5 月，被告人肖某先后指使被告人何某某、李某分别利用从方某某处获得的他人信用卡信息，在境外相关网站购买物品折合人民币 463119.39 元并将购得的商品在境外予以销赃。其中，何某某参与的数额为人民币 400151.40 元，李某参与的数额为人民币 62967.99 元。

2011 年 6 月 2 日，被告人方某某、黄某某、徐某某、方某、徐某被公安人员抓获，并缴获大量的他人信用卡信息。同月 22 日，被告人肖某、何某某、李某在北京市被公安人员抓获，并查获相关的他人信用卡信息。

据此，检察机关指控：

1. 被告人方某某分别指使被告人黄某某、徐某某使用其提供的信用卡信息实施信用卡诈骗，共计人民币 5.37 万余元，数额巨大，其中被告人黄某某参与诈骗数额为人民币 3.54 万余元，数额较大；徐某某参与诈骗数额为人民币 1.82 万余元，数额较大。

2. 被告人肖某、李某结伙或肖某先后指使被告人何某某、李某使用他人信用卡信息实施信用卡诈骗共计人民币 48.07 万余元，数额巨大。其中，何某某参与诈骗数额为人民币 40 万余元，数额巨大；李某参与诈骗数额为人民币 8 万余元，数额巨大。

3. 被告人方某某分别指使被告人黄某某、徐某某、方某销售假冒注册商标的商品，销售金额共计人民币 55.4 万余元，数额巨大（略）。

4. 被告人方某某、徐某分别收买、非法提供他人信用卡信息，数量巨大。

（二）被告人辩解及辩护人辩护意见

1. 被告人方某某对起诉书指控的销售假冒注册商标的商品的销售金额以及信用卡诈骗的犯罪数额提出异议。

被告人方某某的辩护人提出如下辩护意见：

（1）对起诉书指控的销售假冒注册商标的商品的销售金额及信用卡诈骗的犯罪数额有异议；（2）被告人在销售假冒注册商标的商品犯罪以及信用卡诈骗犯罪中均具有自首情节，依法应从轻或者减轻处罚；（3）被告人方某某为盗用信用卡而购买信用卡信息，起诉书指控的收买信用卡信息罪应当被信用卡诈骗罪吸收，不应独立成罪；（4）本案在国内影响不大，且被告人初衷在于创业，建议酌情从轻处罚。

2. 被告人肖某也对起诉书指控的犯罪数额提出异议，辩称其有自首情节。

被告人肖某的辩护人提出如下辩护意见：

（1）对起诉书指控的犯罪数额有异议；（2）被告人肖某在共同犯罪中没有处于主要地位，也未起到主要作用，不应认定为主犯；（3）被告人肖某有自首情节，且认罪态度好。建议对被告人肖某减轻处罚，并适用缓刑。

3. 被告人徐某无其他辩解，被告人徐某的辩护人提出如下辩护意见：被告人徐某犯罪情节轻微，后果也不严重，且系初犯、偶犯，悔罪态度好，建议对其从轻处罚，并适用缓刑。

4. 被告人何某某对起诉书指控的犯罪数额提出异议，并辩称其有自首情节。

被告人何某某的辩护人提出辩护意见：（1）对起诉书指控的犯罪数额有异议；（2）被告人何某某是从犯，且有自首情节；（3）被告人何某某系初犯、偶犯，悔罪态度好。建议对被告人何某某减轻处罚。

5. 被告人李某对起诉书指控的犯罪数额提出异议。

被告人李某的辩护人提出辩护意见：（1）对起诉书指控的犯罪数额有异议；（2）被告人李某是从犯，且有自首情节；（3）被告人李某系初犯、偶犯，悔罪态度好，建议对李某免除处罚。

6. 被告人黄某某无其他辩解，其辩护人提出如下辩护意见：（1）对起诉书指控的信用卡诈骗的犯罪数额有异议；（2）被告人黄某某在信用卡诈骗犯罪中有自首情节，且系从犯；（3）被告人黄某某在销售假冒注册商标的商品犯罪中是从犯，且如实供述自己犯罪事实；（4）被告人黄某某认罪悔罪态度好，且系初犯、偶犯，建议适用缓刑。

7. 被告人徐某某辩称自己没有参与销售假冒注册商标的商品，并对起诉书指控的信用卡诈骗的数额提出异议。

被告人徐某某的辩护人提出如下辩护意见：（1）被告人徐某某信用卡诈骗的数额没有达到信用卡诈骗罪的追诉起点，其行为不构成犯罪；（2）被告人徐某某没有参与销售假冒注册商标的商品，依法不构成犯罪。

8. 被告人方某无其他辩解，其辩护人提出如下辩护意见：（1）被告人方某系从犯；（2）被告人方某如实供述自己的罪行，且系初犯、偶犯，认罪态度好，建议对方某适用缓刑。

三、人民法院认定事实和证据　　　　　　　　　　＞＞

（一）认定犯罪事实

人民法院经公开审理查明：

（销售假冒注册商标的商品罪事实略）

2010 年年底至 2011 年年初，被告人方某某指使被告人黄某某、徐某某使用从网络上获得的他人信用卡信息，在境外相关网站购物，共计骗取折合人民币 3.7 万余元的财物，并在境外予以销赃。其中，黄某某参与骗取财物价值人民币 3.5 万余元，徐某某参与骗取财物价值人民币 0.2 万余元。

2011 年年初，被告人方某某从施某某、岳某某处购得 4000 余条他人信用卡信息，并将其中的 200 余条通过网络发给被告人肖某，经 VISA 国际组织鉴定，其中 79 条为有效的磁条信息，据此可以产生出 VISA 信用卡。

2009 年年底，被告人徐某介绍唐某（网名：龙伟棠等）通过网络向境外人士购买 40 余条他人信用卡信息。经鉴定，其中 33 条为有效的磁条信息，据此可以产生出 VISA 信用卡。2011 年 5 月，徐某让网名为"小龙"的人为自己从 IP 地址为 173.224.126.133 的网站购买 18 条他人信用卡信息。徐某还将 2 条他人信用卡信息提供给被告人方某某用于注册 iPhone 手机软件账号。

2009 年 12 月，被告人肖某、李某结伙，使用从网络上购买的他人信用卡，在境外相关网站购买 Canon PC1356 型照相机一台、Sony PCG－7184N 型笔记本电脑一台，共计价值人民币 1.765 万元。

2011 年 3 月至 5 月，被告人肖某先后指使被告人何某某、李某分别利用从被告人方某某处获得的他人信用卡信息，在境外相关网站购物，共计骗得折合人民币 46.3 万余元的财物，并在境外予以销赃。其中，被告人何某某参与骗取财物价值人民币 40 万余元，被告人李某参与骗取财物价值人民币 6.2 万余元。

另查，2011 年 6 月 2 日，被告人方某某、黄某某、徐某某、方某、徐某被公安人员抓获，并缴获大量手表、眼镜以及他人信用卡信息资料。同月 22 日，肖某、何某某、李某在北京市被公安人员抓获，并查获大量相关的他人信用卡信息资料。

（二）认定犯罪证据

上述事实有以下证据证明：

1. 证人证言

（1）证人施某某、岳某某的证言证实：被告人方某某向他们获取他人信用卡信息。

（2）证人葛某某的证言证实：被告人方某某、黄某某、徐某某、方某销售假冒注册商标的商品。

2. 鉴定意见

（1）上海市徐汇区物价局鉴定意见书证实：涉案物品的价值。

（2）上海公信中南会计事务所有限公司司法鉴定意见书证实：该公司受公安机关委托，依据被告人供述、被告人的 EBAY 账户以及电脑中导出的销售数据、销售清单、被告人的银行对账单及网银汇款记录等有关资料，对被告人销售假冒注册商标的销售金额以及信用卡诈骗的非法获利情况做出鉴定。

（3）陆逊梯卡（上海）商贸有限公司出具的鉴定书及价格证明书证实：

从被告人方某某处查获的 Ray·Ban 眼镜系假冒注册商标的商品。

（4）北京精粹知识产权代理有限公司出具的鉴定书证实：从被告人方某某处查获的 TISSOT、BURBERRY 等品牌的手表系假冒注册商标的商品。

（5）上海晨星电子数据司法鉴定中心固定保全司法鉴定书证实：本案扣押的相关电脑中存储的有关作案记录和销售记录等情况。

3. 书证、物证

（1）商标注册证、核准续展注册证明等书证证实：TISSOT、BURBERRY、Ray·Ban 等商品均已在我国注册，且在注册期限之内。

（2）有关的信用卡信息记录、聊天记录、网站名称记录、送货地址（日本）、信箱邮件记录、VISA 国际组织的证明等证据证实：被告人方某某指使被告人黄某某、徐某某，被告人肖某指使被告人李某、何某某利用他人信用卡信息在网上购买物品实施信用卡诈骗，以及被告人方某某、徐某收买、非法提供他人信用卡信息的事实。

（3）扣押清单证实：公安机关扣押涉案物品的情况。

（4）公安机关接受刑事案件登记表、案发经过、工作情况等材料证实：各被告人的到案情况。

4. 被告人供述

被告人方某某、肖某、徐某、黄某某、何某某、李某、徐某某、方某对上述犯罪事实所作的供述。

四、判案理由　　　　　　　　　　　　　　>>

人民法院认为：

（销售假冒注册商标的商品罪部分略）

被告人方某某分别指使被告人黄某某等人使用其提供的他人信用卡信息实施信用卡诈骗共计价值人民币 3.7 万余元，数额较大，其中黄某某参与诈骗人民币 3.5 万余元，数额较大；被告人方某某、黄某某的行为均已构成信用卡诈骗罪，且系共同犯罪。

被告人肖某、李某结伙或肖某先后分别指使被告人何某某、李某使用他人信用卡信息实施信用卡诈骗共计价值人民币 27 万余元，数额巨大，其中何某某参与诈骗数额人民币 22 万余元，数额巨大；李某参与诈骗数额人民币 4 万余元，数额较大，其行为均已构成信用卡诈骗罪，且系共同犯罪。

被告人方某某、徐某分别收买、非法提供他人信用卡信息，数量巨大，其行为均已构成收买、非法提供信用卡信息罪。

被告人方某某、黄某某均系一人犯数罪，依法应予数罪并罚。

被告人徐某某信用卡诈骗罪的数额未达到法定追诉起点，依法不构成信用卡诈骗罪，检察机关对被告人徐某某犯信用卡诈骗罪的指控不成立。

被告人方某某、肖某、何某某、李某及其辩护人对涉案犯罪金额提出异议，对其中查证属实的部分，本院予以支持。

被告人方某某、肖某在各自的共同犯罪中均起到主要作用，是主犯；被告人黄某某、徐某某、方某、何某某、李某在各自的共同犯罪中均起到辅助作用，是从犯，依法予以从轻处罚。

被告人方某某、黄某某的信用卡诈骗罪系自首，被告人李某、何某某的信用卡诈骗罪系自首，依法予以从轻或减轻处罚。被告人方某某、黄某某、方某、徐某、肖某到案后均如实供述自己的罪行，依法可从轻处罚。

五、定案结论　　　　　　　　　　　　　　　　　》》

人民法院依据《中华人民共和国刑法》第 214 条、第 190 条第 1 款第 3 项、第 177 条之一第 1 款和第 2 款、第 69 条、第 25 条第 1 款、第 26 条第 1 款和第 4 款、第 27 条、第 67 条、第 53 条及第 64 条之规定，判决如下：

1. 被告人方某某犯销售假冒注册商标的商品罪（后略）；犯信用卡诈骗罪，判处有期徒刑 2 年，并处罚金人民币 2 万元；犯收买、非法提供信用卡信息罪，判处有期徒刑 4 年，并处罚金人民币 5 万元，决定执行有期徒刑 8 年，并处罚金人民币 9 万元；

2. 被告人肖某犯信用卡诈骗罪，判处有期徒刑 5 年 6 个月，并处罚金人民币 6 万元；

3. 被告人徐某犯收买、非法提供信用卡信息罪，判处有期徒刑 3 年，并处罚金人民币 2 万元；

4. 被告人何某某犯信用卡诈骗罪，判处有期徒刑 3 年，并处罚金人民币 3 万元；

5. 被告人李某犯信用卡诈骗罪，判处有期徒刑 1 年，并处罚金人民币 2 万元；

6. 被告人黄某某犯销售假冒注册商标罪（后略）；犯信用卡诈骗罪，判处有期徒刑 1 年，并处罚金人民币 2 万元，决定执行有期徒刑 2 年，并处罚金人民币 3 万元；

7. 被告人徐某某犯销售假冒注册商标的商品罪（后略）；

8. 被告人方某犯销售假冒注册商标的商品罪（后略）；

9. 缴获的赃物予以发还，假冒注册商标的商品及犯罪工具等予以没收，被告人的违法所得予以追缴。

六、法理解说　　　　　　　　　　　　　　　　　　>>

本案是一起较为复杂的信用卡犯罪案件，被告人涉及信用卡诈骗、收买、非法提供信用卡信息，以及销售假冒注册商标的商品三项罪名。在信用卡诈骗和收买、非法提供信用卡信息罪的认定上，诉、辩、审三方存在较大的分歧，归纳起来主要集中于以下五个方面：第一，被告人方某某既实施了收买、非法提供他人信用卡信息行为，又实施了信用卡诈骗等犯罪行为，数罪认定存在一定争议。第二，多名被告人信用卡诈骗罪的数额认定存在较大争议，其中涉及徐某某信用卡诈骗罪的罪与非罪，以及方某某、李某信用卡诈骗是否属于数额巨大。第三，被告人方某某、徐某某收买、非法提供信用卡信息的犯罪数额应当如何认定。第四，被告人方某某、肖某、黄某某等人是否具有自首情节。第五，各名被告人在犯罪中所处的地位如何评判。对此具体评述如下：

（一）关于被告人方某某的罪数

窃取、收买、非法提供信用卡信息罪系 2005 年《刑法修正案（五）》新增设的罪名。窃取、收买或者非法提供他人信用卡信息资料行为原本是伪造信用卡和信用诈骗犯罪的准备行为，是《刑法修正案（五）》将其独立规定为一类犯罪。该罪是选择性罪名，实施了法条规定的多个行为的，应当并列确定罪名，但不进行数罪并罚，针对不同宗信息的多个行为，犯罪数额合并计算，针对同宗信息的多个行为作为犯罪情节考虑。本案中，被告人方某某向他人收买信用卡信息后，又将信息提供给他人，既实施了收买行为，又实施了非法提供行为，其行为已构成收买、非法提供信用卡信息罪。虽然，收买、非法提供信用卡信息是信用卡诈骗犯罪的准备行为，但在《刑法》将其独立规定为一种犯罪后，单纯地收买、非法提供（包括窃取）信用卡信息的行为，并不成立信用卡诈骗罪共犯，只能是构成收买、非法提供信用卡信息罪，否则对这一行为以信用卡诈骗处理即可，不需要增设新的罪名。本案之所以出现争议，是因为被告人方某某不仅收买、非法提供信息卡信息，而且利用其中部分信息实施了信用卡诈骗行为，故其辩护人提出，方某某所涉及的收买信用卡信息犯罪应当被信用卡诈骗罪吸收，不应该独立成罪。对此，本文认为，刑法理论中的所谓牵连犯，是指以实施某一犯罪为目的，而其犯罪的方法行为或者结果行为又触犯了其他罪名的情形，成立的前提条件是方法行为或结果行为与目的行为之间存在直接事实上的关联。在法条设置上，收买、非法提供信用卡信息罪与信用卡诈骗罪确实存在牵连关系，如果行为人收买、非法提供信用卡信息后，又利用同一信息实施了信用卡诈骗犯罪，成立牵连犯，应当择一重，以信用卡诈骗罪一罪定罪处罚。但如果收买、非法提供的信用卡信息与用于实施信用卡诈骗的信用卡信息不是同一信息，则两个行为之间没有事实上的关联，并不存在牵连关系，应当分别定罪量刑。本案中方某某实施的收买、非法提供信息卡行为与其信用卡诈骗行为并无事实上的关联。判决书认定的方某某信用卡诈骗的犯罪事实是其指使被告人黄某某、徐某某使用从网络上获得的他人信用卡信息，冒用他人信用卡，在境外相关网站骗购物品的事实，而认定的收买、非法提供信用卡信息的犯罪事实则分别是其向施某某、岳某某处购买4000余条他人信用卡信息和将其中的200余条通过网络非法提供给被告人肖某的事实。可见，本案中方某某实施信用卡诈骗行为和其收买、非法提供信用卡信息行为之间不存在事实上的联系，其用于实施信用卡诈骗的他人信用卡信息并不是其收买、非法提供的信用卡信息。因此，方某某的信用卡诈骗行为和收买、非法提供信用卡信息是两个分开的独立行为，不存在牵连关系，应当分别定罪处罚。

（二）关于被告人信用卡诈骗犯罪数额的认定

本案中多名被告人对其信用卡诈骗犯罪的数额提出了异议，其中还涉及罪与非罪和量刑跨档的问题，争议较大。最终法院判决认定的犯罪数额与检察机关的指控差异较大。之所以出现较大争议，主要是对犯罪数额的证明方式和认定标准存在认识上的差异。本案中被告人实施的信用卡诈骗行为，均系利用非法获取的他人信用卡信息，通过网络冒用他人信用卡骗购商品，然后销赃获利。各名被告人多次实施了骗购行为，单独犯罪与共同犯罪交织，易产生数额认定的争议。这种情况下，首先应当厘清各被告人的行为，明确各被告人参与了哪几起具体的犯罪，应当对那部分犯罪承担责任。本案中，方某某分别指使黄某某和徐某实施信用卡诈骗犯罪，应当对黄某某和徐某的全部犯罪行为承担刑事责任，但黄某某和徐某在方某某的指使下各自独立骗购商品，应当只对自己实施的行为负责。被告人肖某除了与李某共同骗购商品外，还分别指使被告人何某某、李某实施诈骗行为，应当对其自己实施的行为和指使何某某、李某实施的全部行为承担责任。何某某和李某分别受肖某指使实施信用卡诈骗犯罪，二人间没有犯意联络，应当仅对自己的行为负责。

在明确各被告人应当负责的犯罪事实后，再对根据相关证据计算各被告人具体的犯罪数额。鉴于信用卡诈骗犯罪均为电子交易，交易中均会形成电子记录，因此信用卡诈骗犯罪的犯罪数额应当以信用卡交易账单为第一选择，交易账单存在的形式，可以是电子数据和纸质文本。但无论是电子数据，还是纸质文本均需要证明其原始性、真实性和合法性。本案中，由专业的电子数据鉴定中心来调取查获的作案用电脑中的电子证据，具有足够的证明力。法院依据信用卡对账单、网络交易记录等电子证据证明各名被告人的犯罪数额，结论是准确的。2009 年 12 月最高人民法院、最高人民检察院《关于办理妨害信用卡管理刑事案件具体应用法律若干问题的解释》（以下简称《信用卡解释》）第 5 条规定，冒用他人信用卡，进行信用卡诈骗活动，数额在 5000 元以上不满 5 万元的，属于"数额较大"；数额在 5 万元以上不满 50 万元的，属于"数额巨大"；数额在 50 万元以上的，属于"数额特别巨大"。本案中，法院最终查明被告人徐某某仅参与信用卡诈骗 2000 元，尚未达到追诉标准；被告人方某某参与信用卡诈骗 3.7 万余元，被告人李某参与信用卡诈骗 4.3 万元，均未达到数额巨大的标准，从而未认定徐某某信用卡诈骗罪；认定方某某、李某构成信用卡诈骗罪，数额较大，结论是准确的。

（三）关于被告人收买、非法提供信用卡信息罪犯罪数额的认定

本案中，法院最终认定被告人方某某、徐某收买、非法提供信用卡信息罪，数量巨大，但判决书中未写明最终认定的具体数量，对此，有必要进一步说明。《信用卡解释》第 3 条的规定，窃取、收买、非法提供他人信用卡信息资料，足以伪造可进行交易的信用卡，或者足以使他人以信用卡持卡人名义进行交易的，构成窃取、收买、非法提供信用卡信息罪。根据该规定，成立刑法意义上的"信用卡信息资料"应当符合"足以伪造可进行交易的信用卡"和"足以使他人以信用卡持卡人名义进行交易"两个条件之一，两个条件均不具备的信用卡信息资料，并不能作为窃取、收买、非法提供信用卡信息罪的犯罪对象。换言之，如果行为人窃取、收买、非法提供的信用卡信息，既不能"足以伪造可进行交易的信用卡"，又不能"足以使他人以信用卡持卡人名义进行交易"，属于对象不能犯，不能记入犯罪既遂数额，应当以犯罪未遂处理。因此，本案中，虽然被告人方某某虽然收买信用卡信

息 4000 余条，非法向他人提供信用卡信息 200 余条，但其既遂的数额应当以经 VISA 国际组织鉴定，79 条有效的磁条信息认定；被告人徐某的犯罪数额应当认定 33 条。根据《信用卡解释》的规定，涉及有效信用卡信息 5 条以上，属于窃取、收买、非法提供信用卡信息罪，数量巨大。两名被告人收买、非法提供信用卡信息的数量均超过了这一标准，应当认定为收买、非法提供信用卡信息罪，数量巨大。

（四）自首情节和主从犯的认定

本案的信用卡犯罪中，被告人方某某、肖某、何某某、李某、黄某某五人提出具有自首情节的辩护意见；被告人肖某、徐某某、何某某、李某、黄某某提出系从犯的辩护意见。因方某某、黄某某、李某、何某某系因销售假冒注册商标的商品罪被公安抓获，到案后如实供述了未被公安机关掌握的信用卡诈骗犯罪的事实，符合《刑法》第 67 条第 2 款"被采取强制措施的犯罪嫌疑人、被告人和正在服刑的罪犯，如实供述司法机关还未掌握的本人其他罪行的，以自首论"的规定，四人信用卡诈骗罪系自首，但销售假冒注册商标的商品罪不成立自首。被告人肖某是公安机关已掌握其主要犯罪事实后将其抓获，不能成立自首，其如实供述自己犯罪事实的情节，可依照《刑法》第 67 条第 3 款的规定认定为如实供述自己的罪行，可以从轻处罚。在本案信用卡诈骗的共同犯罪中，分别以方某某和肖某为首，其二人分别指使黄某某、徐某某和李某、何某某实施信用卡诈骗犯罪，因此，方某某、肖某在各自犯罪中起主要作用，黄某某、徐某某、李某、何某某起次要作用，根据《刑法》第 26 条、第 27 条的规定，应当分别认定为主犯和从犯。

（整理人：吴卫军　陆　川）

十三、伪造、变造国家有价证券罪

案例 38：鲁某伪造、变造国家有价证券案

——如何区分伪造、变造国家有价证券罪中犯罪数额、
犯罪所得数额和违法所得数额的界限

一、基本情况　　　　　　　　　　　　　　　　　>>

案　由：伪造、变造国家有价证券

被告人：鲁某，男，38 岁，某市无业人员，住某市某区环山路 216 号。
1998 年 5 月 21 日因涉嫌伪造国家有价证券罪被公安机关逮捕。

二、诉辩主张　　　　　　　　　　　　　　　　　>>

（一）人民检察院指控事实

检察机关在起诉中指控的主要犯罪事实如下：

被告人鲁某原系某街道集体企业推销人员，后辞职经商，在经商过程中因
经营不善而亏损。鲁某变卖自家房产偿还了借款。从 1995 年起，鲁某便无固
定职业，家庭生活主要依靠妻子摆小卖摊。鲁某从此染上了赌博恶习。1998
年 4 月间，鲁某因赌博从许多亲戚朋友处借款，负债累累，于是便产生了伪造
国库券进行欺诈的念头。1998 年 4 月 11 日，鲁某将从朋友处借到的一张面值
100 元的国库券用彩色复印的方法，复印了 1200 张，然后利用天黑视力不清
时，在黑市上以低于票面价格的 90 元、95 元不等兜售。从 4 月 11 日到 21 日，
鲁某共卖出伪造的面额 100 元的国库券 800 多张，获赃款 7.15 万元。1998 年
4 月 22 日上午，鲁某在继续兜售假国库券时被公安机关抓获，未卖掉的部分
假国库券被收缴。在公安机关侦查过程中，鲁某自动投案自首，交代了自己的

罪行。检察机关认定被告人鲁某构成伪造国家有价证券罪，犯罪数额折合人民币为 12 万元，犯罪数额巨大。

（二）被告人辩解及辩护人辩护意见

被告人对检察机关指控的犯罪事实无异议。

被告人的辩护人认为：检察机关认定的犯罪数额有误，理由是，认定被告人的犯罪数额应当以其所卖假国库券后所得实际价值为计算标准，不应当以伪造的票面价值来计算犯罪数额。

三、人民法院认定事实和证据

（一）认定犯罪事实

1998 年 4 月，鲁某因赌博而负债累累，便产生了伪造国库券进行欺诈的念头。1998 年 4 月 11 日，鲁某将从朋友黄某某处借到的一张面值 100 元的国库券用彩色复印的方法，复印了 1200 张，然后利用天黑时在黑市上进行贩卖，案发时共卖掉伪造的国库券 826 张，获赃款 7.15 万元。在公安机关侦查过程中，鲁某自动投案自首，交代了自己的罪行。

（二）认定犯罪证据

1. 物证

（1）收缴的部分伪造国库券，经被告人指认证实：为被告人鲁某所伪造。

（2）鲁某伪造国库券时所使用的彩色复印机，经验证证实：其复印效果与收缴的伪造国库券相同。

（3）被告人鲁某在兜售国库券时使用过的口袋，经证人向某等人指证证实属实。

（4）从被告人家中收缴的部分赃款。

2. 证人证言

（1）证人黄某某证言证实：被告人鲁某从自己手中借得一张面额为 100 元的国库券的事实。

（2）证人贾某、诸某某、胡某某等证言证实：从被告人鲁某手中购买伪造国库券的事实。

3. 被告人供述

被告人鲁某供述证实：伪造、兜售假国库券的事实。

四、判案理由

某区人民法院认为，被告人鲁某为非法获利而伪造国库券，其主观上具有犯罪的直接故意；在客观方面采取彩色复印伪造国库券的方法，实施了伪造、变造国库券有价证券的行为。其行为符合伪造国家有价证券罪的犯罪构成要件。鲁某伪造面值为 100 元的国库券 1200 张，票面价值 12 万元，数额巨大，应当依法严惩。被告人鲁某的辩护人在辩护中认为认定其犯罪数额的标准应当以贩卖伪造的国库券后所得实际赃款的数额来计算的辩护意见，法庭不予采纳。

五、定案结论

某区人民法院根据《中华人民共和国刑法》第 178 条第 1 款之规定，作出如下判决：

被告人鲁某犯伪造国家有价证券罪，判处有期徒刑 6 年，判处罚金 3.5 万元。

六、法理解说

根据《刑法》第 178 条第 1 款之规定，所谓伪造、变造国家有价证券罪，是指以使用或流通为目的，伪造、变造国库券或者国家发行的其他有价证券，数额较大的行为。本罪侵犯的客体，是国家对有价证券的管理制度；本罪在客观方面表现为伪造、变造国库券或者国家发行的其他有价证券，数额较大的行为；本罪的犯罪主体是一般主体，包括自然人和单位；本罪行为人在主观方面是出于故意，并且是直接故意。

本案是一起典型的伪造国家有价证券案，被告人鲁某明知伪造国库券属于违法犯罪行为，但为了非法获利，采取彩色复印伪造国库券的方法，实施伪造国库券有价证券的行为。鲁某伪造面值为 100 元的国库券 1200 张，票面价值 12 万元，数额巨大，社会危害性十分严重，应当依法严惩，某区人民法院对被告人的定罪量刑是恰当的。

本案控、辩双方争论的一个焦点，是关于本案的犯罪数额如何计算问题。伪造、变造国家有价证券罪属于刑法理论上所讲的数额犯，在认定和处罚数额犯时，对于犯罪数额如何认定以及应当遵循什么样的标准，是涉及对案件准确定罪量刑的关键问题。我们认为，所谓犯罪数额，应当是指与犯罪构成具有直接联系，并且可以作为认定犯罪行为和作为犯罪成立要件依据的数额。要解决这一问题，首先应当明确的是犯罪数额的范围和定义问题，其中关键的是要把犯罪数额与犯罪所得数额、违法所得数额等概念区别开。这三个概念之间是有其明显区别的。犯罪数额是表示行为人实施犯罪行为所包括的与犯罪直接相关的数额；犯罪所得数额是表示行为人通过实施犯罪活动，本人从犯罪活动中所得到的实际效益，并且这些经济利益都与犯罪行为相关；违法所得数额是表示行为人在犯罪过程中所获得的全部经济利益，其中包括与犯罪行为直接有关的利益，也包括与犯罪行为没有直接关系的其他利益。例如，行为人实施走私行为，其走私的财物为价值人民币 200 万元，这就是犯罪数额；行为人实施走私活动中因亏损等各种原因，仅获得了 50 万元的实际经济利益，这就是犯罪所得数额；行为人在实施走私过程中还实施了其他违法行为并产生了经济效益，这些与走私活动没有直接联系的经济利益就应当视为违法所得数额。在认定数额犯罪是否成立时的数额标准，只能是以犯罪数额为标准。很显然，本案中鲁某实施伪造国库券的犯罪数额应当以伪造行为所产生的数额为准，这个数额就是其伪造的国库券的票面数额，而不应当是其贩卖后获得的实际收益数额。所以，法院认定本案的犯罪数额是正确的。

（整理人：刘　方）

十四、擅自发行股票、公司、企业债券罪

案例39：A股份有限公司、封某某
擅自发行股票案

——擅自发行股票罪的认定及与欺诈发行股票罪的区别

一、基本情况

案　　　由： 擅自发行股票

被 告 单 位： A股份有限公司，住所地上海市金山区枫泾镇兴福利路某号，法定代表人吴某某。

诉讼代表人： 彭某某，男，A股份有限公司法律顾问。

被 告 人： 封某某，女，汉族，1946年1月25日出生，初中文化，原系A股份有限公司法定代表人，户籍所在地上海市金山区枫泾镇金山路某弄，2010年5月9日由公安机关决定取保候审，2011年5月9日由人民检察院决定继续取保候审。

二、诉辩主张

（一）人民检察院指控事实

人民检察院在起诉中指控的主要犯罪事实如下：

2006年11月，被告人封某某将A有限责任公司转变成被告单位A股份有限公司，并担任该公司法定代表人。随即，封某某为融资扩大生产经营，在未经监管部门批准的情况下，通过田某某等人（另案处理）在上海市天目西路联通大厦607室向社会公众转让该股份公司未上市股权。封某某为此向田某某等人提供了由股东吴某某（封某某之子）签名的100余份空白的股权转让协

议，并且还在出具给股权购买者的股权证上加盖该股份公司公章。现查实，该股份公司向社会公众实际转让股权 20 余万股，转让金额 70 余万元，实际获得转让款 20 余万元。2010 年 5 月 9 日，被告人封某某主动向公安机关投案，如实供述了自己和被告单位的犯罪事实。此外，2008 年 12 月封某某因犯非法经营罪被法院判处有期徒刑 3 年，宣告缓刑 3 年，并处罚金人民币 4 万元。据此，人民检察院认为，被告单位和被告人封某某构成擅自发行股票罪，被告单位和被告人犯罪后自动投案，如实供述罪行，系自首，可以从轻处罚；被告人封某某在缓刑考验期内发现判决宣告前还有其他罪没有判决，应撤销缓刑，实行数罪并罚。

（二）被告人辩解及辩护人辩护意见

被告人封某某对当庭出示、宣读的证据未提出异议，但是认为自己系自首，请求从轻、减轻处罚。

被告人封某某的辩护人认为：被告人封某某有自首情节，并且退赔违法所得，在原判缓刑考验期内能遵守相关规定，没有再犯危险，请求对封某某从宽处罚，继续适用缓刑。

被告单位的诉讼代表人对当庭出示、宣读的证据未提出异议。

三、人民法院认定事实和证据　　　　　　　　　　>>

（一）认定犯罪事实

法院经公开审理查明：

2006 年 11 月，被告人封某某将 A 有限责任公司转变成被告单位 A 股份有限公司，并担任该公司法定代表人。随即，封某某为融资扩大生产经营，在未经监管部门批准的情况下，通过田某某等人（另案处理）在上海市天目西路联通大厦 607 室向社会公众转让该股份公司未上市股权。封某某为此向田某某等人提供了由当时股东吴某某（封某某之子）签名的 100 余份空白的股权转让协议，并且还在出具给股权购买者的股权证上加盖该股份公司公章。现查实，该股份公司向社会公众实际转让股权 20 余万股，转让金额 70 余万元，实际获得转让款 20 余万元。2010 年 5 月 9 日，被告人封某某主动向公安机关投案，如实供述了自己和被告单位的犯罪事实。

（二）认定犯罪证据

上述事实有下列证据证明：

1. 书证

（1）股权转让协议、股权证、封某某提供的购买人员名单证实：封某某及该股份公司向社会公众实际转让股权 20 余万股，转让金额 70 余万元，实际获得转让款 20 余万元。

（2）多份公司变更登记申请书、上海某会计师事务所验资报告、准予变更登记通知书、上海某股份有限公司董事会决议、企业档案机读材料证实：被告单位的基本情况。

（3）常住人口基本信息证实：被告人封某某的基本信息。

（4）公安局《工作情况》证实：封某某的自首情况。

（5）法院刑事判决书证实：封某某的前科情况。

2. 被告人供述

被告人封某某交代证实：未经监管机关批准，向社会公开发行股票的情况。

3. 证人证言

证人吴某某、余某某的证言笔录证实：封某某为扩大经营，先将上海某有限责任公司转变成被告单位 A 股份有限公司，后又在未经监管机关批准的情况下，通过田某某等人，在天目西路联通大厦 607 室以每股 3.6 元的价格向社会公众转让股权。

四、判案理由

法院认为，被告单位上海 A 股份有限公司未经国家有关主管部门批准，委托他人以公开方式向社会公众转让股票，数额巨大，被告人封某某作为被告单位上海 A 股份有限公司的法定代表人，其行为均构成擅自发行股票罪。公诉机关指控的事实清楚，证据确凿，指控的罪名成立，本院予以支持。被告单位上海 A 股份有限公司及被告人封某某均系自首，鉴于被告单位及被告人到案后，已退赔了违法所得，犯罪情节较轻，故可对被告单位从轻处罚，对被告人封某某可免除刑事处罚。被告人封某某在缓刑考验期内发现判决宣告前还有其他罪没有判决，应撤销缓刑，数罪并罚。被告人封某某在原判缓刑考验期内能遵守相关规定，没有再犯危险，继续适用缓刑对所居住社区没有重大不良影响，故可采纳被告人封某某辩护人提出对被告人封某某从宽处罚并继续适用缓刑的相关辩护意见。

五、定案结论

法院根据《中华人民共和国刑法》第 179 条、第 30 条、第 31 条、第 67

条第 1 款、第 69 条、第 77 条第 1 款、第 72 条第 1 款和第 3 款、第 73 条第 2 款和第 3 款、第 64 条之规定，判决如下：

1. 被告单位 A 股份有限公司犯擅自发行股票罪，判处罚金人民币 3 万元；

2. 被告人封某某犯擅自发行股票罪，免除刑事处罚；撤销刑事判决书对被告人封某某以非法经营罪判处有期徒刑 3 年，缓刑 3 年，并处罚金人民币 4 万元的缓刑部分，决定执行 3 年有期徒刑，缓刑 3 年，并处罚金人民币 4 万元。

六、法理解说 　　　　　　　　　　　　　　　　　　　>>

根据我国《刑法》第 179 条规定，未经国家有关主管部门批准，擅自发行股票，数额巨大、后果严重或者有其他严重情节的，构成擅自发行股票罪。本案被告单位 A 公司和被告人封某某未经国务院证券监管部门或国务院授权的部门核准，擅自公开发行股票，已触犯《刑法》第 179 条之规定，构成擅自发行股票罪。由于本案中，被告单位系以股权转让的名义实施其行为，对此类行为的性质如何认定产生了一定的争议。下面结合本案和擅自发行股票罪的构成要件，具体探讨所谓股权转让行为的性质，并对擅自发行股票罪认定中的其他争议问题作进一步分析。

（一）"股权转让"是否属于证券法上的"股票发行"

本案中能否认定被告单位构成擅自发行股票罪，必须先明确其以"股权转让"名义实施的行为是否属于证券法规定的证券发行行为。我国《公司法》和《证券法》中没有直接写入股票发行的概念，《公司法》第五章第一节仅对股份有限公司的股份发行，在股票形式、发行原则、发行价格等方面作了概括性的规定；《证券法》第二章对证券发行的方式、条件、程序、规则、当事人等作了较详细的规定，但也没有涉及发行的概念。国务院于 1993 年 4 月颁布的《股票发行与交易管理暂行条例》第 81 条第 3 项曾对股票公开发行规定为"是指发行人通过证券经营机构向发行人以外的社会公众就发行人的股票做出的要约邀请和要约或者销售行为"，我国《证券法》虽没有写明发行的概念，但从其规定中。例如，第 28 条"证券承销业务采取代销或者包销方式。证券代销是指证券公司代发行人发售证券，在承销期结束时，将未售出证券全部退还发行人的承销方式。证券包销是指证券公司将发行人的证券按照协议全部购入或者在承销期结束时将售后剩余证券全部自行购入的承销方式"，可以看出，证券法上的证券发行实际是一种销售证券获取资金的行为。

理论上，对于证券发行，国内学者有多种表述，如"证券发行主体以筹集资金为目的向社会公众或机构投资者销售证券的法律行为"[1]、"向社会公众或特定的人销售证券（股票与公司债券）的活动"[2]、"是创设证券权利的复杂行为，包括劝导投资、投资者认购、发行人分配证券、接受资金和交付证券在内的各项行为"[3] 等。综合法律规定和理论观点，本文认为，股票发行是发行人以获取资金为目的，自己或通过他人销售股票并创设股东权利的行为。本案中，被告单位所谓的股权转让行为，实质是向他人销售股票，使受让人取得股东权利，其行为属于证券法上的股票发行行为。

（二）被告单位的行为是否属于证券法上的"公开发行"

包括股票发行在内的证券发行作为一项法律行为，其本质上应属于私法上的民事行为。发行人应有权自主决定发行的方式是否发行，但是，由于证券发行尤其是公开发行，公开发行往往涉及数量众多的社会公众投资者，与国家甚至世界范围内的市场秩序及经济安全有着密切联系，因而各国的监管当局都对证券发行实施严密监管。我国同样严格限制公开发行，《证券法》第10条规定"公开发行证券，必须符合法律、行政法规规定的条件，并依法报经国务院证券监督管理机构或者国务院授权的部门核准；未经依法核准，任何单位和个人不得公开发行证券"、"有下列情形之一的，为公开发行：（一）向不特定对象发行证券的；（二）向特定对象发行证券累计超过二百人的；（三）法律、行政法规规定的其他发行行为。非公开发行证券，不得采用广告、公开劝诱和变相公开方式"。根据这一规定，向不特定对象发行或超过200人发行等都属于公开发行。本案中，被告单位通过田某某等人向社会公众转让该股份公司未上市股权，其行为属于《证券法》规定的公开发行。

（三）被告单位的行为是否属于刑法上的"擅自发行"

根据《刑法》第179条第1款的规定，擅自发行股票、公司、企业债券罪是"未经国家有关主管部门批准，擅自发行股票或者公司、企业债券，数额巨大、后果严重或者有其他严重情节的"行为。实践中，因证券种类较多，审批的主管部门也有所不同。发行股票的，根据《证券法》第10条第1款、第13条第2款的规定，股票的公开发行以及上市公司非公开发行新股均须报经国务院证券监督管理机构，即证监会核准。发行公司债券、企业债券的，根据企业性质和债券种类的不同，分别由证监会、发改委、人民银行等部门审

---

[1]　唐波主编：《新编金融法学》，北京大学出版社2005年版，第218页。

[2]　符启林、邵挺杰主编：《中国证券交易法律制度研究》，法律出版社2000年版，第68页。

[3]　叶林主编：《证券法教程》，法律出版社2005年版，第113页。

批。本案中，被告单位对外公开发行股票，应向证监会申请而未申请，更未得到任何主管部门的批准。因此，被告单位在未经依法核准的情况下，公开发行股票，其行为本质属于擅自发行股票的行为。

根据 2010 年 5 月 7 日《关于公安机关管辖的刑事案件立案追诉标准的规定（二）》（以下简称《追诉标准（二）》）第 34 条的规定，行为人擅自发行股票、债券发行数额在 50 万元以上、虽未达到 50 万元，但致使 30 人以上购买了股票或者公司、企业债券的、不能及时清偿或者清退的应该追诉。本案中，被告单位向社会不特定对象发行股票，数额达到 70 万余元，达到了数额巨大的标准。因此，被告单位的行为已构成擅自发行股票罪，被告人封某某系直接负责的主管人员也应当以擅自发行股票罪追究刑事责任。

（四）关于本罪与欺诈发行股票、债券罪的区别

根据《刑法》第 160 条规定，欺诈发行股票、债券罪，是指在招股说明书、认股书、公司企业债券募集办法中，隐瞒重要事实或者编造重大虚假内容，发行股票或者公司、企业债券，数额巨大、后果严重及其他严重情节的行为。擅自发行股票、公司、企业债券罪与的欺诈发行股票、债券罪存在部分相同或相似的特征，实践中易被混淆。两者的根本区别在于犯罪主体和客观行为违法性的表现不同。前罪是未经国家有关主管部门批准的单位实施的公开发行证券的行为；后罪是经过国家有关部门批准的单位，在发行过程中实施了欺诈行为。对于前罪而言，行为人未经批准而发行证券，违法性突出体现在"程序不合法"上；而后罪是在取得国家有关主管部门批准过程中或者发行过程中实施了欺诈的行为，违法性主要体现在"实体不合法"，即在招股说明书、认股书、公司、企业债券募集办法中隐瞒重要事实或者编造重大虚假内容。换而言之，前罪是规范我国证券发行体系外的公开发行行为，后罪规范的是在证券发行体系内所实施的发行欺诈行为。从两罪的追诉标准差异中可以清楚地看到这一区别。根据前述《追诉标准（二）》的规定，欺诈发行股票、债券罪，发行数额在 500 万元以上的，才达到追诉标准，但擅自发行股票、公司、企业债券罪，发行达到 50 万元以上的，就应予追诉。两者相差 10 倍，显然前一罪名并不适用于未经批准的公开发行行为。

实践中，行为人既未经国家有关主管部门批准，又在证券公开发行过程中实施欺诈行为的，应当认定为擅自发行股票、公司、企业债券罪，而不是欺诈发行股票、债券罪，行为人实施的相对较轻的欺诈行为可以作为量刑情节评价。如果行为人在擅自发行过程中，实施了严重的欺诈性行为，能够反映出行为人具有非法占有目的的，应当以集资诈骗罪定罪处罚。

本案中，封某某能够主动到案，交代了自己及上海 A 股份有限公司的犯

罪事实。根据最高人民法院、最高人民检察院《关于办理职务犯罪案件认定自首、立功等量刑情节若干问题的意见》的规定，单位犯罪案件中，单位负责人决定自动投案，如实交代单位犯罪事实的，应当认定为单位自首。本案中封某某作为该公司当时的法定代表人，并组织实施了擅自发行股票行为，后自动投案并如实供述了公司的犯罪事实，应认定为该公司自首，其个人作为擅自发行股票行为的实施者和组织者，又如实交代了自己的犯罪事实，也符合自首的认定条件。

综观全案事实，法院根据刑法有关规定，认定被告单位上海 A 股份有限公司犯擅自发行股票罪，处罚金人民币 3 万元；认定被告人封某某犯擅自发行股票罪，免除刑事处罚，定性准确，量刑恰当。

（整理人：杜文俊）

十五、内幕交易、泄露内幕交易罪

案例40：谢某某、安某某内幕交易案
——内幕交易罪的构成要件与难点分析

▎一、基本情况 ▶▶

案　由：内幕交易

被告人：谢某某，男，1971年1月20日出生，硕士文化，原系中某证券企业发展融资业务部执行总经理，户籍地福建省厦门市思明区某里，暂住上海市浦东新区锦绣路某弄，2011年6月3日因本案被公安机关取保候审。

被告人：安某某，女，1976年1月15日出生，大学文化，原系华某证券公司投资银行部高级副总裁，户籍地上海市浦东新区锦绣路某弄，2011年5月6日因本案经检察机关批准，由公安机关执行逮捕。

▎二、诉辩主张 ▶▶

（一）人民检察院指控事实

检察机关在起诉中指控的主要犯罪事实如下：

第一节　内幕交易罪

2008年10月，被告人谢某某在国某证券股份公司（以下简称国某证券）投资银行事业部副总裁兼投资银行业务五部总经理期间，通过国某证券厦门湖滨路营业员部总经理陈某娟介绍，认识厦某房地产集团（以下简称厦某集团）董事长陈某某。被告人谢某某欲将陈某某发展为IPO首发上市的客户，遂与之接触。2008年11月3日起，陈某某通过其本人及厦某集团的证券账户开始在

二级市场购买上海兴某房产股份有限公司股票（以下简称兴某房产），并将此情况告诉了被告人谢某某。2008年12月中旬，陈某某向被告人谢某某说明其公司当时持有兴某房产的股票不足5%，并向谢咨询收购及举牌等相关事宜，还让谢推荐律师。2008年12月25日，兴某房产发布董事会提示性公告，于2008年12月24日收到厦某集团函告，截至2008年12月23日，厦某集团及其一致行动人陈某某共同持有兴某房产股份占公司总股本的5.00736%，该公告信息的价格敏感期为2008年11月3日至2008年12月24日。此后，陈某某在二级市场继续购买"ST兴某"股票，2009年1月15日，厦某集团拥有了兴某房产10%以上的股份，并再次通过上海证券交易所予以了公告。

2009年3月，被告人谢某某从国某辞职，进入中某公司工作，在企业发展融资部任执行总经理。2009年4月20日，厦某集团聘请中某证券担任财务顾问，协助收购入主兴某房产。2009年4月26日，中某证券派被告人谢某某等人参加了兴某房产2009年第一次临时股东大会，并且作为厦某集团及其一致行动人的代理人受托投票，陈某某当选兴某房产的董事长。2009年5月24日，陈某某与谢某某通电话，表示决定将厦某集团资产注入兴某房产，并征求其意见，获其肯定。当日，陈某某在其主持召开的兴某房产管理层会议上通过了将资产注入兴某房产的决议。2009年5月26日16时，兴某房产在华美达和平大酒店召开"ST兴某定向增发项目第一次中介协调会"，陈某某与谢某某、杨某等人参会，会议确定了兴某房产重组方案的框架并决定第二天停牌。同年5月27日，兴某房产发布重大事项暨停牌公告，该公告信息敏感期从2009年5月24日到2009年5月26日，自当日起停牌；同年6月26日，兴某房产复牌，并公告《ST兴某发行股份购买资产暨关联交易预案》。

自2008年12月17日至2009年5月25日，被告人谢某某作为厦某集团收购、重组兴某房产内幕信息的知情人，在内幕信息尚未公开前，自己购买并叫其妻被告人安某某购买"ST兴某"股票。被告人谢某某通过其控制的谢某二560000011922账户，买入"ST兴某"股票共计115000股，累计成交金额500684元，获利人民币767.52元；被告人安某某通过其控制的倪某某68003516账户买入"ST兴某"股票共计208500股，累计成交金额1520678.00元，获利人民币136705.50元。

第二节　内幕交易罪

2007年年底，福建天某矿业集团股份有限公司（以下简称天某矿业）副董事长潘某某及该公司董事会秘书叶某某负责该司IPO首发上市的工作，并选择国某证券作为辅导上市的券商，被告人谢某某作为保荐人。上述项目未获得证监会审核通过，故潘某某于 2009 年 5 月 6 日（此时谢某某已调至中某证券）向谢某某表示其公司欲借壳上市，并委托谢某某推荐有意卖壳的上市公司。同年 5 月 7 日，被告人谢某某电话告知潘某某，上市公司浙江万某公司实业股份有限公司（以下简称万某公司）在市场中有卖壳意向。经谢某某撮合。两日后双方表明合作意愿。被告人谢某某告知潘某某其公司需进行资产预估。5 月 12 日，被告人谢某某通过发电子邮件等方式向双方公司介绍相关情况，促成双方面谈意愿。5 月 14 日，经谢某某的安排，谢某某和潘、叶二人到万某公司与该公司负责人孔某某见面，初步有效协商借壳上市事宜。5 月 18 日 10 时许，潘某某将天某矿业的预评估结果告知谢某某，谢某某根据潘某某提供的天某矿业资产预评估结果制定了《浙江万某公司实业股份有限公司重组方案》。双方根据重组方案进一步见面协商，达成重组意向，并决定 5 月 19 日停牌。5 月 19 日，万某公司向上海证券交易所申请股票停牌。天某矿业借壳万某公司重组上市这一内幕信息的敏感期初步确定为 2009 年 5 月 12 日至 5 月 19 日。

2009 年 5 月 18 日，被告人谢某某在获取"万某公司"与"天某矿业"资产重组内幕信息的情况下，作为中某证券的内幕知情人，在内幕信息尚未公开前，自己购买并叫被告人安某某购买"万某公司"股票共计 1210600 股。其中，被告人谢某某利用谢某二账户买入 930600 股，累计成交金额 6671961.00 元，获利 5853915.00 元；被告人安某某利用倪某某账户买入 280000 股，累计成交金额 2047133.84 元，获利 1685066.16 元。

2011 年 6 月 2 日，被告人谢某某由新西兰回沪，于次日向上海市公安局投案，如实供述上述犯罪事实。2011 年 3 月 31 日，上海市公安局电话通知被告人安某某到案，被告人安某某到案后如实供述上述犯罪事实。

（二）被告人辩解及辩护人辩护意见

1. 被告人谢某某、安某某及其辩护人对起诉书关于厦某集团收购、重组兴某房产一节中指控的事实及罪名均无异议。

2. 被告人谢某某及其辩护人对起诉书关于某矿业借壳万某公司重组上市一节中指控的基本事实无异议，但均认为该节事实中谢某某的证券交易行为不构成内幕交易罪。谢某某的辩护人针对该节提出如下辩护意见：（1）中国证监会稽查总队出具的《案件调查终结报告》不是刑事诉讼证据，其作为价格敏感期的依据缺乏法律依据；（2）谢某某不是法定的内幕信息知情人，其保荐代表人资格与本案没有关联性，证券公司作为中介机构在重组中作用有限；（3）2009 年 5 月 18 日晚上 9 点之前的信息既非法定的内幕信息，也不具备内幕信息的特征。2009 年 5 月 18 日晚上 9 点之前，某矿业和万某公司没有形成有关重组的意向、决定、计划，甚至该双方内部也没有做出任何方案，计划或者决定，而内幕信息除了重大性、关联性、非公开性，还具有确定性的特征，即应当是已经发生的事实或者基本确定会发生的情况，信息的内容也应当是准确、特定和确定的。2009 年 5 月 18 日晚上 9 点至次日凌晨 4 点，双方正式进行磋商并形成了重组意向，此时内幕信息才算形成。

被告人安某某对起诉书关于某矿业借壳万某公司重组上市一节中指控的事实及罪名均无异议。其辩护人对安某某买卖万某公司股票的事实不持异议。但认为其在该节事实中购买股票的行为不构成内幕交易罪。安某某的辩护人针对该节提出如下辩护意见：（1）安某某在本案中并不是内幕信息的知情人，其主观上没有进行内幕交易的故意，客观上属于接受谢某某的建议买卖万某公司的股票，且在买入时也并不知悉任何内幕信息。（2）对起诉书中关于某矿业借壳万某公司重组上市这一内幕信息的敏感期为 2009 年 5 月 12 日至 5 月 19 日持有异议。价格敏感期应当始于重大事项已经发生或确定之日，某矿业借壳万某公司重组事项发生，内幕信息的敏感期实质上应该从 5 月 19 日凌晨 4 点才开始计算。5 月 12 日只是向双方推荐了各自公司并致电询问有无接触的意向，并不能因为双方有接触的意向就将其理解为双方有重组的意向。（3）安某某是被动的信息接受者，也从未使用过任何非法手段或者途径主动从谢某某处获取过内幕信息，此次犯罪纯属偶然，主观恶性甚小，且案发后有自首情节又系从犯，到案后认罪态度好，具有悔罪态度，希望法庭对其从轻减轻或者免予刑事处罚。

三、人民法院认定事实和证据

（一）认定犯罪事实

人民法院经公开审理查明：

1. 厦某集团收购、重组兴某房产公司过程中的内幕交易事实

2008 年 10 月，时任国某证券投资银行事业部副总裁兼投资银行业务部总经理的被告人谢某某，通过国某证券厦门湖滨路营业部总经理陈某娟介绍，认识厦某集团董事长陈某某。谢某某欲将陈某某发展为 IPO 首发上市的客户，遂与之接触。2008 年 11 月 3 日起，陈某某通过其本人及厦某集团的证券账户开始在二级市场购买兴某房产股票，并将此情况告诉了谢某某。2008 年 12 月中旬，陈某某向谢某某说明其公司当时持有兴某房产的股票不足 5%，并向谢某某咨询收购及举牌等相关事宜，还让谢某某推荐律师。2008 年 12 月 25 日，兴某房产发布董事会提示性公告称，于 2008 年 12 月 24 日收到厦某集团函告，截至同年 12 月 23 日，厦某集团及其一致行动人陈某某共同持有兴某房产股份

占公司总股本的 5.00736%。经中国证监会认定,该公告信息的价格敏感期为 2008 年 11 月 3 日至 2008 年 12 月 24 日。此后,陈某某在二级市场继续购买 "ST 兴某"股票,2009 年 1 月 15 日,厦某集团拥有了兴某房产 10% 以上的股份,并再次通过上海证券交易所予以公告。

2009 年 3 月,被告人谢某某从国某证券辞职,进入中某证券工作,在企业发展融资部任执行总经理。2009 年 4 月 20 日,厦某集团聘请中某证券担任财务顾问,协助收购入主兴某房产。2009 年 4 月 26 日,中某证券派谢某某等人参加了兴某房产 2009 年第一次临时股东大会,并且作为厦某集团及其一致行动人的代理人受托投票,陈某某当选兴某房产的董事长。2009 年 5 月 24 日,陈某某与谢某某通电话,表示决定将厦某集团资产注入兴某房产,并征求其意见,获其肯定。当日,陈某某在其主持召开的兴某房产管理层会议上通过了将资产注入兴某房产的决议。2009 年 5 月 26 日 16 时,兴某房产在华美达和平大酒店召开"ST 兴某"定向增发项目第一次中介协调会,陈某某与谢某某等人参会,会议确定了兴某房产重组方案的框架并决定第二天停牌。同年 5 月 27 日,兴某房产发布重大事项暨停牌公告,并自当日起停牌。经中国证监会认定,该公告信息的价格敏感期从 2009 年 5 月 24 日至 2009 年 5 月 26 日。同年 6 月 26 日,兴某房产复牌,并公告《ST 兴某发行股份购买资产暨关联交易预案》。

自 2008 年 12 月 17 日至 2009 年 5 月 25 日,被告人谢某某作为厦某集团收购、重组兴某房产内幕信息的知情人,在内幕信息尚未公开前,自己购买并叫其妻子被告人安某某购买"ST 兴某"股票。被告人谢某某通过其控制的谢某二账户,买入"ST 兴某"股票共计 115000 股,累计成交金额 500684 元,获利人民币 767.52 元;被告人安某某在明知上述信息系内幕的情况下,仍利用该内幕信息通过其控制的倪某某账户买入"ST 兴某"股票共计 208500 股,累计成交金额 1520678 元,获利人民币 136705.5 元。

2. 天某矿业借壳万某公司重组上市过程中的内幕交易事实

2007 年年底,天某矿业副董事长潘某某及该董事会秘书叶某某负责该公司 IPO 首发上市的工作,并选择国某证券作为辅导上市的券商,被告人谢某某作为保荐人。上述项目未获得证监会审核通过,故潘某某于 2009 年 5 月 6 日 (此时谢某某已调至中某证券)向谢某某表明其公司欲借壳上市,并口头委托谢某某推荐有意卖壳的上市公司。同年 5 月 7 日,谢某某电话告知潘某某,上市公司万某公司在市场中有卖壳意向,并让潘某某上网了解一个万某公司的具体情况,如果潘某某有意向,可以负责牵头与万某公司联系洽谈。在了解了万某公司的情况后,潘某某向谢某某表示愿意就借壳事宜与万某公司洽谈,并征求谢某某下一步该如何安排，谢某某告知潘某某其公司要借壳上市，需先进行资产预估，潘某某遂开始安排资产评估。5 月 12 日，谢某某电话询问万某公司副总裁黄某某是否有重组意愿并介绍了天某矿业的情况，同时用电子邮件发送了《天某矿业投资价值分析报告》，经过了解，黄某某表示愿意与天某矿业接触，并委托谢某某安排，至此，谢某某促成了双方面谈意愿。5 月 14 日，经谢某某的安排，天某矿业、万某公司负责人见面，谢某某和潘、叶二人到万某公司与万某公司董事长孔某某见面，初步协商借壳上市事宜。5 月 18 日 10 时许，潘某某将天某矿业预评估结果告知谢某某，并请谢某某做重组预案框架，谢某某根据潘某某提供的天某矿业预评估结果制定了《浙江万某公司实业股份有限公司重组方案》。5 月 18 日晚 9 时，天某矿业、万某公司负责人在谢某某等人的指导下进行了重组合作细节的商谈，次日凌晨 4 时双方就重组条件达成一致，并决定 5 月 19 日停牌。5 月 19 日，万某公司向上海证券交易所申请股票停牌。经中国证监会认定，天某矿业借壳万某公司重组上市这一内幕信息的价格敏感期为 2009 年 5 月 12 日至 5 月 19 日。

2009 年 5 月 18 日上午，被告人谢某某在制作天某矿业借壳万某公司的重组方案期间，作为该内幕信息的知情人，在内幕信息尚未公开前，自己购买并叫被告人安某某购买"万某公司"股票共计 1210600 股。其中，谢某某通过其控制的谢某二账户买入 930600 股，累计成交金额 6671961 元，获利 5853915 元；安某某在明知该信息系内幕信息的情况下，仍利用该内幕信息，通过其控制的倪某某账户买入 280000 股，累计成交金额 2047133.84 元，获利 1685066.16 元。

2011 年 6 月 2 日，被告人谢某某由新西兰回沪，于次日向上海市公安局投案，并如实供述了上述犯罪事实；2011 年 3 月 31 日，上海市公安局电话通知被告人安某某到案，被告人安某某到案后如实供述了上述犯罪事实。

（二）认定犯罪证据

第一节事实有以下证据证明：

1. 证人陈某某的证言、中某证券出具的谢某某的"劳动合同书"情况说明、与兴某房产签订的《财务代理协议》证实：被告人谢某某具体参与厦某集团收购、重组兴某房产，并知悉掌握了相关收购和重组的内幕信息。

2. 证人谢某二的证言、相关证券营业部、第三方存管银行资料证实：谢某二证券账户系被告人谢某某及其前妻控制及谢某某在价格敏感期利用该账户进行"ST 兴某"股票买卖。

3. 证人倪某某、姚某某、安某二的证言、相关证券营业部、第三方存管银行资料证实：被告人安某某实际控制倪某某证券账户，并于 2009 年 5 月 25 日在该账户买入"ST 兴某"股票。

4. 陈某某对的证券账户及银行账户资料，兴某房产董事会提示性公告证实：陈某某自 2008 年 11 月 3 日起通过其本人在厦某集团的证券账户开始在二级市场购买兴某房产股票，并在持股量占公司总股本 5.00737%，于 2008 年 12 月 24 日正式对外发布公告。

5. 中某证券出具的"ST 兴某重组项目预立项申请报告"、"ST 兴某定向增发项目第一次中介协调会"的会议纪要，兴某房产重大事项暨停牌公告证实：2009 年 4 月起，厦某集团入住兴某房产，5 月 24 日，陈某某决定将厦某集团旗下资产注入兴某房产进行资产重组，并于 5 月 27 日因上述事项向上海证券交易所申请停牌公告。

6. 相关的上网 IP 及 MAC 情况的说明证实：被告人谢某某、安某某进行相应的网上股票交易的情况。

7. 中国证监会关于"谢某某等人涉嫌内幕交易 ST 兴某的主要事实"的调查报告证实：被告人谢某某属于该内幕信息知情人；该内幕信息的价格敏感期分别为 2008 年 11 月 3 日至 2008 年 12 月 24 日、2009 年 5 月 24 日至 2009 年 5 月 26 日。

8. 会计师事务所的审计结论证实：被告人谢某某、安某某通过其控制的证券账户买入"ST 兴某"股票、累计成交金额及获利情况。

9. 被告人谢某某、安某某的供述证实：其二人知悉内幕信息，仍利用该信息购买相关股票。

第二节犯罪事实有以下证据证明：

1. 证人潘某某的证言证实：某矿业借壳上市、谢某某为其牵线搭桥，促使其与万某公司仅见面两次就达成重组意向。

2. 证人叶某某的证言证实：万某矿业 2007 年申请 IPO 首发上市，谢某某对该上市工作是长期跟进和了解的，后在谢某某的安排下某矿业与万某公司就借壳上市达成共识，并签订了框架协议。

3. 证人黄某某、孔某某的证言证实：在谢某某的牵线搭桥下，万某公司与某矿业公司就借壳上市接触，达成共识，签订框架协议，后向上海证券交易所申请停牌，谢某某作为中介人也参与了整个谈判过程，并提出重组方面的意见。

4. 中某证券与万某公司签订的《财务代理协议》、中某证券出具的《矿业企业借壳上市的注意事项》、《资产评估和矿业权评估资料清单》等书证证实：被告人谢某某作为中某证券的代表，参与了某矿业借壳万某公司重组上市的前期工作，知悉并掌握了相关的重组内幕信息。

5. 《万某公司的重大事项暨停牌公告》证实：万某公司于 2009 年 5 月 19

日就重组事项向外公告。

6. 证人谢某二、倪某某的证言及相关证券营业部账户资料证实：被告人谢某某、安某某分别控制上述证人名下证券账户，并于 2009 年 5 月 18 日在账户进行万某公司股票交易。

7. 相关的上网 IP 及 MAC 情况的说明证实：被告人谢某某、安某某进行相应的网上股票交易。

8. 中国证监会《案件调查终结报告》证实：被告人谢某某属于该内幕信息的知情人及该内幕信息的价格敏感期。

9. 会计师事务所的审计结论证实：被告人谢某某、安某某买入万某公司股票数量、成交金额及获利情况。

10. 公安机关出具的冻结存款通知书、"关于协助查封房产的函"证实：相关的账款已冻结。

11. 公安机关出具的案发经过证实：本案的案发情况及两名被告人系自首。

12. 常住人口基本信息证实：被告人谢某某、安某某的身份情况。

13. 被告人谢某某、安某某的供述：其二人知悉内幕信息，仍利用该信息购买相关股票并获利。

四、判案理由 >>

人民法院认为，被告人谢某某身为内幕信息的知情人，在涉及证券的发行交易、对证券价格有重大影响的信息尚未公开前，利用该信息买入该证券，且以明示的方式叫被告人安某某买入相关证券，被告人安某某明知谢某某将内幕信息泄露给自己，仍利用该信息进行股票交易，情节严重，其行为均已构成内幕交易罪。检察机关指控被告人谢某某、安某某犯内幕交易罪的事实及罪名成立，予以支持。在该共同犯罪中，被告人谢某某系主犯，被告人安某某系从犯，对被告人安某某依法从轻出发。被告人谢某某、安某某均系自首，对被告人谢某某、安某某均可以宣告缓刑。

五、定案结论 >>

人民法院依照《中华人民共和国刑法》第 180 条、第 25 条第 1 款、第 26 条、第 27 条、第 67 条第 1 款、第 72 条、第 73 条第 2、3 款、第 64 条、第 53 条之规定，判决如下：

1. 被告人谢某某犯内幕交易罪，判处有期徒刑 3 年，缓刑 3 年，罚金人民币 800 万元；

2. 被告人安某某犯内幕交易罪，判处有期徒刑 1 年，缓刑 1 年，罚金人民币 190 万元；

3. 追缴被告人谢某某、安某某违法所得共计人民币 7676454.18 元。

六、法理解说

"内幕交易"是行为人依据自己所掌握的证券、期货交易的内幕信息，泄露给他人或者加以利用，以实施证券、期货交易非法获利的行为。内幕交易行为在海外金融市场发达的国家和地区均被规定为犯罪行为，我国对内幕交易行为的法律规制是一个渐进的过程。1993 年 4 月 22 日国务院证券委颁布的《股票发行与交易管理暂行条例》规定，股份有限公司的董事、监事等高级管理人员和持有公司 5% 以上有表决权股份的法人股东，将其所持有的公司股票买入后 6 个月内卖出或者卖出后 6 个月内买入，由此获得的利润归公司所有。但这一规定并未形成禁止内幕交易的完整法律制度，特别是缺少刑事责任，因此未能真正起到保障证券交易秩序，保护投资人利益的作用。1997 年《刑法》根据社会主义市场经济发展的客观需要，在第 180 条增设了内幕交易、泄露内幕交易罪以维护正常的证券交易秩序，保障我国证券市场的健康发展。1997 年《刑法》原条文仅规定了证券内幕交易、泄露证券内幕交易的行为。1999 年 12 月 25 日全国人大常委会颁布的《刑法修正案》第 4 条对该罪进行了第一次修订，增加了处罚期货内幕交易行为的规定。2009 年 2 月 28 日全国人大常委会《刑法修正案（七）》对该条第 1 款进行了第二次修订，增加了处罚"明示、暗示他人从事上述交易活动"的规定，并增加了第 2 款处罚利用未公开信息交易行为的规定。

根据《刑法》第 180 条第 1 款的规定，证券交易内幕信息的知情人员，在涉及证券的发行、交易或者其他对证券交易价格有重大影响的信息尚未公开前，买入或者卖出该证券，或者明示、暗示他人从事上述交易活动，情节严重的，构成内幕交易罪、泄露内幕交易罪。《刑法》同时规定，内幕信息、知情人员的范围，依照法律、行政法规的规定确定。自 1997 年《刑法》设定内幕交易罪以来，实践中真正适用该罪名追究刑事责任的案件较少，在证券市场较为发达上海，近年来也只有屈指可数的几起内幕交易案进入了刑事诉讼程序。究其原因，并非是我国证券市场秩序井然，没有内幕交易行为，而是由于内幕交易罪行为的隐瞒性、主观故意的难以证明等原因。下面结合本案对内幕交易罪的主客观构成要件及认定中的难点作进一步分析。

（一）内幕交易罪客体分析

内幕交易罪侵害的客体是证券、期货市场的正常管理秩序和证券、期货投资人的合法利益。证券、期货市场的运行在客观上要求公正而高效的管理秩序，只有如此，证券、期货市场才能健康地发展。因而，公开、公平、公正的三公原则是证券市场的建立和发展的基本要求。作为证券、期货管理制度的内容之一的证券、期货信息保密制度是根据三公原则建立的，目的是保证在证券、期货市场中，所有的投资者对于重要信息都享有同等的知情权和运用权。在与证券、期货交易相关的重要信息公之于众之前，掌握这种内幕信息的人员不得利用它为自己和其他个人牟利或者避免损失，否则，就使其他的证券、期货投资者处于极不公平的地位。内幕信息交易行为违反了这一证券、期货市场原则，违反了国家关于证券发行、证券、期货交易方面的法律、法规的禁止性规定，同时，内幕交易行为也侵犯了证券、期货投资者的合法权益。证券、期货投资者的权利相当广泛，包括知情权、平等参与权、自由交易权、投资收益权等。证券、期货管理制度的核心要求之一，就是保证有关发售证券的公司或单位不间断地供给投资公众正确的资料讯息，帮助投资者作出投资决定。投资者的经济利益往往因获得信息的快慢和多少而受到影响。因此，投资者"知情权"尤为重要，是其他合法权利存在的前提和基础。内幕交易行为存在的情况下，使投资者获得信息的渠道、时间、内容出现不公平的现象，投资机会亦不可能公平。不知悉内幕信息的投资者处于极为不利处境，合法投资权受到了严重侵犯，内幕信息知情人利用内幕信息进行交易，从根本上破坏了证券、期货市场的公开、公平与公正的原则，危及证券市场的基础。由此可见，内幕交易、泄露内幕信息罪侵害的是复杂客体，除了证券、期货市场的正常管理秩序是主要客体外，还侵犯了证券、期货市场投资人公平交易的权利。

（二）内幕交易罪客观方面的表现形式

内幕交易罪在客观方面表现为行为人违反有关法规，在涉及证券发行，证券、期货交易或者其他对证券、期货交易价格有重大影响的信息正式公开前，利用自己所知的内幕信息进行证券、期货交易，或者泄露内幕信息，或者明示、暗示他人利用该内幕信息进行内幕交易，情节严重的行为。具体包括以下四种行为：（1）内幕人员利用内幕信息买卖证券、期货或者根据内幕信息以明示、暗示等方式建议他人买卖证券、期货；（2）内幕人员向他人泄露内幕信息，使他人利用该信息进行内幕交易；（3）非内幕人员通过不正当的手段或者其他途径获得内幕信息，并根据该信息买卖证券、期货或者建议他人买卖证券、期货；（4）其他内幕交易行为。上述四种内幕交易犯罪行为实质上可以归纳为两种形态：

第一，行为人利用内幕信息，直接参与证券、期货买卖。行为人在涉及证券发行，证券、期货交易或者其他对证券、期货交易价格有重大影响的信息正式公开以前，本人利用自己所处的特殊位置而获悉的内幕信息，掌握有利的条件和时机，进行证券、期货的买入或卖出，从而使自己从中获利或减少损失。本案中谢某某的行为属于这种类型。

第二，行为人故意泄露内幕信息。行为人在涉及证券发行，证券、期货交易或者其他对证券、期货交易价格有重大影响的信息正式公开前，将自己所知悉的内幕信息故意予以泄露，主要是指行为人以明示或者暗示的方式透露、提供给内幕信息知情人之外的人。这里的"泄露"是指将处于保密状态的信息公开化，使之进入公开领域，其具体表现又有两种形式：（1）将信息告知不应或无权知道该信息的人，也就是说，扩大了信息公布范围，此乃信息在空间范围上的泄露；（2）在保密期届满前解密，也就是说超前公布信息，此乃信息在时间阶段上的泄露。当然，成立泄露信息应当同时具备这两种形式，信息既要在空间范围上泄露，又要在时间阶段上的泄露。此外，对泄露内幕信息行为而言，泄露者本人不要求参与证券、期货的买卖，只要泄露信息即成立泄露信息罪。与第一种情形直接买卖证券、期货相比，泄露内幕信息对证券、期货交易市场、投资者及相关公司所造成的损失，有时可能更为严重。内幕信息知情人员的范围通常较小，信息知悉的人相对较少，利用内幕信息买卖证券、期货的人员还是限于一定范围，但泄露内幕信息则可能一传十，十传百，从而会引起更严重的后果。

（三）内幕交易罪认定难点分析

内幕交易罪认定中主要在是否属于"内幕信息"、内幕信息是否处于"价格敏感期"，行为人是否属于"内幕信息知情人"三个方面存在较大争议。下面结合案例分别予以分析。

1. "内幕信息"的范围

根据《证券法》第75条规定"证券交易活动中，涉及公司的经营、财务或者对该公司证券的市场价格有重大影响的尚未公开的信息，为内幕信息"，其中包括国务院证券监督管理机构认定的对证券交易价格有显著影响的其他重要信息。《证券法》第67、75条列举了十九类内幕信息，可概括为两大类：一类是产生于上市公司内部的，由上市公司自己掌握、决定的信息。例如，公司年度分红方案、每股收益、签订重大合同等，称为内部性信息。另一类是产生于上市公司外部的信息。例如，相关产业的政策、借壳上市、ST上市公司被重组、收购等，称为外部性信息。

除《证券法》第 67 条、第 75 条明确列举的内幕信息外，内幕信息在实践中还有很多不同的表现形式，需要根据内幕信息的三个主要特征予以判断。一般认为，具有以下三个特征的信息属于内幕信息：（1）非公开性，即没有通过法律、法规规定的方式被披露，正是因为未公开性，才使得知悉内幕信息的人可以在信息公开前抢先交易，以获取非法利益或者转嫁损失；（2）关联性，即与某一种或者数种证券、期货相关；（3）重要性，即对相关证券、期货的价格会产生重大影响。在判断或者审查内幕交易案件中所涉及的信息是否重要时，并不是以内幕信息公告之后股票涨跌多少为依据来判断，而是以一个普通投资者的合理判断为前提。从本案具体事实来看，某矿业借壳万某公司重组上市的信息一旦公开，势必会对万某公司股票价格产生重大影响，因此该信息在尚未通过法律、法规规定的方式公开之前完全符合内幕信息的几个特征，属于法定的内幕信息。

2. "价格敏感期"的确定

2012 年 6 月最高人民法院、最高人检察院《关于办理内幕交易、泄露内幕信息刑事案件具体应用法律若干问题的解释》（以下简称《内幕交易解释》）第 5 条第 1 款规定，内幕信息敏感期是指内幕信息自形成至公开的期间。内幕信息的形成时间是认定内幕交易罪的前提，只有在此时间之后进行证券交易才可能构成犯罪。内幕信息形成时间的认定比较复杂。《内幕交易解释》对内幕信息形成时间的认定区分了一般情况和特殊情况。一般情况下，内幕信息形成的时间与《证券法》第 67 条第 2 款、第 75 条规定的可能对上市公司股票价格产生重大影响的"重大事件"、"计划"、"方案"以及期货交易管理条例第 85 条第 11 项规定的"政策"、"决定"的形成时间是一致的。特殊情况下，由于影响内幕信息形成的动议、筹划、决策或者执行人员对其行为所带来的市场影响具有较高的确信度，且该类人员往往是在"重大事件"、"计划"、"方案"、"政策"和"决定"形成时间之前就从事相关证券、期货交易，所以相关事件、动议、筹划、决策或者执行的初始时间，应当认定为内幕信息的形成之时。虽然本案判决时《内幕交易解释》尚未出台，但判决中，法院对内幕信息敏感期的认定与《解释》的规定是一致的。

本案中，争议较大的是第二节事实，辩护人和被告人均提出了无罪辩解。该节事实中，对于内幕信息形成时间的认定就属于特殊情况，是以动议和策划时间作为内幕信息形成时间。这种情况下，判断动议、策划、决策时间是否属于内幕信息形成的时间应当以该动议、策划、决定的事实是否已进入实质操作阶段或者具有实施的相对确定性。这里所谓"实质操作阶段"和"实施的相对确定性"并不是要求相关动议的事项必定会成功，也不是要求相关事项要实施完毕，而是要求通常情况下相关事实在有很大的可能性操作和实施。

本案中，某矿业早在 2007 年就开始寻求 IPO 首发上市并由谢某某负责。谢某某对某矿业的资产情况非常清楚，且知道某矿业各方面条件也已成熟，具备了重组的条件。2009 年 5 月 6 日，某矿业的潘某某明确向谢某某表示公司欲借壳上市，并委托谢某某推荐壳资源。在谢某某推荐了万某公司之后，潘某某接受谢某某的建议着手开始进行资产评估，为重组做准备，因此某矿业借壳上市的意愿是很明确的。万某公司在 2008 年时曾与北京一家公司进行重组，虽然重组失败，但是重组的框架是成形的。2009 年 5 月 12 日谢某某打电话询问万某公司的黄某某，黄某某明确表示万某公司一直有卖壳意向，并了解了某矿业的情况后请谢某某安排两家公司见面事宜。双方在相互了解基本情况后都委托谢某某就买壳卖壳事项安排会面商谈。此时，某矿业公司将要与万某公司重组这一事项，在一个正常的投资人看来都是具有可操作性和很可能实现的。这一信息一旦公开，也足以对万某公司股票的市场价格产生重大影响。因此 2009 年 5 月 12 日作为某矿业介壳万某公司重组上市内幕信息的开始之日，是有充分事实依据的。接下去的几个时间点：5 月 13 日，双方工作人员会面；5 月 14 日，双方核心人物会面，针对重组事宜展开磋商，5 月 18 日，双方初步合作方案形成，当日 10 时许，某矿业公司副董事长潘某某让谢某某根据商谈的结果制作重组方案。此时，该信息涉及的事项已进入实质性的操作阶段。2009 年 5 月 18 日晚 9 时，某矿业和万某公司围绕重组的问题进行磋商，并最终于次日凌晨 4 时就重组事项达成初步共识。19 日上午，万某公司向上海证券交易所申请股票停牌，这一时间系内幕信息公开时间。被告人谢某某在 5 月 18 日内幕信息进入实质操作阶段时，大量买入关联股票，属于在内幕信息敏感期内利用内幕信息进行交易。

3. "内幕信息知情人"的范围

内幕交易罪的主体为特殊主体，是知悉内幕信息的人，即内幕信息知情人。所谓内幕信息知情人，是指证券、期货交易内幕信息的知情人员或者非法获取证券、期货交易内幕信息的人员。《证券法》第74条对证券交易内幕信息知情人作出了具体规定："（一）发行人的董事、监事、高级管理人员；（二）持有公司百分之五以上股份的股东及其董事、监事、高级管理人员，公司的实际控制人及其董事、监事、高级管理人员；（三）发行人控股的公司及其董事、监事、高级管理人员；（四）由于所任公司职务可以获取公司有关内幕信息的人员；（五）证券监督管理机构工作人员以及由于法定职责对证券的发行、交易进行管理的其他人员；（六）保荐人、承销的证券公司、证券交易所、证券登记结算机构、证券服务机构的有关人员；（七）国务院证券监督管理机构规定的其他人。"

本案中,谢某某属于《证券法》第74条第7项规定的"国务院证券监督管理机构规定的其他人"。在第一节犯罪事实中谢某某系国某证券员工,是通过他人介绍认识了客户陈某,并有意将陈某发展为IPO客户,故与其接触交往。后来陈某开始收购兴业房产的股票,也告诉了谢某某,谢某某也知道陈某不可能发展成为IPO的客户。因此,谢某某在国某证券公司任职的这段时间,陈某向谢某某咨询收购和举牌等事宜,谢某某向陈某推荐了律师为其专门服务,都是基于双方的私人关系而非工作联系,同时谢某某并没有基于工作职责为陈某提供服务,谢某某工作的业务范围也没有二级市场收购咨询的内容,当时其任职的国某证券与陈某之间也没有业务合作关系。因此,该节事实中谢某某是在私下接受咨询过程中获取了内幕信息,其主体身份符合《证券法》第74条第7项的规定。在第二节犯罪事实中谢某某作为承担财务顾问的证券公司派出人员,其主要从事被聘用单位厦某集团财务顾问的职责和业务,显然与"证券承销与保荐"从事的是不同业务类型,不属于《证券法》第74条第6项的情形。因此,该节事实中谢某某的主体身份也属于《证券法》第74条第7项的规定其他人员。

《内幕交易解释》对非法获取内幕信息人员的认定作出了进一步明确,其第2条规定了三类非法获取内幕信息的人员:一是利用窃取、骗取、套取、窃听、利诱、刺探或者私下交易等非法手段获取内幕信息的人员;二是具有特殊身份,即内幕信息知情人员的近亲属或者其他与其关系密切的人员;三是在内幕信息敏感期内与内幕信息知情人员联络、接触的人员。对于后两类人员,只要从事或者明示、暗示他人从事,或者泄露内幕信息导致他人从事与内幕信息有关的证券、期货交易,相关交易行为被认定为明显异常,且无正当理由或者正当信息来源的,就应当认定为非法获取内幕信息人员。如果根据上述解释,被告人安某某属于特殊身份,即内幕信息知情人员的近亲属,可视为非法获得内幕信息人员。

(四) 内幕交易罪犯罪数额的认定

本案中,两名被告人进行内幕交易合计成交额1000余万元,获利700余万元,根据判决时的定罪标准——2008年3月最高人民检察院、公安部《关于经济犯罪案件追诉标准的补充规定》(以下简称《补充规定》),内幕交易或泄露内幕交易,买入或者卖出证券成交额累计50万元以上的或者获利15万元以上的均应予以追诉。两名被告人的行为均已达到追诉标准,构成内幕交易罪。由于当时的《补充规定》未明确情节特别严重的标准,所以虽然两名被告人犯罪数额十分巨大,但法院从罪刑法定原则出发,审慎适用法律,并未认定两名被告人犯罪情节特别严重。如果案件发生在当下，根据 2012 年出台的《内幕交易解释》的规定，两名被告人的犯罪数额就超过了情节特别严重的标准。《内幕交易解释》规定的情节严重的标准与《补充规定》基本相同，该解释第 6 条规定："在内幕信息敏感期内从事或者明示、暗示他人从事或者泄露内幕信息导致他人从事与该内幕信息有关的证券、期货交易，具有下列情形之一的，应当认定为刑法第一百八十条第一款规定的'情节严重'：（一）证券交易成交额在五十万元以上的；（二）期货交易占用保证金数额在三十万元以上的；（三）获利或者避免损失数额在十五万元以上的；（四）三次以上的；（五）具有其他严重情节的。"解释的第 7 条明确了情节特别严重的标准，规定"具有下列情形之一的，应当认定为刑法第一百八十条第一款规定的'情节特别严重'：（一）证券交易成交额在二百五十万元以上的；（二）期货交易占用保证金数额在一百五十万元以上的；（三）获利或者避免损失数额在七十五万元以上的；（四）具有其他特别严重情节的"。据此，根据现有的法律规定，本案被告人涉案金额在成交额和获利数额上均超过了情节特别严重的标准。

（整理人：吴卫军　陆　川）

案例41：李某某内幕交易案

——本罪中内幕信息与内幕信息知情人的界定

一、基本情况

案　　由： 内幕交易

被告人： 李某某，男，52岁，大学文化，系A投资管理有限公司（以下简称"A公司"）法定代表人，B有限责任公司（以下简称"B公司"）股东、董事，户籍在河南省郑州市二七区康复前街某号，住上海市普陀区凯旋北路某弄，2010年11月5日因涉嫌内幕交易案，由公安机关刑事拘留，同年12月8日经检察机关批准由公安机关执行逮捕。

二、诉辩主张

（一）人民检察院指控事实

检察机关在起诉中指控的主要犯罪事实如下：

2006年8月，被告人李某某获悉C股份有限公司（以下简称"C公司"）需要通过对外投资进行资产重组，遂介绍"C公司"董事长周某某等人与D有限责任公司（以下简称"D公司"）董事长张某某等人洽谈投资开发矿产事宜并陪同考察商谈。同年10月31日至11月1日，"C公司"向"D公司"投资人民币3000万元用于开发"D公司"下属子公司贵州省独山县B有限责任公司（以下简称"B公司"）和贵州省独山县E有限责任公司（以下简称"E公司"）所属的铅锌矿、锑矿等。同年12月5日，被告人李某某得知上述情况后，与"D公司"董事长张某某等人签署《股权转让协议》，出资购得B公司19%的股权，并成为该公司的董事。2007年1月19日，被告人李某某以B公司自然人股东身份参与签署"C公司"与"D公司"之间《关于合作开发贵州省独山县郁家寨铅锌矿之协议》。2007年1月23日，"C公司"就上述投资事项在深圳证券交易所发布《湖南C股份有限公司对外投资公告》，该公告信息的价格敏感期为 2006 年 10 月 31 日至 2007 年 1 月 23 日。

2006 年 12 月 6 日开始，被告人李某某作为"C 公司"对外投资内幕信息的知情人，在内幕信息尚未公开前，通过其控制的 A 公司证券账户大量买卖"C 公司"股票，截至 2007 年 2 月 15 日进出相抵，扣除"C 公司"对外发布公告后，其正常投资获利部分及所有股票交易税费，被告人李某某非法获利共计人民币 3893120.98 元。

经审计：2006 年 10 月 31 日至 2009 年 11 月 30 日，被告人李某某从 A 公司证券账户划出人民币 546 万元，其中 186 万元进入 A 公司开设于深圳发展银行外滩支行账户，基本用于公司日常经营。2010 年 11 月 5 日，公安机关经侦查将被告人李某某抓获。

（二）被告人辩解及辩护人辩护意见

被告人及其辩护人对检察机关指控的罪名、事实及证据均无异议。

三、人民法院认定事实和证据　　　　　　　　　　>>

（一）认定犯罪事实

人民法院经审理查明：

2006 年 8 月，被告人李某某获悉湖南 C 股份有限公司需要通过对外投资进行资产重组，遂介绍"C 公司"董事长周某某等人与 D 有限责任公司董事长张某某等人洽谈投资开发矿产事宜并陪同考察商谈。同年 10 月 31 日至 11 月 1 日，"C 公司"向"D 公司"投资人民币 3000 万元用于开发"D 公司"下属子公司贵州省独山县 B 有限责任公司（以下简称"B 公司"）和贵州省独山县 E 有限责任公司（以下简称"E 公司"）所属的铅锌矿、锑矿等。同年 12 月 5 日，被告人李某某得知上述情况后，与"D 公司"董事长张某某等人签署《股权转让协议》，出资购得 B 公司 19% 的股权，并成为该公司董事。2007 年 1 月 19 日，被告人李某某以 B 公司自然人股东身份参与签署"C 公司"与"D 公司"之间《关于合作开发贵州省独山县郁家寨铅锌矿之协议》。2007 年 1 月 23 日，"C 公司"就上述投资事项在深圳证券交易所发布《湖南 C 公司股份有限公司对外投资公告》，该公告信息的价格敏感期为 2006 年 10 月 31 日至 2007 年 1 月 23 日。

2006 年 12 月 6 日，被告人李某某作为"C 公司"对外投资内幕信息的知情人，在内幕信息尚未公开前，通过其与他人投资设立的 A 有限公司证券账户大量买卖"C 公司"股票，截至 2007 年 2 月 15 日，"A 公司"非法获利，共计人民币 3893120.98 元。同年 10 月 31 日至 2009 年 11 月 30 日，被告人李某某从"A公司"证券账户划出人民币546万元，其中人民币186万元进入"A公司"开设于深圳发展银行外滩支行账户，基本用于公司日常经营。

2010年11月5日，公安机关经侦查在西安将被告人李某某抓获。

（二）认定犯罪证据

1. "C公司"周某某、曾某、腾某某、朱某某等证人证言证实：2006年8月，李某某获悉"C公司"需要通过对外投资进行资产重组，遂向"C公司"推荐了"D公司"的矿产投资项目。"C公司"经考察商洽后，同意向"D公司"投资3000万元用于合作开发，并于同年11月1日完成钱款划拨。李某某参与了矿产考察活动和谈判签约工作。2007年1月23日，"C公司"就相关投资事项正式对外发布公告。

2. "D公司"张某某、谢某等证人证言证实："C公司"与"D公司"之间的投资事宜由李某某居间斡旋，2006年12月5日，李某某出资购买了B公司19%的股权，成为该公司董事。

3. 贵州省独山县B有限责任公司工商登记资料及相关变更登记资料、股权转让协议、股东会决议、董事会决议等相关书证证实：2006年12月5日，李某某出资190万元从D公司处购得B公司19%股份，并经全体股东选举为公司董事。

4. 《关于合作开发贵州省独山县郁家寨铅锌矿之协议》、《湖南C股份有限公司对外投资公告》等相关书证证实：2007年1月19日，"C公司"与"B公司"、"D公司"、李某某、张某某等签署《关于合作开发贵州省独山县郁家寨铅锌矿之协议》，投资人民币1000万元合作开发郁家寨铅锌矿。李某某作为B公司的自然人股东参与协议签署。

5. "A公司"工商资料等相关书证、证人严某某证言证实：2002年12月6日，李某某、严某某共同出资500万元购得A公司所有股权，其中李某某出资450万元，占注册资本的90%；严某某出资50万元，占注册资本的10%，李某某担任公司法定代表人。

6. "A公司"证券账户开户资料、股票交易凭证及明细、中信证券上海复兴中路证券营业部出具的情况说明、上海沪港金茂会计师事务所有限公司出具的《关于李某某涉嫌股票内幕交易司法鉴定意见书》等书证、证人李某泉证言证实：2003年6月25日，"A公司"在上海市复兴中路中信证券营业部开设证券账户。2006年12月6日，李某某开始通过该账户大量买卖"C公司"股票，截至2007年2月15日进出相抵，扣除正常投资获利部分及所有股票交易税费后，获利共计人民币3893120.98元。同年10月31日至2009年11月30日，"A公司"从其证券账户划出人民币546万元，其中划入"A公司"

在深发展银行账户 186 万元，划入某贸易有限公司在工商银行厦门分行账户 360 万元。2006 年 12 月左右，李某泉根据李某某告知的内幕信息，通过买卖 "C 公司"，非法获利人民币 9 万余元。

7. 被告人李某某的供述证实：其从介绍 "C 公司" 与 "D 公司" 进行投资洽谈到买卖 "C 公司" 股票获利的全过程，以及 "A 公司" 证券账户资金的流转情况。

8. 证人张某出具的书面情况及相关记账凭证证实：从 "A 公司" 证券账户划入该公司深发展银行外滩支行账户的款项被用于支付差旅费、交际费、工资等经营开支。

9. 证人严某某、邱某某证言证实李某某以业务往来为由，将 "A 公司" 证券账户内 360 万元划转给邱某某经营的厦门某贸易有限公司后被他人全部提现。

10. 公安机关出具的抓获经过证实：案发后，被告人李某某先后潜逃至北京、廊坊、郑州、西安等地，公安机关经侦查于 2010 年 11 月 5 日在西安将其抓获。

11. 中国证券监督管理委员会出具的《关于李某某涉嫌内幕交易案有关问题的认定函》证实：李某某属于《中华人民共和国证券法》第 74 条规定的内幕信息知情人；内幕信息的价格敏感期为 2006 年 10 月 31 日至 2007 年 1 月 23 日。

四、判案理由

人民法院认为，"A 公司" 系由被告人李某某和他人共同投资设立的有限责任公司，在得知 "C 公司" 向 "D 公司" 投资矿业的消息后，在该消息未向公众披露前，购买 "C 公司" 股票从中非法牟利。被告人李某某作为 "A 公司" 法定代表人，系该公司直接负责的主管人员，利用内幕知情人员身份，采用内幕信息公开前低价买入、公开后高价卖出的方式非法买卖证券并从中非法获利，情节严重，构成内幕交易罪，应依法追究刑事责任。检察机关对本案定性正确，应予支持。鉴于被告人李某某能够如实供述所犯罪行，当庭自愿认罪并退赔了部分非法所得，可依法和酌情从轻处罚，对辩护人要求对被告人李某某从轻处罚的相关辩护意见予以采纳。

五、定案结论

人民法院根据《中华人民共和国刑法》第 180 条，第 30 条、第 31 条、第 67 条第 3 款、第 64 条之规定，判决如下：

1. 被告人李某某犯内幕交易罪，判处有期徒刑 2 年；
2. 扣押在案的人民币 45566.8 元，予以没收，上缴国库。

六、法理解说

本案是一起以内幕交易罪判决的案件，实践中此类案件较少出现，案件认定往往也有较大争议。本案中，认定时主要争议集中于对"内幕信息"和"内幕信息知情人"的理解。对此，具体分析如下：

（一）内幕信息的界定

内幕信息通常是指证券、期货交易活动中，涉及公司的经营管理、财务情况，或者对公司证券的市场价格、期货交易价格有重大影响却又尚未公开的信息。我国刑法中并没有直接规定内幕信息的概念，2012 年 3 月 29 日最高人民法院、最高人民检察院《关于办理内幕交易、泄露内幕信息刑事案件具体应用法律若干问题的解释》（以下简称《解释》）中也没有对内幕信息作出界定，而是在第 5 条规定了"内幕信息敏感期"。《解释》第 5 条规定："'内幕信息敏感期'，是指内幕信息自形成至公开的期间。证券法第六十七条第二款所列'重大事件'的发生时间，第七十五条规定的'计划'、'方案'以及期货交易管理条例第八十五条第十一项规定的'政策'、'决定'等的形成时间，应当认定为内幕信息的形成之时。"从这一规定中我们不难看出，由于实践中内容信息形成多样，变化迅速，刑事立法和司法解释均没有试图对内幕信息作出具体解释，而是将其留给立法更具灵活性的证券法律法规来解决。

根据我国《证券法》第 75 条之规定，"证券交易活动中，涉及公司的经营、财务或者对该公司证券的市场价格有重大影响的尚未公开的信息，都是内幕信息。下列信息皆属内幕信息：（一）本法第六十七条第二款所列重大事件；（二）公司分配股利或者增资的计划；（三）公司股权结构的重大变化；（四）公司债务担保的重大变更；（五）公司营业用主要资产的抵押、出售或者报废一次超过该资产的百分之三十；（六）公司的董事、监事、高级管理人员的行为可能依法承担重大损害赔偿责任；（七）上市公司收购的有关方案；（八）国务院证券监督管理机构认定的对证券交易价格有显著影响的其他重要信息"。对于何为内幕信息，还应结合秘密性、重要性、关联性等特点予以综合认定。其中"秘密性"表现为尚未公开，不为公众所知晓。根据《解释》规定，内幕信息的公开，是指内幕信息在国务院证券、期货监督管理机构指定的报刊、网站等媒体披露，没有披露的均具有秘密性。"重要性"表现为可能对上市公司证券交易价格发生显著影响的重要信息，即是否可能造成证券交易价格在一段时期内与市场指数或相关分类指数发生显著偏离，或致使大盘指数发生波动。"关联性"表现为与公司经营管理、财务状况、证券市场价格相关的信息。不具备这三个特征的不属于内幕信息范畴。

本案在审查过程中，对于涉案 3000 万元的投资项目是否属于内幕信息存在两种观点。第一种观点认为：湖南"C公司"投资总额为 3000 万元，但实际用于被告人李某某担任董事的郁家寨公司资金仅有 1000 万元，且 1000 万元的投资项目对于一家上市公司而言，尚不足以对其经营活动或股价发生重大影响，故相关信息不属于内幕信息。第二种观点则认为：本案的信息内容涵盖了整个 3000 万元的投资，并不局限于郁家寨公司的 1000 万投资款，对于内幕信息的认定应结合相关法律规定以及对证券交易价格的影响力来综合评判，而不应单纯地以数字来衡量。

本文同意第二种观点，从内容上看湖南"C公司"为顺利实现资产重组，经被告人李某某介绍，投资开发"贵州矿产"下属矿产项目。由于该投资项目有巨大市场潜力、预期回报颇丰，在信息公布前后必然会对"C公司"股价带来显著波动，属于公司重大投资行为，符合《证券法》对内幕信息的实质性要求。同时，从时间节点上看，从"C公司"向"贵州矿产"支付投资款正式启动该投资项目，直至其在证监会指定媒体平台对外发布投资公告前，这一段时期内应当属于"内幕信息敏感期"。因此，涉案的 3000 万元投资信息在正式公开前，应当属于内幕信息范畴。

（二）内幕信息知情人员范围的界定

域外各个国家或地区根据具体情况，对内幕交易的知情人员范围界定大体相近。根据我国《证券法》和《解释》的规定，内幕信息知情人分为两大类。

第一类是法定内幕信息知情人，包括《证券法》第 74 条规定的人员和《期货交易管理条例》第 85 条第 12 项规定的人员。《证券法》第 74 条规定的人员有：（1）发行人的董事、监事、高级管理人员；（2）持有公司 5% 以上股份的股东及其董事、监事、高级管理人员，公司的实际控制人及其董事、监事、高级管理人员；（3）发行人控股的公司及其董事、监事、高级管理人员；（4）由于所任公司职务可以获取公司有关内幕信息的人员；（5）证券监督管理机构工作人员以及由于法定职责对证券的发行、交易进行管理的其他人员；（6）保荐人、承销的证券公司、证券交易所、证券登记结算机构、证券服务机构的有关人员；（7）国务院证券监督管理机构规定的其他人。

第二类是非法获取内幕信息的人。根据《解释》第 2 条规定，"具有下列行为的人员应当认定为刑法第一百八十条第一款规定的'非法获取证券、期货交易内幕信息的人员'：（一）利用窃取、骗取、套取、窃听、利诱、刺探或者私下交易等手段获取内幕信息的；（二）内幕信息知情人员的近亲属或者其他与内幕信息知情人员关系密切的人员，在内幕信息敏感期内，从事或者明示、暗示他人从事，或者泄露内幕信息导致他人从事与该内幕信息有关的证券、期货交易，相关交易行为明显异常，且无正当理由或者正当信息来源的；（三）在内幕信息敏感期内，与内幕信息知情人员联络、接触，从事或者明示、暗示他人从事，或者泄露内幕信息导致他人从事与该内幕信息有关的证券、期货交易，相关交易行为明显异常，且无正当理由或者正当信息来源的"。

上述两类人员均可成为内幕交易罪的主体，凡在内幕信息敏感期内买卖相关股票证券或指使他人买卖证券的，将被认定为内幕交易，金额和情节达到追诉标准的，将追究刑事责任。

具体就本案而言，在认定被告人是否符合内幕交易罪主体要件时有观点认为：李某某未在"C 公司"担任任何职务，又不具备证券发行方的工作人员身份，且获取信息的方式和渠道上也不属于非法获取，而是基于正常的居间介绍而得知。因此，李某某不具有内幕交易罪主体身份，故不构成内幕交易罪。对于这一观点本文不能赞同。本文认为，被告人李某某符合中国证监会根据《证券法》第 74 条第 7 项授权而规定的其他证券交易内幕信息知情人。本案中，被告人李某某作为"C 公司"与"D 公司"项目合作的介绍人，参与了双方的撮合介绍、矿产考察、投资谈判，而且在得知"C 公司"已向"D 公司"支付 3000 万元投资款后，于 2006 年 12 月 5 日购买"C 公司"拟投资的"D 公司"下属"B 公司"股份，成为该公司董事，并最终以自然人董事身份参与"C 公司"与"D 公司"的投资合同签订。据此，应当认定被告人李某某符合内幕信息知情人身份，成为内幕交易罪的犯罪主体，其利用内幕信息交易，情节严重，已构成内幕交易罪。

（整理人：李　磊）

十六、利用未公开信息交易罪

案例42：许某某利用未公开信息交易案
——"老鼠仓"行为的刑法规治

一、基本情况

案　由：利用未公开信息交易

被告人：许某某，男，36 岁，大学本科，原系某基金管理有限公司 A 股票型证券投资基金（以下简称 A 基金）、B 精选股票型证券投资基金（以下简称 B 基金）经理，住上海市浦东新区张杨路某弄，2011 年 4 月 18 日因涉嫌利用未公开信息交易案被公安机关取保候审。

二、诉辩主张

（一）人民检察院指控事实

检察机关在起诉中指控的主要犯罪事实如下：

被告人许某某于 2009 年 2 月 28 日至 2010 年 4 月 15 日间，利用其担任基金经理的职务便利，使用其控制的户名为"史某某"的证券账户，亲自或通过电话指令张某等方式，先于或同期于其管理的 A 基金、B 基金买入或卖出同一股票。经审计，上述期间共交易股票 68 只，交易金额共计人民币 9500 余万元，非法获利共计人民币 209 余万元。

2011 年 4 月 18 日，被告人许某某主动至中国证监会上海稽查局接受调查，后如实向公安机关交代了上述犯罪事实。

（二）被告人辩解及辩护人辩护意见

被告人许某某及其辩护人对起诉书指控的犯罪事实无异议。

三、人民法院认定事实和证据

（一）认定犯罪事实

经人民法院公开审理查明：

被告人许某某自 2006 年 7 月 8 日担任 A 基金经理，2009 年 3 月 4 日起兼任 B 基金经理，对上述两个基金的资金进行股票投资拥有决定权，直到 2010 年 4 月 15 日离职。

2009 年 2 月 28 日至 2010 年 4 月 15 日期间，在 A 基金、B 基金进行买卖股票情况的信息尚未披露前，被告人许某某利用职务便利，亲自或通过 MSN 通信、电话等方式指令张某，在"史某某"等证券账户，先于或同期买入或卖出交易股票 68 只，金额达人民币 9500 余万元，非法获利达人民币 209 余万元。

（二）认定犯罪证据

上述事实有以下证据证明：

1. 某基金公司提供的许某某任职资料及交易明细资料、某证券公司提供的相关证券账户信息交易记录以及中国证监会出具的认定函等书证证实：被告人许某某的主体身份、许掌控的基金和"史某某"账户的交易情况以及证券监管机构对本案被告人许某某行为性质的认定。

2. 证人张某、史某某的证言以及相关的通话记录等书证证实：被告人许某某实际控制"史某某"证券账户并指令张某买入或卖出股票的事实。

3. 被告人许某某的供述证实：其亲自或指令张某在"史某某"账户，先于或同期于基金买入或卖出同一只股票。

4. 会计师事务所有限公司出具的审计报告证实：2009 年 2 月 28 日至 2010 年 4 月 15 日，"史某某"证券账户中符合先于或同期于基金买入或卖出同一股票特征的股票数量、交易金额以及获利等情况。

四、判案理由

人民法院认为，被告人许某某在担任基金经理期间，违法国家规定，利用掌握的未公开的信息，从事与该信息相关的证券交易活动，先于或同步多次买入、卖出相同个股，情节严重，其行为已经构成利用未公开信息交易罪，应依法予以惩处。被告人许某某能投案自首，退缴了全部违法所得，确有认罪悔罪表现，可依法和酌情从轻判处，并可适用缓刑。

五、定案结论 >>

人民法院依照《中华人民共和国刑法》第 180 条第 4 款、第 67 条第 1 款、第 72 条、第 73 条第 2 款和第 64 条之规定，判决如下：

1. 被告人许某某犯利用未公开信息交易罪，判处有期徒刑 3 年，缓刑 3 年，并处罚金人民币 210 万元；

2. 被告人许某某退缴的赃款予以没收，上缴国库。

六、法理解说 >>

许某某利用未公开信息交易一案，是适用《刑法修正案（七）》，对基金管理公司从业人员利用职务之便、凭借信息优势，非法牟利或转嫁风险的行为（俗称"老鼠仓"）予以刑事追究的典型案件。

"老鼠仓"是一个从国外传进来的证券业术语，即"先跑的鼠"，原意是指证券市场上一旦有某种消息会对股价的涨跌产生明显影响，总有一些最先获知这一消息的人能够在交易中获利或者躲避风险。但随着证券行业的发展，信托制度的完善，证券市场中的"老鼠仓"已大大超出了原有的含义。对"老鼠仓"行为的认识在理论上有两种观点：一是狭义说，是指基金公司经理等从业人员，在用机构的公有资金拉升股价之前，先用自己个人（关系人）的资金在低位建仓，待公有资金将股价拉升到高位后个人持仓率先卖出获利，机构和散户因此而套牢。二是广义说，认为"老鼠仓"行为表现为三种形式：第一，是身为受托资产管理业务机构的从业人员知悉相关大额受托资产的投资信息，却违背受托义务，私自买入相关股票以追求私利的行为；第二，是相关从业人员违背受托义务，自行买入股票，然后用所管理的基金把股票价格拉升，自己买入的股票上涨获利；第三，利益输送，即相关从业人员违背受托人义务，故意选择不公平的价格或者不适当的时机交易，让公募基金为私募基金接盘的行为。

对于"老鼠仓"行为的社会危害性我们可以从三个方面来理解。首先，"老鼠仓"行为严重扰乱了证券市场的投资者结构，损害了公募证券投资基金的声誉，影响了公募证券投资基金在我国的发展；其次，"老鼠仓"行为破坏了证券市场公开、公平、公正的交易秩序，侵犯了普通投资人公平交易的权利；最后，"老鼠仓"行为还极易误导资金的流向，增加投资风险，助长证券市场的投机行为。因此，"老鼠仓"行为严重破坏了证券市场的管理秩序，应当受到刑法处罚。

"老鼠仓"行为实则是一种违背受托义务的背信行为。随着金融业的发展，社会公众越来越多的将资产交由金融机构和专业人员管理，资产所有权与管理权出现彻底分离，从而在金融机构与投资人之间的产生了委托代理、信托等法律关系，基金公司就是其中典型的一种。投资人购买基金公司的基金份额，实则就是将自己的资金交给基金公司管理，基金公司与投资人之间形成了委托代理关系。基金公司及其员工作为受托人由于拥有了管理普通投资人财产的权利，就可能出现违背受托义务或信托义务的行为。在基金公司与投资人的关系中，基金公司是受投资人委托，管理投资人的资金，使投资人资金保值增值的机构，并且不管投资人是赚是赔，每年都要从投资人的资金中收取管理费用。这就在投资人与基金之间产生了有偿委托关系（或者说是信托关系）。基金公司及其员工全部受这种委托关系约束，享有向投资人收取管理费用的权利，承担着为投资人创造财富，不能损害投资人利益，不能以投资人资金牟取个人利益的义务。"老鼠仓"行为显然违背了基金公司及基金从业人员应当承担的义务，属于一种背信行为。这种行为既违背了委托义务，又违背了诚信义务，不仅损害基金投资人的财产利益，而且还会破坏市场经济运行的基础——诚信体系，给市场经济发展带来严重的威胁。因此，为维护金融监管秩序，保护广大投资者的合法权益，保障资产管理和基金、证券、期货市场健康发展，《刑法修正案（七）》增设利用未公开信息交易罪是立法上正确的选择。

根据《刑法》第180条第4款的规定，利用未公开信息交易罪是指证券交易所、期货交易所、证券公司、期货经纪公司、基金管理公司、商业银行、保险公司等金融机构的从业人员以及有关监管部门或者行业协会的工作人员，利用因职务便利获取的内幕信息以外的其他未公开的信息，违反规定，从事与该信息相关的证券、期货交易活动，或者明示、暗示他人从事相关交易活动，情节严重的行为。根据最高人民检察院、公安部《关于公安机关管辖的刑事案件立案追诉标准的规定（二）》的规定，证券交易成交额累计在50万元以上的、获利或者避免损失数额累计在15万元以上的，或者多次利用内幕信息以外的其他未公开信息进行交易活动的，应当追诉。本案被告人许某某利用职务便利获取未公开信息，与他人共同操作借用他人名义开设的证券账户，先于或同步于其管理的基金多次买入、卖出相同个股，获利巨大，符合刑法修正案对利用未公开信息交易罪的规定。

利用未公开信息交易罪构成要件中需把握以下四个要点：其一，犯罪的主体是特殊主体；其二，何为"未公开信息"；其三，"职务便利"与"未公开信息"的关联；其四，如何理解"利用未公开信息交易"中的"利用"。下面我们结合许某某一案具体分析：

第一，犯罪主体要求。本罪的主体是刑法所列举七类金融机构的从业人员和监管部门或者行业协会的工作人员。本案中，被告人许某某符合本罪犯罪主体资格，即"基金管理公司的从业人员"。此处的"从业人员"可以理解为基金公司的管理人员和业务人员。许某某担任 A 基金经理和 B 基金经理，对管理的基金下单交易拥有决定权，属于基金公司的管理人员，符合本罪的主体要求。

第二，对未公开信息的理解。目前，我国法律和行政法规均未直接对未公开信息作出规定。本文认为，成立未公开信息有四个条件：其一，是会对证券、期货交易价格有重大影响的信息，没有影响的信息不具利用的价值，不会产生危害性；其二，信息尚未公开；其三，是内幕信息以外的未公开的信息，如是内幕信息直接可适用内幕交易罪，不需再增设新罪名；其四，信息未公开前应有一定保密措施，仅限于特定人员知悉，如果未采取保密措施，即视为可以公开，不应属于未公开信息。具备上述四个条件的信息就是未公开信息。这里还需注意的是，判断信息是否对证券、期货交易价格有重大影响，应当从一个正常的投资人角度认识，即一个正常的投资人认为某信息会对证券、期货交易价格产生重大影响，这一信息就属于对证券、期货交易价格有重大影响的信息，并不要求该信息实际对证券、期货交易价格产生重大影响。本案中，被告人许某某利用的信息是其任职的基金公司拟建仓某个股票的信息，这一信息基金公司有明确的保密规定。从一个正常投资人角度看，基金公司建仓某一股票的信息，必然会对该股票的价格产生重大影响。从股票的供求关系来看，基金公司持有大量资金，大笔资金在同一只股票上的进出也会对股票价格产生实质的影响。因此，本案可以认定许某某利用的是刑法规定的未公开信息进行交易。

第三，"职务便利"与"未公开信息"的关联。法条规定构成利用未公开信息交易罪，必须是"利用因职务便利获取的内幕信息以外的其他未公开的信息"。因此，行为人获取未公开信息的途径应当和职务直接相关，且是利用职务便利获取。本文认为，利用职务便利和获取的未公开信息应当是直接的因果关系，即行为人利用履行自身职务便利而获得的未公开信息进行交易的才构成本罪。如前文所述，利用未公开信息交易罪实际上是一种违背受托或信托义务的犯罪行为，只有契约上或法律上负有受托或信托义务的人才能构成违背义务的犯罪。不具备直接职务便利的人，不是义务的承担人，因而不能直接构成本罪，与具备身份的人共同实施的，则可以成立本罪共犯。本案中，许某某系基金经理，对其基金投资人负有受托义务，利用进行交易的未公开信息也是直接在履行职务中获得，完全符合本罪的这一要件。

第四，利用未公开信息交易行为的理解。本罪中的利用未公开信息进行交易，实际就是根据掌握的未公开信息进行有利于个人利益的证券、期货交易。在行为人利用职务便利已经获得未公开信息后，认定其交易行为是否属于利用这一信息进行交易，本文认为有以下两个条件：其一，在信息未公开前对信息中的证券进行了交易，公开后进行交易的不属于利用未公开信息交易；其二，交易行为符合一个专业投资人在获悉这一未公开信息后的合理决策。一个投资人在获得某信息后会对信息作出是利好，还是利空的判断，然后根据自己的判断进行交易。这是每个证券市场投资人在获得信息后的正常反映。基金公司从业人员属于专业人员，在获得相关信息后必然会有职业性的判断和决策。只要其交易行为与一个专业投资人根据信息对证券交易价格走向作出的预测相吻合，就已反映出其利用未公开信息为个人谋利的目的，从而认定为利用未公开信息交易。本案中，许某某利用未公开信息获利200余万元，其行为已构成利用未公开信息交易罪。

（整理人：吴卫军　陆　川）

案例43：李某某利用未公开信息交易案
——利用未公开信息交易罪认定难点分析

一、基本情况

案　由：利用未公开信息交易

被告人：李某某，男，39岁，硕士文化，原系A基金管理有限公司投资决策委员会主席、投资总监兼蓝筹股票证券投资基金经理，住上海市浦东新区丁香路，因涉嫌利用未公开信息交易案于2011年8月13日被公安机关刑事拘留，同年8月26日经检察机关批准，由公安机关执行逮捕。

二、诉辩主张

（一）人民检察院指控事实

2005年8月至2009年5月，被告人李某某担任A基金公司投资决策委员会主席、投资总监，2007年8月开始兼任该公司蓝筹基金基金经理。在此期间，被告人李某某参与A基金公司所有基金的投资决策，并对蓝筹基金的资金进行股票投资拥有决定权。

2009年4月7日，在A基金旗下蓝筹基金、成长基金进行股票买卖的信息尚未披露前，被告人李某某即指令某证券深圳营业部（以下简称深圳营业部）总经理李某君在其控制的"岳某某"、"童某某"证券账户内，先于或同期于其管理的蓝筹基金、成长基金买入相同的"工商银行"、"建设银行"股票，并于同年6月间悉数卖出上述股票，累计买入交易金额达人民币52263797.34元，非法获利人民币10715742.36元。

2011年8月13日20时许，公安人员在北京市石景山海航大酒店将被告人李某某抓获。

（二）被告人辩解及辩护人辩护意见

被告人李某某辩称，其仅指使李某君买入两三百万股的工行、建行股票，起诉指控的相关数额不符合事实。

辩护人提出：（1）现有证据不能证明李某君购买工行、建行股票系受李某某指使。（2）本案所涉工行、建行股票是两只大盘股，仅凭数只基金的建仓不足以推动股价，故李某某的行为并不构成犯罪。（3）对本案的违法所得不应按实际买卖差价认定，而应以A公司于2009年4月21日开始卖出工行、建行股票的价格或者李某某于同年5月27日离职当日的收盘价格价来计算；李某某从工行所获172万余元分红不应计入违法所得。（4）李某某在获悉证监会对其进行调查后，不但未逃避，还主动回国接受调查，应认定为自首。

三、人民法院认定事实和证据 >>

（一）认定犯罪事实

人民法院经公开审理查明：

2005年8月至2009年5月7被告人李某某担任A公司投资总监，兼任公司投资决策委员会（以下简称投委会）主席。2007年8月至2009年5月，李某某还兼任A公司旗下蓝筹基金的基金经理。在此期间，李某某有权参与公司所有基金的投资决策，并对蓝筹基金的股票投资具有直接决定权。

2009年4月7日，在A公司旗下蓝筹基金、成长基金对工行、建行股票进行建仓的信息尚未披露前，李某某指使深圳营业部总经理李某君，在李某某及其家人控制的岳某某、童某某名下两个证券账户内，先于或同期于蓝筹基金、成长基金买入工行、建行股票，累计股票成交额52263797.34元，并于同年6月间将上述股票全部卖出，通过股票交易的差价获利8992399.86元，此外还分得工行的股票红利1723342.50元。

另查明，案发后，公安机关依法冻结李某某及其妻子袁某梅名下资金90711665.26元、港币2527569.14元。

（二）认定犯罪证据

上述事实有以下证据证明：

1.A基金公司出具的"任职说明"、"任职报告"及任职资料、相关的劳动合同、被告人李某某的供述、证人周某某、李某的证言证实：被告人李某某具有基金管理公司从业人员的身份并对A基金公司基金进行股票投资具有知悉、决策和决定权。

2.证人虞某某、岳某某、袁某梅、袁某松的证言、深圳营业部出具的"岳某某"、"童某某"证券账户的开户资料证实：开立在深圳营业部的"岳某某"、"童某某"的证券账户系被告人李某某实际控制的账户。

3. 被告人李某某的供述、证人袁某梅、李某君的证言、深圳营业部出具的"岳某某"、"童某某"证券账户交易明细证实：2009年4月7日，李某君受李某某指令，在"岳某某"、"童某某"的证券账户内代为买入"工商银行"、"建设银行"股票，后又全部卖出非法获利的事实。

4. A基金公司出具的成长基金及蓝筹基金的成交交易明细证实：2009年4月7日至4月9日上述两基金投资购买"工商银行"、"建设银行"股票的事实。

5. 上海沪港金茂会计师事务所出具的报告书证实：2009年4月7日，"岳某某"、"童某某"证券账户中符合先于或同期于基金买入同一股票特征的股票只数、交易金额及获利情况。

6. 中国证监会出具的认定函证实：证券监管机构对被告人李某某行为性质的认定。

7. 上海市公安局出具的冻结存款通知书证实：赃款冻结的情况。

8. 公安机关出具的案发经过证实：被告人李某某被抓获的经过。

9. 公安机关出具的《常住人口基本信息》证实：被告人李某某的户籍身份。

四、判案理由 》》

人民法院认为，被告人李某某作为基金管理公司的从业人员，利用其职务便利获取的未公开信息，违反规定，从事与该信息相关的证券交易活动，情节严重，其行为已构成利用未公开信息交易罪，依法应予惩处。

五、定案结论 》》

人民法院根据《中华人民共和国刑法》第180条第1款及第4款、第53条、第64条之规定，判决如下：

1. 被告人李某某犯利用未公开信息交易罪，判处有期徒刑4年，并处罚金人民币1800万元；

2. 违法所得人民币10715742.36元予以追缴。

六、法理解说 》》

本案系一起较为典型的基金公司经理利用未公开信息交易案件，但此案在审理过程中存在着较多争议和疑难之处，集中体现了利用未公开信息交易罪认定中的难点，争议主要有：如何认定被告人是否利用未公开信息、现有证据能否认定被告人指令李某君购买了涉案股票、被告人的行为是否具有社会危害性、违法所得如何认定等。下面针对这些争议与分歧逐一展开讨论。

（一）被告人是否利用了未公开信息进行交易

被告人身为蓝筹基金的基金经理，在其指令李某君购买涉案股票后十几分钟时间，即直接指令基金大量买入涉案股票，同一个人在极短的时间内发出前后两个购买相同股票的指令，这两个指令具有相关性是显而易见、无须再予证明的。作为基金经理对同一只股票几乎同时发出的对"私"和对"公"的相同的操作指令，并且在先由个人买入后，立即由基金买入，应当可以直接从行为上认定其实施了利用未公开信息交易的行为。

至于辩护意见提出的，被告人不是利用未公开信息，而是利用了其个人的专业背景和专业判断购买股票的辩护意见。本文认为，基金经理从事的职业本身就是以其专业能力和知识为基金公司服务，法律规定和职业操守均要求其不得利用基金公司交易股票的未公开信息为个人交易牟利。同时，基金经理的专业判断，不是个人行为，而是职务行为和单位行为。众所周知，证券交易具有强烈的专业性，投资人购买何种股票确实需要基于专业的判断，但是，被告人的专业判断不能仅仅被看成是其个人行为，相反，其实质是职务行为和单位行为。基金公司的投资决策是由一个团队来共同完成的，从股票信息的收集，到股票信息的研究，再到投资决策的作出，这个过程是多人参加的团队完成的，而非个人所能进行，被告人只是投资决策环节的关键人物而已。另外，对股票信息进行研究以及进行决策，这也是基金经理的职责要求，按照职责要求所从事的行为是职务行为，而非个人行为。因此，个人的专业背景已与其是否构成本罪无关，关键是其是否利用了职务上所获得的基金公司的未公开信息进行交易牟利。

司法实践中，未公开信息的范围还未如内幕信息那样由司法解释作出明确的规定，但是，未公开信息应当具有与内幕信息相似的特征，即秘密性和重要性，这是判断是否为未公开信息的通常标准。一般而言，证券交易信息、投资信息、资本运作信息等应该属于未公开信息的范围。基金公司大量买入或卖出某一股票的决策属于未公开信息并无争议。在案件中，被告人知悉其任职的基金将建仓工商银行和建设银行的未公开信息，先于其基金为个人购买了工商银行和建设银行的股票，其行为属于利用未公开信息交易。

（二）被告人李某某指使他人实施交易行为的认定

被告人亲自操盘交易的"老鼠仓"，其交易行为容易认定，交易记录就是有力的证据。而当被告人委托他人进行交易的"老鼠仓",其委托行为也即李某某案件中的指使行为的认定则难度较大。因为委托行为发生于被告人和被委托人之间,属于私人范畴,一个电话,一句话,一张字条,一个眼神或者其他暗号,这样的委托行为对于外人而言根本无法理解其真实内容。

本案经过庭审确立的基本事实是:(1)被告人李某某因职务便利获取了内幕信息以外的其他未公开信息;(2)李某某打电话给李某君委托其购买工商银行、建设银行的股票;(3)李某君所使用的客户账户受李某某控制;(4)股票抛售所获利益完全归李某某所有;(5)2009年4月7日,被告人指令李某君购买股票十几分钟后,即指令其任职的基金购买相同的股票。

虽然被告人在庭审中辩称仅打电话让李某君购买两三百万股涉案股票,但其在到案之初,曾做过让李某君购买全部涉案股票的供述。被告人的这一供述和涉案账户购买股票的事实,以及李某某在购买股票前曾与李某君打电话的事实能够相互印证。因此,本案的证据可以排除李某某在法庭上的辩解,证实涉案股票系李某某指令李某君购买。

（三）对被告人行为危害性的认识

本案中,辩护人还提出,由于李某某的行为没有给投资人带来实质性损害,从而认为李某某不具有主观恶性,客观上没有严重的危害性,其行为不构成犯罪。对于这一辩护意见,本文认为辩护人曲解了犯罪社会危害性的含义,试图利用此类犯罪实际损害难以量化计算的特点,以"给投资人带来实质性损害"来混淆本罪的"社会危害性"。

利用未公开信息交易罪犯罪客体属于复杂客体,社会危害性一方面体现在对证券交易的秩序侵害;另一方面体现在侵害了投资者以及行为人所在单位的利益。被告人行为的危害性主要有以下几个方面:其一,被告人的行为违反了市场"公平、公正、公开"原则,违背了公平竞争的市场秩序。其二,被告人违背了基金从业人员对受托管理的基金及其基金份额持有人应负有的忠实义务,不仅是明显的利益冲突行为,更是严重的背信行为,损害了社会诚信体系及职业道德操守。作为一个管理着社会公众资金的金融从业人员,直接关系到广大老百姓资金的安全,对其职务的廉洁性有着很高的要求。正因为此,法律才将利用未公开信息交易行为规定为犯罪,目的是保护社会公众投资者的利益。其三,被告人的交易行为客观上会对相关股票的市场价格产生不利于基金及投资人的影响,使基金投资该种股票的成本增加,从而损害基金公司及投资人的经济利益。虽然很难量化,但作为股票交易的基本原理,供求关系必然会影响股票的价格,这是每个投资人都知晓的投资常识。本案中,被告人个人先买入股票后,再让基金买入同一只股票,肯定会增加基金的投资成本,只是由于影响股票价格的因素过于复杂，难以准确量化计算而已。被告人的行为还损害了投资人对基金及基金管理人的信赖和信心，进而对有关基金的长期运作和发展及基金份额持有人利益造成损害。因此，被告人的行为具有严重的社会危害性。

需进一步说明的是，在庞大复杂的证券投资市场中影响股票价格的因素极多，包括上市公司本身的经营状况、国际国内宏观的政治与经济形势、国家的有关政策、国内外相关市场的影响、投资者的心理预期、突发性事件、政策导向、欧美股市的走势等，股票的价格是所有各种因素的综合反映。违规交易的行为有可能与这些因素一起对共同股票价格产生影响，可能是短期内立即产生影响，也有可能在一段时间后才发生作用。因此，准确计算出被告人的行为给基金投资者造成的具体的经济损失数额十分困难。正因为此，刑法在设置本条时，并未以投资人的经济损失作为入罪的标准。《刑法》第 180 条第 4 款规定的利用未公开信息交易罪的成立以"情节严重"为要件。2010 年 5 月 7 日最高人民检察院、公安部《关于公安机关管辖的刑事案件立案追诉标准的规定（二）》第 36 条对情节严重规定为下列情形之一："（一）证券交易成交额累计在 50 万元以上的；（二）期货交易占用保证金数额累计在 30 万元以上的；（三）获利或者避免损失数额累计在 15 万元以上的；（四）多次利用内幕信息以外的其他未公开信息进行交易活动的；（五）其他情节严重的情形。"本案中，被告人的涉案金额达 5000 万元之多，获利数额达 1000 万元，已经符合司法解释的第（一）项和第（三）项的规定，足以体现其行为的社会危害性。

（四）关于违法所得的计算

本案还有一个争议是被告人违法所得如何计算。辩护人提出，对本案非法所得不应以实际买卖差价认定，而应按基金开始出售日或李某某从 A 基金公司离职之日的股价差价来认定，并认为李某某持有工商银行股票期间获得的股票分红不应计入违法所得。对此，本文认为，我国刑法中规定的违法所得，是指犯罪行为所直接获取的收益。利用未公开信息交易罪中，交易差价就是犯罪行为所直接获取的收益。同时，行为人实施利用未公开信息交易行为，其目的就是获取交易差价，以交易差价认定也符合刑法主客观一致的原则。基金是否卖出股票以及被告人是否离职与其利用未公开信息交易非法获取的利益并无直接关联。本案中，被告人李某某利用其职务便利获取的未公开信息进行交易，目的是等价格上涨后卖出获利，其是何时卖出相关股票，对行为性质和数额的计算均无影响，因此，法院以实际成交差价来认定非法所得是准确的。

股票分红是上市公司根据自己的盈利情况向股东作出的利润分配，并非是行为人利用未公开信息所直接获取的股票交易差价。如前所述，违法所得是犯罪的直接受益，股票分红与利用未公开交易行为之间并无直接的关联，因此不属于本罪直接的违法所得。但是，根据我国《刑法》第64条规定"犯罪分子违法所得的一切财物，应当予以追缴或者责令退赔"。本案中，被告人因利用未公开信息买入工行股票的犯罪行为所获取的股票分红，与犯罪行为之间也存在因果关系，属于违法所得，应当根据《刑法》第64条之规定予以追缴。

（整理人：杜晓丽）

十七、编造并传播证券、期货交易虚假信息罪

案例44：王某某编造并传播证券交易虚假信息案

——编造并传播证券、期货交易虚假信息罪罪与非罪的区分

一、基本情况

案　由：编造并传播证券、期货交易虚假信息

被告人：王某某，男，42岁，某市某区物资局干部，住某市向阳路17号。2000年12月20日因涉嫌编造并传播证券、期货交易虚假信息罪被公安机关逮捕。

二、诉辩主张

（一）人民检察院指控事实

检察机关在起诉中指控的主要犯罪事实如下：2000年11月20日，某特区《证券报》发布了"某公司致函本报向社会公告收购某某股票"的消息。该消息称，到11月25日下午2时15分，某公司已经持有某某股票的6%，并表示收购该股票。消息一出，引起股市很大震动，该种股票价格飞涨。其实，在此之前的10月12日、13日，被告人王某某就已经动用单位的货款200万元，买进该股票30万股。然后，他以某公司的名义，向某证券交易所发出匿名信，提出要收购某某股票的虚假意向。然后他又采取信函、传真、电话等方式，以某公司的名义，向某特区《证券报》通报所谓收购的虚假消息，要求

公布。到 11 月 27 日下午，也就是消息出来后的两天，在某证券交易所，某某股票的价格从开盘的 10.30 元升到收盘前的 13.35 元时，他抛出了 15 万股。此后，于 11 月 28 日，国家证券管理部门发言人立即就此事发表谈话，指出根本没有收到某公司的收购报告，工商部门也没有某公司的企业登记记录，某证券交易所也没有某公司的开户和交易记录。于是某某股票价格又再次加速下跌，致使许多中小股民损失严重。

（二）被告人辩解及辩护人辩护意见

被告人在辩解中对检察机关指控自己捏造"某公司要收购某某股票"虚假信息的事实供认不讳，但认为自己的行为不构成犯罪。

被告人的辩护人在辩护中认为：被告人捏造"某公司要收购某某股票"虚假信息的事实虽然存在，但引起某某股票价格波动并非被告人力所能及。理由是，被告人捏造的虚假信息是通过某特区《证券报》予以散发的，而报刊应当对自己刊登新闻的内容负责，对其真实性和可靠性负有调查属实的基本职责。而"某公司要收购某某股票"虚假信息得以向社会公布正是由于某特区《证券报》没有如实报道该事实，因此，某特区《证券报》应当对收购某某股票的虚假信息承担主要责任，而被告人只应当对提供的新闻原始资料的真实性负责。从这种角度上讲，被告人不应当承担本案的刑事责任。

三、人民法院认定事实和证据

（一）认定犯罪事实

某区人民法院经公开审理查明：

2000 年 10 月 12 日及 13 日，被告人王某某借用他人资金 100 万元，买进某某股票 9 万股。随即，他以某公司的名义，向某证券交易所发出匿名信，提出要收购某某股票的虚假意向。然后他又采取信函、传真、电话等方式，以某公司的名义，向某特区《证券报》通报所谓收购的虚假消息，要求公布。2000 年 11 月 20 日，某特区《证券报》发布了"某公司致函本报向社会公告收购某某股票"的消息。该消息称：到 11 月 25 日下午 2 时 15 分，某公司已经持有某某股票的 6%，并表示收购该股票。消息一出，引起股市很大震动，该种股票价格飞涨。到 11 月 27 日下午，当某某股票的价格由 10.30 元升至 13.35 元时，他将持有的 9 万股某某股票全部抛售。11 月 28 日，国家证券管理部门就此次虚假信息进行了澄清：指出根本没有收到某公司的收购报告，工商部门也没有某公司的企业登记记录，某证券交易所也没有某公司的开户和交易记录。于是某某股票价格大幅下跌，造成许多受虚假信息诱骗买进该股票的中小股民严重的经济损失。

（二）认定犯罪证据

1. 书证

（1）被告人王某某发给某证券交易所的匿名信（经被告人王某某指认为其所制作）证实：被告人捏造"某公司要收购某某股票"虚假信息的事实。

（2）被告人王某某为捏造虚假股票信息使用的信函、传真证实：被告人进一步扩散虚假股票信息的情况。

（3）某特区《证券报》某月某日文稿证实：该报发布"某公司致函本报向社会公告收购某某股票"消息的事实。

（4）国家证券管理部门书证证实：某公司收购某某股票纯属虚假的事实。

（5）某工商局书证证实：某公司没有在工商管理部门进行企业登记的事实。

（6）某证券交易所书证证实：某公司没有在该证券交易所营业部开户和进行交易的记录。

（7）某证券交易所营业部提供的股票价格变化记录单证实：11 月 28 日至 12 月 20 日某某股票价格大幅下跌的情况。

2. 证人证言

（1）某特区《证券报》编辑记某某证言证实：被告人王某某与该报联系登载某公司收购某某股票信息的情况以及该报编辑部在刊登该条信息之前未经调查确认的事实。

（2）股民石某、姬某某等人证言证实：其购买某某股票受损失的情况。

3. 被告人供述

被告人王某某供述证实：其捏造"某公司要收购某某股票"虚假信息的事实，对法庭出示的有关证据并无异议。

四、判案理由

某区人民法院认为，本案被告人王某某首先采用以某公司的名义，向某证券交易所发出匿名信，提出要收购某某股票的虚假意向，然后他又用信函、传真、电话等方式，以某公司的名义，向某特区《证券报》通报所谓收购的虚假消息，要求公布。由于王某某编造虚假信息造谣惑众，引起某某股票在股市的价格猛涨狂跌，造成众多的中小股民损失严重。根据 1999 年 12 月 25 日第九届全国人大常委会第十三次会议通过的《刑法修正案》第 5 条规定，被告人王某某的行为符合编造并传播证券、期货交易虚假信息罪的犯罪构成要件，应当依法惩处。

五、定案结论 　　　　　　　　　　　　　　　　>>

　　某区人民法院根据 1999 年 12 月 25 日第九届全国人大常委会第十三次会议通过的《刑法修正案》第 5 条第 1 款之规定，判决如下：

　　被告人王某某犯编造并传播证券交易虚假信息罪，判处有期徒刑 7 年，并处罚金 5 万元，没收其全部违法所得。

六、法理解说 　　　　　　　　　　　　　　　　>>

　　本罪是一起典型的编造并传播证券、期货交易虚假信息罪，从侵犯的犯罪客体看，被告人王某某的行为不仅侵犯了国家证券、期货交易的正常管理秩序，同时还给投资者的利益造成了严重损失。从该行为在客观方面的表现形式看，被告人王某某实施了以"向某证券交易所发出匿名信，捏造收购某某股票的虚假意向，然后他又用信函、传真、电话等方式，以某公司的名义，向某特区《证券报》通报所谓收购的虚假消息并予以公布"的具体行为，并且情节十分严重，影响恶劣，给广大投资者造成了严重损失。从犯罪主观方面看，被告人王某某具有明显的犯罪故意，并且是具有明显犯罪目的的直接犯罪故意。因此，本案符合编造并传播证券、期货交易虚假信息罪的构成要件，并且犯罪后果十分严重，法院对被告人的判决结果是恰当的。

　　被告人及其辩护人认为本案不构成犯罪，被告人不应当承担本案的刑事责任，与检察机关指控的结论完全不同，其中涉及了本罪罪与非罪的问题。我们认为，认定本罪罪与非罪的问题，应当重点把握以下几个方面：

　　（一）正确划分编造并传播证券、期货交易虚假信息行为与从事证券、期货交易中的预测行为的界限

　　由于证券、期货交易结果的不确定性和难以预测性，一些关于证券、期货交易的预测、估计往往会超出正常经营发展的范围，而这些预测性的消息又常常成为股民进行投资的参考依据。如果一旦预测失误，股民也同样遭受投资损失。这在造成的客观损害后果方面与编造并传播证券、期货交易虚假信息行为方面具有相似之处。区分二者的关键有三个方面：一是看行为人主观因素，失误的预测行为人在主观上是出于帮助投资获利的善意目的，并且往往不是单纯为了本人获利；而编造并传播证券、期货交易虚假信息行为主要是为了个人或单位获取非法利益，故意捏造虚假信息或者扩大交易事实来达到个人目的，主

观上是出于恶意。二是看编造或传播的信息是否具有一定依据，预测失误一般是行为人根据一定的经验或者客观事实得出的错误估计，本身是对客观事实的错误判断；而编造并传播证券、期货交易虚假信息行为一般都是没有根据或者凭借一些表面上的事实来捏造虚假信息，本身不存在任何客观依据。三是从行为主体方面进行考察，看行为人是否具有进行预测证券、期货交易的一般能力，如一贯从事证券、期货交易业务，对证券、期货交易业务具有一定的兴趣和专门知识水平，应当推定其是进行正常的证券、期货交易的预测。

（二）从造成的危害后果上进行区分

传播证券、期货交易虚假信息罪属于结果犯，犯罪的成立以该行为产生符合刑法规定所要达到的危害后果为构成要件。如果行为人虽然实施了编造并传播证券、期货交易虚假信息的行为，但该行为所产生的结果没有达到构成犯罪的条件，也不能以犯罪论处。根据 2001 年 4 月 18 日最高人民检察院、公安部《关于经济犯罪案件追诉标准的规定》，编造并传播影响证券、期货交易的虚假信息，扰乱证券、期货交易市场，涉嫌下列情形之一的，应予以追诉：（1）造成投资者直接经济损失数额在 3 万元以上的；（2）致使交易价格和交易量异常波动的；（3）造成恶劣影响的。凡具有造成上述规定的三种危害结果之一的行为，都可以构成编造并传播证券、期货交易虚假信息罪。但上述规定除了第 1 项规定明确具体外，第 2、3 项规定都比较笼统，因此司法实践中必须根据案件的具体情况进行综合判断。例如，由于编造并传播证券、期货交易虚假信息行为，引起股价超常规的波动，造成不特定多数投资者的心理恐慌，并且给证券、期货市场正常交易秩序带来极大冲击等，就可以认为是《刑法修正案》第 5 条规定的《造成严重后果》的行为。

（整理人：刘　方）

十八、诱骗投资者买卖
证券、期货合约罪

案例45：某证券公司诱骗投资者买卖证券案

——诱骗投资者买卖证券罪的构成及认定

一、基本情况 >>

案　　由： 诱骗投资者买卖证券

被告单位： 某证券公司

被 告 人： 贾某，男，42 岁，某证券公司总经理，住某市绍兴路乙 45 号。1999 年 5 月 23 日因涉嫌诱骗投资者买卖证券罪被某市公安机关逮捕。

二、诉辩主张 >>

（一）人民检察院指控事实

某市检察机关在起诉中指控的主要犯罪事实如下：

某市化妆品公司经过国家证券部门批准上市后，通过某证券交易所开始发行本公司股票，并委托某证券公司代为发行。为了扩大该股票发行量以获取利润，1999 年 2 月至 3 月，在该证券公司董事长兼总经理贾某的极力主张下，公司董事会经多次研究，决定采用宣布开发新品种，并扩大化妆品公司经营业务和经济实力等方法来鼓动投资者购买本公司股票。会上，很多董事会成员对贾某提出的这一主张持反对意见，认为这不仅严重违反了国家证券管理部门的有关规定，同时还严重侵犯了广大投资者的合法权益，但贾某及董事会的部分骨干成员均坚持认为该方案可行。决议形成后，贾某及该董事会的大部分成员均购进大量该股票。在贾某的极力倡导下，董事会还通过了所谓"关于扩大股票发行量若干措

施的规定"。1999年3月17日，某证券公司召开新闻发布会，并邀请了有关新闻媒体参加了会议。贾某在会上讲话声称某市化妆品公司近期已经投入大量的人力、物力，开发具有国际先进水平的一种新产品，极力夸大该产品市场前景，并预言该产品一旦投入生产，便会在短时间内占领市场，挤掉其他竞争对手，在市场上独领风骚，不久该公司效益将会成倍增长。新闻发布会召开的当天，该股价随即迅速上扬了三倍多，大批投资者争相买进该种股票。没过多久，也就是4月28日，该证券公司通过新闻媒体又宣布该新产品开发失败。于是该股价又一路狂跌，从原来上涨三倍多跌到低于新闻发布会以前的水平。这时该证券公司董事会的成员早已抛出了其购买的某市化妆品公司大量的股票，赚取了数倍利润。其实，早在证券公司召开新闻发布会时，他们已经从某市化妆品公司获悉并清楚地知道，该新产品的开发遇到了现有技术条件根本无法克服的障碍，将要放弃开发的计划。但是他们仍然召开新闻发布会，向投资者宣传该产品，致使许多不明真相的投资者遭受严重损失。本案被告人贾某作为某证券公司董事长兼总经理，一手决策并操作了某种新产品新闻发布会的全过程，本人亦从中赚取了巨额非法利润。被告人在诉讼过程认罪态度不好，没有悔罪表现。

（二）被告人辩解及辩护人辩护意见

被告人在辩解中称：开发某新产品是经某市化妆品公司研究决定，不是某一个人的决策；证券公司经研究决定扩大发行股票没有违背国家的有关规定；公司召开新闻发布会宣传某市化妆品公司将要开发的新产品是企业的正常经营活动，应当无可非议；至于本公司在宣传某市化妆品公司产品经营中具有夸大实际效果的作用，这是经济活动中任何企业竞争都具有的不可避免的现象。据此，被告人认为自己的行为不构成犯罪。

被告人的辩护人认为：被告单位召开新闻发布会宣传某项新开发的产品，无论其开发是否成功，都不应当认为是一种欺诈行为，因此不应当把召开新闻发布会宣传新开发产品的行为视为一种欺诈诱骗形式；被告单位采用夸大某市化妆品公司经营业务和经济实力等方法来宣传该公司业绩，这应当视为中国目前市场竞争中一种默认的合法经营方式，几乎没有一个企业不采取这种方式来炫耀自己的业绩。当然，从国家法律、法规的规定看，这确实具有违法的因素，但不应当以犯罪论处。

三、人民法院认定事实和证据　　　　　　　　　　>>

（一）认定犯罪事实

某市中级人民法院经公开审理查明：

某市化妆品公司属于国家有关部门批准的上市公司，其股票在某证券交易所发行，并委托某证券公司承销。1999年3月17日，某证券公司召开新闻发布会，声称某市化妆品公司投入大量的人力、物力开发某种新产品，向公众广泛宣传该产品的优越性，并预言该产品一旦投入生产，便会在短时间内占领市场，挤掉其他竞争对手，在市场上独领风骚。新闻发布会召开的当天，该公司的股价随即迅速上扬了三倍多，大批投资者争相买进该种股票。4月28日，某证券公司又通过某报刊宣布某市化妆品公司新产品开发失败。于是该公司的股价又一路狂跌，从原来上涨三倍多跌到低于新闻发布会以前的水平。这时证券公司董事会的部分成员早已抛出了其购买的某市化妆品公司的大量股票，赚取了数倍利润。在召开新闻发布会之前，证券公司主要成员就已经从某市科学技术委员会获得信息，该项新产品的开发遇到了现有技术条件根本无法克服的障碍，只能放弃开发的计划。但是他们仍然召开新闻发布会，向投资者宣传该产品，致使许多不明真相的投资者遭受严重损失。本案被告人贾某作为某证券公司董事长兼总经理一手决策并操作了某种新产品新闻发布会的全过程，本人亦从中赚取了巨额非法利润。本案犯罪主体在实施诱骗投资者买卖证券行为的同时，公司主要负责人及董事会部分成员还利用这一内幕消息买卖其持有的某市化妆品公司股票，具有内幕交易的行为性质。

（二）认定犯罪证据

1. 书证、照片等

（1）某证券公司召开董事会、经理办公会议的记录证实：该公司决定采用宣传某新产品的办法来扩大股票发行的情况。

（2）某证券公司召开"开发某新产品新闻发布会"的有关文件、照片、会议录音等证实：某证券公司及被告人贾某夸大宣传所谓新产品的事实。

（3）某市科学技术委员会新技术、新产品鉴定机构对某市化妆品公司"新开发产品"的技术鉴定证实：该"新产品"不具有实质意义的开发价值。

（4）某大学科研机构书证证实：某市化妆品公司与某大学科研机构共同研制开发该"新产品"的过程，及某大学科研机构因认为该"新产品"不具有实质意义的开发价值而自动退出开发的事实。

（5）某证券交易所提供的书证证实：某市化妆品公司股票在该证券交易所上市交易的情况。

（6）某证券公司董事会部分成员在某证券交易所营业部开设的个人股票交易账户及近期该股票的交易情况。

（7）某证券交易所提供的股价变动数据表证实：某市化妆品公司股票交易异常波动的情况。

2. 证人证言

（1）股民张某、王某某等人证言证实：其因受鼓动诱骗买入某市化妆品公司的大量股票造成严重经济损失的情况。

（2）某证券公司董事会成员陈某某、李某、张某某证言证实：该公司召开董事会研究决定对某市化妆品公司进行宣传的情况。

3. 被告人供述

被告人贾某供述证实：其主持召开董事会会议、经理办公会议及新产品开发新闻发布会的部分情况。

四、判案理由

某市中级人民法院认为，某证券公司在明知某市化妆品公司所开发的产品不具有开发价值的前提下，为了获取非法利益，采用新闻发布会等形式进行虚假宣传，诱骗投资者购买某市化妆品公司股票，给投资者利益造成重大损失，具有严重的社会危害性，其行为触犯了 1999 年 12 月 25 日第九届全国人大常委会第十三次会议通过的《刑法修正案》第 5 条第 2 款规定，应当依法制裁；本案被告人贾某作为某证券公司董事长兼总经理，一手决策并操作对某市化妆品公司进行虚假宣传、诱骗投资者购买该股票的全过程，应对该公司的犯罪行为承担刑事责任。本人亦从中赚取了巨额非法利润。本案犯罪主体在实施诱骗投资者买卖证券行为同时，公司主要负责人及董事会部分成员还利用这一内幕消息买卖其持有的该股票，具有内幕交易的行为内容，其行为还触犯了《刑法修正案》第 4 条内幕交易、泄露内幕信息罪的规定。鉴于一般董事会成员买卖股票行为情节尚不严重，不以犯罪论处。而被告人贾某作为公司主要负责人，利用内幕信息进行股票买卖，其行为性质严重，应当追究刑事责任。

五、定案结论

某市中级人民法院根据 1999 年 12 月 25 日第九届全国人大常委会第十三次会议通过的《刑法修正案》第 4 条、第 5 条第 2 款之规定，判决如下：

1. 被告某证券公司犯诱骗投资者买卖证券罪，判处罚金 200 万元；

2. 被告人贾某犯诱骗投资者买卖证券罪，判处有期徒刑 1 年，缓刑 1 年；犯内幕交易罪，判处有期徒刑 1 年 6 个月，缓刑 2 年，合并执行有期徒刑 2 年，缓刑 2 年，并处罚金 10 万元；

3. 没收某证券公司、被告人贾某及部分董事会成员违法所得。

六、法理解说

诱骗投资者买卖证券、期货合约罪是刑法修改后新增加的罪名，1999 年 12

月 25 日第九届全国人大常委会第十三次会议通过的《刑法修正案》第 5 条第 2 款，对刑法第 181 条第 2 款作了修正规定，增加了关于期货方面的犯罪内容，包括期货交易所、期货经纪公司和期货业协会或者期货监督管理部门等犯罪主体和有关犯罪内容。根据《刑法》第 181 条第 2 款规定，所谓诱骗投资者买卖证券、期货合约罪，是指证券交易所、期货交易所、证券公司、期货经纪公司的证券、期货从业人员以及证券业协会、期货业协会或者证券、期货监督管理部门的工作人员，故意提供虚假信息或者伪造、变造、销毁交易记录，诱骗投资者买卖证券、期货合约，造成严重后果的行为。本罪的犯罪主体是特殊主体，包括单位和自然人。单位是指证券公司、期货经纪公司、证券业协会、期货业协会或者证券、期货监督管理部门。自然人犯罪主体是指两种类型的人：一是证券交易所、期货交易所、证券公司、期货经纪公司的证券、期货从业人员；二是证券业协会、期货业协会或者证券、期货监督管理部门的工作人员。

本案被告某证券公司及其公司主要负责人贾某均符合本罪的主体资格。本罪在主观方面表现为故意，包括直接故意和间接故意。本案被告某证券公司明知某项所谓"新开发产品"不具有现实的开发意义和价值，但为了牟取非法利益，仍然进行虚假宣传，从而诱骗投资者购买某市化妆品公司股票，具有明确的犯罪故意。本罪在客观方面表现为行为人故意提供虚假信息，或者伪造、变造、销毁交易记录，诱骗投资者买卖证券、期货合约，造成严重后果的行为。本案被告某证券公司通过召开新闻发布会和利用新闻媒体进行虚假报道的形式，谎称某市化妆品公司投入大量的人力、物力开发某种新产品，并故意夸大其经济效应，从而达到诱骗投资者购买股票的目的。导致该证券公司及董事会部分成员均从中获取大量非法收入，而导致许多投资者上当受骗并造成严重经济损失，在社会上引起恶劣影响的严重后果。其行为完全符合本罪在客观方面的构成要件。

综上所述，本案被告某证券公司的行为符合诱骗投资者买卖证券、期货合约罪的构成特征，应当以诱骗投资者买卖证券罪处罚；贾某作为公司董事长兼总经理，一手决策并操作某证券公司的犯罪行为，应对该公司的犯罪行为承担刑事责任。由于公司主要负责人及董事会部分成员还利用这一内幕消息买卖其持有的该股票，具有内幕交易的行为内容。但在进行内幕交易过程中，该公司的一般人员情节尚不严重，属于一般违法行为。被告人贾某作为公司主要负责人且利用内幕信息进行大量股票买卖，其行为性质严重，应当追究刑事责任。法院对被告某证券公司及被告人贾某的处罚是正确的。

（整理人：刘　方）

十九、操纵证券、期货市场罪

案例46：艾某操纵证券交易价格案

——操纵证券、期货市场罪构成要件分析

一、基本情况

案　由：操纵证券交易价格

被告人：艾某，男，1958年11月14日出生，加拿大国籍，大专文化，原系某酒股份有限公司（以下简称某酒公司）法定代表人兼董事长、A投资管理有限公司（以下简称A投资公司）法定代表人兼董事长、B投资管理有限公司（以下简称B投资公司）实际控制人，2011年7月11日因本案被公安机关取保候审。

二、诉辩主张

（一）人民检察院指控事实

1999年7月，时任某酒公司法定代表人的被告人艾某为通过二级市场操纵本公司股票价格获取不正当利益，起意在上海设立投资公司并以该公司为平台买卖"某酒"股票、操纵股价。艾某作为投资公司实际控制人，先后招聘宁某某、亢某、王某某（均已判刑）分别担任投资公司董事长、总经理及副总经理之职。之后，艾某指使宁某某、王某某等人通过国债回购、"三方监管协议"等方式融资人民币54.84余亿元，指使亢某组织"操盘手"集中上述融资资金及投资公司的自有资金，利用投资公司在全国76个证券营业部开设的7943个股东账户，进行"某酒"股票交易。自1999年7月1日至2003年11月3日的1056个交易日中，有689个交易日投资公司有不转移股票所有权的自买自卖行为，累计自买自卖"某酒"股票220883687股，致使"某酒"股票价格出现异常波动。其中，2002年4月24日投资公司自买自卖"某酒"股票2691757股，占当日成交量的91.32%；至2003年8月6日，投资公司持有"某酒"股票147074387股，持股比例达84.47%。

2011年7月3日，艾某从加拿大回国向上海市公安局投案自首。

（二）被告人辩解及辩护人辩护意见

被告人艾某及辩护人对检察机关指控的罪名、事实及证据均无异议。辩护人提出以下辩护意见：（1）艾某自动投案，如实供述，具有自首情节，可依法从轻或减轻处罚。（2）艾某虽然主观上希望获取不正当利益，但客观上由于市场不景气，并未获利。（3）艾某系初犯，且配合公安机关工作，取保候审期间也遵守相关规定。（4）艾某与其他共同作案人共同商量，具体操作由其他共同作案人自主所为，故可不区分主、从犯。综上，辩护人希望法院对艾某依法从轻处罚并适用缓刑。

三、人民法院认定事实和证据 >>

（一）认定犯罪事实

经人民法院公开审理查明：

1999年7月，时任某酒公司、投资公司法定代表人的被告人艾某经策划，以A投资公司为主出资在上海设立B投资公司，委派田某某担任法定代表人兼董事长，2002年1月起委派宁某某担任法定代表人兼董事长，并聘任亢某、王某某分别担任总经理、副总经理，以B公司为平台操纵某酒公司股票价格。

1999年7月至2003年11月间，艾某指使田某某、宁某某、王某某等人以其实际控制的B公司等多家公司及王某某、韩某某、刘某等公司工作人员个人名义，与多家委托单位、证券营业部分别签订各类委托理财协议，累计融资人民币54.84余亿元，并在国内76个证券营业部开设7943个股东账户。艾某还指使亢某等人使用上述融资款及B公司原有资金，利用上述7943个股东账户，针对某酒公司股票进行交易。

1999年7月1日至2003年11月3日的1056个交易日中，B公司累计买入某酒公司股票446971363股，卖出该股票375711718股，上述股票账户之间累计买卖该股票220883687股。其中，2002年4月24日，B公司所涉证券股东账户自买自卖某酒公司股票2691757股，占当日该股票成交量的91.21%；2003年8月6日，B公司通过上述股东账户持有某酒公司股票147074387股，持股比例高达流通股的84.47%。上述操纵行为致使该股票价格异常。

被告人艾某于2011年7月3日向警方投案并如实供述了上述作案事实。

（二）认定犯罪证据

上述事实有以下证据证明：

1. B公司员工韩某某、蒋某某、金某某、王某某、佟某某的证言证实：时任某酒公司法定代表人的被告人艾某策划，在上海设B公司，委派亢某等人公司高管，公司实际由艾某控制。艾某设立B公司的目的是进行股票投资，主要是买卖某酒股票。此外，艾某还实际控制了其他多家公司。公司设立后，艾某授意并通过B公司上述管理人员融资，开设大量股票账户，并利用融资款通过上述股东账户大量买入"某酒"股票。

2. 相关证券公司人员孙某某、朱某某、袁某某、卞某某、曹某某等15人和相关投资单位人员李某某、王某某、胡某某、吴某某等12人的证言证实：B公司工作人员以B公司等公司名义与多家出资单位、证券公司签订委托理财协议，通过国债回购和第三方监管的方式融资，并在证券营业部开设大量股东账户，操作某酒公司股票。

3. 上海司法会计中心出具的报告书及附件证实：B公司注册情况、资金来源、融资情况和"某酒"股票的交易情况。

4. 人民法院于2006年作出的《刑事判决书》证实：法院已对共同作案人宁某某、亢某、王某某均犯操纵证券交易价格罪作出生效判决，该院认为上述三人均犯操纵证券交易价格罪，系共同犯罪从犯，且具有自首情节，分别判处刑罚。

5. 公安机关出具的工作情况证实：2011年7月3日，艾某向警方投案并如实供述了上述事实。

6. 被告人艾某、共同作案人宁某某、亢某、王某某的供述证实：时任某酒公司法定代表人的被告人艾某策划，在上海设B公司，委派亢某等人公司高管，公司实际由艾某控制。艾某设立B公司的目的是进行股票投资，主要是买卖某酒股票。此外，艾某还实际控制了其他多家公司。公司设立后，艾某授意并通过B公司上述管理人员融资，开设大量股票账户，并利用融资款通过上述股东账户大量买入"某酒"股票。

四、判案理由

人民法院认为，被告人艾某为获取不正当利益，设立并实际控制B公司等公司，指使共同作案人宁某某等人以上述公司为平台大量融资，分设并实际控制大量股东账户，集中融资款通过上述账户连续买卖某酒公司股票，且在上述账户间进行实质不转移所有权的自买自卖交易，影响证券交易价格和交易量，其行为已构成操纵证券交易价格罪，应依法予以处罚。

被告人艾某在共同犯罪中处于主导、支配地位，系主犯。艾某等人操纵"某酒"股票历时特别长、交易量特别大、控盘程度特别高，应依法对其严惩，鉴于其自动投案并如实供述，依法应认定其具有自首情节，结合其能认罪、悔罪，故依法可予以从轻处罚，并宣告缓刑。检察机关指控的犯罪事实和罪名成立，本院依法予以支持。辩护人所提本案不宜区分主、从犯的辩护意见与查明的事实和法律相悖，本院不予采纳；辩护人另提其他从轻处罚并请求对艾某适用缓刑的辩护意见合法有据，本院予以采纳。

五、定案结论 ▶▶

人民法院依照《刑法修正案（六）》之前的《中华人民共和国刑法》第182条第1款第1项及第3项，以及《中华人民共和国刑法》第12条、第25条第1款、第26条第1款及第4款、第67条、第72条、第73条第2款及第3款之规定，判决如下：

被告人艾某犯操纵证券交易价格罪，判处有期徒刑3年，缓刑3年。

六、法理解说 ▶▶

1997年刑法修订时增设了操纵证券交易价格罪，1999年12月《刑法修正案》第6条对该罪的罪状做了补充，增加了有关期货犯罪的内容，并将罪名修改为操纵证券、期货交易价格罪。2006年颁布的《刑法修正案（六）》第11条，再次对罪状作出修正，删除了原有的"获取不正当利益或者转嫁风险"的规定，并对刑期进行了调整，罪名相应修改为操纵证券、期货市场罪。1997年刑法对操纵证券交易价格罪仅规定了一种法定刑，即操纵证券、期货交易价格，获取不正当利益或者转嫁风险，情节严重的，处5年以下有期徒刑或拘役，《刑法修正案（六）》在此基础上，增加了对情节特别严重的量刑档次，处5年以上10年以下有期徒刑。显然《刑法修正案（六）》加大了对此类犯罪的打击力度。由于被告人艾某的犯罪时间为1999年7月至2003年10月间，根据《刑法》第12条规定的从旧兼从轻原则，应当适用《刑法修正案（六）》之前的相关规定。本案的审理过程中，刑法进行了修订，因此，检察机关以操纵证券交易价格罪起诉，法院适用修正前《刑法》第182条的规定对艾某作出判决是正确的。

操纵证券、期货市场罪的主体为一般主体，凡达到刑事责任年龄并且具有刑事责任能力的自然人均可成为本罪的主体。单位亦能构成操纵证券、期货市场罪，单位犯该罪实行两罚制，即对单位判处罚金，对其直接负责的主管人员和其他直接责任人员判处刑罚。值得注意的是，2006 年修正后的《刑法》第182 条，取消了单位犯罪中主管人员和其他直接责任人员独立的法定刑，规定直接按照自然人犯罪的法定刑处罚单位犯罪中的自然人。本罪为复杂客体，主要客体是国家证券管理制度，次要客体是证券、期货投资者的合法权益。为了保护证券、期货市场中敏感的价格免受操纵和控制，使其准确地根据投资市场供求关系和价值规律的法则运动，为所有投资者提供一个公平、诚实信用的投资场所，我国规定了较为严格的证券、期货交易管理制度和交易规则。操纵证券、期货罪直接侵犯了这一管理制度。另外，操纵证券、期货市场的行为，会在市场上造成虚假的供求关系，诱使投资人做出错误的投资决定，从而损害投资人利益，并且从根本上破坏投资者对证券市场的信任感。因而，操纵证券、期货市场的行为同时也侵犯了投资人的财产性利益和公平交易的权利。

操纵证券、期货市场罪的主要争议和适用难点在于对本罪主观要件的理解和对客观方面行为的认定。

操纵证券市场罪的主观方面，理论界的通说是直接故意。由于刑法曾经将"获取不正当利益或者转嫁风险"作为该罪的客观方面的重要内容，因此，在《刑法修正案（六）》之前，很多学者认为该罪是以"获取不正当利益或者转嫁风险"为目的的目的犯，[1] 并且实践中还有观点认为，"获取不正当利益或者转嫁风险"是该罪的客观要件。由于现实中进入刑事程序的大多数是像艾某这类操纵失败的案件，案发时股价已大幅下跌，操纵者最终没有实际盈利，故这一争议曾给司法实践造成了很大的困惑。1998 年名噪一时的中国证券市场第一个百元股"亿安科技"操纵案，最终仅以行政处罚结案。[2] 实践中，面对理论界的争议，司法机关也相应采用了两种不同的认定方式。一种是避开这一争议，不表述操纵者获利数额，仅以股份和交易量的波动情况作为定罪客观要件，例如"中科创业"操纵案。[3] 另一种则选择特定的时间点，如股票崩盘

---

[1]　陈浩然：《应用刑法学分论》，华东理工大学出版社 2007 年版，第 218 页；胡启忠：《金融刑法适用论》，中国检察出版社 2003 年版，第 382 页。

[2]　金泽刚：《操纵证券交易价格的法律责任问题新论——对两起操纵证券交易价格案件的法律透视》，载《国家检察官学院学报》2002 年第 5 期。

[3]　北京市第二中级人民法院〔2002〕二中刑初字第 541 号刑事判决书。

前一天、证监会立案日或侦查机关立案日等，以当天的股价来计算操纵者账面获利数额，以这一曾经存在的获利数额与股价波动、交易量波动共同作为定罪要件，如"徐工科技"操纵案。① 随着《刑法修正案（六）》将《刑法》第182条中"获取不正当利益或者转嫁风险"规定的删除，这一争议也已烟消云散。修正案删除该规定已表明其不再是本罪成立的客观要件。根据修正后操纵证券市场罪法条表述，该罪的主观方面故意内容是：行为人明知自己的行为会发生操纵证券市场，即制造虚假交易价格和交易量的结果，而希望这一结果发生。回到本案而言，由于艾某获取不正当利益的目的十分清晰，即使适用原刑法规定，也完全符合操纵证券市场罪主观方面构成要件。

操纵证券市场罪规定的四种客观行为方式，沿用了《证券法》的规定，专业而抽象。实践中如何理解和适用，存在一些疑难问题和争议点，具体分析如下：

第一，单独或者合谋，集中资金优势、持股或者持仓优势或者利用信息优势联合或者连续买卖，操纵证券交易价格或者证券交易量行为的认定。

资金优势、持股优势、信息优势统称为资源优势，使行为人得以有能力操纵市场。所谓资金优势、持股优势，是相对于证券市场中的其他投资人所拥有的资金和股份数量上的优势。资金量与持股量，在证券市场是可以随时转换的，资金可以购买股票，股票出售可变为资金，评价时不应分割。实践中，可通过操纵者动用的资金量大小、交易量占相关证券交易量的比例、持有实际流通股份的总量及占相关证券流通股份总量的比例，结合同期市场交易活跃度进行分析。本案中，艾某累计动用了50余亿余元的资金用于炒作本公司的股票，这一数额即使在金融行业也是十分巨大的，因此，认定其集中资金优势应无疑义。所谓信息优势，是指操纵者拥有的比普通投资者对所操纵证券及相关事项信息获取和了解更易、更早、更准确、更完整的优势。实践中，信息优势可理解为能够影响普通投资人投资行为和决策的信息，包括公司经营的重大信息、影响证券市场的经济、金融政策和措施、可能影响投资决策的某股票交易和持仓情况、市场上有影响的券商、投行与证券咨询机构对证券的评级、评价和价值分析等。

连续买卖又称变动操作，是指一连串足以改变证券的市场价格之买卖交易行为。联合买卖则指二人以上，约定在某一时段一起买入或卖出某种或几种证券。将联合者作为利益共同体视作一人时，联合买卖中各人分别的买入和卖出

---

① 林志强：《操纵证券交易价格犯罪行为研究——以"徐工科技"股票操纵案为范例的解构》，载《犯罪研究》2004年第6期。

行为，实质上与连续买卖相同。因此，一定意义上联合买卖是连续买卖的共同犯罪形式。连续买卖与自买自卖是操纵证券市场犯罪中最典型，也是最基本的两种手段。需要指出的是连续买卖是市场中真实交易，与不转移所有权的自买自卖不同。虽然在操纵行为中两者掺杂交织，但前者是操纵者与其他投资人之间的现实交易，后者是操纵者自己或联合操纵者之间的交易。

这里需注意的是，没有成交的虚假申报在连续买卖认定中也应予计算。市场中，证券交易所提供给社会公众的交易信息，不仅是交易完成后的成交价格，还包括投资人申报的价格。目前沪深交易所提供的免费交易信息中除成交价外，还包括买入和卖出申报各五档，即最靠近成交价的前五个买入价格和前五个卖出价格及各价格的委托数量。付费行情提供十档报价信息。操纵行为是通过虚构交易信息欺骗投资人来实现操纵目的。申报价也是交易信息的组成部分，正常的证券交易中，报价可以反映出市场上投资人对标的证券的交易需求和态度。买入申报价高申报量大的，反映出市场对该股票看好，反之卖出申报价低申报量大的，则看淡，操纵者可以利用虚假申报欺骗投资人。所谓虚假申报是行为人不以成交为目的，对某证券报价买入或卖出后又撤销申报（俗称撤单）的行为。行为人通过频繁的报价和撤单，制造交易趋势的假象，欺骗投资人。因此，2010年5月7日最高人民检察院、公安部《关于公安机关管辖的刑事案件立案追诉标准的规定（二）》（以下简称《追诉标准（二）》中，这一行为也被列入追诉的范围。因此，没有成交的虚假申报也应视作一次交易，在连续买卖的认定中予以计算。

联合买卖是操纵证券市场罪中的共同犯罪行为，联合买卖是多个行为人之间的相互合谋、犯意联络关系，而非独立的操纵行为。作为共同犯罪，联合者实施的都是一个犯罪行为，各人的行为都是这一犯罪的一部分，不应分割开来评价。实践中，操纵证券市场犯罪大多是共同犯罪，呈现出两种表现形式：一种是一个利益主体，多个行为人实施的共同犯罪；另一种是多个利益主体之间的共同犯罪。这二种形态不仅存在个人与个人的共同犯罪，也有个人与单位、单位与单位的共同犯罪。

对于"操纵证券交易价格或者证券交易量的"，有观点认为，该规定是行为要件，如行为人实施了相关操纵行为，即已实施了属于操纵证券交易价格。还有观点认为，该规定是主观要件，要求行为人具备操纵的故意。本文倾向于第一种意见。《刑法》第182条在法条之前已经有了"操纵证券市场"的规定，明确了本罪的犯罪故意内容，因此，该规定并不是主观要素。实施操纵证券市场的行为，需情节严重的才构成犯罪。《追诉标准（二）》中规定，当行为人持有超过30%比例流通股，且在20个交易日内联合或连续买卖股份占同期总成交量30%以上的追诉标准，也是以操纵行为的严重程度作为定罪标准，并不要求再评价主观故意。

第二，与他人串通，以事先约定的时间、价格和方式相互进行证券交易，影响证券交易价格或者证券交易量的。

与他人串通，又称串通交易、约定交易、相对买卖、相互委托，是两个以上行为人共同实施的操纵犯罪。串通是指两人以上相互之间操纵证券市场的犯意联络。现实中，采用的是集中竞价交易方式的电子交易，成交按照价格优先、时间优先原则，故投资人无论买卖都无法选择对方当事人。只有行为人事先就出售的时间、价格和方式达成一致约定，才有可能通过交易系统实质完成特定证券交易。从市场规则角度看，串通交易行为违背了集中竞价的交易规则，以协议定价代替集中竞价，但在共同操纵犯罪中，其行为本质是共同犯罪者内部的自买自卖，实际是自买自卖的共同犯罪形式。成立串通交易有三个条件：一是存在双方当事人，双方当事人一方或双方也可以是多人。例如，有两人买入，一人卖出；两人买入，两人卖出。二是双方当事人之间有串通行为，即事先进行了犯意联络，且这串通的内容是一方买入另一方卖出的反向交易。三是串通交易有实现条件，这一条件包括约定的时间、价格和方式，并且这些条件能够使交易成功。实践中，约定的时间、价格和方式相互进行交易可看作两个以上行为人共同实施的，由一方做出交易申报，另一方依据事先的约定做出的时间相近、价格相近、数量相近、买卖方向相反的申报，双方之间进行的证券交易。这是串通交易成立的客观要件，结合犯意联络就成立串通交易。

法条中有"影响证券交易价格或者证券交易量的"的规定，该规定是结果要件，即要造成"影响证券交易价格或者交易量"后果，且情节严重的，才追究刑事责任。《追诉标准（二）》规定"与他人串通，以事先约定的时间、价格和方式相互进行证券或者期货合约交易，且在该证券或者期货合约连续二十个交易日内成交量累计达到该证券或者期货合约同期总成交量百分之二十以上的"属于追诉范围，仅确立了"影响交易量"的定罪标准，而未对"影响交易价格"达到何种程度应予追诉作出规定。如此规定的主要原因是，证券市场中证券的交易价格变化取决于多种因素，并不完全取决于操纵者的操纵行为，更不会完全按照操纵者的意思变化。由于市场影响而造成操纵失败的情况十分常见。交易价格的变化可能不是操纵者行为所造成的，而是其他因素，如公司情况、市场变化等所影响。如对"影响交易价格"规定具体量化标准，可能会导致操纵者因他人的行为而承担刑事责任的结果。而操纵行为所制造的成交量是已发生事实，以此作为定罪依据显然更为客观。实践中，认定"影响证券交易价格"要根据市场、公司等情况综合分析。如果被操纵证券价格与市场指数、公司经营状况、同类公司的市场定价和走势出现明显背离，则可认定。

第三，在自己实际控制的账户之间进行证券交易，影响证券交易价格或者证券交易量的。

《刑法》在《修正案（六）》修正前规定为"以自己为交易对象，进行不转移证券所有权的自买自卖"，修正案（六）改为"在自己实际控制的账户之间进行证券交易"。这种行为通常称为自买自卖、冲洗买卖、洗售等，俗称对倒、对敲等，是操纵证券市场的典型手段。行为本质是操纵者自己同时充当买卖双方，人为影响证券交易价格或证券交易量。实践中，自买自卖是较易认定的操纵行为，可通过交易所提供的交易数据证明。认定中，首先需确定哪些是操纵者"自己实际控制的账户"，其次根据交易数据确认"实际控制账户"之间是否存在相互交易的自买自卖，再统计自买自卖的数量与时间，最后将统计的数据与标准进行对照。如操纵者自买自卖行为符合《追诉标准（二）》中"在该证券或者期货合约连续二十个交易日内成交量累计达到该证券或者期货合约同期总成交量百分之二十以上的"规定的，即达到追诉标准。这一过程中主要问题是"自己实际控制的账户"的范围。"自己实际控制的账户"应当是操纵者管理、使用或具有处分权的账户，包括操纵者以自己名义开设的、借用他人名义开设的，拥有实际所有权的账户。实践中，操纵者还可能通过代理、委托投资等方式，实际取得他人账户的管理、使用权或自由进行证券交易的权利。这类账户虽然可能所有权不属于操纵者，但操纵者具有使用权，可用来实施操纵行为，且与操纵者具备利益关系，因此也应当视作"自己实际控制的账户"。

第四，以其他方法操纵证券市场的。

证券市场上，操纵证券市场的行为类型众多且不断翻新，《刑法》第182条第一款前三项列举的是传统而典型的操纵证券市场行为，难以穷尽所有操纵行为。第4项特别设立了"以其他方法操纵证券、期货市场"的兜底条款，目的是防止以列举方式可能带来的疏漏。从证监会《证券市场操纵行为认定指引（试行）》的规定来看，目前市场上常见的操纵证券市场的方式还有蛊惑交易操纵、抢帽子操纵、虚假申报操纵、特定时间的价格或价值操纵、尾市交易操纵等。2010年的《追诉标准（二）》第39条第7项规定"证券公司、证券投资咨询机构、专业中介机构或者从业人员，违背有关从业禁止的规定，买卖或者持有相关证券，通过对证券或者其发行人、上市公司公开作出评价、预测或者投资建议，在该证券的交易中谋取利益，情节严重的"，已将部分证券从业人员实施的，利用其身份及影响力操纵股价的行为纳入刑法调整的范围。

本案中，被告人集中资金优势，实际控制大量股东账户，连续买卖某酒公司股票，并且在其控制的账户间自买自卖，影响证券交易价格和交易量，其行为已构成操纵证券交易价格罪。

（整理人：吴卫军）

案例 47：朱某某操纵证券交易价格案

——操纵证券市场罪的认定及刑法修正案的适用

一、基本情况

　　案　　由：操纵证券交易价格

　　被告人：朱某某，男，汉族，1956 年 1 月 11 日出生，大专文化，无业，户籍所在地江苏省南京市鼓楼区某巷，2008 年 6 月 19 日由公安机关向人民检察院移送审查起诉。

二、诉辩主张

　　（一）人民检察院指控事实

　　检察机关在起诉中指控的主要犯罪事实如下：

　　被告人朱某某于 1999 年初，为获取非法利益，起意操纵湖北某药业股份有限公司（以下简称"某药业"）在深圳证券交易所上市的股票交易价格。1999 年 1 月 19 日至 2003 年 6 月 23 日间，朱某某为操纵股票交易价格，指使浦某、杨某等 22 人（均另案处理），在上海、重庆、广东、江苏等 10 余省、直辖市的西南证券有限责任公司上海定西路营业部、海通证券有限责任公司武汉中北路营业部、东吴证券有限责任公司苏州竹辉路营业部等 48 家证券营业部，以武某某、上海某实业有限公司等个人和单位名义，设立资金账户 273 个，并在上述资金账户累计下挂 6509 个深圳股票账户（其中无重复的股票账户为 4822 个）。朱某某组织和指挥浦某等 22 人，以自有资金或采用向证券公司质押融资、委托理财、骗取银行贷款等方式，累计集中资金 48.86 亿余元人民币，用于操控"某药业"股票交易价格，并组织、指挥上述人员，在其实际控制的前述股票账户之间采用不转移所有权的自买自卖等方式，操纵"某药业"股票交易价格。朱某某实际控制的前述股票账户，最大持股比例达到"某药业"流通股的 52.348%；在 970 个交易日中，有 614 个交易日有自买自卖行为，累计自卖自买"某药业"股票达到 75779195 股。前述账户仅在 2001 年 3 月 6 日，自买自卖"某药业"股票就达 1554280 股，占该股当日交易量的 79.499%。朱某某的行为严重影响了"某药业"的交易价格及交易量，致使该股交易价格和交易量异常波动。

此外，朱某某于 2005 年 8 月 5 日因犯贷款诈骗罪、对公司人员行贿罪，被判处有期徒刑 9 年；犯违法发放贷款罪于 2007 年 12 月 20 日被判处有期徒刑 9 年 6 个月，合并执行有期徒刑 14 年。据此，人民检察院指控被告人朱某某的行为构成操纵证券交易价格罪，朱某某在判决宣告后，刑罚执行完毕前，发现尚有余罪未判决，应适用《中华人民共和国刑法》第 77 条之规定并予以处罚。

（二）被告人辩解及辩护人辩护意见

被告人朱某某对当庭出示、宣读的证据未提出异议，亦无证据提供。

辩护人亦无其他辩护意见。

三、人民法院认定事实和证据　　　　　　　　　　>>

（一）认定犯罪事实

人民法院经公开审理查明：

被告人朱某某为获取不正当利益，于 1999 年 1 月至 2003 年 6 月间，指使浦某、杨某等 22 人（均另案处理），在江苏、上海、武汉等 10 余省、直辖市的东吴证券有限责任公司苏州竹辉路营业部、西南证券上海定西路营业部、海通证券海通证券武汉中北路营业部等 48 家证券营业部，以朱某平、武某某、上海某投资发展有限公司等个人和单位名义，设立资金账户 273 个，并在上述资金账户累计下挂 6509 个深圳股票账户（包括同一深圳股东账户在不同证券公司营业部下挂的均计算在内），其中有 4822 个深圳股东账户未重复。期间，朱某某组织和指挥浦某、朱某平等 22 人，以自有资金或采用向证券公司质押融资、委托理财、骗取银行贷款等方式，集中资金优势、持股优势，操纵"某药业"股票交易价格。在朱某某指使他人买卖"某药业"股票的 273 个资金账号中，累计收到存款 4689043874 元。截至 2003 年 6 月 23 日，朱某某持有"某药业"股票 43591158 股，持股市值 415859647.32 元。2000 年 12 月 26 日持股比例最大，占流通股 52.348%。朱某某还组织、指挥上述人员，以自己为交易对象，进行不转移所有权的自买自卖，影响"某药业"股票交易价格和交易量。朱某某实际控制的股东账户在 970 个交易日中，有 614 个交易日有不转移股票所有权的自买自卖行为，累计自买自卖"某药业"股票达到

75779195 股。其中 2001 年 3 月 6 日自买自卖"某药业"股票就达 1554280 股，占该股当日交易量的 79.499%。

（二）认定犯罪证据

上述事实有下列证据证明：

1. 书证

（1）深圳证券交易所市场监察部提供的《"某药业"涉案股东每日交易流水》证实：朱某某在其实际控制的股东账户在 970 个交易日中，有 614 个交易日有不转移股票所有权的自买自卖行为，累计自买自卖"某药业"股票达到 75779195 股；其中 2001 年 3 月 6 日自买自卖"某药业"股票就达 1554280 股，占该股当日交易量的 79.499%。

（2）西南证券有限责任公司上海定西路营业部等 48 家营业部提供的"情况说明"、"客户资料"、票据以及账单证实：朱某某以朱某平、武某某、上海某投资发展有限公司等个人和单位名义，设立资金账户 273 个，并在上述资金账户累计下挂 6509 个深圳股票账户，其中有 4822 个深圳股东账户未重复；在朱某某指使他人买卖"某药业"股票的 273 个资金账号中，累计收到存款 4689043874 元。截至 2003 年 6 月 23 日，朱某某持有"某药业"股票 43591158 股，持股市值 415859647.32 元。

2. 鉴定意见

上海市司法会计中心出具的《关于朱某某涉嫌操纵"某药业"股价的司法会计查证报告》及"补充说明"证实：朱某某曾集中资金优势、持股优势，操纵"某药业"股票交易价格，还以自己为交易对象，进行不转移所有权的自买自卖，影响"某药业"股票交易价格和交易量。

3. 被告人供述

被告人朱某某承认自己曾集中资金优势、持股优势，操纵"某药业"股票交易价格，还指挥他人进行不转移所有权的自买自卖，影响"某药业"股票交易价格和交易量。

4. 证人证言

证人陈某某、黄某某、武某某、王某某、杨某某等人证言证实：朱某某曾指挥他们在 10 余省的 48 家证券公司营业部，以朱某平、武某某、上海某投资发展有限公司等个人和单位名义，设立资金账户 273 个，并在上述资金账户累计下挂 6509 个深圳股票账户，其中有 4822 个深圳股东账户未重复；朱某某组织和指挥他们，以自有资金或采用向证券公司质押融资、委托理财、骗取银行贷款等方式，集中资金优势、持股优势，操纵"某药业"股票交易价格，以及以自己为交易对象，进行不转移所有权的自买自卖行为。

四、判案理由

人民法院认为，被告人朱某某为获取不正当利益，组织、指挥他人通过设立 273 个资金账户和 6509 个股票账户的方式，集中资金优势、持股优势，以自己为交易对象，影响证券交易价格、交易量，情节严重，其行为已构成操纵证券交易价格罪，依法应予惩处。检察机关指控的罪名成立。鉴于被告人朱某某到案后认罪态度较好，可以酌情从轻处罚。朱某某曾因犯罪被判处刑罚，在刑罚执行完毕以前，发现其犯有漏罪，应数罪并罚，已执行的刑期，应当计算在新判决决定的刑期以内。

五、定案结论

人民法院根据《中华人民共和国刑法》第 12 条第 1 款、第 70 条、第 69 条、第 64 条、《中华人民共和国刑法》（1999 年 12 月 25 日修正）第 182 条第 1 款第 1 项、第 3 项之规定，判决如下：

1. 被告人朱某某犯操纵证券交易价格罪，判处有期徒刑 2 年 6 个月，并处罚金人民币 10 万元，与原判刑罚有期徒刑 14 年，并处罚金人民币 70 万元并罚，决定执行有期徒刑 16 年，并处罚金人民币 80 万元；

2. 违法所得予以追缴。

六、法理解说

操纵证券、期货市场罪，是指自然人或者单位，故意操纵证券、期货市场，情节严重的行为。1997 年《刑法》182 条规定的罪名是操纵证券交易价格罪。1999 年 12 月 25 日出台的《刑法修正案》对于 1997 年《刑法》第 182 条进行修改，随后在最高人民法院、最高人民检察院《关于执行〈中华人民共和国刑法〉确定罪名的补充规定》中，将该条的罪名确定为操纵证券、期货交易价格罪。2006 年 6 月 29 日出台的《中华人民共和国刑法修正案（六）》再次对该条进行了修改，在最高人民法院、最高人民检察院《关于执行〈中华人民共和国刑法〉确定罪名的补充规定（三）》中，将该条的罪名规定为操纵证券、期货市场罪。

本罪的客观行为表现为以下四种情况：（1）单独或者合谋，集中资金优势、持股或者持仓优势或者利用信息优势联合或者连续买卖，操纵证券、期货交易价格或者证券、期货交易量；（2）与他人串通，以事先约定的时间、价格和方式相互进行证券、期货交易，影响证券、期货交易价格或者证券、期货交易量；（3）在自己实际控制的账户之间进行证券交易，或者以自己为交易对象，自买自卖期货合约，影响证券、期货交易价格或者证券、期货交易量；（4）以其他方法操纵证券、期货市场。成立本罪，还要求达到情节严重的程度，对于情节严重的认定，应该参照最高人民检察院、公安部《关于公安机关管辖的刑事案件立案追诉标准的规定（二）》（以下简称《追诉标准（二）》）第39条关于操纵证券、期货市场立案追诉标准的规定。本罪在主观方面表现为直接故意，要求行为人必须明知自己的行为会发生操纵证券、期货市场的结果，并且希望自己的行为能够产生操纵证券、期货市场的结果。本罪的客体是证券、期货市场的正常运行秩序和国家对证券、期货市场的管理秩序。

本案中，朱某某为获取非法利益，集中人民币48.86亿余元，利用其实际控制股票账户，在970个交易日中，有614个交易日有不转移股票所有权的自买自卖行为，累计自买自卖"某药业"股票达到75779195股，其中2001年3月6日自买自卖"某药业"股票就达1554280股，占该股当日交易量的79.499%。这里朱某某利用其资金优势、持股优势在自己实际控制的账户之间进行证券交易，属于上述操纵证券、期货市场客观行为的第三种情况。根据现有《追诉标准（二）》第39条规定，"行为人在自己实际控制的账户之间进行证券交易，或者以自己为交易对象，自买自卖期货合约，且在该证券或者期货合约连续二十个交易日内成交量累计达到该证券或者期货合约同期总成交量百分之二十以上的应予立案追诉"。朱某某持股比例远高于实际流通股份总量的20%，并且在970个交易日中，有614个交易日进行自买自卖行为，仅在2001年3月6日，自买自卖的股票占当日股票交易量的79.499%，已经达到追诉的标准。

由于朱某某的行为在1999年至2003年，系在《刑法修正案（六）》颁布之前，而《刑法修正案（六）》对操纵证券交易价格罪的提高了刑期，将最高刑从5年升至10年，并扩大了适用范围，故应当根据从旧兼从轻原则，适用修正前的规定，不适用《刑法修正案（六）》的规定。虽然修正后的《刑法》第182条规定了情节特别严重的处5年至10年有期徒刑，但修正前的《刑法》第182条，并无情节严重的规定，故本案不适用情节特别严重的规定。对该罪名追诉标准，在被告人作案时到判决之间也作了修改。根据2001年4月最高人民检察院、公安部《关于经济犯罪案件追诉标准的规定》（以下简称《追诉标准》），以下四种情形应予追诉："1. 非法获利数额在五十万元以上的；2. 致使交易价格和交易量异常波动的；3. 以暴力、胁迫手段强迫他人操纵交易价格的；4. 虽未达到上述数额标准，但因操纵证券、期货交易价格，受过行政处罚二次以上，又操纵证券，期货交易价格的。"在《刑法修正案（六）》颁布后，2008 年 3 月 5 日最高人民检察院、公安部颁布了《关于经济犯罪案件追诉标准的补充规定》（以下简称《补充规定》），将追诉情形规定为七种。该补充规定系针对修正后的《刑法》第 182 条，且细化了追诉情节，扩大的追诉范围。同样根据从旧兼从轻原则，对本案应适用原《追诉标准》，不适用《补充规定》。

需补充的是，2012 年 5 月 7 日最高人民检察院、公安部又颁布了《追诉标准（二）》再次增加了追诉的情形，细化了入罪标准，扩大了本罪的适用范围。根据《追诉标准（二）》第 39 条的规定："操纵证券、期货市场，涉嫌下列情形之一的，应予立案追诉：（一）单独或者合谋，持有或者实际控制证券的流通股份数达到该证券的实际流通股份总量百分之三十以上，且在该证券连续二十个交易日内联合或者连续买卖股份数累计达到该证券同期总成交量百分之三十以上的；（二）单独或者合谋，持有或者实际控制期货合约的数量超过期货交易所业务规则限定的持仓量百分之五十以上，且在该期货合约连续二十个交易日内联合或者连续买卖期货合约数累计达到该期货合约同期总成交量百分之三十以上的；（三）与他人串通，以事先约定的时间、价格和方式相互进行证券或者期货合约交易，且在该证券或者期货合约连续二十个交易日内成交量累计达到该证券或者期货合约同期总成交量百分之二十以上的；（四）在自己实际控制的账户之间进行证券交易，或者以自己为交易对象，自买自卖期货合约，且在该证券或者期货合约连续二十个交易日内成交量累计达到该证券或者期货合约同期总成交量百分之二十以上的；（五）单独或者合谋，当日连续申报买入或者卖出同一证券、期货合约并在成交前撤回申报，撤回申报量占当日该种证券总申报量或者该种期货合约总申报量百分之五十以上的；（六）上市公司及其董事、监事、高级管理人员、实际控制人、控股股东或者其他关联人单独或者合谋，利用信息优势，操纵该公司证券交易价格或者证券交易量的；（七）证券公司、证券投资咨询机构、专业中介机构或者从业人员，违背有关从业禁止的规定，买卖或者持有相关证券，通过对证券或者其发行人、上市公司公开作出评价、预测或者投资建议，在该证券的交易中谋取利益，情节严重的；（八）其他情节严重的情形。"然而，遗憾的是，该标准仍然未明确本罪情节特别严重的跨档标准。

综上，本案判决根据当时的法律规定，认定朱某某构成操纵证券交易价格罪，情节严重，是正确的。

此外，朱某某于 2005 年 8 月 5 日因犯贷款诈骗罪、对公司人员行贿罪，被判处有期徒刑 9 年；犯违法发放贷款罪于 2007 年 12 月 20 日被判处有期徒刑 9 年 6 个月，合并执行有期徒刑 14 年。行为人在判决宣告后，刑罚执行完毕前，发现其在判决宣告前还有尚未判决的罪的，应该数罪并罚，决定执行的刑期，已经执行的计算在决定执行的刑期内。法院认定朱某某构成操纵证券市场罪，认为其认罪态度较好，予以从轻处罚，同时将该罪的刑罚与原判刑罚合并执行，定罪量刑都是准确的。

（整理人：陆　川）

二十、违法发放贷款罪

案例48：高某违法发放贷款案
——违法发放贷款罪的立法沿革及造成重大损失的认定

一、基本情况　　　　　　　　　　　　　　　>>

案　由：违法发放贷款罪

被告人：高某，男，汉族，1963 年 5 月 19 日出生，北京市人，中专文化，原系北京市某区农村信用合作社主任，因涉嫌挪用资金案，于 2002 年 7 月 5 日被公安机关刑事拘留，同年 8 月 7 日经检察机关批准，由公安机关执行逮捕。

二、诉辩主张　　　　　　　　　　　　　　　>>

（一）人民检察院指控事实

被告人高某在任某区农村信用社主任期间，于 2001 年至 2002 年 5 月，未经贷款调查直接批准或未履行贷款手续直接向黄某经营的北京某商贸有限公司、北京某物资有限责任公司发放贷款 715 万元人民币，向李某经营的北京某工程部发放贷款 50 万元人民币，向个体户王某发放贷款 60 万元人民币，案发后公安机关追缴赃款 80 万元人民币，其余贷款至今未能归还。

（二）被告人辩解及辩护人辩护意见

在审理中，被告人高某对检察机关指控的内容未提出异议。

辩护人亦无其他辩护意见。

三、人民法院认定事实和证据

（一）认定犯罪事实

经人民法院审理查明：

被告人高某于 2000 年 5 月至 2002 年 6 月，任北京市某农村信用合作社主任。2001 年，高某与北京某商贸有限公司、北京某物资有限责任公司经理黄某以及北京某工程部李某结识。

被告人高某在任该信用社主任期间，于 2002 年 1 月至 5 月违反贷款调查及审贷分离、分级审批的制度，直接向某商贸有限责任公司、某物资有限责任公司发放贷款人民币 465 万元，已逾期且至今未能归还。

另检察机关指控，被告人高某利用职务之便，于 2001 年 12 月 10 日以某酿酒厂的名义贷款 60 万元，交给北京某化工有限公司经理王某用于经营活动的行为及于 2002 年 1 月 17 日以某工艺雕刻厂的名义贷款 50 万元，交给北京某建筑工程部经理李某使用的行为不构成违法发放贷款罪。

（二）认定犯罪证据

上述事实有以下证据证明：

1. 北京市某信用合作社出具的证明证实，高某自 2000 年 5 月至 2002 年 6 月任该信用合作社主任职务。

2. 证人黄某的证言证明，2001 年 10 月至 2002 年 5 月，他从某信用社使用了 460 多万元贷款。

3. 某信用社外勤高某的证言证明，2001 年 10 月至 2002 年 5 月，按照被告人高某的要求，先后发放给某公司、某商贸有限公司 465 万元贷款。

4. 证人某信用社副主任许某的证言证明，2002 年 1 月底，在例行查账时，发现北京某商贸有限公司和北京某物资有限责任公司分别贷款的 125 万元和 280 万元只有借据，没有贷款手续。经向被告人高某查询，高某承认是他让放贷的，并提供了贷款户的企业营业执照复印件、资产负债表、损益表。许某提出对这两家公司进行实地调查，高某称不用调查，没有问题，到 2002 年 4 月底保证能还款。后来高某于 2002 年 2 月贷给某公司 50 万元、贷给某铸造厂 10 万元，到 2002 年 4 月逾期，2002 年 5 月 20 日，高某把所有材料填好后交给他，他又在贷款审批表上签上同意的意见，将此两笔这 60 万元的贷款手续补齐。这几笔贷款实际上从一开始就违反了规定。

5. 北京市农村信用合作社借据、企业短期借款申请书、贷款调查、保证担保贷款保证人资信情况调查表、贷款责任保证书、调查管理员贷款调查报告、短期贷款客户情况表、北京市信用合作社借款合同、保证合同、逾期贷款催收通知单证明，2002 年 1 月 14 日，某公司从信用社贷款 125 万元，到期日为 2002 年 4 月 25 日；2002 年 1 月 14 日，北京某商贸有限公司从信用社贷款 280 万元，到期日为 2002 年 4 月 25 日；2002 年 5 月 20 日，某公司从信用社贷款 60 万元，到期日为 2002 年 11 月 20 日。

6. 被告人高某的供述，证实了其违反相关规定向黄某、李某、王某等人贷款，其中 465 万元逾期未归还的事实。

四、判案理由　　　　　　　　　　　　　　>>

人民法院认为：被告人高某身为金融机构工作人员，在贷款业务中，违反《中华人民共和国商业银行法》第 35 条关于贷款调查及审贷分离、分级审批的制度，直接向黄某发放贷款，造成 465 万元贷款未能归还，造成特别重大损失，其行为已构成违法发放贷款罪。

同时，根据《中华人民共和国刑法》第 186 条的规定，银行或者其他金融机构的工作人员违反法律，行政法规规定，向关系人以外的其他人发放贷款，造成重大损失的才予以追究刑事责任，而王某及李某现已归还 110 万元贷款，应视为未造成损失，故检察机关指控被告人高某上述两个行为构成违法发放贷款罪不能成立。

五、定案结论　　　　　　　　　　　　　　>>

人民法院依照《刑法修正案（六）》之前的《中华人民共和国刑法》第 182 条第 2 款、第 69 条之规定，判决如下：

被告人某犯违法发放贷款罪判处有期徒刑 6 年，并处罚金人民币 10 万元。

六、法理解说　　　　　　　　　　　　　　>>

本案的判决时间在 2006 年《刑法修正案（六）》对违法发放贷款修订之前，因法律发生变化，对该案进行评析前，先对违法放发贷款罪的立法演变作简单介绍，然后结合案例，进一步分析本罪应当如何认定重大损失。

（一）违法发放贷款罪刑法条文沿革

我国刑法中的违法发放贷款罪，最初源于全国人大常委会于 1995 年 6 月 30 日发布《关于惩治破坏金融管理秩序犯罪的决定》，该决定中第 9 条明确规定了违法向关系人发放贷款罪和违法发放贷款罪。1997 年《刑法》第 186 条吸收了单行刑法的内容，针对发放贷款的对象不同而规定为违法向关系人发放贷款罪与违法发放贷款罪两个不同的罪名，并以"造成重大损失"为成立犯罪的唯一标准，也因此明显不利于对违法发放贷款行为的遏制与预防。2006年刑法修正时，有部门提出，上述规定在实践中遇到一些问题。金融机构贷款有一系列程序，包括贷前调查、贷中审查、贷后检查等环节，一旦贷款造成损失，应对哪个环节定罪难以界定。有很多贷款发放后办理过多次借新还旧，对办理过借新还旧的贷款，如何定罪，是对最早发放贷款的，还是对后来办理借新还旧的责任定罪？认识难以统一。此外，对关于"损失"的认定时间和认定标准问题，"损失"是以立案时的损害还是以量刑时的损失计算？在实践中也经常引起分歧。因此建议对违法发放贷款的行为，只要涉及的资金数额巨大或者有其他严重情节的，就应当追究刑事责任，不要考虑是否造成损失。2006年《刑法修正案（六）》根据实践中本罪适用的情况进行了相应的修改，主要体现在以下三个方面：

第一，将原来的违法发放贷款罪与违法向关系人发放贷款罪合二为一，以违法发放贷款罪统一定罪，将原来的违法向关系人发放贷款作为本罪的法定从重情节，丰富了违法发放贷款罪的内涵，同时也使得刑法典减少了一个罪名，节约了罪名资源。

第二，将原来违法发放贷款罪中的"造成重大损失"规定改为"数额巨大或者造成重大损失"，从而将违法发放巨额贷款的行为本身纳入刑法的视野，这样在行为人发放贷款数额巨大时，无须再去认定是否造成重大损失，解决了实践中由于损失难以准确计算造成部分案件无法认定的问题，同时也有利于打击那些自恃不会造成损失而无所顾忌地违法违规发放贷款的行为。

第三，修订前违法向关系人发放贷款只要是"造成较大损失"就可以认定为犯罪，而修改后则要达到"数额巨大或者造成重大损失"，就造成损失的程度而言，提高了违法向关系人发放贷款行为的定罪标准。同时，鉴于向关系人发放贷款行为比一般的违法发放贷款行为的社会危害性更为严重，因此规定向关系人发放贷款的比照一般违法发放贷款从重处罚，体现了罪刑均衡的思想。

修正后的违法发放贷款罪由单一的结果犯扩展到行为犯的范畴，即只要行为人上实施了违法发放贷款的行为，且发放贷款数额达到巨大的，无论是否造成损失，都构成犯罪。本文案例判决于2006年《刑法修正案（六）》出台之前，因此法院认定被告人高某违法发放贷款110万元给王某及李某的行为，因该贷款已归还，而视为未造成损失，故不构成违法发放贷款罪。但是按照修订后的违法发放贷款罪的构成要件来判断，则该行为同样构成违法发放贷款罪。

此外，修订后的违法发放贷款罪同时具备了"数额巨大型"（行为犯）和

"损失重大型"（结果犯）两种犯罪类型。从目前实践情况看，在认定后一种类型违法发放贷款犯罪时，仍然面临着损失如何计算的问题。

（二）违法发放贷款罪造成的重大损失认定标准分析

关于"数额巨大"和"造成重大损失"的认定标准，最高人民检察院、公安部于2010年5月联合颁布的《关于公安机关管辖的刑事案件立案追诉标准的规定（二）》（以下简称《追诉标准（二）》）第42条规定："银行或者其他金融机构及其工作人员违反国家规定发放贷款，涉嫌下列情形之一的，应予立案追诉：（1）违法发放贷款，数额在100万元以上的；（2）违法发放贷款，造成直接经济损失数额在20万元以上的。"

另外，对于损失的认定，《公安部经济犯罪侦查局关于对违法发放贷款案件中损失认定问题的批复》（公经〔2007〕1458号）中规定："在案件侦办过程中，如有证据证明犯罪嫌疑人实施了违法、违规发放贷款的行为，只要发生贷款已无法收回的情况且达到追诉标准的，就应视为《刑法》第一百八十六条所规定的造成损失。案中提及的未到期贷款及其利息，如确定不能追回，应视为犯罪损失。"但这一认定标准并不能当然适用于起诉、审判环节。因为案件诉讼周期较长，侦查终结移送起诉及审判期间，违法借出的贷款有可能被贷款方归还。此种情况下，依据何种标准确定违法发放贷款所造成的损失数额将直接影响到罪与非罪及量刑轻重。

目前，现行法律和司法解释对于直接经济损失如何界定没有作具体规定。学理上关于如何界定直接经济损失，有绝对损失说和相对损失说两种观点。① 相对损失说认为在提起公诉时仍没有收回的借款即为经济损失；绝对损失说认为应当在穷尽一切救济方式后仍无法收回的借款才是经济损失。本文认为，无论从程序上还是从实体上讲，相对损失说较具有合理性。

第一，相对损失说符合程序正义原则。如果采用绝对损失说，首先应由银行通过自力救济或公力救济的方式清收债权，刑事案件则需中止审理，经强制执行发现确实无法挽回损失后方能界定经济损失，再恢复刑事审理程序。但是此种情况下，民事诉讼程序运行时间可能长达数年。而在提起公诉时，被告人一般已被羁押，如果刑事审理程序中止，则被告人将始终处于羁押状态，直到刑事审理程序恢复。其羁押的时间可能将超过应当被判处的刑期，导致的结果只能是加重对被告人的处罚，这显然是有违司法公正与诉讼效率理念的。采用相对损失说，则不需中止刑事审理程序，故不会有这种审判程序运行迟滞的情

---

① 陈五建：《违法发放贷款罪的损失界定与量刑》，载《人民法院报》，2004年7月14日。

况发生。

第二，采用相对损失说操作性较强。由于绝对损失说所采用的"确实无法挽回"没有客观的衡量标准，使得经济损失的具体数额无法确定。另外，根据绝对损失说，如果银行作为被害人积极清收债权，则会减轻或免除被告人的罪责；如果银行消极清收债权，则会造成被告人罪责加重的结果，从而产生被告人罪轻或罪重取决于被害人，而不是由法律所规定的情况出现，有损法律的权威和严肃性。相对损失说将"提起公诉时"作为经济损失界定时间的方式具有明确性和可操作性，且不会因为银行作为被害人的积极或消极行为而影响被告人对罪责的承担，损害法律权威。本文案例中，人民法院采用的就是相对损失说，将检察机关提起公诉时未归还的贷款认定为被告人高某违法发放贷款造成的损失，具有合理性。

（三）违法发放贷款罪修订后存在的不足

相对于1997年《刑法》中规定的违法发放贷款罪，《刑法修正案（六）》将"数额巨大"和"造成重大损失"并列规定为限制性处罚条件并共用法定刑的立法安排的合理性尚值得深入研究。违规发放贷款数额巨大可以说是一种附带情节性条件的行为犯，也是一种危险犯，将来是否造成损失还不好确定。关键是这种违规行为因为数额巨大使其自身具有严重社会危害性和当罚性，对这种行为追究刑事责任只需考虑贷款数额而不必特别举证证明该行为所造成的实际损失。违规发放贷款造成重大损失则是一种结果犯，贷款本息损失的危害结果已经现实发生，因此明显比前面一种行为的危害要大很多。两个标准之间，理应将造成重大损失规定为前一行为的结果加重犯并规定更重的法定刑，这样才符合我国刑法分则所贯彻的"对同一犯罪行为的实害犯的惩罚重于危险犯"的立法精神。立法者可能也注意到这一问题，故《刑法修正案（六）》在立法用语上对两种情形分别使用了数额"巨大"与损失"重大"的差异化表述，包含了不同的数量要求。上文所述《追诉标准（二）》也为这两种不同情形确定了差异化的追诉数额标准，即分别为贷款金额100万元以上和直接经济损失20万元以上，体现了对造成严重损失的违法发放贷款行为从严惩处的精神。

此外，对于金融机构或其工作人员对同一借款人多次违规发放贷款或对多个借款人有违规发放贷款行为的，每笔贷款的数额或每笔贷款形成损失的数额是否累计计算，《追诉标准（二）》和相关司法解释并未明确。本文认为，为维护国家金融秩序稳定并防止犯罪嫌疑人故意利用上述立案追诉标准的漏洞，对上述两种情形应当累计计算。

（整理人：吕　颢）

案例49：祝某违法发放贷款案
——违法发放贷款罪适用难点分析

一、基本情况 >>

案　由： 违法发放贷款

被告人： 祝某，男，汉族，1964年4月6日出生，江苏省扬州市人，原系某银行扬州市分行营业部总经理，2000年10月24日因本案经检察机关批准，由公安机关执行逮捕。

二、诉辩主张 >>

（一）人民检察院指控事实

1999年年初，某物资交易市场提出以车辆抵押向某银行扬州市分行营业部贷款，孙某声称有15辆挖掘机、总价值2250万元可供抵押。被告人祝某（时任信贷员）作为第一调查人未履行岗位职责，在未到现场查看抵押实物的情况下，仅凭孙某等人提供的车辆发票（后证实为假发票）等材料即认为抵押有效，在借款审批表调查人一栏签字。经审批后，该营业部于同年2月至3月，陆续向物资交易市场发放贷款共计1570万元，到期后该笔贷款至今未能清偿。贷款发放后，被告人祝某查看现场发现挖掘机仅到位6辆，经估价，6辆挖掘机价值人民币90万元。

2000年年初，被告人祝某结识唐某某、郭某某。2000年3月4日，祝某所在营业部在抵押物不足，且贷、用不一，即实际使用人为承包物资交易市场的唐某某、郭某某的情况下，以某酒店的土地使用权为抵押，向某酒店发放贷款1150万元。同年5月，唐某某、郭某某陆续将钱汇入某大酒店账户还贷。还款后，唐某某、郭某某二人又向营业部提出，某酒店还要贷款供物资交易市场经营使用，同年5月21日，被告人祝某（时任营业部副总经理，主持营业部工作）在明知贷、用不一，抵押物不足的情况下，授意下属为某大酒店办理了 1200 万元的贷款审批手续，造成该笔贷款至今未能清偿。

2000 年 5 月至 12 月间，被告人祝某利用担任营业部主持工作的副总经理的职务之便，收受贷款单位贿赂的现金、购物卡、手机等物，计价值人民币 2 万余元。

（二）被告人辩解及辩护人辩护意见

被告人祝某就指控的违法发放贷款部分辩称：发放 1200 万元和 1570 万元贷款非其个人行为，其无决定权。

被告人祝某的辩护人提出以下辩护意见：

1. 指控被告人祝某违法发放贷款的事实不清，证据不足。

2. 发放 1200 万元和 1570 万元贷款系银行营业部单位犯罪，祝某非签批人，对贷款发放未起决定性作用。

3. 对于 1570 万元贷款的发放，被告人祝某时任信贷员，其行为应属签订、履行合同失职被骗，其失职行为与发放贷款造成损失之间不具备刑法上的因果关系。

三、人民法院认定事实和证据 》》

（一）认定犯罪事实

经人民法院审理查明，对人民检察院指控事实予以确认。

（二）认定犯罪证据

1. 证人方某证言：证实市行同意发放 1570 万元抵押贷款，调查时，应由第一调查人信贷员及调查组长到现场查看并进行评估，不能仅凭抵押物发票及他项权证免责，信贷员及调查组长在审批表调查人一栏签字表示尽了调查义务。1570 万元贷款的抵押物未到现场查看的情况无人向其汇报。

2. 证人殷某某证言：证实祝某作为信贷员应实地调查并评估作为抵押的依据。

3. 证人高某某、郭某某证言：证实签批 1570 万元贷款的经过。

4. 证人陶某证言：证实物资交易市场的 1570 万元贷款经其审批，营业部对其提供材料的真实性负责，信贷处只负责审查材料。

5. 证人刘某证言：证实用以抵押 1570 万元贷款的挖掘机发票是孙某拿来的 15 张空白发票，让赵某某填写为 150 万元/辆。其不清楚挖掘机数量及抵押值是否充足，其在向工行贷款前向祝某等人送过购物卡。

6. 被告人祝某供述：证实 1999 年年初，孙某提出以挖掘机抵押贷款 1570 万元，其作为第一调查人未履行工作职责即到现场查看抵押实物及评估，仅凭对方提供的发票及工商局的抵押他项权证即认为抵押有效并办理了有关贷款审批手续，在审批表调查人一栏签字。其未到现场查看的情况没有告诉领导。1570 万元发放后，其查看现场发现挖掘机仅到位 6 辆。

7. 估价鉴定书：证实 6 台挖掘机评估价值人民币 90 万元。

8. 书证流动资金借款合同、贷款审批表：证实 1999 年 2 月营业部向物资交易市场发放抵押贷款 1570 万元，市行陶某为最高签批人，祝某在调查人栏签字。

9. 证人高某证言：证实 2000 年 5 月，某大酒店申请贷款 1200 万元，祝某向其表态发放贷款。

10. 证人殷某证言：证实 2000 年 5 月，祝某同意发放 1200 万元贷款后，其又找祝某了解，祝某明确表态同意发放贷款。

11. 证人包某证言：证实 2000 年发放 1200 万元贷款时，市行对营业部的放贷权无限制。

12. 证人朱某某证言：证实营业部有权决定向某大酒店发放 1000 多万元贷款，不需要向其汇报。

13. 证人唐某某证言：证实为营业部吸储 3000 万元后贷款 1150 万元。还贷后，其和孙某某又找祝某贷款 1200 万元，祝某表态可以贷。

14. 被告人祝某供述：证实在明知贷、用不一、土地使用权抵押额不足的情况下向某大酒店发放贷款 1200 万元。

15. 书证 2000 年 5 月 21 日 1200 万元借款合同、借据及审批表：证实营业部总经理助理殷某为最高签批人。

16. 书证 2001 年元月 11 日 1380 万元借款合同、借据及审批表：证实 1200 万元贷款到期后未归还，与另一笔 180 万元贷款合并转期。

17. 某大酒店的财务状况说明：证实 2001 年某大酒店严重资不抵债，无力偿还。

18. 某行关于贷款审批权的情况说明：证实从 2000 年 9 月开始上收营业部新增贷款审批权，从 2001 年元月上收全部贷款审批权。市分行信贷处负责对基层行贷款材料进行书面审查。

19. 证人蒋某某、王某某、孙某某、赵某某、唐某的证言及被告人祝某供述、估价鉴定书、赃物照片、祝某身份材料等证据证实：2000 年 5 月至 12 月间，被告人祝某利用担任营业部主持工作的副总经理的职务之便，收受贷款单位贿赂的现金、购物卡、手机等物，计价值人民币 2 万余元。

四、判案理由

人民法院认为：被告人祝某作为某银行营业部信贷员，违反法律、行政法规规定，在贷前调查环节，未履行个人岗位职责，玩忽职守，未到现场查看抵押物而在贷款审批表调查人栏签字，使营业部在不知晓抵押物真实状况的情况下误以为抵押物已实际到位而同意发放贷款1570万元，造成特别重大损失。同时祝某于2000年，作为银行营业部直接负责的主管人员，明知贷、用不一、抵押物不足，仍滥用职权，授意下属发放1200万元贷款，造成特别重大损失，其行为已构成违法发放贷款罪。关于被告人祝某提出的发放1570万元、1200万元贷款非其个人行为，其无决定权的辩解理由及其辩护人提出的被告人祝某发放贷款系工行营业部单位犯罪，祝某非签批人，对贷款发放未起决定性作用的辩护意见，经查：1570万元虽经市行同意发放，但被告人祝某作为信贷员，是调查岗第一责任人，按照审贷分离的信贷岗位责任制，应对抵押物进行数量、状态、地点、保管等实地调查（可靠性调查），但被告人祝某未履行个人信贷职责，玩忽职守，故意隐瞒未到现场查看抵押实物的情况，而在贷款审批表调查人栏签字，导致其后各岗书面审查时顺利通过，使营业部在不知晓抵押物真实状况的情况下，误以为抵押物已实际到位同意发放而使信贷资金处于高风险状态，由此造成特别重大损失，应由其个人承担相应的刑事责任。另1200万元贷款发放的最高签批权在营业部，在决定放贷过程中，直接负责的主管人员祝某明知贷、用不一、抵押物不足，仍滥用职权，在其授意下，营业部批准发放该笔贷款，导致特别重大损失，祝某应作为直接负责的主管人员承担相应的刑事责任。人民法院认为上述辩称均不能成立，不予采纳。

五、定案结论

人民法院依照《中华人民共和国刑法》第186条第2款、第385条第1款、第386条、第67条第1款、第68条第1款、第52条、第53条之规定，作出如下一审判决：

祝某犯违法发放贷款罪，判处有期徒刑8年，并处罚金人民币5万元；犯受贿罪，判处有期徒刑1年；决定执行有期徒刑9年，并处罚金人民币5万元。

六、法理解说

本案是一起银行工作人员违反法律、行政法规规定，滥用职权、玩忽职守，发放贷款造成重大损失的犯罪案件。从实践情况看，违法发放贷款罪的认定中主要存在以下几个难点问题：

（一）如何认定违法发放贷款行为的违法性

1997年《刑法》第186条第2款规定，违反法律、行政法规发放贷款造成重大损失的行为构成本罪。2006年《刑法修正案（六）》将"违反法律、行政法规规定"修改为"违反国家规定"。合规的放贷行为无论数额是否巨大，也无论是否因为不能按期收回本息，都不会构成犯罪。因此"违反国家规定"这一要件是违法发放贷款行为构成犯罪的前提，也是本罪作为"法定犯"的重要提示性因素。

对于"国家规定"的范围，理论和实践中均存在较大争议，有多种不同见解。根据《刑法》第96条的规定，"违反国家规定"是指违反全国人民代表大会及其常务委员会制定的法律和决定，国务院制定的行政法规、规定的行政措施、发布的决定和命令。之所以如此规定就是考虑刑罚的严厉性，防止一些违反规章或者各金融机构内部规定的一般违法行为被作为犯罪处理。需要注意的是，由于金融活动种类繁多，情况复杂，法律法规只作一些原则性的规定，司法实践中认定行为人是否违反、究竟如何违反法律法规，往往需要结合对上述原则性规定具体化和落实化的国务院各部委办制定的规章、办法及各银行的具体业务规则加以确定。如国务院下属的金融监管部门，中国人民银行、证监会、银监会、保监会等，根据全国人大或国务院颁布的原则性规定所作的细则性规定或其他行业指导性规定，对我国的金融机构的贷款等各项金融业务有统一的约束力和执行力，也应属于"国家规定"的范围。而银行内部颁发的有关贷款发放的规章制度属于公司企业的内部管理文件，并不能体现国家意志，也不能约束全行业的贷款发放行为，因而不属于"国家规定"的范围。

据此，本罪所指的"国家规定"主要包括《中国人民银行法》、《商业银行法》、《贷款通则》等有关贷款管理的法律和行政法规、部委规章。这些规定对商业银行贷款操作程序作出了明确具体的规范。如要求商业银行必须对借款人的借款用途、偿还能力、还款方式、保证人的偿还能力，抵押物、质押物的权属和价值以及实现抵押权、质押权的可行性等情况进行严格审查，并明确了审贷分离、分级审批的制度等，是实践中判断发放贷款行为是否符合国家规定的主要法律依据。

（二）如何认定违法发放贷款罪中的罪数

在违法发放贷款的过程中，往往伴随其他犯罪行为。对此，需要结合相关刑法理论和司法实践经验加以认定。对于收受借款人贿赂的，根据《刑法》第184条的规定，根据该工作人员身份不同，分别构成受贿罪或者非国家工作人员受贿罪。对于金融机构工作人员索取或收受借款人的贿赂而违规发放贷款的，是否需要将受贿罪与违法发放贷款罪进行数罪并罚，刑法或司法解释对此并未作明确规定。根据现有刑法方面的规定，对于索取或收受贿赂并为他人谋取利益的行为触犯其他罪名如何认定罪数，仅有《刑法》第399条所明确的受贿同时徇私枉法的从一重处。此外，最高人民法院《关于审理挪用公款案件具体应用法律若干问题的解释》第7条规定，因挪用公款而索取或收受贿赂构成犯罪的，依照数罪并罚的规定处理。该解释采取的"并罚说"和《刑法》第399条采取的"一罪说"也为理论界的不同观点提供了法律依据。

《刑法》第399条虽然明确了受贿罪与徇私枉法罪从一重处，但这一规定能否适用于其他罪名，则存在较大争议。如果将该条理解为例外规定，则意味着其他情形下应该以受贿犯罪与其他罪名数罪并罚；如果将该条规定理解为提示性规定，则其他情形下也应该择一重处，尤其因受贿而触犯其他渎职罪的。一种观点认为，对于上述情况应一律比照《刑法》第399条第4款规定的处罚原则进行处理（一罪说）。理由是：犯罪嫌疑人实施渎职犯罪过程中牵连受贿犯罪的，其行为符合刑法理论中有关牵连犯的特征。① 另外一种观点则认为，《刑法》第399条第4款的规定，对其他渎职犯罪既不能适用，也无指导作用，渎职又有受贿行为的，应数罪并罚（并罚说）。本文赞同并罚说的观点，《刑法》第399条第4款仅是一条分则特别条款，区别于总则条款和普通条款，因而它只能适用于该条，而不能适用于渎职罪中的其他分则条款，没有普遍指导作用。②

违法发放贷款罪行为人的行为具有职务性的特点，因此与滥用职权、玩忽职守等渎职类犯罪存在特殊法条与普通法条竞合的关系。违法发放贷款行为人，在利用职务便利违法为他人发放贷款时，往往伴随着受贿行为，在法律没有明确规定从一重处的情况下，应当予以数罪并罚。本文案例中，人民法院即持该种观点，判处被告人祝某受贿的行为构成受贿罪并予以数罪并罚。

---

① 王作富、刘志远：《论徇私舞弊不移交刑事案件罪的司法适用》，载《中国刑事法杂志》2000年第3期。

② 孙力：《论徇私舞弊不移交刑事案件罪的司法认定》，载《中国刑事法杂志》2000年第1期。

（三）如何认定违法放贷的责任主体是单位还是个人，以及对未作为单位犯罪起诉的案件如何处理

认定单位犯罪必须同时具备三个条件：一是具有单位意志；二是以单位的名义实施；三是违法所得归单位所有。所谓"具有单位意志"，是指犯罪行为是由单位的决策机构按照单位的决策程序决定实施的，体现的是单位有领导、有组织、有分工的整体意志。单位犯罪中直接负责的人员，是指在具体实施犯罪中起决定、批准、授意、指挥等较大作用的人员。本案中的 1200 万元从实施犯罪的名义，体现的各决策程序的整体意志及违法所得利息的归属看，应认定为单位犯罪无疑。但鉴于检察机关只作为自然人犯罪案件起诉，对犯罪单位也未补充起诉，根据《全国法院审理金融犯罪案件工作座谈会议纪要》的意见，人民法院不能主动对未起诉的事实和人（含单位）径行审理判决，所以本案中只对行为人祝某依法按照单位犯罪中的直接负责的主管人员追究其刑事责任，而不将单位列为被告，但适用刑法总则关于单位犯罪追究直接负责的主管人员和其他直接责任人员刑事责任的有关条款。

对于单位内部成员未经单位决策机构批准、同意或认可而实施的犯罪行为则应排除在单位犯罪之外，应认定为个人犯罪。违法发放贷款可以发生在贷前调查、贷时审查、贷后检查各个环节。本案中的 1570 万元即发生在贷前调查环节，行为人祝某未履行其调查岗第一责任人的岗位职责，未到现场查看实物而在贷款审批表调查人栏签字，导致其单位各审批环节误以为抵押物已到位而同意发放，造成贷款损失，系其个人行为，应由其个人承担相应的刑事责任。

（整理人：李　磊）

二十一、吸收客户资金不入账罪

案例50：谢某某用账外客户资金
非法拆借、发放贷款案
——吸收客户资金不入账罪的立法演变及与相关罪名的区分

一、基本情况

案　由：用账外客户资金非法拆借、发放贷款

被告人：谢某某，男，汉族，47岁，初中文化，原系江苏省高邮市某信用社农业信贷员，住高邮市通湖路某栋，因涉嫌用账外客户资金非法拆借、发放贷款案，于2000年10月20日被公安机关刑事拘留，同年11月25日经检察机关批准，由公安机关执行逮捕。

二、诉辩主张

（一）人民检察院指控事实

1998年10月27日至1999年1月25日，被告人谢某某在任高邮市某信用社农业信贷员期间，以牟利为目的，将客户存款人民币170万元（以下币种均为"人民币"）未记本单位账户，直接划入高邮市某交通工程公司账户，供业主姜某某使用。1998年11月9日、1999年1月25日，被告人谢某某从高邮市路桥建筑工程有限公司账户上分别划拨5万元共计10万元给裔某某使用。事后，被告人谢某某分别与姜某某、裔某某补办了160万元、10万元的贷款手续。被告人谢某某非法贷出的170万元尚有140万余元未收回。

（二）被告人辩解及辩护人辩护意见

被告人谢某某及其辩护人对检察机关指控的罪名没有异议，辩护人提出以

下辩护意见：（1）被告人以牟利为目的的特征不明显，主观恶性不深；（2）未收回的 140 万余元在姜某某的积极配合下有望清收，高邮市某信用社已将客户存款垫付，未造成不良社会影响；（3）被告人系自首；（4）被告人在关押期间揭发他人犯罪行为，系立功。综上，辩护人建议法院对被告人从轻处罚。

三、人民法院认定事实和证据

（一）认定犯罪事实

经人民法院审理查明：

1998 年 10 月 27 日至 1999 年 1 月 25 日，被告人谢某某在任高邮市某信用分社农业信贷员期间，以牟利为目的，采取"体外循环"、"私开存款单"等手段，将客户的人民币存款 6 笔计人民币 170 万元未记本单位客户储蓄账户，直接划入高邮市某交通工程公司在高邮市某信用社设立的账户，供姜某某经营使用。1998 年 11 月 9 日、1999 年 1 月 25 日，被告人谢某某 2 次从高邮市某交通工程公司的账户上分别划拨 5 万元共计 10 万元供高邮市某空调商店的裔某某使用。事后，被告人谢某某与姜某某以姜某某开办的高邮市某路桥建设工程有限公司名义补办了 4 份计 160 万元的农业借款借据，约定利率为月息 7.455‰和 9.24‰，与裔某某以高邮市某空调商店的名义补办了 10 万元的农业借款借据，约定利率为月息 7.455‰，上述 5 份农业借款借据均未入账。被告人谢某某从姜某某处收受西服、皮鞋、灯具等物。被告人谢某某非法贷出的 170 万元，至今姜某某还款 24.5 万元，裔某某还款 5 万元，尚有 140.5 万元未收回。

另查明，收取的 170 万元存款，已向存款客户兑付了 130 万元，其中 110 万元系高邮市某信用社代垫，20 万元系高邮市某路桥建设工程有限公司直接兑付给存款客户，尚有 40 万元存款未兑付。

案发后，在公安机关立案侦查前，被告人谢某某在 2000 年 3 月 1 日接受高邮市某信用合作社联合社监察室谈话中、在 2000 年 3 月 10 日所作的检查书中，如实交代了自己的主要犯罪事实。被告人谢某某在羁押期间检举在押人员犯罪事实，经高邮市公安局查证后认为在同种罪名案件的突破中起了关键性作用。

（二）认定犯罪证据

上述事实有以下证据证明：

1. 高邮市某农村信用合作社联合社证明，证实被告人谢某某系高邮市某信用分社农业信贷员的事实。

2. 证人姜某某、裔某某、朱某、邱某、李某某、林某某等人的证言，高邮市某信用社记账凭证、进账单、储蓄存单、支款凭条、借款借据等证据，证实被告人谢某某将客户170万元存款不入账，划拨至高邮市某工程有限公司账户，姜某某、裔某某将款全部支出使用的事实。

3. 高邮市公安局扣押物品清单、高邮市某价格事务所估价鉴定结论书、房屋转让协议书、收条，证实被告人谢某某有非法收入的事实。

4. 高邮市某信用社证明，证实被告人谢某某非法发放的贷款收回部分的事实。

5. 高邮市某信用社往来账证，证实高邮市某信用合作社垫付110万元给存款客户的事实。

6. 高邮市某信用合作社联合社请求立案侦查的报告及该单位监察室的谈话记录，证实高邮市某信用合作社联合社对被告人谢某某进行调查，并将得出的调查结论报告公安机关请求立案侦查的事实。

7. 高邮市工商行政管理局的证明，证实高邮市某交通工程有限公司和高邮市某路桥建设工程有限公司的工商登记情况。

8. 证人李某某的证言，被告人谢某某的保证书、检查书，证实谢某某向其有关组织自首和未追回的140万余元正积极清收的事实。

9. 高邮市看守所在押人员坦白检举线索登记表及高邮市公安局查证回执，证实了谢某某有检举行为的事实。

四、判案理由

人民法院认为，被告人谢某某身为金融机构工作人员，以牟利为目的，采取吸收客户资金不入账的方式，将客户资金用于非法拆借、发放贷款，造成重大损失，其行为已构成用账外客户资金非法拆借、发放贷款罪，应予惩处。人民检察院指控事实清楚，罪名成立。被告人谢某某犯罪后在接受有关组织讯问、教育后如实交代了自己的主要犯罪事实，是自首，可以从轻处罚；被告人谢某某在关押期间表现良好，有检举行为，可酌情从轻处罚。对于被告人谢某某及其辩护人提出被告人谢某某非以牟利为目的的辩解，经查，公诉人在庭审中已列举证据证明被告人谢某某因非法发放贷款已从中获取非法收入，且对存、贷利率差被告人未作具体交代，有非法牟利的故意，故对被告人谢某某及其辩护人的这一观点本院不予采纳。对于被告人谢某某及其辩护人提出的被告人谢某某系立功的辩解，经查，被告人谢某某检举在押人员的罪行与已被司法机关掌握的罪行属同种罪行，故被告人谢某某虽有检举行为，但检举的内容不符合立功条件。故对被告人谢某某及其辩护人的这一观点本院不予采纳。对于被告人谢某某及其辩护人提出的140万余元正积极清收，损失不大的辩解，庭审中已经证实140万余元至今未能收回，故对被告人谢某某及其辩护人这一观点不予采纳。对被告人谢某某及其辩护人提出的被告人谢某某系自首的观点，本院已予采纳。

五、定案结论　　　>>

人民法院依照《中华人民共和国刑法》第187条第1款、第67条第1款及最高人民法院《关于处理自首和立功具体应用法律若干问题的解释》第1条之规定，判决如下：

被告人谢某某犯用账外客户资金非法拆借、发放贷款罪，判处有期徒刑2年，并处罚金20000元。

六、法理解说　　　>>

本案中，被告人谢某某实施了吸收客户资金不入账的行为，又将未入账的资金直接拆借给他人，事后再补办了部分贷款手续。虽其行为发生在1998年至1999年间，至今刑法已对违法发放贷款罪和吸收客户资金不入账罪作了大幅修订，但就谢某某的行为性质而言，刑法修订后仍具有较大的探讨意义。

（一）《刑法修正案（六）》前本案罪名的规定和适用

用账外客户资金非法拆借、发放贷款罪是1997年刑法修订时增设的罪名。1997年《刑法》第187条第1款的规定，"银行或其他金融机构的工作人员以牟利为目的，采取吸收客户资金不入账的方式，将资金用于非法拆借、发放贷款，造成重大损失的，处五年以下有期徒刑或者拘役，并处二万元以下二十万元以上罚金；造成特别重大损失的，处五年以上有期徒刑，并处五万元以上五十万元以下罚金"。根据上述规定，本罪的主体系特殊主体，即银行或其他金融机构的工作人员（单位犯罪的主体则为银行或其他金融机构）；主观上行为人必须以牟利为目的，如果不是以牟利为目的，比如非法拆借时并没有为个人或单位牟取利益，就不能构成本罪；客观上必须同时具备两个行为要件：一是采取了吸收客户资金不入账的行为，二是将客户资金用于非法拆借或者发放贷款。如果只是采取了吸收客户资金不入账的方式，但并没有用于非法拆借或者违法发放贷款，比如相关金融机构仅仅是为了逃避金融监管而将客户资金存放在单位法定账户之外的其他由该单位控制的账户，并没有用于拆借或放贷，就不能构成本罪。另外，构成本罪还必须造成重大损失。根据2001年4月18日颁布的最高人民检察院、公安部《关于公安机关管辖的刑事案件立案追诉标准》（以下简称《追诉标准》）第35条的规定，个人用账外客户资金非法拆借、发放贷款，造成直接经济损失数额在50万元以上的（单位犯罪则要求造成直接经济损失数额在100万元以上），才能达到构成用账外客户资金非法拆借、发放贷款罪的数额标准。

从上述案例来看，被告人谢某某系高邮市某信用社农业信贷员，属于金融机构工作人员，符合本罪的主体要件。谢某某采取"体外循环"、"私开存款单"等手段，将客户的人民币存款170万元未记本单位客户储蓄账户，直接划入高邮市某工程有限公司银行账户，供姜某某、裔某某使用，一方面采取了吸收客户资金不入账的手段，另一方面将客户资金用于非法拆借、发放贷款，符合构成本罪的客观行为要件。谢某某在发放贷款中获取非法收入，并收受收款人给予的西服、皮鞋、灯具等财物，符合以牟利为目的的主观要件。谢某某向姜某某等人非法贷出170万元后，姜某某等人仅还款20余万元，至案件判决时信用社仍有140余万元无法追回，明显超过了50万元的追诉标准，造成了重大损失。综上，法院认定被告人谢某某的行为构成用账外客户资金非法拆借、发放贷款罪是完全适当的。

需要注意的是，2001年《追诉标准》中对于本罪中构成"重大损失"给出了明确的数额标准，但并无司法解释对于"特别重大损失"给予明确的界定，而本案中140余万元的损失金额只是2001年《追诉标准》的2~3倍，在"特别重大损失"数额标准不明的情况下，法院只将其认定为重大损失，在有期徒刑5年以下量刑是慎重和适当的。

（二）《刑法修正案（六）》后本案罪名的规定和适用

2006年6月颁布的《刑法修正案（六）》第14条，对于1997年刑法设立的用账外客户资金非法拆借、发放贷款罪的内容作出了重大调整。本罪被重新表述为："银行或其他金融机构的工作人员吸收客户资金不入账，数额巨大或者造成重大损失的，处五年以下有期徒刑或者拘役，并处二万元以下二十万元以上罚金；数额特别巨大或者造成特别重大损失的，处五年以上有期徒刑，并处五万元以上五十万元以下罚金。"依据这一规定，现行刑法作出了以下几方面的重大改变：

一是主观要件的调整，原先规定的"以牟利为目的"这一主观要件被取消，这就意味着个人或单位无论是否是以牟利为目的的，都可以构成本罪。

二是客观要件的调整，原先的刑法规定是一种双行为要件，既要求吸收客户资金不入账，又要求具有非法拆借或者违法发放贷款的行为，而现行刑法则取消了非法拆借或者发放贷款这一行为要件，也就是说只要行为人实施了吸收客户资金不入账的行为，就已符合构成本罪的客观行为要件。

三是将本罪由结果犯调整为情节犯（或结果犯）。依据原先的规定，构成本罪必须造成重大损失，而现行刑法则调整为数额巨大或者造成重大损失，这就意味着即使吸收客户资金不入账的行为没有造成重大损失，但只要其未入账的客户资金数额巨大，同样可以构成本罪。

显然，《刑法修正案（六）》对于用账外客户资金非法拆借、发放贷款罪的上述调整，明显降低了该罪的入罪门槛，扩大了对于吸收客户资金不入账行为的刑事打击范围，刑事打击的核心更集中于吸收客户资金不入账这一行为本身，而不再纠缠于实施这一行为的主观目的、资金用途和损失结果。根据这一修订，原先确定的"用账外客户资金非法拆借、发放贷款罪"这一罪名本身也已不合适了。为此，最高人民法院、最高人民检察院于2007年8月通过相关确定罪名的补充规定，将该罪的罪名更改为"吸收客户资金不入账罪"。

值得注意的是，2010年颁布的《追诉标准（二）》，对于原先的2001年《追诉标准》也作出了以下重大调整：一是与《刑法修正案（六）》的上述调整相适应，增加规定了数额巨大的标准，即吸收客户资金不入账，数额在100万元以上的即可入罪；二是降低了造成重大损失的数额标准，将原先规定的50万元调整为20万元；三是改变了原先将单位犯罪数额标准高于个人犯罪的格局，将单位犯罪与个人犯罪的数额标准同一化，也就是说，原先单位犯罪需要达到直接经济损失100万元的数额标准降低为20万元。

如果是从现行刑法的视角来分析上述案例，也就是说，将上述案例的案发时间变更为当下，被告人谢某某采取"体外循环"、"私开存款单"等手段，将客户的人民币存款170万元未记本单位客户储蓄账户，在不需考虑行为人主观目的、资金用途和损失结果的情况下，这一行为本身就足以构成吸收客户资金不入账罪。

还需要注意的是，如果上述案例是在2010年《追诉标准（二）》之后发生的，依据新的标准，损失达到20万元即可入罪，而本案的损失超过140余万元，是新的重大损失标准的7倍。根据当前的司法实践，可以考虑认定造成了特别重大损失，对于谢某某就应当在5年以上有期徒刑的范围内量刑。

（三）本罪与其他相关罪名的界分

1. 吸收客户资金不入账罪及挪用资金（公款）罪的区分

1997年刑法新增了用账外客户资金非法拆借、违法发放贷款罪以后，如何将该罪与挪用犯罪相关区分就成为学界和司法实务部门一个颇有争议的问题，这一争议一直延续至今。关于两罪如何区分，总的来看，有如下几种观点：

第一种观点是将客户对资金未入账的情况事先是否明知作为区分标准。本文注意到，在 2001 年 1 月《全国法院审理金融犯罪案件工作座谈会纪要》中曾规定，"要注意将用账外客户资金非法拆借、违法发放贷款行为与挪用公款罪和挪用资金罪区分开来。对于利用职务上的便利，挪用已经记入金融机构法定存款账户的客户资金归个人使用的，或者吸收客户资金不入账，却给客户开具银行存单，客户也认为将款已存入银行，该款却被行为人以个人名义借贷给他人的，均应认定为挪用公款罪或者挪用资金罪"。据此，有一类观点认为，如果客户明知资金未入账，而允许金融机构对外拆借或放贷等，就可以考虑以吸收客户资金不入账罪定性，如果金融机构是在客户完全不知情的情况下使用未入账资金，则不能认定吸收客户资金不入账罪，而应考虑以挪用犯罪定性。本文认为，这类观点实际上是对上述座谈会纪要的精神作了机械化和绝对化的理解。如果客户对于其资金并未进入金融机构法定账户，而是直接被用于体外牟利的情况，是事先明知并且同意的，这往往意味着客户可以从中获取更多的可期待利益，这实质上就是客户与金融机构或其工作人员之间达成了一个意图规避金融监管的非法委托理财协议，金融机构及其工作人员的行为实际只是在执行与客户之间达成的协议，尽管这种协议是非法的。在这种情况下，对于金融机构工作人员的行为的确不应当以挪用犯罪予以追究，而只能考虑以吸收客户资金不入账罪定性。

但是，在客户不知情的情况下，却不能只考虑以挪用犯罪定性，而将吸收客户资金不入账罪予以排除。因为客户对于资金未入账情况的是否知情并同意，只是成为是否可以适用认定挪用犯罪的一个障碍，但不应作为可否适用吸收客户资金不入账罪的障碍。吸收客户资金不入账，如果在客户知情的情况下可以构成，但在其不知情的情况下，也就是情节更为恶劣的情况下却反而不能构成，无论如何是说不通的。因此，在客户不知情的前提下，在行为要件同时符合的情况下，吸收客户资金不入账罪与挪用犯罪是存在交集的，应从一重罪认定。

第二种观点是将资金是否进入金融机构的法定账目作为二罪的区分标准。如果进入了法定账目，再把资金拆借或放贷等，就可考虑挪用犯罪，如果未进入法定账目，则不能认定为挪用犯罪，可考虑以吸收客户资金不入账罪定性。本文认为，客户资金是否进入法定账目并不能成为区分上述两罪的理由。客户资金未进法定账目，既可能构成吸收客户资金不入账罪，也可能构成挪用资金罪，否则，在客户不知情的前提下，行为人可以轻而易举地同时规避两罪的适用。上文所述的座谈会纪要，也已确定在客户误以为资金已进入法定账目的情况下，可以构成挪用犯罪。

第三种观点是将金融机构是否须对客户资金的损失负责作为区分二者的标准。如果客户事先明知不入账，则金融机构不须对损失负责，如果客户事先不明知，则金融机构需要直接负责。本文认为，这一类观点实际是对上述第一种观点在某种程度上作了延伸。事实上，无论客户是否事先明知，金融机构都须对客户承担相应的责任。至于责任的大小，在理论上是一个较为复杂的问题，在实践中则更为复杂，难以区分。有时客户事先是知情的，但金融机构仍赔付得很到位，有时客户事先并不知情，但金融机构却也是只肯以垫付的形式偿还一部分资金。因此这样一种区分标准很可能会使两个罪名的区分变得更为复杂、混乱，缺乏实际意义。

综上，本文认为，吸收客户资金不入账罪与挪用资金罪并不存在一个彼此绝对不相容的界分，应当在承认二者存在竞合关系的情况下，对于非竞合的部分作出必要的区分。对此可以简要地作以下阐述：其一，在客户明知未入账的情况下，一般宜认定吸收客户资金不入账罪，而不宜认定为挪用犯罪；其二，在客户不明知未入账的情况下，如果同时符合两罪的构成要件，则两者间成立想象竞合关系，应以量刑更重的罪名认定。

2. 吸收客户资金不入账罪与背信运用受托财产罪的区分

背信运用受托财产罪是《刑法修正案（六）》新增的罪名，《刑法修正（六）》颁布之后，如何将其与吸收客户资金不入账罪相区分，又成为一个颇有争议的问题。背信运用受托财产罪只能是单位犯，但吸收客户资产不入账罪也可以是单位犯罪，因此两者的区分都是在单位犯的前提下展开的。

一种观点认为，背信运用受托财产罪，只是针对金融机构的委托理财业务，不适用于其他情况，而吸收客户资金不入账罪则是指客户的一般存款。本文认为，背信运用受托财产罪，只要是在客户与金融机构之间存在通过委托或信托关系，皆可成立，即使是一般的客户存款，其与银行之间也存在着委托关系，将该罪只局限于委托理财业务是没有任何依据的。另外，吸收客户资金不入账罪，也完全可以包括客户基于委托理财关系而交付的资金，将这一部分予以排除同样也没有任何依据。

另一种观点认为，区分二者的关键在于客户资金是否进入金融机构的法定账户。进入了法定账户，只能考虑定背信运用受托财产罪，没有进法定账户，则不能适用背信运用受托财产罪，可以考虑以吸收客户资金不入账罪定性。本文认为，本罪的实质在于是否违背了相关责任和义务使用了客户资产，至于资金是否进入法定账户不应成为构成背信运用受托财产罪的障碍，否则，如果某银行将30万元客户资金纳入法定账户，再背信将其非法使用，可以构成背信运用受托财产罪，而该银行若向某客户出示虚假存单，未将50万元客户资金纳入法定账户，再背信将该资金非法使用，对于这种更为恶劣、社会危害性更大的行为，却反而不能作为犯罪处理（根据《追诉标准二》，擅自运用客户资金达30万元的，即可构成背信运用受托财产罪，而吸收客户资金不入账的资金数额达100万元才可构成吸收客户资金不入账罪）。上述逻辑的结论显然是荒谬的。

综上，本文认为，即使客户资金没有进入法定账户，只要符合背信运用受托财产罪相关行为要件和数额标准，同样可以予以认定。这就意味着：吸收客户资金不入账罪与背信运用受托财产罪之间也不存在一个彼此绝对不相容的界分，二者同样存在交集。如果同时符合两罪的构成要件，则两者间同样成立想象竞合关系，应以量刑更重的罪名认定。

（整理人：肖　亮）

二十二、违规出具金融票证罪

案例 51：周某某非法出具金融票证案
——违规出具金融票证罪的立法演变及适用难点分析

一、基本情况

案　　由：非法出具金融票证

被告人：周某某，女，汉族，1964 年 11 月 12 日出生于四川省合江县，初中文化，系合江县某信用合作社会计，住合江县先滩人民法庭宿舍，因本案于 2000 年 8 月 2 日被公安机关刑事拘留，同年 9 月 8 日经检察机关批准，由公安机关逮捕。

二、诉辩主张

（一）人民检察院指控事实

被告人周某某于 1997 年 3 月违反规定给熊某某（已判刑）提供盖有本单位业务章和会计、出纳人员印章的整存整取定期储蓄空白存单三张，熊某某将其中一张虚填金额人民币 150 万元（以下币种均为"人民币"）的存单为重庆某特种防盗门窗厂在重庆市渝北区龙溪信用社贷款 90 万元作质押担保，被告人擅自以某信用社名义，在"存款单质押借款监督保证书"上加盖本单位业务专用章等为其核押。后因该厂倒闭造成贷款逾期不能收回，造成经济损失 100 余万元。案发后，被告人周某某于 1999 年 7 月 9 日主动到公安局投案自首。

（二）被告人辩解及辩护人辩护意见

被告人周某某对检察机关所控非法出具金融票证的事实已作供认。辩护人以本案属结果犯，由于证明主债务人重庆某实业有限公司和重庆某防盗门窗厂所供执行财产的证据不足，次债务人某信用社被冻结款项尚未被人民法院依法执行，故被告人非法出具金融票证的行为所直接造成的经济损失尚不能确定，加之被告人在案发后有投案自首的表现，建议对本案中止审理，对被告人周某某取保候审。

三、人民法院认定事实和证据　　　　　　　　　　　　>>

（一）认定犯罪事实

经人民法院公开审理查明：

被告人周某某于1997年3月受其好友熊某某（已判刑）之求，违反规定向熊某某提供盖有合江县某信用合作社业务专用章和会计周某某、出纳王某某私章印鉴的某信用社整存整取定期储蓄空白存单三张。熊某某将三张存单虚构填入巨额金额，并将虚填金额150万元的存单一张，为重庆某特种防盗门窗厂（以下简称防盗门窗厂）在重庆市渝北区龙溪信用合作社贷款作质押担保。龙溪信用社经办人李某某和贷款方人员关某及担保人熊某某等人到合江县先滩镇对此笔存款进行核实时，被告人擅自以某信用社名义，在"存款单质押借款监督保证书"上，加盖某信用社业务专用章等印鉴为其核押。同年4月28日，龙溪信用社和防盗门窗厂及熊某某签订质押借款合同。合同约定，1997年4月28日龙溪信用社向防盗门窗厂提供贷款90万元，月利率11.76‰，限于1998年4月28日归还。同时，中外合资重庆某实业有限公司（以下简称某公司）为此贷款出具书面保证。

防盗门窗厂贷得90万元后，支付利息至1998年3月20日。合同期满防盗门窗厂未清偿本金和支付利息，某公司亦未履行保证责任。质押贷款的存单到期后花溪信用社到合江县某信用分社取款，该社说明无此笔存款事实。龙溪信用社便于1999年向重庆第一中级人民法院起诉，该院判决防盗门窗厂、某公司共同偿还龙溪信用社借款本金90万元并支付利息（自1998年3月21日至同年4月28日止，按利率11.76‰计算，从1998年4月29日起至付清本金日止，按商业银行同期逾期贷款利率计算）；某信用社和熊某某共同对上述一项规定被告人不能清偿借款本息时承担补充赔偿责任。对此判决，某信用社不服，提出上诉，经重庆市高级人民法院于2000年7月终审判决，驳回上诉，维持原判。

龙溪信用社向法院申请执行，重庆市第一中级人民法院依法于2000年10月向某公司和防盗门窗厂邮寄送达执行通知书和传票，均因两单位去向不明未能送达。经查两单位已两年未到重庆市工商局年检，工商部门吊销其营业执照；熊某某已因贷款诈骗罪被处无期徒刑。该院于 2000 年 11 月向合江县某信用社发出执行通知书，并冻结该社存款 943263 万元。

案发后，被告人周某某于 1999 年 7 月 9 日主动到合江县公安局投案自首。

（二）认定犯罪证据

上述事实有以下证据证明：

（1）证人熊某某证言，证明被告人给其盖有印鉴的空白存单，用此存单为防盗门窗厂质押贷款，龙溪信用社等到先滩找被告人核保等情节。

（2）证人李某某证言，证明熊某某以 150 万元金额的存单质押贷款和去先滩找被告人核保的情节。

（3）从龙溪信用社复印在案的书证，证明防盗门窗厂以其车辆、设备计 96.8 万元之物资作抵押，申请贷款 90 万元，并由某公司书面担保，熊某某提供 150 万元存单质押担保，被告人对此存单盖印核保的情况。

（4）从重庆市第一中级人民法院复印在案的（1999）渝一中经初字第 285 号民事判决书和（1999）渝高法经一终字第 161 号民事判决书，证明应由某公司和防盗门窗厂共同清偿 90 万元借款本息，并由熊某某、某信用社承担补充赔偿责任的事实。

（5）从某信用社复印之书证，证明该社被重庆市第一中级人民法院冻结存款 94.3263 万元的事实。

（6）从重庆市建行观音桥支行复印书证，证明防盗门窗厂的车辆、设备，已于 1998 年 10 月被折价抵偿给原债权人观音桥支行的事实。

（7）从重庆市第一中级人民法院复印材料和夏某某证言，证明某公司和防盗门窗厂经查下落不明，无法查证其债权债务情况。

（8）从重庆市工商局复印书证，证明某公司注册资金 1730 万元，防盗门窗厂注册资金 92 万元，但此两单位已两年未年检，决定吊销营业执照的情况。

（9）被告人周某某于 1999 年 7 月 9 日供述，证明被告人非法出具金融票证后投案自首情节。

四、判案理由

人民法院认为，被告人周某某对上述非法出具金融票证的事实及证据无异议，但以本案造成经济损失的后果尚未确定为由辩解。辩护人亦以认定被告人之行为造成经济损失的事实部分证据不足为由提出非议。经辩证质证认为，防盗门窗厂的财产 1998 年已被执行，某公司注册资金虽多，但已两年未到工商部门年检而被吊销营业执照，且两单位现去向不明，致龙溪信用社出贷本息受到实际损失。重庆市第一中级人民法院已对某信用社的存款采取了冻结措施，虽尚未最终执行，但在主债务人防盗门窗厂和某公司下落不明的情况下，作为次债务人的某信用社依法应承担补充赔偿责任。无论是龙溪信用社的贷款造成损失，还是某信用社履行偿债责任后造成经济损失，已为本案现实经济损失，对此事实有基本证据在案佐证，故对被告人及辩护人关于本案经济损失后果证据不足之辩解和辩护理由不能成立，不予采纳。

被告人周某某身为金融部门的工作人员，违反规定向他人提供盖有本单位印鉴的空白存单，由他人虚填存款金额后替人质押贷款，骗取其他金融单位贷款造成重大经济损失的行为，已构成非法出具金融票证罪。人民检察院指控被告人周某某非法出具金融票证的犯罪事实及罪名成立，予以支持。本案是属结果犯罪类型，被告人非法出具金融票证的行为，已造成金融单位 90 万元贷款的本息损失，所致经济损失重大，但鉴于其在案发后具有自首情节，从轻处罚。

五、定案结论 　　》》

人民法院依照《中华人民共和国刑法》第 188 条第 1 款、第 67 条第 1 款之规定，判决如下：

被告人周某某犯违规出具金融票证罪，判处有期徒刑 6 年。

六、法理解说 　　》》

本案系破坏金融秩序类案中的违规出具金融票证罪案件。1979 年《刑法》没有设立违规出具金融票证罪，对于银行或其他金融机构工作人员违规出具金融票证的行为，一般只能按照一般违法行为处理。如果造成严重后果，且当事人主体身份符合法律规定时，则以玩忽职守罪予以处罚。本案发生于 1997 年 3 月，也就是我国 1997 年刑法正式生效（1997 年 10 月 1 日）以前，因此，如何看待被告人违规出具金融票证的行为，如何准确适用法律，需要对于违规出具金融票证罪的立法源起、罪名的演变、新旧刑法的对比及适用、该案被告人的罪名确定和法律适用问题进行研究和探讨。

（一）违规出具金融票证罪的源起

违规出具金融票证罪作为一个独立的罪名，始见于全国人大常委会 1995 年通过的《关于惩治破坏金融秩序犯罪的决定》（以下简称《决定》），该《决定》第 15 条专门规定，"银行或者其他金融机构的工作人员违反规定为他人出具信用证或者其他保函、票据、资信证明,造成较大损失的,处五年以下有期徒刑或者拘役;造成重大损失的,处五年以上有期徒刑"。《决定》也将单位纳入本罪主体范围之内。可见,我国在社会主义计划经济体制时代,由于政治经济体制和机制的原因,1979年《刑法》并没有设置有关破坏金融秩序类犯罪的章节,同时,也没有将违规出具金融票证行为纳入刑法调整范围。

随着我国由计划经济体制向社会主义市场经济体制转轨后,民事、商事活动和金融服务也逐步增加,金融的作用发挥越来越明显,市场化程度越来越高。金融机构为发挥其在市场经济中的特有作用,不断拓展各类金融中间业务和服务业务,金融中介服务内容和形式不断拓展和规范。但由于其在社会转型时期的社会管理和金融管理滞后等问题,涉及资金量很大的金融服务领域很容易成为犯罪分子作案的重要目标。各种各样的假借金融信用,甚至金融机构工作人员与犯罪分子相互勾结,单独或共同窃取金融机构或客户资金的行为,越来越多地成为金融领域犯罪的手段之一。为维护金融管理秩序,惩治破坏各类金融秩序的犯罪行为,全国人民代表大会常务委员会于1995年6月30日颁布了《关于惩治破坏金融秩序犯罪的决定》,对各类破坏金融秩序的犯罪行为进行了规定,其中包括违规出具金融票证行为。这是我国第一次以立法形式将非法出具金融票证的行为纳入刑法调整的范围,不过《决定》当时所确定的罪名为"非法出具金融票证罪",而不是"违规出具金融票证罪"

1997年,全国人民代表大会对1979年《刑法》进行全面修订,将该《决定》规定的金融犯罪的罪名全部吸收在1997年《刑法》分则第三章"破坏社会主义市场经济秩序罪"的第四节"破坏金融管理秩序罪"和第五节"金融诈骗罪"之中,并以第188条规定明确了非法出具金融票证罪,为惩处这种严重破坏金融管理和秩序的危害性行为提供了刑法依据。2006年,全国人大常委会又以《中华人民共和国刑法修正案(六)》对非法出具金融票证罪作出修订,将原条文中规定的"造成较大损失"入罪标准修订为"情节严重",量刑跨档标准由"造成重大损失"修改为"情节特别严重"。随后,最高人民法院、最高人民检察院《关于执行〈中华人民共和国刑法〉确定罪名的补充规定(三)》将本罪罪名由"非法出具金融票证"变更为"违规出具金融票证罪"。从该罪的发展演变来看,无论是罪名变更,还是客观方面由"造成较大损失"向"情节严重"的变化,该罪名的适用范围在扩大,打击力度也在加大,体现了国家对金融管理秩序维护的高度重视。

(二)违规出具金融票证罪的犯罪构成要件分析

根据2006年修订后的《刑法》第188条的规定,违规出具金融票证罪,是指银行或者其他金融机构及其工作人员,违反规定为他人出具信用证或者其他保函、票据、存单、资信证明，情节严重的行为。该罪的主体是特殊主体，且仅限于银行或者其他金融机构及其工作人员。从出具对象来看，银行或者其他金融机构及其工作人员出具金融票证，如果不是为他人，而是为自己，或者是为他人违规出具以后，双方共同占有其非法所得，对于该行为是仅仅认定为违规出具金融票证罪，还是应当认定为贪污、职务侵占等职务犯罪，或是作为金融诈骗犯罪的共犯处理，需要根据案件事实和证据进行具体分析确定。

本罪在主观方面是既可以是故意，也可以是过失。在故意犯罪中，不仅包括间接故意，也包括直接故意。因为在《刑法修正案（六）》后，本罪的罪过评价对象已不再是"损失结果"，而应是"行为的违规性"，即行为人对于自己是否非法出具了金融票证的态度，而不是对非法出具金融票证所造成的较大损失结果的态度，造成较大损失只是客观处罚条件之一。如果是明知自己的行为会造成重大损害结果而故意为之，则可能还触犯贪污、票据诈骗等罪名。本罪侵犯的客体是复杂客体，即国家金融票证管理制度和金融机构的信誉及财产利益。本罪在客观上表现为银行或者其他金融机构的工作人员违反规定，为他人出具信用证或者其他保函、票据、存单、资信证明，情节严重的行为。

（三）本案中关于新旧刑法的适用问题

我国《刑法》第12条第1款规定："中华人民共和国成立以后本法施行以前的行为，如果当时的法律不认为是犯罪的，适用当时的法律；如果当时的法律认为是犯罪的，依照本法总则第四章第八节的规定应当追诉的，按照当时的法律追究刑事责任，但是如果本法不认为是犯罪或者处刑较轻的，适用本法。"我国《刑法》采用的是从旧兼从轻的时间效力原则。当犯罪行为、法律适用和处罚跨越两部刑事法律时，如何具体适用法律和处罚，需要对刑法的时间效力问题进行研究。本案被告人非法出具金融票证的行为发生在1997年《刑法》施行以前，而本案案发和被追究刑事责任是在1997年《刑法》施行以后。按1995年全国人大常委会通过的《关于惩治破坏金融秩序犯罪的决定》和修订后的1997年《刑法》，本案被告人非法出具金融票证的行为都构成犯罪，都应受到刑事处罚。依照《刑法》第12条第1款的规定，本着从旧兼从轻的原则，本案被告人的犯罪行为应适用其行为当时的刑事法律，即全国人民代表大会常务委员会《关于惩治破坏金融秩序犯罪的决定》第15条第1款的规定，法院依照该规定对被告人以非法出具金融票证罪定罪量刑是准确的。

（四）关于本案的犯罪对象

犯罪对象是指犯罪行为直接作用的具体物或者人，如果犯罪对象不同，往往案件性质也会不同。根据1997年《刑法》第188条的规定，非法出具金融票证罪，是指银行或者其他金融机构及其工作人员违反规定，为他人出具信用证或者其他保函、票据、存单、资信证明等，造成较大损失的行为。从该罪名法条的字面理解，犯罪对象是金融票证。所谓金融票证，是指金融机构出具的具有货币流通作用的票据和资信作用的证明文书，具体包括票据、信用证、保函、存单和资信证明等。本案被告人违规向他人提供的是盖有本单位印鉴的空白存单，由他人虚填存款金额后替人质押贷款，骗取其他金融单位贷款，犯罪对象应属于刑法规定的金融票证。

出具金融票证，必须是违反了有关规定，包括违反法律、法规、规章等。经济犯罪都是法定犯，如果不符合刑法的明文规定，是不能按照犯罪处理的。当违反经济法律、法规达到一定程度触犯刑律才构成犯罪。违法违规出具金融票证罪也不例外。司法实务争议较大的是，存款证明和银行对账单能否成为本罪的犯罪对象。根据法律规定和银行相关规章，存款证明尚不是法定的金融票证，而是银行或者其他金融机构及其工作人员设计的具有资信作用的证明文书，从本质上来看，它是一种银行内部文件，有存单的某些属性，同时，也与资信证明相似、更为相近，可以理解为广义上的金融票证。因此，本文认为，在司法实务和办案过程，可以根据案件事实和证据情况，也将存款证明纳入违规出具金融票证罪的犯罪对象范围，从而将违规出具金融票证罪的犯罪对象扩展为信用证或者其他保函、票据、存单、资信证明及"存款证明"等。但银行对账单，只是银行提供给客户反映客户账户资金往来的一种提示性凭证，并不具备结算或证明功能。换言之，银行对账单的记载不能证明账户内确实存在相应资金，更不是银行对相应资金的保证或证明。因此，银行对账单不应属于违规出具金融票罪的犯罪对象。

（五）关于本案的犯罪情节

根据《决定》和1997年《刑法》规定，非法出具金融票证罪在量刑档次上分为"较大损失"和"重大损失"两种，造成较大损失的，处五年以下有期徒刑或者拘役；造成重大损失的，处五年以上有期徒刑。因此，《刑法修正案（六）》之前，非法出具金融票证罪是结果犯，造成较大损失是必备犯罪情节和构成要件。如果未造成较大损失的，其行为不构成犯罪，也不应追究其刑事责任。然而，较大和重大损失的具体适用标准，被告人作案时《决定》没有具体的规定，也没有相应司法解释，在司法实务中较难把握。当时立法背景下，非法出具金融票证罪的定量标准，一般参照最高人民检察院《关于人民检察院直接受理立案侦查案件立案标准的规定（试行）》对玩忽职守罪造成重大损失规定中的经济损失的标准。根据该规定，"直接经济损失三十万元以上，间接经济损失超过一百万元"就应当立案追诉。本案被告人的行为已超过这一标准，属于造成较大损失。

本案认定中，还需要注意的是被告人非法出具金融票证的行为是否实际造成了经济损失。虽然被告人行为时立法还没有对损失作出具体规定，但可以明确的是，如果被告人的行为已经给单位造成了经济损失，只是因司法程序上的问题使该损失从时间上来讲尚未实际发生，并不能否认损失成立。正如该案的判决所陈述，无论是龙溪信用社的贷款造成损失，还是某信用社履行偿债责任后造成经济损失，已为本案现实经济损失，对此事实有基本证据在案佐证，故对被告人及辩护人关于本案经济损失后果证据不足之辩解和辩护理由不能成立。当然，《刑法修正案（六）》实施以后，非法出具金融票证罪变更为违规出具金融票证罪，且不再以是否"造成较大损失"作为构成要件，而是以"情节严重"或"特别严重"为标准。2010年5月最高人民检察院、公安部《关于公安机关管辖的刑事案件立案追诉标准的规定（二）》第44条规定"银行或者其他金融机构及其工作人员违反规定，为他人出具信用证或者其他保函、票据、存单、资信证明，涉嫌下列情形之一的，应予立案追诉：（一）违反规定为他人出具信用证或者其他保函、票据、存单、资信证明，数额在一百万元以上的；（二）违反规定为他人出具信用证或者其他保函、票据、存单、资信证明，造成直接经济损失数额在二十万元以上的；（三）多次违规出具信用证或者其他保函、票据、存单、资信证明的；（四）接受贿赂违规出具信用证或者其他保函、票据、存单、资信证明的；（五）其他情节严重的情形"。至此，相关的司法解释已对本罪的"情节严重"或"特别严重"的标准作了明确。本案如发生当下，适用现行刑法规定也已构成违规出具金融票证罪。

（整理人：郭宝合）

二十三、洗 钱 罪

案例52：张某洗钱案
——洗钱罪主、客观要件之认定

一、基本情况

案　由：洗钱

被告人：张某，男，1974年5月5日出生，大专文化，原系A投资咨询有限公司总经理、B投资管理合伙企业投资部经理，2009年11月11日因涉嫌洗钱案被公安机关取保候审。

二、诉辩主张

（一）人民检察院指控事实

检察机关在起诉中指控的主要犯罪事实如下：

被告人张某于2008年6月至2009年5月，在担任A投资咨询有限公司（以下简称A公司）总经理和B投资管理合伙企业（以下简称B企业）投资部经理期间，明知黄某（已判决）所控制的公司从事非法经营和非法集资活动，在与黄某商定后，采用B企业招募私募基金的名义非法集资，并通过A公司与B企业签订虚假《委托理财协议》的方式，将被害人汇入B企业在某银行的托管账户内的人民币2645万元资金套出，再利用A公司以及另一家公司，通过俞某某、林某某及其本人的银行账户提现337万元，协助转账2308万元（其中1200万元用于炒股盈利，408万元出借牟利至今未还）。

此外，被告人张某还于2007年11月至2009年5月，帮助黄某将其控制的其他公司的集资诈骗资金853万元，协助转账及提现等。

上述协助转账、提现、套现的资金共计 3498 万元，均被黄某等人用于个人购买房产、车辆及消费等。

被告人张某于 2009 年 11 月 11 日向公安机关投案。

（二）被告人辩解及辩护人辩护意见

被告人及辩护人对起诉指控的事实和证据均无异议。

三、人民法院认定事实和证据

（一）认定犯罪事实

人民法院经公开审理查明：

被告人张某于 2008 年 6 月至 2009 年 5 月，在担任 A 公司总经理和 B 企业投资部经理期间，明知黄某所控制的公司从事非法集资活动，经与黄某共谋，通过 A 公司和 B 企业签订虚假《委托理财协议》的方式，将被害人汇入 B 企业在某银行托管账户内的 2645 万元资金套出，再通过 A 公司以及另一家公司，通过俞某某、林某某及其本人的银行账户提现 337 万元、协助转账 2308 万元。

被告人张某协助黄某转账、提现、套现的上述集资诈骗资金共计 3498 万余元。

被告人张某于 2009 年 11 月 11 日向公安机关投案，并在接受司法机关讯问时如实供述，还当庭表示愿将其名下的三套房产予以退赔，以弥补造成的经济损失。

（二）认定犯罪证据

上述事实有以下证据证明：

1. 书证

相关公司账册、合同、《委托理财协议》及银行凭证等书证。

2. 证人证言

证人俞某某、郭某、黄某某、肖某某、刘一、刘二、杨某某、常某某、沈某某、李某某、黄某、张某某、郭某某、李某等人的证言。

3. 鉴定意见

司法鉴定意见书。

4. 被告人供述

被告人张某对上述犯罪事实供认不讳。

四、判案理由

人民法院认为，被告人张某明知黄某控制的钱款系破坏金融管理秩序或金融诈骗犯罪所得，仍以提供资金账户、协助转账、提现等方式，帮助黄某转移资金3498万余元，其行为已构成洗钱罪，且情节严重，应依法判处5年以上10年以下有期徒刑，并处洗钱数额5%以上20%以下罚金，检察机关指控的罪名成立，依法予以支持。鉴于张某主动投案，并如实供述所犯罪行，具有自首情节，庭审时自愿认罪，且具有自愿退赔的悔罪表现，故依法对张某减轻处罚，并适用缓刑。

五、定案结论

人民法院依照《中华人民共和国刑法》第191条第1款第1项、第2项、第3项、第64条、第67条、第72条之规定，判决如下：

1. 被告人张某犯洗钱罪，判处有期徒刑3年，缓刑4年，并处罚金人民币175万元；

2. 被告人张某的违法所得予以没收。

六、法理解说

为依法有效惩治洗钱犯罪，维护金融秩序、保障金融安全，2006年6月29日《刑法修正案（六）》第16条将洗钱罪的上游犯罪扩展至破坏金融管理秩序犯罪和金融诈骗犯罪，将《刑法》第191条第1款修改为："明知是毒品犯罪、黑社会性质的组织犯罪、恐怖活动犯罪、走私犯罪、贪污贿赂犯罪、破坏金融管理秩序犯罪、金融诈骗犯罪的所得及其产生的收益，为掩饰、隐瞒其来源和性质，有下列行为之一的，没收实施以上犯罪的所得及其产生的收益，处五年以下有期徒刑或者拘役，并处或者单处洗钱数额百分之五以上百分之二十以下罚金；情节严重的，处五年以上十年以下有期徒刑，并处洗钱数额百分之五以上百分之二十以下罚金：（一）提供资金账户的；（二）协助将财产转换为现金、金融票据、有价证券的；（三）通过转账或者其他结算方式协助资金转移的；（四）协助将资金汇往境外的；（五）以其他方法掩饰、隐瞒犯罪所得及其收益的来源和性质的。"张某洗钱一案，系适用《刑法修正案（六）》办理的洗钱犯罪案件。下面结合案例对洗钱罪的主客观要件予以分析。

对于洗钱罪构成要件的理解，应当注意以下两个方面的问题：

第一，在主观方面，行为人应当明知自己的行为是在为犯罪违法所得掩饰、隐瞒其来源和性质而故意为之，并希望这种结果发生。"明知"是成立本罪的主观要件，但在理解"明知"的内容时，存在"一切犯罪所得及收益"、"概括的上游犯罪所得及收益"以及"具体的上游犯罪所得及收益"等不同意见。① "一切犯罪所得及收益"的意见认为，只要明知是犯罪所得，不论是哪些犯罪所得，都可以构成本罪，这种观点明显混淆了洗钱罪与掩饰、隐瞒犯罪所得收益罪的界限；"具体的上游犯罪所得及收益"认为，只有明确知晓具体的上游犯罪类型的，才能构成本罪，则显得过于机械。如果行为人的认识内容与客观事实仍属同一犯罪构成的情况，如行为人认为是贪污所得，而实际上是金融诈骗所得，行为人应当仍然构成洗钱罪，并不影响故意犯罪既遂的成立。

本文认为，"概括的上游犯罪所得及其收益"的观点具有合理性，即行为人对属于刑法规定上游犯罪的所得及其收益具有概括性认识即可构成洗钱罪的"明知"。2009 年 11 月 11 日起施行的最高人民法院《关于审理洗钱等刑事案件具体应用法律若干问题的解释》（以下简称《解释》），实际上采用了这一观点。《解释》第 1 条第 3 款规定："被告人将刑法第一百九十一条规定的某一上游犯罪的犯罪所得及其收益误认为刑法第一百九十一条规定的上游犯罪范围内的其他犯罪所得及其收益的，不影响刑法第一百九十一条规定的'明知'的认定。"该条第 2 款还规定，对于下列情形，除有证据证明确实不知道的之外，可以认定行为人对犯罪所得及其收益具有主观上的"明知"：（1）知道他人从事犯罪活动，协助转换或者转移财物的；（2）没有正当理由，通过非法途径协助转换或者转移财物的；（3）没有正当理由，以明显低于市场的价格收购财物的；（4）没有正当理由，协助转换或者转移财物，收取明显高于市场的"手续费"的；（5）没有正当理由，协助他人将巨额现金散存于多个银行账户或者在不同银行账户之间频繁划转的；（6）协助近亲属或者其他关系密切的人转换或者转移与其职业或者财产状况明显不符的财物的；（7）其他可以认定行为人明知的情形。

第二，在客观方面，《刑法》第 191 条明确规定了五种行为方式：（1）提供资金账户，即为犯罪人开设银行资金账户或者将现有的银行资金账户提供给犯罪人使用；（2）协助将财产转为现金或者金融票据，既包括将实物转换为现金或者金融票据，也包括将现金转换为金融票据或者将金融票据转换成现金，还包括将此种现金转换为彼种现金（如将人民币转换为美元），将此种金

---

① 陈兴良：《协助他人掩饰毒品犯罪所得行为之定性研究——以汪照洗钱案为例的分析》，载《北方法学》2009 年第 4 期。

融票据转换为彼种金融票据（如将中国金融机构出具的票据转换为外国金融机构出具的票据）；（3）通过转账或者其他结算方式协助资金转移；（4）协助将资金汇往境外；（5）以其他方法掩饰、隐瞒犯罪所得及其收益的来源和性质，如将犯罪所得投资某种行业、购买不动产等。《解释》第2条在刑法规定之外，另行明确了应依法追究刑事责任的下列洗钱行为：（1）通过典当、租赁、买卖、投资等方式，协助转移、转换犯罪所得及其收益的；（2）通过与商场、饭店、娱乐场所等现金密集型场所的经营收入相混合的方式，协助转移、转换犯罪所得及其收益的；（3）通过虚构交易、虚设债权债务、虚假担保、虚报收入等方式，协助将犯罪所得及其收益转换为"合法"财物的；（4）通过买卖彩票、奖券等方式，协助转换犯罪所得及其收益的；（5）通过赌博方式，协助将犯罪所得及其收益转换为赌博收益的；（6）协助将犯罪所得及其收益携带、运输或者邮寄出入境的；（7）通过前述规定以外的协助转移、转换犯罪所得及其收益的。

此外，在司法实践中，判断行为人是否直接参与上游犯罪，也是审查案件的重点之一。如果有证据证明行为人共谋并实施上游犯罪的，应依法认定其成立相应的上游犯罪的共犯；对于在实施上游犯罪过程中认识到财物的来源和性质的，应坚持主、客观相一致的原则，认定行为性质和犯罪数额；洗钱行为同时构成掩饰、隐瞒犯罪所得、犯罪所得收益罪或者窝藏、转移、隐瞒毒赃罪的，依照处罚较重的规定定罪处罚。

本案中，被告人张某在明确知晓黄某进行非法集资等金融犯罪活动的情况下，仍然与其合谋，假借投资理财之名，通过签订虚假的《委托理财协议》，设置虚假的投资项目，将违法所得3498万元从银行托管的账户划出后，分散存入多个企业和个人的银行账户，供黄某提取、套取资金，主观上具有明知为犯罪所得掩饰、隐瞒来源和性质之故意，客观上实施了协助转移、转换犯罪所得之行为，符合《刑法》第191条规定的主、客观要件，构成洗钱罪。

（整理人：陆　川）

第三部分

办案依据

刑法及相关司法解释类编

▶ **刑法第一百七十条 【伪造货币罪】** 伪造货币的，处三年以上十年以下有期徒刑，并处五万元以上五十万元以下罚金；有下列情形之一的，处十年以上有期徒刑、无期徒刑或者死刑，并处五万元以上五十万元以下罚金或者没收财产：

（一）伪造货币集团的首要分子；

（二）伪造货币数额特别巨大的；

（三）有其他特别严重情节的。

1. 最高人民检察院、公安部《关于公安机关管辖的刑事案件立案追诉标准的规定（二）》（2010 年 5 月 7 日）（节录）

第十九条 伪造货币，涉嫌下列情形之一的，应予立案追诉：

（一）伪造货币，总面额在二千元以上或者币量在二百张（枚）以上的；

（二）制造货币版样或者为他人伪造货币提供版样的；

（三）其他伪造货币应予追究刑事责任的情形。

本规定中的"货币"是指流通的以下货币：

（一）人民币（含普通纪念币、贵金属纪念币）、港元、澳门元、新台币；

（二）其他国家及地区的法定货币。

贵金属纪念币的面额以中国人民银行授权中国金币总公司的初始发售价格为准。

2. 最高人民法院《关于审理伪造货币等案件具体应用法律若干问题的解释》（2000 年 4 月 20 日）（节录）

第一条 伪造货币的总面额在二千元以上不满三万元或者币量在二百张（枚）以上不足三千张（枚）的，依照刑法第一百七十条的规定，处三年以上十年以下有期徒刑，并处五万元以上五十万元以下罚金。

伪造货币的总面额在三万元以上的，属于"伪造货币数额特别巨大"。

行为人制造货币版样或者与他人事前通谋，为他人伪造货币提供版样的，依照刑法第一百七十条的规定定罪处罚。

第七条 本解释所称"货币"是指可在国内市场流通或者兑换的人民币和境外货币。

货币面额应当以人民币计算，其他币种以案发时国家外汇管理机关公布的外汇牌价折算成人民币。

3. 最高人民法院《关于审理伪造货币等案件具体应用法律若干问题的解释（二）》（2010 年 11 月 20 日）

为依法惩治伪造货币、变造货币等犯罪活动，根据刑法有关规定和近一个时期的司法实践，就审理此类刑事案件具体应用法律的若干问题解释如下：

第一条 仿照真货币的图案、形状、色彩等特征非法制造假币，冒充真币的行为，应当认定为刑法第一百七十条规定的"伪造货币"。

对真货币采用剪贴、挖补、揭层、涂改、移位、重印等方法加工处理，改变真币形态、价值的行为，应当认定为刑法第一百七十三条规定的"变造货币"。

第二条 同时采用伪造和变造手段，制造真伪拼凑货币的行为，依照刑法第一百七十条的规定，以伪造货币罪定罪处罚。

第三条 以正在流通的境外货币为对象的假币犯罪，依照刑法第一百七十条至第一百七十三条的规定定罪处罚。

假境外货币犯罪的数额，按照案发当日中国外汇交易中心或者中国人民银行授权机构公布的人民币对该货币的中间价折合成人民币计算。中国外汇交易中心或者中国人民银行授权机构未公布汇率中间价的境外货币，按照案发当日境内银行人民币对该货币的中间价折算成人民币，或者该货币在境内银行、国际外汇市场对美元汇率，与人民币对美元汇率中间价进行套算。

第四条 以中国人民银行发行的普通纪念币和贵金属纪念币为对象的假币犯罪，依照刑法第一百七十条至第一百七十三条的规定定罪处罚。

假普通纪念币犯罪的数额，以面额计算；假贵金属纪念币犯罪的数额，以贵金属纪念币的初始发售价格计算。

第五条 以使用为目的，伪造停止流通的货币，或者使用伪造的停止流通的货币的，依照刑法第二百六十六条的规定，以诈骗罪定罪处罚。

第六条 此前发布的司法解释与本解释不一致的，以本解释为准。

4. 最高人民法院、最高人民检察院、公安部《关于严厉打击假币犯罪活动的通知》（2009 年 9 月 15）

各省、自治区、直辖市高级人民法院、人民检察院、公安厅、局，新疆维吾尔自治区高级人民法院生产建设兵团分院，新疆生产建设兵团人民检察院、公安局：

近年来，全国公安司法机关始终把严厉打击假币犯罪作为一项重要任务，依法查处了一大批假币犯罪案件，打击了一大批假币犯罪分子，为维护人民币信誉和国家金融管理秩序，保护广大群众切身利益作出了重要贡献。但是，由于各方面因素的影响，当前假币犯罪形势仍然十分严峻，发案量居高不下，犯罪手段越来越隐蔽，查处难度越来越大。为了依法严厉打击假币犯罪，有效遏制假币犯罪活动的蔓延，现就有关工作要求通知如下：

一、统一思想，提高认识。假币犯罪严重影响国家金融秩序和经济安全，侵害群众利益，破坏社会稳定，影响国家形象。世界各国无不对假币犯罪特别重视，严厉打击。特别是在国际金融危机影响不断加深加剧，人民币国际化已经迈出实质性步伐的背景下，严厉打击假币犯罪，意义特别重大。各地公安司法机关要进一步统一思想，提高认识，深刻认识到假币犯罪的严重危害性，把反假币工作作为一项十分重要的任务，始终摆在突出位置抓紧抓好。

二、密切配合，强化合力。在办理假币犯罪案件中，各地公安机关、人民检察院、人民法院要加强协调配合，及时沟通情况，形成打击合力，提高工作成效。公安机关要主动加强与检察机关的沟通，重大案件请检察机关提前介入；需要补充侦查的，要根据检察机关的要求尽快补充侦查。检察机关对公安机关立案侦查的假币犯罪案件，要及时介入，参加对重大案件的讨论，对案件的法律适用和证据的收集、固定等提出意见和建议。人民法院对于重大假币犯罪案件，要加强审理力量，依法快审快结。

根据刑事诉讼法的有关规定，假币犯罪案件的地域管辖应当遵循以犯罪地管辖为主，犯罪嫌疑人居住地管辖为辅的原则。假币犯罪案件中的犯罪地，既包括犯罪预谋地、行为发生地，也包括运输假币的途经地。假币犯罪案件中的犯罪嫌疑人居住地，不仅包括犯罪嫌疑人经常居住地和户籍所在地，也包括其临时居住地。几个公安机关都有权管辖的假币犯罪案件，由最初立案地或者主要犯罪地公安机关管辖；对管辖有争议或者情况特殊的，由共同的上级公安机关指定管辖。如需人民检察院、人民法院指定管辖的，公安机关要及时提出相关建议。经审查需要指定的，人民检察院、人民法院要依法指定管辖。

三、严格依法，从严惩处。各地公安司法机关办理假币犯罪案件要始终坚持依法严惩的原则，坚决杜绝以罚代刑、以拘代刑、重罪轻判、降格处理，充分发挥刑罚的震慑力。公安机关对于涉嫌假币犯罪的，必须依法立案，认真查证；对有证据证明有犯罪事实，可能判处徒刑以上刑罚的犯罪嫌疑人，要尽快提请批准逮捕并抓紧侦办，及时移送审查起诉。检察机关对于公安机关提请批准逮捕、移送审查起诉的假币犯罪案件，符合批捕、起诉条件的，要依法尽快予以批捕、起诉。共同犯罪案件中虽然有同案犯在逃，但对于有证据证明有犯罪事实的已抓获的犯罪嫌疑人，要依法批捕、起诉；对于确实需要补充侦查的案件，要制作具体、详细的补充侦查提纲。人民法院对于假币犯罪要依法从严惩处，对于假币犯罪累犯、惯犯、涉案假币数额巨大或者全部流入社会的犯罪分子，要坚决重判；对于伪造货币集团的首要分子、骨干分子，伪造货币数额特别巨大或有其他特别严重情节，罪行极其严重的犯罪分子，应当判处死刑的，要坚决依法判处死刑。上级法院要加强对下级法院审判工作的指导，保障依法及时正确审判假币犯罪案件。

四、强化宣传，营造声势。各地公安司法机关要选择典型案例，充分利用各种新闻媒体，采取多种形式，大力开展宣传教育工作，让广大群众充分认识假币犯罪的社会危害性和严重法律后果，自觉抵制并积极检举揭发假币违法犯罪活动，形成严厉打击假币犯罪的强大舆论声势。

各地接此通知后，请迅速传达至各基层人民法院、人民检察院、公安机关，并认真贯彻执行。执行中遇到的问题，请及时报最高人民法院、最高人民检察院、公安部。

5. 最高人民法院《全国法院审理金融犯罪案件工作座谈会纪要》（2001年1月21日）（节录）

（二）关于破坏金融管理秩序罪

2. 关于假币犯罪

假币犯罪的认定。假币犯罪是一种严重破坏金融管理秩序的犯罪。只要有证据证明行为人实施了出售、购买、运输、使用假币行为，且数额较大，就构成犯罪。伪造货币的，只要实施了伪造行为，不论是否完成全部印制工序，即构成伪造货币罪；对于尚未制造出成品，无法计算伪造、销售假币面额的，或者制造、销售用于伪造货币的版样的，不认定犯罪数额，依据犯罪情节决定刑罚。明知是伪造的货币而持有，数额较大，根据现有证据不能认定行为人是为了进行其他假币犯罪的，以持有假币罪定罪处罚；如果有证据证明其持有的假币已构成其他犯罪的，应当以其他假币犯罪定罪处罚。

假币犯罪罪名的确定。假币犯罪案件中犯罪分子实施数个相关行为的，在确定罪名时应把握以下原则：对同一宗假币实施了法律规定为选择性罪名的行为，应根据行为人所实施的数个行为，按相关罪名刑法规定的排序并列确定罪名，数额不累计计算，不实行数罪并罚。对不同宗假币实施法律规定为选择性罪名的行为，并列确定罪名，数额按全部假币面额累计计算，不实行数罪并罚。对同一宗假币实施了刑法没有规定为选择性罪名的数个犯罪行为，择一重罪从重处罚。如伪造货币或者购买假币后使用的，以伪造货币罪或者购买假币罪定罪，从重处罚。对不同宗假币实施了刑法没有规定为选择性罪名的数个犯罪行为，分别定罪，数罪并罚。

出售假币被查获部分的处理。在出售假币时被抓获的，除现场查获的假币认定为出售假币的犯罪数额外，现场之外在行为人住所或者其他藏匿地查获假币，亦应认定为出售假币的犯罪数额。但有证据证明证实后者是行为人有实施其他假币犯罪的除外。

制造或者出售伪造的台币行为的处理。对于伪造台币的，应当以伪造货币罪定罪处罚；出售伪造的台币的，应当以出售假币罪定罪处罚。

▶ **刑法第一百七十一条** 　【出售、购买、运输假币罪】出售、购买伪造的货币或者明知是伪造的货币而运输，数额较大的，处三年以下有期徒刑或者拘役，并处二万元以上二十万元以下罚金；数额巨大的，处三年以上十年以下有期徒刑，并处五万元以上五十万元以下罚金；数额特别巨大的，处十年以上有期徒刑或者无期徒刑，并处五万元以上五十万元以下罚金或者没收财产。

【金融工作人员购买假币、以假币换取货币罪】银行或者其他金融机构的工作人员购买伪造的货币或者利用职务上的便利，以伪造的货币换取货币的，处三年以上十年以下有期徒刑，并处二万元以上二十万元以下罚金；数额巨大或者有其他严重情节的，处十年以上有期徒刑或者无期徒刑，并处二万元以上二十万元以下罚金或者没收财产；情节较轻的，处三年以下有期徒刑或者拘役，并处或者单处一万元以上十万元以下罚金。

【伪造货币罪】伪造货币并出售或者运输伪造的货币的，依照本法第一百七十条的规定定罪从重处罚。

1. 最高人民检察院、公安部《关于公安机关管辖的刑事案件立案追诉标准的规定（二）》（2010年5月7日）（节录）

第二十条　[出售、购买、运输假币案（刑法第一百七十一条第一款）]出售、购买伪造的货币或者明知是伪造的货币而运输，总面额在四千元以上或者币量在四百张（枚）以上的，应予立案追诉。

在出售假币时被抓获的，除现场查获的假币应认定为出售假币的数额外，现场之外在行为人住所或者其他藏匿地查获的假币，也应认定为出售假币的数额。

第二十一条　[金融工作人员购买假币、以假币换取货币案（刑法第一百七十一条第二款）]银行或者其他金融机构的工作人员购买伪造的货币或者利用职务上的便利，以伪造的货币换取货币，总面额在二千元以上或者币量在二百张（枚）以上的，应予立案追诉。

2. 最高人民法院《关于审理伪造货币等案件具体应用法律若干问题的解释》（2000 年 4 月 20 日）（节录）

第二条　行为人购买假币后使用，构成犯罪的，依照刑法第一百七十一条的规定，以购买假币罪定罪，从重处罚。

行为人出售、运输假币构成犯罪，同时有使用假币行为的，依照刑法第一百七十一条、第一百七十二条的规定，实行数罪并罚。

第三条　出售、购买假币或者明知是假币而运输，总面额在四千元以上不满五万元的，属于"数额较大"；总面额在五万元以上不满二十万元的，属于"数额巨大"；总面额在二十万元以上的，属于"数额特别巨大"，依照刑法第一百七十一条第一款的规定定罪处罚。

第四条　银行或者其他金融机构的工作人员购买假币或者利用职务上的便利，以假币换取货币，总面额在四千元以上不满五万元或者币量在四百张（枚）以上不足五千张（枚）的，处三年以上十年以下有期徒刑，并处二万元以上二十万元以下罚金；总面额在五万元以上或者币量在五千张（枚）以上或者有其他严重情节的，处十年以上有期徒刑或者无期徒刑，并处二万元以上二十万元以下罚金或者没收财产；总面额不满人民币四千元或者币量不足四百张（枚）或者具有其他情节较轻情形的，处三年以下有期徒刑或者拘役，并处或者单处一万元以上十万元以下罚金。

第七条　本解释所称"货币"是指可在国内市场流通或者兑换的人民币和境外货币。

货币面额应当以人民币计算，其他币种以案发时国家外汇管理机关公布的外汇牌价折算成人民币。

3. 最高人民法院《关于农村合作基金会从业人员犯罪如何定性问题的批复》（2000 年 4 月 26 日）

农村合作基金会从业人员，除具有金融机构现职工作人员身份的以外，不属于金融机构工作人员。对其实施的犯罪行为，应当依照刑法的有关规定定罪处罚。

▶ **刑法第一百七十二条　【持有、使用假币罪】** 明知是伪造的货币而持有、使用，数额较大的，处三年以下有期徒刑或者拘役，并处或者单处一万元以上十万元以下罚金；数额巨大的，处三年以上十年以下有期徒刑，并处二万元以上二十万元以下罚金；数额特别巨大的，处十年以上有期徒刑，并处五万元以上五十万元以下罚金或者没收财产。

1. 最高人民检察院、公安部《关于公安机关管辖的刑事案件立案追诉标准的规定（二）》（2010 年 5 月 7 日）（节录）

第二十二条 ［持有、使用假币案（刑法第一百七十二条）］明知是伪造的货币而持有、使用，总面额在四千元以上或者币量在四百张（枚）以上的，应予立案追诉。

2. 最高人民法院《关于审理伪造货币等案件具体应用法律若干问题的解释》（2000 年 4 月 20 日）（节录）

第二条 行为人购买假币后使用，构成犯罪的，依照刑法第一百七十一条的规定，以购买假币罪定罪，从重处罚。

行为人出售、运输假币构成犯罪，同时有使用假币行为的，依照刑法第一百七十一条、第一百七十二条的规定，实行数罪并罚。

第五条 明知是假币而持有、使用，总面额在四千元以上不满五万元的，属于"数额较大"；总面额在五万元以上不满二十万元的，属于"数额巨大"；总面额在二十万元以上的，属于"数额特别巨大"，依照刑法第一百七十二条的规定定罪处罚。

第七条 本解释所称"货币"是指可在国内市场流通或者兑换的人民币和境外货币。

货币面额应当以人民币计算，其他币种以案发时国家外汇管理机关公布的外汇牌价折算成人民币。

▶ **刑法第一百七十三条** 【变造货币罪】变造货币，数额较大的，处三年以下有期徒刑或者拘役，并处或者单处一万元以上十万元以下罚金；数额巨大的，处三年以上十年以下有期徒刑，并处二万元以上二十万元以下罚金。

1. 最高人民检察院、公安部《关于公安机关管辖的刑事案件立案追诉标准的规定（二）》（2010 年 5 月 7 日）（节录）

第二十三条 ［变造货币案（刑法第一百七十三条）］变造货币，总面额在二千元以上或者币量在二百张（枚）以上的，应予立案追诉。

2. 最高人民法院《关于审理伪造货币等案件具体应用法律若干问题的解释》（2000 年 4 月 20 日）（节录）

第六条 变造货币的总面额在二千元以上不满三万元的，属于"数额较大"；总面额在三万元以上的，属于"数额巨大"，依照刑法第一百七十三条的规定定罪处罚。

第七条 本解释所称"货币"是指可在国内市场流通或者兑换的人民币和境外货币。

货币面额应当以人民币计算，其他币种以案发时国家外汇管理机关公布的外汇牌价折算成人民币。

3. 最高人民法院《关于审理伪造货币等案件具体应用法律若干问题的解释（二）》（2010 年 11 月 20 日）（节录）

第一条（第二款） 对真货币采用剪贴、挖补、揭层、涂改、移位、重印等方法加工处理，改变真币形态、价值的行为，应当认定为刑法第一百七十三条规定的"变造货币"。

▶ **刑法第一百七十四条** 【擅自设立金融机构罪】未经国家有关主管部门批准，擅自设立商业银行、证券交易所、期货交易所、证券公司、期货经纪公司、保险公司或者其他金融机构的，处三年以下有期徒刑或者拘役，并处或者单处二万元以上二十万元以下罚金；情节严重的，处三年以上十年以下有期徒刑，并处五万元以上五十万元以下罚金。

【伪造、变造、转让金融机构经营许可证、批准文件罪】 伪造、变造、转让商业银行、证券交易所、期货交易所、证券公司、期货经纪公司、保险公司或者其他金融机构的经营许可证或者批准文件的，依照前款的规定处罚。

单位犯前两款罪的，对单位判处罚金，并对其直接负责的主管人员和其他直接责任人员，依照第一款的规定处罚。

最高人民检察院、公安部《关于公安机关管辖的刑事案件立案追诉标准的规定（二）》（2010 年 5 月 7 日）（节录）

第二十四条　［擅自设立金融机构案（刑法第一百七十四条第一款）］未经国家有关主管部门批准，擅自设立金融机构，涉嫌下列情形之一的，应予立案追诉：

（一）擅自设立商业银行、证券交易所、期货交易所、证券公司、期货公司、保险公司或者其他金融机构的；

（二）擅自设立商业银行、证券交易所、期货交易所、证券公司、期货公司、保险公司或者其他金融机构筹备组织的。

第二十五条　［伪造、变造、转让金融机构经营许可证、批准文件案（刑法第一百七十四条第二款）］伪造、变造、转让商业银行、证券交易所、期货交易所、证券公司、期货公司、保险公司或者其他金融机构的经营许可证或者批准文件的，应予立案追诉。

▶ **刑法第一百七十五条　【高利转贷罪】** 以转贷牟利为目的，套取金融机构信贷资金高利转贷他人，违法所得数额较大的，处三年以下有期徒刑或者拘役，并处违法所得一倍以上五倍以下罚金；数额巨大的，处三年以上七年以下有期徒刑，并处违法所得一倍以上五倍以下罚金。

单位犯前款罪的，对单位判处罚金，并对其直接负责的主管人员和其他直接责任人员，处三年以下有期徒刑或者拘役。

最高人民检察院、公安部《关于公安机关管辖的刑事案件立案追诉标准的规定（二）》（2010 年 5 月 7 日）（节录）

第二十六条　［高利贷转贷案（刑法第一百七十五条）］以转贷牟利为目的，套取金融机构信贷资金高利转贷他人，涉嫌下列情形之一的，应予立案追诉：

（一）高利转贷，违法所得数额在十万元以上的；

（二）虽未达到上述数额标准，但两年内因高利转贷受过行政处罚二次以上，又高利转贷的。

▶ **刑法第一百七十五条之一　【骗取贷款、票据承兑、金融票证罪】** 以欺骗手段取得银行或者其他金融机构贷款、票据承兑、信用证、保函等，给银行或者其他金融机构造成重大损失或者有其他严重情节的，处三年以下有期徒刑或者拘役，并处或者单处罚金；给银行或者其他金融机构造成特别重大损失或者有其他特别严重情节的，处三年以上七年以下有期徒刑，并处罚金。

单位犯前款罪的，对单位判处罚金，并对其直接负责的主管人员和其他直接责任人员，依照前款的规定处罚。

最高人民检察院、公安部《关于公安机关管辖的刑事案件立案追诉标准的规定（二）》（2010 年 5 月 7 日）（节录）

第二十七条 ［骗取贷款、票据承兑、金融票证案（刑法第一百七十五条之一）］ 以欺骗手段取得银行或者其他金融机构贷款、票据承兑、信用证、保函等，涉嫌下列情形之一的，应予立案追诉：

（一）以欺骗手段取得贷款、票据承兑、信用证、保函等，数额在一百万元以上的；

（二）以欺骗手段取得贷款、票据承兑、信用证、保函等，给银行或者其他金融机构造成直接经济损失数额在二十万元以上的；

（三）虽未达到上述数额标准，但多次以欺骗手段取得贷款、票据承兑、信用证、保函等的；

（四）其他给银行或者其他金融机构造成重大损失或者有其他严重情节的情形。

▶ **刑法第一百七十六条 【非法吸收公众存款罪】** 非法吸收公众存款或者变相吸收公众存款，扰乱金融秩序的，处三年以下有期徒刑或者拘役，并处或者单处二万元以上二十万元以下罚金，数额巨大或者有其他严重情节的，处三年以上十年以下有期徒刑，并处五万元以上五十万元以下罚金。

单位犯前款罪的，对单位判处罚金，并对其直接负责的主管人员和其他直接责任人员，依照前款的规定处罚。

1. **最高人民检察院、公安部《关于公安机关管辖的刑事案件立案追诉标准的规定（二）》**（2010 年 5 月 7 日）（节录）

第二十八条 ［非法吸收公众存款案（刑法第一百七十六条）］ 非法吸收公众存款或者变相吸收公众存款，扰乱金融秩序，涉嫌下列情形之一的，应予立案追诉：

（一）个人非法吸收或者变相吸收公众存款数额在二十万元以上的，单位非法吸收或者变相吸收公众存款数额在一百万元以上的；

（二）个人非法吸收或者变相吸收公众存款三十户以上的，单位非法吸收或者变相吸收公众存款一百五十户以上的；

（三）个人非法吸收或者变相吸收公众存款给存款人造成直接经济损失数额在十万元以上的，单位非法吸收或者变相吸收公众存款给存款人造成直接经济损失数额在五十万元以上的；

（四）造成恶劣社会影响的；

（五）其他扰乱金融秩序情节严重的情形。

2. **最高人民法院《关于审理非法集资刑事案件具体应用法律若干问题的解释》**（2011 年 1 月 4 日）

为依法惩治非法吸收公众存款、集资诈骗等非法集资犯罪活动，根据刑法有关规定，现就审理此类刑事案件具体应用法律的若干问题解释如下：

第一条　违反国家金融管理法律规定，向社会公众（包括单位和个人）吸收资金的行为，同时具备下列四个条件的，除刑法另有规定的以外，应当认定为刑法第一百七十六条规定的"非法吸收公众存款或者变相吸收公众存款"：

（一）未经有关部门依法批准或者借用合法经营的形式吸收资金；

（二）通过媒体、推介会、传单、手机短信等途径向社会公开宣传；

（三）承诺在一定期限内以货币、实物、股权等方式还本付息或者给付回报；

（四）向社会公众即社会不特定对象吸收资金。

未向社会公开宣传，在亲友或者单位内部针对特定对象吸收资金的，不属于非法吸收或者变相吸收公众存款。

第二条　实施下列行为之一，符合本解释第一条第一款规定的条件的，应当依照刑法第一百七十六条的规定，以非法吸收公众存款罪定罪处罚：

（一）不具有房产销售的真实内容或者不以房产销售为主要目的，以返本销售、售后包租、约定回购、销售房产份额等方式非法吸收资金的；

（二）以转让林权并代为管护等方式非法吸收资金的；

（三）以代种植（养殖）、租种植（养殖）、联合种植（养殖）等方式非法吸收资金的；

（四）不具有销售商品、提供服务的真实内容或者不以销售商品、提供服务为主要目的，以商品回购、寄存代售等方式非法吸收资金的；

（五）不具有发行股票、债券的真实内容，以虚假转让股权、发售虚构债券等方式非法吸收资金的；

（六）不具有募集基金的真实内容，以假借境外基金、发售虚构基金等方式非法吸收资金的；

（七）不具有销售保险的真实内容，以假冒保险公司、伪造保险单据等方式非法吸收资金的；

（八）以投资入股的方式非法吸收资金的；

（九）以委托理财的方式非法吸收资金的；

（十）利用民间"会"、"社"等组织非法吸收资金的；

（十一）其他非法吸收资金的行为。

第三条　非法吸收或者变相吸收公众存款，具有下列情形之一的，应当依法追究刑事责任：

（一）个人非法吸收或者变相吸收公众存款，数额在20万元以上的，单位非法吸收或者变相吸收公众存款，数额在100万元以上的；

（二）个人非法吸收或者变相吸收公众存款对象30人以上的，单位非法吸收或者变相吸收公众存款对象150人以上的；

（三）个人非法吸收或者变相吸收公众存款，给存款人造成直接经济损失数额在10万元以上的，单位非法吸收或者变相吸收公众存款，给存款人造成直接经济损失数额在50万元以上的；

（四）造成恶劣社会影响或者其他严重后果的。

具有下列情形之一的，属于刑法第一百七十六条规定的"数额巨大或者有其他严重情节"：

（一）个人非法吸收或者变相吸收公众存款，数额在100万元以上的，单位非法吸收或者变相吸收公众存款，数额在500万元以上的；

（二）个人非法吸收或者变相吸收公众存款对象100人以上的，单位非法吸收或者变相吸收公众存款对象500人以上的；

（三）个人非法吸收或者变相吸收公众存款，给存款人造成直接经济损失数额在50万元以上的，单位非法吸收或者变相吸收公众存款，给存款人造成直接经济损失数额在250万元以上的；

（四）造成特别恶劣社会影响或者其他特别严重后果的。

非法吸收或者变相吸收公众存款的数额，以行为人所吸收的资金全额计算。案发前后已归还的数额，可以作为量刑情节酌情考虑。

非法吸收或者变相吸收公众存款，主要用于正常的生产经营活动，能够及时清退所吸收资金，可以免予刑事处罚；情节显著轻微的，不作为犯罪处理。

第四条　以非法占有为目的，使用诈骗方法实施本解释第二条规定所列行为的，应当依照刑法第一百九十二条的规定，以集资诈骗罪定罪处罚。

使用诈骗方法非法集资，具有下列情形之一的，可以认定为"以非法占有为目的"：

（一）集资后不用于生产经营活动或者用于生产经营活动与筹集资金规模明显不成比例，致使集资款不能返还的；

（二）肆意挥霍集资款，致使集资款不能返还的；

（三）携带集资款逃匿的；

（四）将集资款用于违法犯罪活动的；

（五）抽逃、转移资金、隐匿财产，逃避返还资金的；

（六）隐匿、销毁账目，或者搞假破产、假倒闭，逃避返还资金的；

（七）拒不交代资金去向，逃避返还资金的；

（八）其他可以认定非法占有目的的情形。

集资诈骗罪中的非法占有目的，应当区分情形进行具体认定。行为人部分非法集资行为具有非法占有目的的，对该部分非法集资行为所涉集资款以集资诈骗罪定罪处罚；非法集资共同犯罪中部分行为人具有非法占有目的，其他行为人没有非法占有集资款的共同故意和行为的，对具有非法占有目的的行为人以集资诈骗罪定罪处罚。

第五条　个人进行集资诈骗，数额在10万元以上的，应当认定为"数额较大"；数额在30万元以上的，应当认定为"数额巨大"；数额在100万元以上的，应当认定为"数额特别巨大"。

单位进行集资诈骗，数额在50万元以上的，应当认定为"数额较大"；数额在150万元以上的，应当认定为"数额巨大"；数额在500万元以上的，应当认定为"数额特别巨大"。

集资诈骗的数额以行为人实际骗取的数额计算，案发前已归还的数额应予扣除。行为人为实施集资诈骗活动而支付的广告费、中介费、手续费、回扣，或者用于行贿、赠与等费用，不予扣除。行为人为实施集资诈骗活动而支付的利息，除本金未归还可予折抵本金以外，应当计入诈骗数额。

第六条 未经国家有关主管部门批准，向社会不特定对象发行、以转让股权等方式变相发行股票或者公司、企业债券，或者向特定对象发行、变相发行股票或者公司、企业债券累计超过 200 人的，应当认定为刑法第一百七十九条规定的"擅自发行股票、公司、企业债券"。构成犯罪的，以擅自发行股票、公司、企业债券罪定罪处罚。

第七条 违反国家规定，未经依法核准擅自发行基金份额募集基金，情节严重的，依照刑法第二百二十五条的规定，以非法经营罪定罪处罚。

第八条 广告经营者、广告发布者违反国家规定，利用广告为非法集资活动相关的商品或者服务作虚假宣传，具有下列情形之一的，依照刑法第二百二十二条的规定，以虚假广告罪定罪处罚：

（一）违法所得数额在 10 万元以上的；

（二）造成严重危害后果或者恶劣社会影响的；

（三）二年内利用广告作虚假宣传，受过行政处罚二次以上的；

（四）其他情节严重的情形。

明知他人从事欺诈发行股票、债券，非法吸收公众存款，擅自发行股票、债券，集资诈骗或者组织、领导传销活动等集资犯罪活动，为其提供广告等宣传的，以相关犯罪的共犯论处。

第九条 此前发布的司法解释与本解释不一致的，以本解释为准。

▶ **刑法第一百七十七条** **【伪造、变造金融票证罪】** 有下列情形之一，伪造、变造金融票证的，处五年以下有期徒刑或者拘役，并处或者单处二万元以上二十万元以下罚金；情节严重的，处五年以上十年以下有期徒刑，并处五万元以上五十万元以下罚金；情节特别严重的，处十年以上有期徒刑或者无期徒刑，并处五万元以上五十万元以下罚金或者没收财产：

（一）伪造、变造汇票、本票、支票的；

（二）伪造、变造委托收款凭证、汇款凭证、银行存单等其他银行结算凭证的；

（三）伪造、变造信用证或者附随的单据、文件的；

（四）伪造信用卡的。

单位犯前款罪的，对单位判处罚金，并对其直接负责的主管人员和其他直接责任人员，依照前款的规定处罚。

1. 最高人民检察院、公安部《关于公安机关管辖的刑事案件立案追诉标准的规定（二）》（2010 年 5 月 7 日）（节录）

第二十九条 ［伪造、变造金融票证案（刑法第一百七十七条）］伪造、变造金融票

证,涉嫌下列情形之一的,应予立案追诉:

(一)伪造、变造汇票、本票、支票,或者伪造、变造委托收款凭证、汇款凭证、银行存单等其他银行结算凭证,或者伪造、变造信用证或者附随的单据、文件,总面额在一万元以上或者数量在十张以上的;

(二)伪造信用卡一张以上,或者伪造空白信用卡十张以上的。

2. 最高人民法院、最高人民检察院《关于办理妨害信用卡管理刑事案件具体应用法律若干问题的解释》(2009 年 12 月 3 日)(节录)

第一条 复制他人信用卡、将他人信用卡信息资料写入磁条介质、芯片或者以其他方法伪造信用卡 1 张以上的,应当认定为刑法第一百七十七条第一款第(四)项规定的"伪造信用卡",以伪造金融票证罪定罪处罚。

伪造空白信用卡 10 张以上的,应当认定为刑法第一百七十七条第一款第(四)项规定的"伪造信用卡",以伪造金融票证罪定罪处罚。

伪造信用卡,有下列情形之一的,应当认定为刑法第一百七十七条规定的"情节严重":

(一)伪造信用卡 5 张以上不满 25 张的;

(二)伪造的信用卡内存款余额、透支额度单独或者合计数额在 20 万元以上不满 100 万元的;

(三)伪造空白信用卡 50 张以上不满 250 张的;

(四)其他情节严重的情形。

伪造信用卡,有下列情形之一的,应当认定为刑法第一百七十七条规定的"情节特别严重":

(一)伪造信用卡 25 张以上的;

(二)伪造的信用卡内存款余额、透支额度单独或者合计数额在 100 万元以上的;

(三)伪造空白信用卡 250 张以上的;

(四)其他情节特别严重的情形。

本条所称"信用卡内存款余额、透支额度",以信用卡被伪造后发卡行记录的最高存款余额、可透支额度计算。

3.《中华人民共和国票据法》(2004 年 8 月 28 日)

第一百零二条 有下列票据欺诈行为之一的,依法追究刑事责任:

(一)伪造、变造票据的;

(二)故意使用伪造、变造的票据的;

(三)签发空头支票或者故意签发与其预留的本名签名式样或者印鉴不符的支票,骗取财物的;

(四)签发无可靠资金来源的汇票、本票,骗取资金的;

(五)汇票、本票的出票人在出票时作虚假记载,骗取财物的;

(六)冒用他人的票据,或者故意使用过期或者作废的票据,骗取财物的;

(七)付款人同出票人、持票人恶意串通,实施前六项所列行为之一的。

◉ **刑法第一百七十七条之一** 【**妨害信用卡管理罪**】有下列情形之一，妨害信用卡管理的，处三年以下有期徒刑或者拘役，并处或者单处一万元以上十万元以下罚金；数量巨大或者有其他严重情节的，处三年以上十年以下有期徒刑，并处二万元以上二十万元以下罚金：

（一）明知是伪造的信用卡而持有、运输的，或者明知是伪造的空白信用卡而持有、运输，数量较大的；

（二）非法持有他人信用卡，数量较大的；

（三）使用虚假的身份证明骗领信用卡的；

（四）出售、购买、为他人提供伪造的信用卡或者以虚假的身份证明骗领的信用卡的。

【**窃取、收买、非法提供信用卡信息罪**】窃取、收买或者非法提供他人信用卡信息资料的，依照前款规定处罚。

银行或者其他金融机构的工作人员利用职务上的便利，犯第二款罪的，从重处罚。

1. 全国人民代表大会常务委员会《关于〈中华人民共和国刑法〉有关信用卡规定的解释》（2004 年 12 月 29 日）

全国人民代表大会常务委员会根据司法实践中遇到的情况，讨论了刑法规定的"信用卡"的含义问题，解释如下：

刑法规定的"信用卡"，是指由商业银行或者其他金融机构发行的具有消费支付、信用贷款、转账结算、存取现金等全部功能或者部分功能的电子支付卡。

最高人民检察院、公安部《关于公安机关管辖的刑事案件立案追诉标准的规定（二）》（2010 年 5 月 7 日）（节录）

第三十条 ［妨害信用卡管理案（刑法第一百七十七条之一第一款）］妨害信用卡管理，涉嫌下列情形之一的，应予立案追诉：

（一）明知是伪造的信用卡而持有、运输的；

（二）明知是伪造的空白信用卡而持有、运输，数量累计在十张以上的；

（三）非法持有他人信用卡，数量累计在五张以上的；

（四）使用虚假的身份证明骗领信用卡的；

（五）出售、购买、为他人提供伪造的信用卡或者以虚假的身份证明骗领的信用卡的。

违背他人意愿，使用其居民身份证、军官证、士兵证、港澳居民往来内地通行证、台湾居民来往大陆通行证、护照等身份证明申领信用卡的，或者使用伪造、变造的身份证明申领信用卡的，应当认定为"使用虚假的身份证明骗领信用卡"。

第三十一条 ［窃取、收买、非法提供信用卡信息案（刑法第一百七十七条之一第二款）］窃取、收买或者非法提供他人信用卡信息资料，足以伪造可进行交易的信用卡，或者足以使他人以信用卡持卡人名义进行交易，涉及信用卡一张以上的，应予立案追诉。

2. 最高人民法院、最高人民检察院《关于办理妨害信用卡管理刑事案件具体应用法律若干问题的解释》（2009 年 12 月 3 日）（节录）

第二条　明知是伪造的空白信用卡而持有、运输 10 张以上不满 100 张的，应当认定为刑法第一百七十七条之一第一款第（一）项规定的"数量较大"；非法持有他人信用卡 5 张以上不满 50 张的，应当认定为刑法第一百七十七条之一第一款第（二）项规定的"数量较大"。

有下列情形之一的，应当认定为刑法第一百七十七条之一第一款规定的"数量巨大"：

（一）明知是伪造的信用卡而持有、运输 10 张以上的；

（二）明知是伪造的空白信用卡而持有、运输 100 张以上的；

（三）非法持有他人信用卡 50 张以上的；

（四）使用虚假的身份证明骗领信用卡 10 张以上的；

（五）出售、购买、为他人提供伪造的信用卡或者以虚假的身份证明骗领的信用卡 10 张以上的。

违背他人意愿，使用其居民身份证、军官证、士兵证、港澳居民往来内地通行证、台湾居民来往大陆通行证、护照等身份证明申领信用卡的，或者使用伪造、变造的身份证明申领信用卡的，应当认定为刑法第一百七十七条之一第一款第（三）项规定的"使用虚假的身份证明骗领信用卡"。

第三条　窃取、收买、非法提供他人信用卡信息资料，足以伪造可进行交易的信用卡，或者足以使他人以信用卡持卡人名义进行交易，涉及信用卡 1 张以上不满 5 张的，依照刑法第一百七十七条之一第二款的规定，以窃取、收买、非法提供信用卡信息罪定罪处罚；涉及信用卡 5 张以上的，应当认定为刑法第一百七十七条之一第一款规定的"数量巨大"。

第四条　为信用卡申请人制作、提供虚假的财产状况、收入、职务等资信证明材料，涉及伪造、变造、买卖国家机关公文、证件、印章，或者涉及伪造公司、企业、事业单位、人民团体印章，应当追究刑事责任的，依照刑法第二百八十条的规定，分别以伪造、变造、买卖国家机关公文、证件、印章罪和伪造公司、企业、事业单位、人民团体印章罪定罪处罚。

承担资产评估、验资、验证、会计、审计、法律服务等职责的中介组织或其人员，为信用卡申请人提供虚假的财产状况、收入、职务等资信证明材料，应当追究刑事责任的，依照刑法第二百二十九条的规定，分别以提供虚假证明文件罪和出具证明文件重大失实罪定罪处罚。

▶ **刑法第一百七十八条**　**【伪造、变造国家有价证券罪】**伪造、变造国库券或者国家发行的其他有价证券，数额较大的，处三年以下有期徒刑或者拘役，并处或者单处二万元以上二十万元以下罚金；数额巨大的，处三年以上十年以下有期徒刑，并处五万元以上五十万元以下罚金；数额特别巨大的，处十年以上有期徒刑或者无期徒刑，并处五万元以上五十万元以下罚金或者没收财产。

【伪造、变造股票、公司、企业债券罪】伪造、变造股票或者公司、企业债券，数额较大的，处三年以下有期徒刑或者拘役，并处或者单处一万元以上十万元以下罚金；数额巨大的，处三年以上十年以下有期徒刑，并处二万元以上二十万元以下罚金。

单位犯前两款罪的，对单位判处罚金，并对其直接负责的主管人员和其他直接责任人员，依照前两款的规定处罚。

最高人民检察院、公安部《关于公安机关管辖的刑事案件立案追诉标准的规定（二）》（2010年5月7日）（节录）

第三十二条　［伪造、变造国家有价证券案（刑法第一百七十八条第一款）］伪造、变造国库券或者国家发行的其他有价证券，总面额在二千元以上的，应予立案追诉。

第三十三条　［伪造、变造股票、公司、企业债券案（刑法第一百七十八条第二款）］伪造、变造股票或者公司、企业债券，总面额在五千元以上的，应予立案追诉。

▶ **刑法第一百七十九条**　**【擅自发行股票、公司、企业债券罪】**未经国家有关主管部门批准，擅自发行股票或者公司、企业债券，数额巨大、后果严重或者有其他严重情节的，处五年以下有期徒刑或者拘役，并处或者单处非法募集资金金额百分之一以上百分之五以下罚金。

单位犯前款罪的，对单位判处罚金，并对其直接负责的主管人员和其他直接责任人员，处五年以下有期徒刑或者拘役。

1. 最高人民检察院、公安部《关于公安机关管辖的刑事案件立案追诉标准的规定（二）》（2010年5月7日）（节录）

第三十四条　［擅自发行股票、公司、企业债券案（刑法第一百七十九条）］未经国家有关主管部门批准，擅自发行股票或者公司、企业债券，涉嫌下列情形之一的，应予立案追诉：

（一）发行数额在五十万元以上的；

（二）虽未达到上述数额标准，但擅自发行致使三十人以上的投资者购买了股票或者公司、企业债券的；

（三）不能及时清偿或者清退的；

（四）其他后果严重或者有其他严重情节的情形。

2. 最高人民法院《关于审理非法集资刑事案件具体应用法律若干问题的解释》（2010年12月13日）（节录）

第六条　未经国家有关主管部门批准，向社会不特定对象发行、以转让股权等方式变相发行股票或者公司、企业债券，或者向特定对象发行、变相发行股票或者公司、企业债券累计超过200人的，应当认定为刑法第一百七十九条规定的"擅自发行股票、公司、企业债券"。构成犯罪的，以擅自发行股票、公司、企业债券罪定罪处罚。

3. 最高人民法院、最高人民检察院、公安部、中国证券监督管理委员会《关于整治非法证券活动有关问题的通知》（2008年1月2日）（节录）

二、明确法律政策界限，依法打击非法证券活动

（一）关于公司及其股东向社会公众擅自转让股票行为的性质认定。《证券法》第十条第三款规定："非公开发行证券，不得采用广告、公开劝诱和变相公开方式。"国办发99

号文规定："严禁任何公司股东自行或委托他人以公开方式向社会公众转让股票。向特定对象转让股票，未依法报经证监会核准的，转让后，公司股东累计不得超过200人。"公司、公司股东违反上述规定，擅自向社会公众转让股票，应当追究其擅自发行股票的责任。公司与其股东合谋，实施上述行为的，公司与其股东共同承担责任。

（二）关于擅自发行证券的责任追究。未经依法核准，擅自发行证券，涉嫌犯罪的，依照《刑法》第一百七十九条之规定，以擅自发行股票、公司、企业债券罪追究刑事责任。未经依法核准，以发行证券为幌子，实施非法证券活动，涉嫌犯罪的，依照《刑法》第一百七十六条、第一百九十二条等规定，以非法吸收公众存款罪、集资诈骗罪等罪名追究刑事责任。未构成犯罪的，依照《证券法》和有关法律的规定给予行政处罚。

4.《中华人民共和国证券法》（2005年10月27日）（节录）

第一百八十八条 未经法定机关核准，擅自公开或者变相公开发行证券的，责令停止发行，退还所募资金并加算银行同期存款利息，处以非法所募资金金额百分之一以上百分之五以下的罚款；对擅自公开或者变相公开发行证券设立的公司，由依法履行监督管理职责的机构或者部门会同县级以上地方人民政府予以取缔。对直接负责的主管人员和其他直接责任人员给予警告，并处以三万元以上三十万元以下的罚款。

▶ **刑法第一百八十条** 【内幕交易、泄露内幕信息罪】证券、期货交易内幕信息的知情人员或者非法获取证券、期货交易内幕信息的人员，在涉及证券的发行，证券、期货交易或者其他对证券、期货交易价格有重大影响的信息尚未公开前，买入或者卖出该证券，或者从事与该内幕信息有关的期货交易，或者泄露该信息，或者明示、暗示他人从事上述交易活动，情节严重的，处五年以下有期徒刑或者拘役，并处或者单处违法所得一倍以上五倍以下罚金；情节特别严重的，处五年以上十年以下有期徒刑，并处违法所得一倍以上五倍以下罚金。

单位犯前款罪的，对单位判处罚金，并对其直接负责的主管人员和其他直接责任人员，处五年以下有期徒刑或者拘役。

内幕信息、知情人员的范围，依照法律、行政法规的规定确定。

【利用未公开信息交易罪】证券交易所、期货交易所、证券公司、期货经纪公司、基金管理公司、商业银行、保险公司等金融机构的从业人员以及有关监管部门或者行业协会的工作人员，利用因职务便利获取的内幕信息以外的其他未公开的信息，违反规定，从事与该信息相关的证券、期货交易活动，或者明示、暗示他人从事相关交易活动，情节严重的，依照第一款的规定处罚。

1. 最高人民检察院、公安部《关于公安机关管辖的刑事案件立案追诉标准的规定（二）》（2010年5月7日）（节录）

第三十五条 ［内幕交易、泄露内幕信息案（刑法第一百八十条第一款）］证券、期货交易内幕信息的知情人员、单位或者非法获取证券、期货交易内幕信息的人员、单位，在涉及证券的发行，证券、期货交易或者其他对证券、期货交易价格有重大影响的信息尚未公开前，买入或者卖出该证券，或者从事与该内幕信息有关的期货交易，或者泄露该信息，或者明示、暗示他人从事上述交易活动，涉嫌下列情形之一的，应予立案追诉：

（一）证券交易成交额累计在五十万元以上的；

（二）期货交易占用保证金数额累计在三十万元以上的；

（三）获利或者避免损失数额累计在十五万元以上的；

（四）多次进行内幕交易、泄露内幕信息的；

（五）其他情节严重的情形。

第三十六条 ［利用未公开信息交易案（刑法第一百八十条第四款）］证券交易所、期货交易所、证券公司、期货公司、基金管理公司、商业银行、保险公司等金融机构的从业人员以及有关监管部门或者行业协会的工作人员，利用因职务便利获取的内幕信息以外的其他未公开的信息，违反规定，从事与该信息相关的证券、期货交易活动，或者明示、暗示他人从事相关交易活动，涉嫌下列情形之一的，应予立案追诉：

（一）证券交易成交额累计在五十万元以上的；

（二）期货交易占用保证金数额累计在三十万元以上的；

（三）获利或者避免损失数额累计在十五万元以上的；

（四）多次利用内幕信息以外的其他未公开信息进行交易活动的；

（五）其他情节严重的情形。

2. 最高人民法院、最高人民检察院《关于办理内幕交易、泄露内幕信息刑事案件具体应用法律若干问题的解释》（2012 年 6 月 21 日）

为维护证券、期货市场管理秩序，依法惩治证券、期货犯罪，根据刑法有关规定，现就办理内幕交易、泄露内幕信息刑事案件具体应用法律的若干问题解释如下：

第一条 下列人员应当认定为刑法第一百八十条第一款规定的"证券、期货交易内幕信息的知情人员"：

（一）证券法第七十四条规定的人员；

（二）期货交易管理条例第八十五条第十二项规定的人员。

第二条 具有下列行为的人员应当认定为刑法第一百八十条第一款规定的"非法获取证券、期货交易内幕信息的人员"：

（一）利用窃取、骗取、套取、窃听、利诱、刺探或者私下交易等手段获取内幕信息的；

（二）内幕信息知情人员的近亲属或者其他与内幕信息知情人员关系密切的人员，在内幕信息敏感期内，从事或者明示、暗示他人从事，或者泄露内幕信息导致他人从事与该内幕信息有关的证券、期货交易，相关交易行为明显异常，且无正当理由或者正当信息来源的；

（三）在内幕信息敏感期内，与内幕信息知情人员联络、接触，从事或者明示、暗示他人从事，或者泄露内幕信息导致他人从事与该内幕信息有关的证券、期货交易，相关交易行为明显异常，且无正当理由或者正当信息来源的。

第三条 本解释第二条第二项、第三项规定的"相关交易行为明显异常"，要综合以下情形，从时间吻合程度、交易背离程度和利益关联程度等方面予以认定：

（一）开户、销户、激活资金账户或者指定交易（托管）、撤销指定交易（转托管）的时间与该内幕信息形成、变化、公开时间基本一致的；

（二）资金变化与该内幕信息形成、变化、公开时间基本一致的；

（三）买入或者卖出与内幕信息有关的证券、期货合约时间与内幕信息的形成、变化和公开时间基本一致的；

（四）买入或者卖出与内幕信息有关的证券、期货合约时间与获悉内幕信息的时间基本一致的；

（五）买入或者卖出证券、期货合约行为明显与平时交易习惯不同的；

（六）买入或者卖出证券、期货合约行为，或者集中持有证券、期货合约行为与该证券、期货公开信息反映的基本面明显背离的；

（七）账户交易资金进出与该内幕信息知情人员或者非法获取人员有关联或者利害关系的；

（八）其他交易行为明显异常情形。

第四条　具有下列情形之一的，不属于刑法第一百八十条第一款规定的从事与内幕信息有关的证券、期货交易：

（一）持有或者通过协议、其他安排与他人共同持有上市公司百分之五以上股份的自然人、法人或者其他组织收购该上市公司股份的；

（二）按照事先订立的书面合同、指令、计划从事相关证券、期货交易的；

（三）依据已被他人披露的信息而交易的；

（四）交易具有其他正当理由或者正当信息来源的。

第五条　本解释所称"内幕信息敏感期"是指内幕信息自形成至公开的期间。

证券法第六十七条第二款所列"重大事件"的发生时间，第七十五条规定的"计划"、"方案"以及期货交易管理条例第八十五条第十一项规定的"政策"、"决定"等的形成时间，应当认定为内幕信息的形成之时。

影响内幕信息形成的动议、筹划、决策或者执行人员，其动议、筹划、决策或者执行初始时间，应当认定为内幕信息的形成之时。

内幕信息的公开，是指内幕信息在国务院证券、期货监督管理机构指定的报刊、网站等媒体披露。

第六条　在内幕信息敏感期内从事或者明示、暗示他人从事或者泄露内幕信息导致他人从事与该内幕信息有关的证券、期货交易，具有下列情形之一的，应当认定为刑法第一百八十条第一款规定的"情节严重"：

（一）证券交易成交额在五十万元以上的；

（二）期货交易占用保证金数额在三十万元以上的；

（三）获利或者避免损失数额在十五万元以上的；

（四）三次以上的；

（五）具有其他严重情节的。

第七条 在内幕信息敏感期内从事或者明示、暗示他人从事或者泄露内幕信息导致他人从事与该内幕信息有关的证券、期货交易，具有下列情形之一的，应当认定为刑法第一百八十条第一款规定的"情节特别严重"：

（一）证券交易成交额在二百五十万元以上的；

（二）期货交易占用保证金数额在一百五十万元以上的；

（三）获利或者避免损失数额在七十五万元以上的；

（四）具有其他特别严重情节的。

第八条 二次以上实施内幕交易或者泄露内幕信息行为，未经行政处理或者刑事处理的，应当对相关交易数额依法累计计算。

第九条 同一案件中，成交额、占用保证金额、获利或者避免损失额分别构成情节严重、情节特别严重的，按照处罚较重的数额定罪处罚。

构成共同犯罪的，按照共同犯罪行为人的成交总额、占用保证金总额、获利或者避免损失总额定罪处罚，但判处各被告人罚金的总额应掌握在获利或者避免损失总额的一倍以上五倍以下。

第十条 刑法第一百八十条第一款规定的"违法所得"，是指通过内幕交易行为所获利益或者避免的损失。

内幕信息的泄露人员或者内幕交易的明示、暗示人员未实际从事内幕交易的，其罚金数额按照因泄露而获悉内幕信息人员或者被明示、暗示人员从事内幕交易的违法所得计算。

第十一条 单位实施刑法第一百八十条第一款规定的行为，具有本解释第六条规定情形之一的，按照刑法第一百八十条第二款的规定定罪处罚。

3. 最高人民法院、最高人民检察院、公安部、中国证监会《关于办理证券期货违法犯罪案件工作若干问题的意见》（2011 年 4 月 27 日）

为加强办理证券期货违法犯罪案件工作，完善行政执法与刑事司法的衔接机制，进一步依法有效惩治证券期货违法犯罪，提出如下意见：

一、证券监管机构依据行政机关移送涉嫌犯罪案件的有关规定，在办理可能移送公安机关查处的证券期货违法案件过程中，经履行批准程序，可商请公安机关协助查询、复制被调查对象的户籍、出入境信息等资料，对有关涉案人员按照相关规定采取边控、报备措施。证券监管机构向公安机关提出请求时，应当明确协助办理的具体事项，提供案件情况及相关材料。

二、证券监管机构办理证券期货违法案件，案情重大、复杂、疑难的，可商请公安机关就案件性质、证据等问题提出参考意见；对有证据表明可能涉嫌犯罪的行为人可能逃匿或者销毁证据的，证券监管机构应当及时通知公安机关；涉嫌犯罪的，公安机关应当及时立案侦查。

三、证券监管机构与公安机关建立和完善协调会商机制。证券监管机构依据行政机关移送涉嫌犯罪案件的有关规定，在向公安机关移送重大、复杂、疑难的涉嫌证券期货犯罪案件前，应当启动协调会商机制，就行为性质认定、案件罪名适用、案件管辖等问题进行会商。

四、公安机关、人民检察院和人民法院在办理涉嫌证券期货犯罪案件过程中，可商请证券监管机构指派专业人员配合开展工作，协助查阅、复制有关专业资料。证券监管机构可以根据司法机关办案需要，依法就案件涉及的证券期货专业问题向司法机关出具认定意见。

五、司法机关对证券监管机构随案移送的物证、书证、鉴定结论、视听资料、现场笔录等证据要及时审查，作出是否立案的决定；随案移送的证据，经法定程序查证属实的，可作为定案的根据。

六、证券监管机构依据行政机关移送涉嫌犯罪案件的有关规定向公安机关移交证据，应当制作证据移交清单，双方经办人员应当签字确认，加盖公章，相关证据随证据移交清单一并移交。

七、对涉众型证券期货犯罪案件，在已收集的证据能够充分证明基本犯罪事实的前提下，公安机关可在被调查对象范围内按一定比例收集和调取书证、被害人陈述、证人证言等相关证据。

八、以证券交易所、期货交易所、证券登记结算机构、期货保证金监控机构以及证券公司、期货公司留存的证券期货委托记录和交易记录、登记存管结算资料等电子数据作为证据的，数据提供单位应以电子光盘或者其他载体记录相关原始数据，并说明制作方法、制作时间及制作人等信息，并由复制件制作人和原始电子数据持有人签名或盖章。

九、发行人、上市公司或者其他信息披露义务人在证券监管机构指定的信息披露媒体、信息披露义务人或证券交易所网站发布的信息披露公告，其打印件或据此制作的电子光盘，经核对无误后，说明其来源、制作人、制作时间、制作地点等的，可作为刑事证据使用，但有其他证据证明打印件或光盘内容与公告信息不一致的除外。

十、涉嫌证券期货犯罪的第一审案件，由中级人民法院管辖，同级人民检察院负责提起公诉，地（市）级以上公安机关负责立案侦查。

4. 最高人民法院、最高人民检察院《关于贯彻执行〈关于办理证券期货违法犯罪案件工作若干问题的意见〉有关问题的通知》（2012 年 3 月 14 日）

各省、自治区、直辖市高级人民法院、人民检察院，解放军军事法院、军事检察院，新疆维吾尔自治区高级人民法院生产建设兵团分院、新疆生产建设兵团人民检察院：

最高人民法院、最高人民检察院、公安部、中国证监会《关于办理证券期货违法犯罪案件工作若干问题的意见》（证监发〔2011〕30 号，以下简称《意见》）已于 2011 年 12月下发各地执行。为正确适用《意见》，做好证券期货犯罪案件起诉审判工作，现就贯彻执行《意见》的有关问题通知如下：

一、《意见》第十条中的"证券期货犯罪"，是指刑法第一百六十条、第一百六十一条、第一百六十九条之一、第一百七十八条第二款、第一百七十九条、第一百八十条、第一百八十一条、第一百八十二条、第一百八十五条之一第一款规定的犯罪。

二、2012 年 1 月 1 日以后，证券期货犯罪的第一审案件，适用《意见》第十条的规定，由中级人民法院管辖，同级人民检察院负责提起公诉。

三、2011 年 12 月 31 日以前已经提起公诉的证券期货犯罪案件，不适用《意见》第十条关于级别管辖的规定。

四、各级人民法院、人民检察院在贯彻执行《意见》的过程中，应当注意总结办案经验，加强调查研究。对于贯彻执行过程中遇到的疑难问题，请及时报告最高人民法院、最高人民检察院。最高人民法院、最高人民检察院将在进一步总结司法审判经验的基础上，通过有关工作会议、司法文件、公布典型案例等方式，对证券期货犯罪案件司法审判工作加强指导，以更好地服务经济社会发展和依法惩处证券期货违法犯罪工作的需要。

5. 最高人民法院《关于审理证券行政处罚案件证据若干问题的座谈会纪要》（2011 年 7 月 13 日）

为进一步完善证券行政处罚案件的证据规则，推动证券监管机构依法行政，保护广大投资者合法权益，促进资本市场健康发展，最高人民法院对证券行政处罚案件证据运用中存在的突出问题进行了专题调研，在充分听取有关法院和部门意见并反复论证的基础上，根据《中华人民共和国行政诉讼法》、《中华人民共和国行政处罚法》和《中华人民共和国证券法》等法律规定，起草了证券行政处罚案件中有关证据问题的意见。2011 年 6 月 23 日，最高人民法院会同有关部门在北京召开专题座谈会，对证券行政处罚案件中有关证据审查认定等问题形成共识。现将有关内容纪要如下：

一、关于证券行政处罚案件的举证问题

会议认为，监管机构根据行政诉讼法第三十二条、《最高人民法院关于行政诉讼证据若干问题的规定》第一条的规定，对作出的被诉行政处罚决定承担举证责任。人民法院在审理证券行政处罚案件时，也应当考虑到部分类型的证券违法行为的特殊性，由监管机构承担主要违法事实的证明责任，通过推定的方式适当向原告、第三人转移部分特定事实的证明责任。

监管机构在听证程序中书面明确告知行政相对人享有提供排除其涉嫌违法行为证据的权利，行政相对人能够提供但无正当理由拒不提供，后又在诉讼中提供的，人民法院一般不予采纳。行政处罚相对人在行政程序中未提供但有正当理由，在诉讼中依照《最高人民法院关于行政诉讼证据若干问题的规定》提供的证据，人民法院应当采纳。

监管机构除依法向人民法院提供据以作出被诉行政处罚决定的证据和依据外，还应当提交原告、第三人在行政程序中提供的证据材料。

二、关于电子数据证据

会议认为，证券交易和信息传递电子化、网络化、无线化等特点决定电子交易信息、网络 IP 地址、通讯记录、电子邮件等电子数据证据在证券行政案件中至关重要。但由于电子数据证据具有载体多样，复制简单、容易被删改和伪造等特点，对电子数据证据的证据形式要求和审核认定应较其他证据方法更为严格。根据行政诉讼法第三十一条第一款第（三）项的规定，《最高人民法院关于行政诉讼证据若干问题的规定》第十二条、第六十四条的规定，当事人可以向人民法院提供电子数据证据证明待证事实，相关电子数据证据应当符合下列要求：

（一）无法提取电子数据原始载体或者提取确有困难的，可以提供电子数据复制件，但必须附有不能或者难以提取原始载体的原因、复制过程以及原始载体存放地点或者电子数据网络地址的说明，并由复制件制作人和原始电子数据持有人签名或者盖章，或者以公证等其他有效形式证明电子数据与原始载体的一致性和完整性。

（二）收集电子数据应当依法制作笔录，详细记载取证的参与人员、技术方法、步骤和过程，记录收集对象的事项名称、内容、规格、类别以及时间、地点等，或者将收集电子数据的过程拍照或录像。

（三）收集的电子数据应当使用光盘或者其他数字存储介质备份。监管机构为取证人时，应当妥善保存至少一份封存状态的电子数据备份件，并随案移送，以备法庭质证和认证使用。

（四）提供通过技术手段恢复或者破解的与案件有关的光盘或者其他数字存储介质、电子设备中被删除的数据、隐藏或者加密的电子数据，必须附有恢复或破解对象、过程、方法和结果的专业说明。对方当事人对该专业说明持异议，并且有证据表明上述方式获取的电子数据存在篡改、剪裁、删除和添加等不真实情况的，可以向人民法院申请鉴定，人民法院应予准许。

三、关于专业意见

会议认为，对被诉行政处罚决定涉及的专门性问题，当事人可以向人民法院提供其聘请的专业机构、特定行业专家出具的统计分析意见和规则解释意见；人民法院认为有必要的，也可以聘请相关专业机构、专家出具意见。

专业意见应当在法庭上出示，并经庭审质证。当事人可以申请人民法院通知出具相关意见的专业人员出庭说明，人民法院也可以通知专业人员出庭说明。专业意见之间相互矛盾的，人民法院可以组织专业人员进行对质。

人民法院应当根据案件的具体情况，从以下方面审核认定上述专业意见：（一）专业机构或者专家是否与本案有利害关系；（二）专业机构或者专家是否具有合法资质；（三）专业机构或者专家所得出的意见是否超出指定的范围，形式是否规范，内容是否完整，结论是否明确；（四）行政程序中形成的专业意见是否告知对方当事人，并听取对方当事人的质辩意见。

四、关于上市公司信息披露违法责任人的证明问题

会议认为，根据证券法第六十八条规定，上市公司董事、监事、高级管理人员对上市公司信息披露的真实性、准确性和完整性应当承担较其他人员更严格的法定保证责任。人民法院在审理证券法第一百九十三条违反信息披露义务行政处罚案件时，涉及对直接负责的主管人员和其他直接责任人员处罚的，应当区分证券法第六十八条规定的人员和该范围之外其他人员的不同责任标准与证明方式。

监管机构根据证券法第六十八条、第一百九十三条规定，结合上市公司董事、监事、高级管理人员与信息披露违法行为之间履行职责的关联程度，认定其为直接负责的主管人员或者其他直接责任人员并给予处罚，被处罚人不服提起诉讼的，应当提供其对该信息披露行为已尽忠实、勤勉义务等证据。

对上市公司董事、监事、高级管理人员之外的人员，监管机构认定其为上市公司信息披露违法行为直接负责的主管人员或者其他直接责任人员并给予处罚的，应当证明被处罚

人具有下列情形之一：（一）实际履行董事、监事和高级管理人员的职责，并与信息披露违法行为存在直接关联；（二）组织、参与、实施信息披露违法行为或直接导致信息披露违法。

五、关于内幕交易行为的认定问题

会议认为，监管机构提供的证据能够证明以下情形之一，且被处罚人不能作出合理说明或者提供证据排除其存在利用内幕信息从事相关证券交易活动的，人民法院可以确认被诉处罚决定认定的内幕交易行为成立：（一）证券法第七十四条规定的证券交易内幕信息知情人，进行了与该内幕信息有关的证券交易活动；（二）证券法第七十四条规定的内幕信息知情人的配偶、父母、子女以及其他有密切关系的人，其证券交易活动与该内幕信息基本吻合；（三）因履行工作职责知悉上述内幕信息并进行了与该信息有关的证券交易活动；（四）非法获取内幕信息，并进行了与该内幕信息有关的证券交易活动；（五）内幕信息公开前与内幕信息知情人或知晓该内幕信息的人联络、接触，其证券交易活动与内幕信息高度吻合。

6.《中华人民共和国证券法》（2005年10月27日）（节录）

第七十三条 禁止证券交易内幕信息的知情人和非法获取内幕信息的人利用内幕信息从事证券交易活动。

第七十四条 证券交易内幕信息的知情人包括：

（一）发行人的董事、监事、高级管理人员；

（二）持有公司百分之五以上股份的股东及其董事、监事、高级管理人员，公司的实际控制人及其董事、监事、高级管理人员；

（三）发行人控股的公司及其董事、监事、高级管理人员；

（四）由于所任公司职务可以获取公司有关内幕信息的人员；

（五）证券监督管理机构工作人员以及由于法定职责对证券的发行、交易进行管理的其他人员；

（六）保荐人、承销的证券公司、证券交易所、证券登记结算机构、证券服务机构的有关人员；

（七）国务院证券监督管理机构规定的其他人。

第七十五条 证券交易活动中，涉及公司的经营、财务或者对该公司证券的市场价格有重大影响的尚未公开的信息，为内幕信息。

下列信息皆属内幕信息：

（一）本法第六十七条第二款所列重大事件；

（二）公司分配股利或者增资的计划；

（三）公司股权结构的重大变化；

（四）公司债务担保的重大变更；

（五）公司营业用主要资产的抵押、出售或者报废一次超过该资产的百分之三十；

（六）公司的董事、监事、高级管理人员的行为可能依法承担重大损害赔偿责任；

（七）上市公司收购的有关方案；

（八）国务院证券监督管理机构认定的对证券交易价格有显著影响的其他重要信息。

第七十六条 证券交易内幕信息的知情人和非法获取内幕信息的人，在内幕信息公开前，不得买卖该公司的证券，或者泄露该信息，或者建议他人买卖该证券。

持有或者通过协议、其他安排与他人共同持有公司百分之五以上股份的自然人、法人、其他组织收购上市公司的股份，本法另有规定的，适用其规定。

内幕交易行为给投资者造成损失的，行为人应当依法承担赔偿责任。

7. 国务院《期货交易管理条例》（2007 年 4 月 15 日）（节录）

第七十三条 期货交易内幕信息的知情人或者非法获取期货交易内幕信息的人，在对期货交易价格有重大影响的信息尚未公开前，利用内幕信息从事期货交易，或者向他人泄露内幕信息，使他人利用内幕信息进行期货交易的，没收违法所得，并处违法所得 1 倍以上 5 倍以下的罚款；没有违法所得或者违法所得不满 10 万元的，处 10 万元以上 50 万元以下的罚款。单位从事内幕交易的，还应当对直接负责的主管人员和其他直接责任人员给予警告，并处 3 万元以上 30 万元以下的罚款。

国务院期货监督管理机构、期货交易所和期货保证金安全存管监控机构的工作人员进行内幕交易的，从重处罚。

第八十五条 本条例下列用语的含义：

（一）期货合约，是指由期货交易所统一制定的、规定在将来某一特定的时间和地点交割一定数量标的物的标准化合约。根据合约标的物的不同，期货合约分为商品期货合约和金融期货合约。商品期货合约的标的物包括农产品、工业品、能源和其他商品及其相关指数产品；金融期货合约的标的物包括有价证券、利率、汇率等金融产品及其相关指数产品。

（二）期权合约，是指由期货交易所统一制定的、规定买方有权在将来某一时间以特定价格买入或者卖出约定标的物（包括期货合约）的标准化合约。

（三）保证金，是指期货交易者按照规定标准交纳的资金，用于结算和保证履约。

（四）结算，是指根据期货交易所公布的结算价格对交易双方的交易盈亏状况进行的资金清算和划转。

（五）交割，是指合约到期时，按照期货交易所的规则和程序，交易双方通过该合约所载标的物所有权的转移，或者按照规定结算价格进行现金差价结算，了结到期未平仓合约的过程。

（六）平仓，是指期货交易者买入或者卖出与其所持合约的品种、数量和交割月份相同但交易方向相反的合约，了结期货交易的行为。

（七）持仓量，是指期货交易者所持有的未平仓合约的数量。

（八）持仓限额，是指期货交易所对期货交易者的持仓量规定的最高数额。

（九）仓单，是指交割仓库开具并经期货交易所认定的标准化提货凭证。

（十）涨跌停板，是指合约在 1 个交易日中的交易价格不得高于或者低于规定的涨跌幅度，超出该涨跌幅度的报价将被视为无效，不能成交。

（十一）内幕信息，是指可能对期货交易价格产生重大影响的尚未公开的信息，包括：国务院期货监督管理机构以及其他相关部门制定的对期货交易价格可能发生重大影响的政策，期货交易所做出的可能对期货交易价格发生重大影响的决定，期货交易所会员、客户的资金和交易动向以及国务院期货监督管理机构认定的对期货交易价格有显著影响的其他重要信息。

（十二）内幕信息的知情人员，是指由于其管理地位、监督地位或者职业地位，或者作为雇员、专业顾问履行职务，能够接触或者获得内幕信息的人员，包括：期货交易所的管理人员以及其他由于任职可获取内幕信息的从业人员，国务院期货监督管理机构和其他有关部门的工作人员以及国务院期货监督管理机构规定的其他人员。

▶ **刑法第一百八十一条** 【**编造并传播证券、期货交易虚假信息罪**】编造并且传播影响证券、期货交易的虚假信息，扰乱证券、期货交易市场，造成严重后果的，处五年以下有期徒刑或者拘役，并处或者单处一万元以上十万元以下罚金。

【**诱骗投资者买卖证券、期货合约罪**】证券交易所、期货交易所、证券公司、期货经纪公司的从业人员，证券业协会、期货业协会或者证券期货监督管理部门的工作人员，故意提供虚假信息或者伪造、变造、销毁交易记录，诱骗投资者买卖证券、期货合约，造成严重后果的，处五年以下有期徒刑或者拘役，并处或者单处一万元以上十万元以下罚金；情节特别恶劣的，处五年以上十年以下有期徒刑，并处二万元以上二十万元以下罚金。

单位犯前两款罪的，对单位判处罚金，并对其直接负责的主管人员和其他直接责任人员，处五年以下有期徒刑或者拘役。

1. 最高人民检察院、公安部《关于公安机关管辖的刑事案件立案追诉标准的规定（二）》（2010 年 5 月 7 日）（节录）

第三十七条 ［编造并且传播证券、期货交易虚假信息案（刑法第一百八十一条第一款）］编造并且传播影响证券、期货交易的虚假信息，扰乱证券、期货交易市场，涉嫌下列情形之一的，应予立案追诉：

（一）获利或者避免损失数额累计在五万元以上的；

（二）造成投资者直接经济损失数额在五万元以上的；

（三）致使交易价格和交易量异常波动的；

（四）虽未达到上述数额标准，但多次编造并且传播影响证券、期货交易的虚假信息的；

（五）其他造成严重后果的情形。

第三十八条 ［诱骗投资者买卖证券、期货合约案（刑法第一百八十一条第二款）］证券交易所、期货交易所、证券公司、期货公司的从业人员，证券业协会、期货业协会或者证券期货监督管理部门的工作人员，故意提供虚假信息或者伪造、变造、销毁交易记录，诱骗投资者买卖证券、期货合约，涉嫌下列情形之一的，应予立案追诉：

（一）获利或者避免损失数额累计在五万元以上的；

（二）造成投资者直接经济损失数额在五万元以上的；

（三）致使交易价格和交易量异常波动的；

（四）其他造成严重后果的情形。

2.《中华人民共和国证券法》（2005 年 10 月 27 日）

第七十八条 禁止国家工作人员、传播媒介从业人员和有关人员编造、传播虚假信息，扰乱证券市场。

禁止证券交易所、证券公司、证券登记结算机构、证券服务机构及其从业人员，证券业协会、证券监督管理机构及其工作人员，在证券交易活动中作出虚假陈述或者信息误导。

各种传播媒介传播证券市场信息必须真实、客观，禁止误导。

第七十九条 禁止证券公司及其从业人员从事下列损害客户利益的欺诈行为：

（一）违背客户的委托为其买卖证券；

（二）不在规定时间内向客户提供交易的书面确认文件；

（三）挪用客户所委托买卖的证券或者客户账户上的资金；

（四）未经客户的委托，擅自为客户买卖证券，或者假借客户的名义买卖证券；

（五）为牟取佣金收入，诱使客户进行不必要的证券买卖；

（六）利用传播媒介或者通过其他方式提供、传播虚假或者误导投资者的信息；

（七）其他违背客户真实意思表示，损害客户利益的行为。

欺诈客户行为给客户造成损失的，行为人应当依法承担赔偿责任。

▶ **刑法第一百八十二条　【操纵证券、期货市场罪】** 有下列情形之一，操纵证券、期货市场，情节严重的，处五年以下有期徒刑或者拘役，并处或者单处罚金；情节特别严重的，处五年以上十年以下有期徒刑，并处罚金：

（一）单独或者合谋，集中资金优势、持股或者持仓优势或者利用信息优势联合或者连续买卖，操纵证券、期货交易价格或者证券、期货交易量的；

（二）与他人串通，以事先约定的时间、价格和方式相互进行证券、期货交易，影响证券、期货交易价格或者证券、期货交易量的；

（三）在自己实际控制的账户之间进行证券交易，或者以自己为交易对象，自买自卖期货合约，影响证券、期货交易价格或者证券、期货交易量的；

（四）以其他方法操纵证券、期货市场的。

单位犯前款罪的，对单位判处罚金，并对其直接负责的主管人员和其他直接责任人员，依照前款的规定处罚。

1. 最高人民检察院、公安部《关于公安机关管辖的刑事案件立案追诉标准的规定（二）》（2010 年 5 月 7 日）（节录）

第三十九条 ［操纵证券、期货市场案（刑法第一百八十二条）］操纵证券、期货市场，涉嫌下列情形之一的，应予立案追诉：

（一）单独或者合谋，持有或者实际控制证券的流通股份数达到该证券的实际流通股份总量百分之三十以上，且在该证券连续二十个交易日内联合或者连续买卖股份数累计达到该证券同期总成交量百分之三十以上的；

（二）单独或者合谋，持有或者实际控制期货合约的数量超过期货交易所业务规则限定的持仓量百分之五十以上，且在该期货合约连续二十个交易日内联合或者连续买卖期货合约数累计达到该期货合约同期总成交量百分之三十以上的；

（三）与他人串通，以事先约定的时间、价格和方式相互进行证券或者期货合约交易，且在该证券或者期货合约连续二十个交易日内成交量累计达到该证券或者期货合约同期总成交量百分之二十以上的；

（四）在自己实际控制的账户之间进行证券交易，或者以自己为交易对象，自买自卖期货合约，且在该证券或者期货合约连续二十个交易日内成交量累计达到该证券或者期货合约同期总成交量百分之二十以上的；

（五）单独或者合谋，当日连续申报买入或者卖出同一证券、期货合约并在成交前撤回申报，撤回申报量占当日该种证券总申报量或者该种期货合约总申报量百分之五十以上的；

（六）上市公司及其董事、监事、高级管理人员、实际控制人、控股股东或者其他关联人单独或者合谋，利用信息优势，操纵该公司证券交易价格或者证券交易量的；

（七）证券公司、证券投资咨询机构、专业中介机构或者从业人员，违背有关从业禁止的规定，买卖或者持有相关证券，通过对证券或者其发行人、上市公司公开作出评价、预测或者投资建议，在该证券的交易中谋取利益，情节严重的；

（八）其他情节严重的情形。

2.《中华人民共和国证券法》（2005 年 10 月 27 日）（节录）

第七十七条　禁止任何人以下列手段操纵证券市场：

（一）单独或者通过合谋，集中资金优势、持股优势或者利用信息优势联合或者连续买卖，操纵证券交易价格或者证券交易量；

（二）与他人串通，以事先约定的时间、价格和方式相互进行证券交易，影响证券交易价格或者证券交易量；

（三）在自己实际控制的账户之间进行证券交易，影响证券交易价格或者证券交易量；

（四）以其他手段操纵证券市场。

操纵证券市场行为给投资者造成损失的，行为人应当依法承担赔偿责任。

3. 国务院《期货交易管理条例》（2007 年 3 月 6 日）

第四十三条　任何单位或者个人不得编造、传播有关期货交易的虚假信息，不得恶意串通、联手买卖或者以其他方式操纵期货交易价格。

第七十四条　任何单位或者个人有下列行为之一，操纵期货交易价格的，责令改正，没收违法所得，并处违法所得 1 倍以上 5 倍以下的罚款；没有违法所得或者违法所得不满 20 万元的，处 20 万元以上 100 万元以下的罚款：

（一）单独或者合谋，集中资金优势、持仓优势或者利用信息优势联合或者连续买卖合约，操纵期货交易价格的；

（二）蓄意串通，按事先约定的时间、价格和方式相互进行期货交易，影响期货交易价格或者期货交易量的；

（三）以自己为交易对象，自买自卖，影响期货交易价格或者期货交易量的；

（四）为影响期货市场行情囤积现货的；

（五）国务院期货监督管理机构规定的其他操纵期货交易价格的行为。

单位有前款所列行为之一的，对直接负责的主管人员和其他直接责任人员给予警告，并处 1 万元以上 10 万元以下的罚款。

▶ **刑法第一百八十三条** 【职务侵占罪】保险公司的工作人员利用职务上的便利，故意编造未曾发生的保险事故进行虚假理赔，骗取保险金归自己所有的，依照本法第二百七十一条的规定定罪处罚。

【贪污罪】国有保险公司工作人员和国有保险公司委派到非国有保险公司从事公务的人员有前款行为的，依照本法第三百八十二条、第三百八十三条的规定定罪处罚。

▶ **刑法第一百八十四条** 【非国家工作人员受贿罪】银行或者其他金融机构的工作人员在金融业务活动中索取他人财物或者非法收受他人财物，为他人谋取利益的，或者违反国家规定，收受各种名义的回扣、手续费，归个人所有的，依照本法第一百六十三条的规定定罪处罚。

【受贿罪】国有金融机构工作人员和国有金融机构委派到非国有金融机构从事公务的人员有前款行为的，依照本法第三百八十五条、第三百八十六条的规定定罪处罚。

最高人民法院《关于农村合作基金会从业人员犯罪如何定性问题的批复》（2000 年 4 月 26 日）

农村合作基金会从业人员，除具有金融机构现职工作人员身份的以外，不属于金融机构工作人员。对其实施的犯罪行为，应当依照刑法的有关规定定罪处罚。

▶ **刑法第一百八十五条** 【挪用资金罪】商业银行、证券交易所、期货交易所、证券公司、期货经纪公司、保险公司或者其他金融机构的工作人员利用职务上的便利，挪用本单位或者客户资金的，依照本法第二百七十二条的规定定罪处罚。

【挪用公款罪】国有商业银行、证券交易所、期货交易所、证券公司、期货经纪公司、保险公司或者其他国有金融机构的工作人员和国有商业银行、证券交易所、期货交易所、证券公司、期货经纪公司、保险公司或者其他国有金融机构委派到前款规定中的非国有机构从事公务的人员有前款行为的，依照本法第三百八十四条的规定定罪处罚。

▶ **刑法第一百八十五条之一** 【背信运用受托财产罪】商业银行、证券交易所、期货交易所、证券公司、期货经纪公司、保险公司或者其他金融机构，违背受托义务，擅自运用客户资金或者其他委托、信托的财产，情节严重的，对单位判处罚金，并对其直接负责的主管人员和其他直接责任人员，处三年以下有期徒刑或者拘役，并处三万元以上三十万元以下罚金；情节特别严重的，处三年以上十年以下有期徒刑，并处五万元以上五十万元以下罚金。

【违法运用资金罪】社会保障基金管理机构、住房公积金管理机构等公众资金管理机构，以及保险公司、保险资产管理公司、证券投资基金管理公司，违反国家规定运用资金的，对其直接负责的主管人员和其他直接责任人员，依照前款的规定处罚。

最高人民检察院、公安部《关于公安机关管辖的刑事案件立案追诉标准的规定（二）》（2010年5月7日）（节录）

第四十条 ［背售运用受托财产案（刑法第一百八十五条之一第一款）］商业银行、证券交易所、期货交易所、证券公司、期货公司、保险公司或者其他金融机构，违背受托义务，擅自运用客户资金或者其他委托、信托的财产，涉嫌下列情形之一的，应予立案追诉：

（一）擅自运用客户资金或者其他委托、信托的财产数额在三十万元以上的；

（二）虽未达到上述数额标准，但多次擅自运用客户资金或者其他委托、信托的财产，或者擅自运用多个客户资金或者其他委托、信托的财产的；

（三）其他情节严重的情形。

第四十一条 ［违法运用资金案（刑法第一百八十五条之一第二款）］社会保障基金管理机构、住房公积金管理机构等公众资金管理机构，以及保险公司、保险资产管理公司、证券投资基金管理公司，违反国家规定运用资金，涉嫌下列情形之一的，应予立案追诉：

（一）违反国家规定运用资金数额在三十万元以上的；

（二）虽未达到上述数额标准，但多次违反国家规定运用资金的；

（三）其他情节严重的情形。

◉ **刑法第一百八十六条** 【违法发放贷款罪】银行或者其他金融机构的工作人员违反国家规定发放贷款，数额巨大或者造成重大损失的，处五年以下有期徒刑或者拘役，并处一万元以上十万元以下罚金；数额特别巨大或者造成特别重大损失的，处五年以上有期徒刑，并处二万元以上二十万元以下罚金。

银行或者其他金融机构的工作人员违反国家规定，向关系人发放贷款的，依照前款的规定从重处罚。

单位犯前两款罪的，对单位判处罚金，并对其直接负责的主管人员和其他直接责任人员，依照前两款的规定处罚。

关系人的范围，依照《中华人民共和国商业银行法》和有关金融法规确定。

1. 最高人民检察院、公安部《关于公安机关管辖的刑事案件立案追诉标准的规定（二）》（2010年5月7日）（节录）

第四十二条 ［违法发放贷款案（刑法第一百八十六条）］银行或者其他金融机构及其工作人员违反国家规定发放贷款，涉嫌下列情形之一的，应予立案追诉：

（一）违法发放贷款，数额在一百万元以上的；

（二）违法发放贷款，造成直接经济损失数额在二十万元以上的。

2.《中华人民共和国商业银行法》（2003 年 12 月 27 日）（节录）

第四十条 商业银行不得向关系人发放信用贷款；向关系人发放担保贷款的条件不得优于其他借款人同类贷款的条件。

前款所称关系人是指：

（一）商业银行的董事、监事、管理人员、信贷业务人员及其近亲属；

（二）前项所列人员投资或者担任高级管理职务的公司、企业和其他经济组织。

▶ **刑法第一百八十七条** 【吸收客户资金不入账罪】银行或者其他金融机构的工作人员吸收客户资金不入账，数额巨大或者造成重大损失的，处五年以下有期徒刑或者拘役，并处二万元以上二十万元以下罚金；数额特别巨大或者造成特别重大损失的，处五年以上有期徒刑，并处五万元以上五十万元以下罚金。

单位犯前款罪的，对单位判处罚金，并对其直接负责的主管人员和其他直接责任人员，依照前款的规定处罚。

最高人民检察院、公安部《关于公安机关管辖的刑事案件立案追诉标准的规定（二）》（2010 年 5 月 7 日）（节录）

第四十三条 ［吸收客户资金不入账案（刑法第一百八十七条）］银行或者其他金融机构及其工作人员吸收客户资金不入账，涉嫌下列情形之一的，应予立案追诉：

（一）吸收客户资金不入账，数额在一百万元以上的；

（二）吸收客户资金不入账，造成直接经济损失数额在二十万元以上的。

▶ **刑法第一百八十八条** 【违规出具金融票证罪】银行或者其他金融机构的工作人员违反规定，为他人出具信用证或者其他保函、票据、存单、资信证明，情节严重的，处五年以下有期徒刑或者拘役；情节特别严重的，处五年以上有期徒刑。

单位犯前款罪的，对单位判处罚金，并对其直接负责的主管人员和其他直接责任人员，依照前款的规定处罚。

最高人民检察院、公安部《关于公安机关管辖的刑事案件立案追诉标准的规定（二）》（2010 年 5 月 7 日）（节录）

第四十四条 ［违规出具金融票证案（刑法第一百八十八条）］银行或者其他金融机构及其工作人员违反规定，为他人出具信用证或者其他保函、票据、存单、资信证明，涉嫌下列情形之一的，应予立案追诉：

（一）违反规定为他人出具信用证或者其他保函、票据、存单、资信证明，数额在一百万元以上的；

（二）违反规定为他人出具信用证或者其他保函、票据、存单、资信证明，造成直接经济损失数额在二十万元以上的；

（三）多次违规出具信用证或者其他保函、票据、存单、资信证明的；

（四）接受贿赂违规出具信用证或者其他保函、票据、存单、资信证明的；

（五）其他情节严重的情形。

▶ **刑法第一百八十九条** **【对违法票据承兑、付款、保证罪】** 银行或者其他金融机构的工作人员在票据业务中，对违反票据法规定的票据予以承兑、付款或者保证，造成重大损失的，处五年以下有期徒刑或者拘役；造成特别重大损失的，处五年以上有期徒刑。

单位犯前款罪的，对单位判处罚金，并对其直接负责的主管人员和其他直接责任人员，依照前款的规定处罚。

最高人民检察院、公安部《关于公安机关管辖的刑事案件立案追诉标准的规定（二）》（2010 年 5 月 7 日）（节录）

第四十五条 ［对违法票据承兑、付款、保证案（刑法第一百八十九条）］银行或者其他金融机构及其工作人员在票据业务中，对违反票据法规定的票据予以承兑、付款或者保证，造成直接经济损失数额在二十万元以上的，应予立案追诉。

▶ **刑法第一百九十条** **【逃汇罪】** 公司、企业或者其他单位，违反国家规定，擅自将外汇存放境外，或者将境内的外汇非法转移到境外，数额较大的，对单位判处逃汇数额百分之五以上百分之三十以下罚金，并对其直接负责的主管人员和其他直接责任人员处五年以下有期徒刑或者拘役；数额巨大或者有其他严重情节的，对单位判处逃汇数额百分之五以上百分之三十以下罚金，并对其直接负责的主管人员和其他直接责任人员处五年以上有期徒刑。

1. 最高人民检察院、公安部《关于公安机关管辖的刑事案件立案追诉标准的规定（二）》（2010 年 5 月 7 日）（节录）

第四十六条 ［逃汇案（刑法第一百九十条）］公司、企业或者其他单位，违反国家规定，擅自将外汇存放境外，或者将境内的外汇非法转移到境外，单笔在二百万美元以上或者累计数额在五百万美元以上的，应予立案追诉。

2. 全国人大常委会《关于惩治骗购外汇、逃汇和非法买卖外汇犯罪的决定》（1998 年 12 月 29 日）

为了惩治骗购外汇、逃汇和非法买卖外汇的犯罪行为，维护国家外汇管理秩序，对刑法作如下补充修改：

一、有下列情形之一，骗购外汇，数额较大的，处五年以下有期徒刑或者拘役，并处骗购外汇数额百分之五以上百分之三十以下罚金；数额巨大或者有其他严重情节的，处五年以上十年以下有期徒刑，并处骗购外汇数额百分之五以上百分之三十以下罚金；数额特别巨大或者有其他特别严重情节的，处十年以上有期徒刑或者无期徒刑，并处骗购外汇数额百分之五以上百分之三十以下罚金或者没收财产：

（一）使用伪造、变造的海关签发的报关单、进口证明、外汇管理部门核准件等凭证和单据的；

（二）重复使用海关签发的报关单、进口证明、外汇管理部门核准件等凭证和单据的；

（三）以其他方式骗购外汇的。

伪造、变造海关签发的报关单、进口证明、外汇管理部门核准件等凭证和单据，并用于骗购外汇的，依照前款的规定从重处罚。

明知用于骗购外汇而提供人民币资金的，以共犯论处。

单位犯前三款罪的，对单位依照第一款的规定判处罚金，并对其直接负责的主管人员和其他直接责任人员，处五年以下有期徒刑或者拘役；数额巨大或者有其他严重情节的，处五年以上十年以下有期徒刑；数额特别巨大或有其他特别严重情节的，处十年以上有期徒刑或者无期徒刑。

二、买卖伪造、变造的海关签发的报关单、进口证明、外汇管理部门核准件等凭证和单据或者国家机关的其他公文、证件、印章的，依照刑法第二百八十条的规定定罪处罚。

三、将刑法第一百九十条修改为：公司、企业或者其他单位，违反国家规定，擅自将外汇存放境外，或者将境内的外汇非法转移到境外，数额较大的，对单位判处逃汇数额百分之五以上百分之三十以下罚金，并对其直接负责的主管人员和其他直接责任人员处五年以下有期徒刑或者拘役；数额巨大或者有其他严重情节的，对单位判处逃汇数额百分之五以上百分之三十以下罚金，并对其直接负责的主管人员和其他直接责任人员处五年以上有期徒刑。

四、在国家规定的交易场所以外非法买卖外汇，扰乱市场秩序，情节严重的，依照刑法第二百二十五条的规定定罪处罚。

单位犯前款罪的，依照刑法第二百三十一条的规定处罚。

五、海关、外汇管理部门以及金融机构、从事对外贸易经营活动的公司、企业或者其他单位的工作人员与骗购外汇或者逃汇的行为人通谋，为其提供购买外汇的有关凭证或者其他便利的，或者明知是伪造、变造的凭证和单据而售汇、付汇的，以共犯论，依照本决定从重处罚。

六、海关、外汇管理部门的工作人员严重不负责任，造成大量外汇被骗购或者逃汇，致使国家利益遭受重大损失的，依照刑法第三百九十七条的规定定罪处罚。

七、金融机构、从事对外贸易经营活动的公司、企业的工作人员严重不负责任，造成大量外汇被骗购或者逃汇，致使国家利益遭受重大损失的，依照刑法第一百六十七条的规定定罪处罚。

八、犯本决定规定之罪，依法被追缴、没收的财物和罚金，一律上缴国库。

九、本决定自公布之日起施行。

3. 最高人民法院、最高人民检察院、公安部《办理骗汇、逃汇犯罪案件联席会议纪要》（1999 年 6 月 7 日）（节录）

二、全国人大常委会《关于惩治骗购外汇、逃汇和非法买卖外汇犯罪的决定》（以下简称《决定》）公布施行后发生的犯罪行为，应当依照《决定》办理；对于《决定》公布施行前发生的公布后尚未处理或者正在处理的行为，依照修订后的刑法第十二条第一款规定的原则办理。

最高人民法院 1998 年 8 月 28 日发布的《关于审理骗购外汇、非法买卖外汇刑事案件具体应用法律若干问题的解释》（以下简称《解释》），是对具体应用修订后的刑法有关问题的司法解释，适用于依照修订后的刑法判处的案件。各执法部门对于《解释》应当准确理解，严格执行。

《解释》第四条规定："公司、企业或者其他单位，违反有关外贸代理业务的规定，采用非法手段，或者明知是伪造、变造的凭证、商业单据，为他人向外汇指定银行骗购外汇，数额在五百万美元以上或者违法所得五十万元人民币以上的，按照刑法第二百二十五条第（三）项的规定定罪处罚；居间介绍骗购外汇一百万美元以上或者违法所得十万元人民币以上的，按照刑法第二百二十五条第（三）项的规定定罪处罚。"上述所称"采用非法手段"，是指国家批准的进出口经营权的外贸代理企业在经营代理进口业务时，不按国家经济主管部门有关规定履行职责，放任被代理方自带客户、自带货源、自带汇票、自行报关，在不见进口产品、不见供货货主、不见外商的情况下代理进口业务，或者采取法律、行政法规和部门规章禁止的其他手段代理进口业务。

认定《解释》第四条所称的"明知"，要结合案件的具体情节予以综合考虑，不能仅仅因为行为人不供述就不予认定。报关行为先于签订外贸代理协议的，或者委托方提供的购汇凭证明显与真实凭证、商业单据不符的，应当认定为明知。

《解释》第四条所称"居间介绍骗购外汇"，是指收取他人人民币、以虚假购汇凭证委托外贸公司、企业骗购外汇，获取非法收益的行为。

三、公安机关侦查骗汇、逃汇犯罪案件中涉及人民检察院管辖的贪污贿赂、渎职犯罪案件的，应当将贪污贿赂、渎职犯罪案件材料移送有管辖权的人民检察院审查。对管辖交叉的案件，可以分别立案，共同工作。如果涉嫌主罪属于公安机关管辖，由公安机关为主侦查，人民检察院予以配合；如果涉嫌主罪属于人民检察院管辖，由人民检察院为主侦查，公安机关予以配合。双方意见有较大分歧的，要协商解决，并及时向当地党委、政法委和上级主管机关请示。

四、公安机关侦查骗汇、逃汇犯罪案件，要及时全面收集和固定犯罪证据，抓紧缉捕犯罪分子。人民检察院和人民法院对正在办理的骗汇、逃汇犯罪案件，只要基本犯罪事实清楚，基本证据确实充分，应当及时依法起诉、审判。主犯在逃或者骗购外汇所需人民币资金的来源无法彻底查清，但证明在案的其他犯罪嫌疑人实施犯罪的基本证据确实充分的，为在法定时限内结案，可以对在案的其他犯罪嫌疑人先行处理。对于已收集到外汇指定银行汇出凭证和境外收汇银行收款凭证等证据，能够证明所骗购外汇确已汇至港澳台地区或国外的，应视为骗购外汇既遂。

五、坚持"惩办与宽大相结合"的政策。对骗购外汇共同犯罪的主犯，或者参与伪造、变造购汇凭证的骗汇人员，以及与骗购外汇的犯罪分子相勾结的国家工作人员，要从严惩处。对具有自首、立功或者其他法定从轻、减轻情节的，依法从轻、减轻处理。

六、各地在办理骗汇、逃汇犯罪案件中遇到的有关问题以及侦查、起诉、审判的信息要及时向各自上级主管机关报告。上级机关要加强对案件的督办、检查和指导协调工作。

4. 最高人民法院《关于审理骗购外汇、非法买卖外汇刑事案件具体应用法律若干问题的解释》(1998 年 9 月 1 日)(节录)

第一条 以进行走私、逃汇、洗钱、骗税等犯罪活动为目的,使用虚假、无效的凭证、商业单据或者采取其他手段向外汇指定银行骗购外汇的,应当分别按照刑法分则第三章第二节、第一百九十条、第一百九十一条和第二百零四条等规定定罪处罚。

非国有公司、企业或者其他单位,与国有公司、企业或者其他国有单位勾结逃汇的,以逃汇罪的共犯处罚。

第二条 伪造、变造、买卖海关签发的报关单、进口证明、外汇管理机关的核准件等凭证或者购买伪造、变造的上述凭证的,按照刑法第二百八十条第一款的规定定罪处罚。

第三条 在外汇指定银行和中国外汇交易中心及其分中心以外买卖外汇,扰乱金融市场秩序,具有下列情形之一的,按照刑法第二百二十五条第(三)项的规定定罪处罚:

(一)非法买卖外汇二十万美元以上的;

(二)违法所得五万元人民币以上的。

第四条 公司、企业或者其他单位,违反有关外贸代理业务的规定,采用非法手段,或者明知是伪造、变造的凭证、商业单据,为他人向外汇指定银行骗购外汇,数额在五百万美元以上或者违法所得五十万元人民币以上的,按照刑法第二百二十五条第(三)项的规定定罪处罚。

居间介绍骗购外汇一百万美元以上或者违法所得十万元人民币以上的,按照刑法第二百二十五条第(三)项的规定定罪处罚。

第五条 海关、银行、外汇管理机关工作人员与骗购外汇的行为人通谋,为其提供购买外汇的有关凭证,或者明知是伪造、变造的凭证和商业单据而出售外汇,构成犯罪的,按照刑法的有关规定从重处罚。

第六条 实施本解释规定的行为,同时触犯二个以上罪名的,择一重罪从重处罚。

第七条 根据刑法第六十四条规定,骗购外汇、非法买卖外汇的,其违法所得予以追缴,用于骗购外汇、非法买卖外汇的资金予以没收,上缴国库。

第八条 骗购、非法买卖不同币种的外汇的,以案发时国家外汇管理机关制定的统一折算率折合后依照本解释处罚。

▶ **刑法第一百九十一条** 【洗钱罪】明知是毒品犯罪、黑社会性质的组织犯罪、恐怖活动犯罪、走私犯罪、贪污贿赂犯罪、破坏金融管理秩序犯罪、金融诈骗犯罪的所得及其产生的收益,为掩饰、隐瞒其来源和性质,有下列行为之一的,没收实施以上犯罪的所得及其产生的收益,处五年以下有期徒刑或者拘役,并处或者单处洗钱数额百分之五以上百分之二十以下罚金;情节严重的,处五年以上十年以下有期徒刑,并处洗钱数额百分之五以上百分之二十以下罚金:

(一)提供资金账户的;

(二)协助将财产转换为现金、金融票据、有价证券的;

（三）通过转账或者其他结算方式协助资金转移的；

（四）协助将资金汇往境外的；

（五）以其他方法掩饰、隐瞒犯罪所得及其收益的来源和性质的。

单位犯前款罪的，对单位判处罚金，并对其直接负责的主管人员和其他直接责任人员，处五年以下有期徒刑或者拘役；情节严重的，处五年以上十年以下有期徒刑。

1. 最高人民检察院、公安部《关于公安机关管辖的刑事案件立案追诉标准的规定（二）》（2010 年 5 月 7 日）（节录）

第四十八条　〔洗钱案（刑法第一百九十一条）〕明知是毒品犯罪、黑社会性质的组织犯罪、恐怖活动犯罪、走私犯罪、贪污贿赂犯罪、破坏金融管理秩序犯罪、金融诈骗犯罪的所得及其产生的收益，为掩饰、隐瞒其来源和性质，涉嫌下列情形之一的，应予立案追诉：

（一）提供资金账户的；

（二）协助将财产转换为现金、金融票据、有价证券的；

（三）通过转账或者其他结算方式协助资金转移的；

（四）协助将资金汇往境外的；

（五）以其他方法掩饰、隐瞒犯罪所得及其收益的来源和性质的。

2. 最高人民法院《关于审理洗钱等刑事案件具体应用法律若干问题的解释》（2009 年 11 月 11 日）

为依法惩治洗钱，掩饰、隐瞒犯罪所得、犯罪所得收益，资助恐怖活动等犯罪活动，根据刑法有关规定，现就审理此类刑事案件具体应用法律的若干问题解释如下：

第一条　刑法第一百九十一条、第三百一十二条规定的"明知"，应当结合被告人的认知能力，接触他人犯罪所得及其收益的情况，犯罪所得及其收益的种类、数额，犯罪所得及其收益的转换、转移方式以及被告人的供述等主、客观因素进行认定。

具有下列情形之一的，可以认定被告人明知系犯罪所得及其收益，但有证据证明确实不知道的除外：

（一）知道他人从事犯罪活动，协助转换或者转移财物的；

（二）没有正当理由，通过非法途径协助转换或者转移财物的；

（三）没有正当理由，以明显低于市场的价格收购财物的；

（四）没有正当理由，协助转换或者转移财物，收取明显高于市场的"手续费"的；

（五）没有正当理由，协助他人将巨额现金散存于多个银行账户或者在不同银行账户之间频繁划转的；

（六）协助近亲属或者其他关系密切的人转换或者转移与其职业或者财产状况明显不符的财物的；

（七）其他可以认定行为人明知的情形。

被告人将刑法第一百九十一条规定的某一上游犯罪的犯罪所得及其收益误认为刑法第一百九十一条规定的上游犯罪范围内的其他犯罪所得及其收益的，不影响刑法第一百九十一条规定的"明知"的认定。

第二条 具有下列情形之一的,可以认定为刑法第一百九十一条第一款第(五)项规定的"以其他方法掩饰、隐瞒犯罪所得及其收益的来源和性质":

(一)通过典当、租赁、买卖、投资等方式,协助转移、转换犯罪所得及其收益的;

(二)通过与商场、饭店、娱乐场所等现金密集型场所的经营收入相混合的方式,协助转移、转换犯罪所得及其收益的;

(三)通过虚构交易、虚设债权债务、虚假担保、虚报收入等方式,协助将犯罪所得及其收益转换为"合法"财物的;

(四)通过买卖彩票、奖券等方式,协助转换犯罪所得及其收益的;

(五)通过赌博方式,协助将犯罪所得及其收益转换为赌博收益的;

(六)协助将犯罪所得及其收益携带、运输或者邮寄出入境的;

(七)通过前述规定以外的方式协助转移、转换犯罪所得及其收益的。

第三条 明知是犯罪所得及其产生的收益而予以掩饰、隐瞒,构成刑法第三百一十二条规定的犯罪,同时又构成刑法第一百九十一条或者第三百四十九条规定的犯罪的,依照处罚较重的规定定罪处罚。

第四条 刑法第一百九十一条、第三百一十二条、第三百四十九条规定的犯罪,应当以上游犯罪事实成立为认定前提。上游犯罪尚未依法裁判,但查证属实的,不影响刑法第一百九十一条、第三百一十二条、第三百四十九条规定的犯罪的审判。

上游犯罪事实可以确认,因行为人死亡等原因依法不予追究刑事责任的,不影响刑法第一百九十一条、第三百一十二条、第三百四十九条规定的犯罪的认定。

上游犯罪事实可以确认,依法以其他罪名定罪处罚的,不影响刑法第一百九十一条、第三百一十二条、第三百四十九条规定的犯罪的认定。

本条所称"上游犯罪",是指产生刑法第一百九十一条、第三百一十二条、第三百四十九条规定的犯罪所得及其收益的各种犯罪行为。

第五条 刑法第一百二十条之一规定的"资助",是指为恐怖活动组织或者实施恐怖活动的个人筹集、提供经费、物资或者提供场所以及其他物质便利的行为。

刑法第一百二十条之一规定的"实施恐怖活动的个人",包括预谋实施、准备实施和实际实施恐怖活动的个人。

▶ **刑法第一百九十二条** 【集资诈骗罪】以非法占有为目的,使用诈骗方法非法集资,数额较大的,处五年以下有期徒刑或者拘役,并处二万元以上二十万元以下罚金;数额巨大或者有其他严重情节的,处五年以上十年以下有期徒刑,并处五万元以上五十万元以下罚金;数额特别巨大或者有其他特别严重情节的,处十年以上有期徒刑或者无期徒刑,并处五万元以上五十万元以下罚金或者没收财产。

▶ **刑法第一百九十三条** 【贷款诈骗罪】有下列情形之一,以非法占有为目的,诈骗银行或者其他金融机构的贷款,数额较大的,处五年以下有期徒刑或者拘役，并处二万元以上二十万元以下罚金；数额巨大或者有其他严重情节的，处五年以上十年以下有期徒刑，并处五万元以上五十万元以下罚金；数额特别巨大或者有其他特别严重情节的，处十年以上有期徒刑或者无期徒刑，并处五万元以上五十万元以下罚金或者没收财产：

（一）编造引进资金、项目等虚假理由的；

（二）使用虚假的经济合同的；

（三）使用虚假的证明文件的；

（四）使用虚假的产权证明作担保或者超出抵押物价值重复担保的；

（五）以其他方法诈骗贷款的。

◐　**刑法第一百九十四条**　【票据诈骗罪、金融凭证诈骗罪】有下列情形之一，进行金融票据诈骗活动，数额较大的，处五年以下有期徒刑或者拘役，并处二万元以上二十万元以下罚金；数额巨大或者有其他严重情节的，处五年以上十年以下有期徒刑，并处五万元以上五十万元以下罚金；数额特别巨大或者有其他特别严重情节的，处十年以上有期徒刑或者无期徒刑，并处五万元以上五十万元以下罚金或者没收财产：

（一）明知是伪造、变造的汇票、本票、支票而使用的；

（二）明知是作废的汇票、本票、支票而使用的；

（三）冒用他人的汇票、本票、支票的；

（四）签发空头支票或者与其预留印鉴不符的支票，骗取财物的；

（五）汇票、本票的出票人签发无资金保证的汇票、本票或者在出票时作虚假记载，骗取财物的。

使用伪造、变造的委托收款凭证、汇款凭证、银行存单等其他银行结算凭证的，依照前款的规定处罚。

◐　**刑法第一百九十五条**　【信用证诈骗罪】有下列情形之一，进行信用证诈骗活动的，处五年以下有期徒刑或者拘役，并处二万元以上二十万元以下罚金，数额巨大或者有其他严重情节的，处五年以上十年以下有期徒刑，并处五万元以上五十万元以下罚金；数额特别巨大或者有其他特别严重情节的，处十年以上有期徒刑或者无期徒刑，并处五万元以上五十万元以下罚金或者没收财产：

（一）使用伪造、变造的信用证或者附随的单据、文件的；

（二）使用作废的信用证的；

（三）骗取信用证的；

（四）以其他方法进行信用证诈骗活动的。

◐　**刑法第一百九十六条**　【信用卡诈骗罪】有下列情形之一，进行信用卡诈骗活动，数额较大的，处五年以下有期徒刑或者拘役，并处二万元以上二十万元以下罚金；数额巨大或者有其他严重情节的，处五年以上十年以下有期徒刑，并处五万元以上五十万元以下罚金；数额特别巨大或者有其他特别严重情节的，处十年以上有期徒刑或者无期徒刑，并处五万元以上五十万元以下罚金或者没收财产：

（一）使用伪造的信用卡，或者使用以虚假的身份证明骗领的信用卡的；

（二）使用作废的信用卡的；

（三）冒用他人信用卡的；

（四）恶意透支的。

前款所称恶意透支，是指持卡人以非法占有为目的，超过规定限额或者规定期限透支，并且经发卡银行催收后仍不归还的行为。

【盗窃罪】盗窃信用卡并使用的，依照本法第二百六十四条的规定定罪处罚。

● **刑法第一百九十七条** **【有价证券诈骗罪】**使用伪造、变造的国库券或者国家发行的其他有价证券，进行诈骗活动，数额较大的，处五年以下有期徒刑或者拘役，并处二万元以上二十万元以下罚金；数额巨大或者有其他严重情节的，处五年以上十年以下有期徒刑，并处五万元以上五十万元以下罚金；数额特别巨大或者有其他特别严重情节的，处十年以上有期徒刑或者无期徒刑，并处五万元以上五十万元以下罚金或者没收财产。

● **刑法第一百九十八条** **【保险诈骗罪】**有下列情形之一，进行保险诈骗活动，数额较大的，处五年以下有期徒刑或者拘役，并处一万元以上十万元以下罚金，数额巨大或者有其他严重情节的，处五年以上十年以下有期徒刑，并处二万元以上二十万元以下罚金，数额特别巨大或者有其他特别严重情节的，处十年以上有期徒刑，并处二万元以上二十万元以下罚金或者没收财产：

（一）投保人故意虚构保险标的，骗取保险金的；

（二）投保人、被保险人或者受益人对发生的保险事故编造虚假的原因或者夸大损失的程度，骗取保险金的；

（三）投保人、被保险人或者受益人编造未曾发生的保险事故，骗取保险金的；

（四）投保人、被保险人故意造成财产损失的保险事故，骗取保险金的；

（五）投保人、受益人故意造成被保险人死亡、伤残或者疾病，骗取保险金的。

有前款第四项、第五项所列行为，同时构成其他犯罪的依照数罪并罚的规定处罚。

单位犯第一款罪的，对单位判处罚金，并对其直接负责的主管人员和其他直接责任人员，处五年以下有期徒刑或者拘役，数额巨大或者有其他严重情节的，处五年以上十年以下有期徒刑，数额特别巨大或者有其他特别严重情节的，处十年以上有期徒刑。

保险事故的鉴定人、证明人、财产评估人故意提供虚假的证明文件，为他人诈骗提供条件的，以保险诈骗的共犯论处。

▶ **刑法第二百二十五条　【非法经营罪】** 违反国家规定，有下列非法经营行为之一，扰乱市场秩序，情节严重的，处五年以下有期徒刑或者拘役，并处或者单处违法所得一倍以上五倍以下罚金；情节特别严重的，处五年以上有期徒刑，并处违法所得一倍以上五倍以下罚金或者没收财产：

（一）未经许可经营法律、行政法规规定的专营、专卖物品或者其他限制买卖的物品的；

（二）买卖进出口许可证、进出口原产地证明以及其他法律、行政法规规定的经营许可证或者批准文件的；

（三）未经国家有关主管部门批准非法经营证券、期货、保险业务的，或者非法从事资金支付结算业务的；

（四）其他严重扰乱市场秩序的非法经营行为。